制造业高端技术系列

汽车激光拼焊板的成形及仿真技术

林建平　陈水生　著

机 械 工 业 出 版 社

本书为机械工业出版社“制造业高端技术系列”之一。

随着节能减排的要求不断提高，制造业特别是在汽车和航空工业中，降低成本、轻量化和高性能已成为重要的发展方向，而拼焊板技术是汽车轻量化的重要途径之一。激光拼焊板技术虽然目前在汽车行业已经得到了广泛应用，然而还缺少该领域的技术专著。本书基于作者十多年来在汽车激光拼焊板技术及应用上取得的研究成果，归纳总结了该成果应用的关键技术，并给出了拼焊板技术的体系框架和实施方案。为汽车乃至航空等相关行业的拼焊板应用提供了技术支撑和系统参考，其意义不言而喻。

本书共七章，分别介绍了激光拼焊板的单向拉伸力学性能、激光拼焊板的成形性能、激光拼焊板的本构关系及综合强度比、激光拼焊板的材料参数对成形性能的影响、激光拼焊板焊缝的性能与仿真建模、激光拼焊板冲压成形数值仿真、汽车激光拼焊板的设计与应用。

本书适用于汽车企业、钢铁企业技术人员，轻量化、塑性成形及拼焊板研究人员，以及高等院校机械、汽车及材料加工等专业的师生等。

图书在版编目（CIP）数据

汽车激光拼焊板的成形及仿真技术/林建平，陈水生著．—北京：机械工业出版社，2017.4

ISBN 978-7-111-56064-7

Ⅰ.①汽…　Ⅱ.①林…　②陈…　Ⅲ.①汽车－装配（机械）－焊接－成型　②汽车－装配（机械）－焊接－仿真　Ⅳ.①U466

中国版本图书馆 CIP 数据核字（2017）第 029023 号

机械工业出版社（北京市百万庄大街 22 号　邮政编码 100037）
策划编辑：沈　红　责任编辑：沈　红　李　超
责任校对：张　征　封面设计：马精明
责任印制：常天培
涿州市星河印刷有限公司印刷
2017 年 5 月第 1 版第 1 次印刷
169mm×239mm · 16 印张 · 2 插页 · 301 千字
0001—1500 册
标准书号：ISBN 978-7-111-56064-7
定价：99.00 元

凡购本书，如有缺页、倒页、脱页，由本社发行部调换

电话服务	网络服务
服务咨询热线：010-88361066	机 工 官 网：www.cmpbook.com
读者购书热线：010-68326294	机 工 官 博：weibo.com/cmp1952
010-88379203	金 书 网：www.golden-book.com
封面无防伪标均为盗版	教育服务网：www.cmpedu.com

前　　言

拼焊板技术是汽车轻量化的重要途径之一。相对于单一板而言，由于成形过程中存在母材差异，尤其是焊缝及其热影响区的存在，导致成形行为更为复杂。在整个成形过程中，涉及材料学、热力学、机械等多学科领域。

全书共分为七章，以材料性能测试方法、拼焊板成形性能及其塑性力学行为、成形极限图、仿真技术及拼焊板设计等关键技术为主线，介绍了拼焊板在成形过程中的力学行为及其成形性能影响因素、成形过程中拼焊板变形不均匀机理及综合成形极限图构建，提出了用综合强度比来反映母材材料的差异，并给出了考虑协调变形关系的本构关系与数值仿真分析方法及拼焊板设计方法，较系统地介绍了拼焊板塑性成形基础理论与成形技术。

编者长期从事材料成形及其理论研究工作，特别是汽车激光拼焊板成形及其理论研究。本书内容主要为课题组长期研究的积累结果，也是许多硕士和博士论文的归纳和提炼。编写本书的目的，在于对金属塑性成形技术领域的技术人员在拼焊板设计及成形技术与理论方面予以帮助，为拼焊板技术的应用提供基础支撑。

本书可以为企业技术人员、高校师生及研究人员提供参考。由于编者水平有限，书中若有不妥和不足之处，敬请批评指正。

编者

目　　录

术　语

K—强度系数
K_A—母材 A 的强度系数
K_B—母材 B 的强度系数
K_W—焊缝 W 的强度系数
K_r—强度系数比
n—应变硬化指数
n_A—母材 A 的应变硬化指数
n_B—母材 B 的应变硬化指数
n_W—焊缝 W 的应变硬化指数
n_r—应变硬化指数比
r—各向异性指数
F_1—沿焊缝方向拉力
F_2—垂直焊缝方向拉力
$\bar{\sigma}$—有效应力
σ_y—材料的屈服应力
σ_A—母材 A 的变形应力
σ_B—母材 B 的变形应力
σ_W—焊缝 W 的变形应力
σ_1—1 方向的主应力
σ_2—2 方向的主应力
δ_1—工程主应变
$\bar{\varepsilon}$—有效应变
ε_A—母材 A 的应变
ε_B—母材 B 的应变
ε_W—焊缝 W 的应变
ε_r—应变比
α—第二应力与第一应力之比
β—第二应变与第一应变之比
γ—第三应力与第一应力之比
t_0—材料初始厚度
t_A—A 侧母材厚度
t_B—B 侧母材厚度
t_r—板厚比
l_0—拉伸试样初始长度
l—拉伸试样变形后实际长度
l_A—A 侧变形后的实际长度
l_B—B 侧变形后的实际长度
l_{A0}—A 侧的初始长度
l_{B0}—B 侧的初始长度
l_W—焊缝初始长度
l'_W—变形后焊缝长度
l_r—薄厚两侧母材初始长度比
A_A—母材 A 变形后的实际横截面积
A_B—母材 B 变形后的实际横截面积
A_W—焊缝 W 变形后的实际横截面积
A_{A0}—母材 A 的初始横截面积
A_{B0}—母材 B 的初始横截面积
A_{W0}—焊缝 W 的初始横截面积
W_A—厚侧母材初始宽度
W_B—薄侧母材初始宽度
W_W—焊缝初始宽度
δ_u—综合断后伸长率
Δl—焊缝伸长量
θ—变形前焊缝角度
θ'—变形后焊缝角度
δ_W—焊缝工程应变
x—焊缝距离中心线的位置
S—焊缝移动量
m—材料晶体结构的参数
σ_ϕ—在 ϕ 方向上的单向拉伸应力

R_{ϕ}—在 ϕ 方向上的厚向异性系数
ρ—次应变与主应变的比值
λ—材料主次应变比
σ_{j}—塑性失稳点处应力
N—试验采样点数
K_{aly}—强化系数的解析值
K_{test}—强化系数的试验值
G_1—母材 1 的综合强度
G_2—母材 2 的综合强度
ν—动态强度因子
ε_3—板料厚向应变
G—综合强度
β—应变状态参数
$\mathrm{G_r}$—综合强度比
μ—摩擦系数
S_{I}—瞬时强度
$d_{\max}$—归一化前的最大值
$d_{\min}$—归一化前的最小值
X_{n}—归一化值
d_{i}—归一化前的值
ε_{10}—平面应变时的主应变
ϕ^{j}—每个载荷下门内板的应变能
$\phi^{\mathrm{j}}_{\mathrm{ini}}$—每个载荷下门内板的初始应变能
ψ—门内板的一阶自然频率
ψ_{ini}—门内板的初始一阶频率
N_{frac}—重量分数
G_{ref}—设计区（门内板）的重量
X—设计变量矢量
$W(X)$—目标函数
u—位移矢量
p—外载荷矢量
ζ—特征值
y—特征矢量
g_j—m 个约束中的第 j 个约束
δ_j^{BASE}—传统车门第 j 个载荷的挠度
δ_j^{TWB}—拼焊板车门第 j 个载荷挠度
f^{BASE}—传统门的一阶固有频率
f^{TWB}—拼焊板车门的一阶固有频率

第一章　激光拼焊板的单向拉伸力学性能

一、直线焊缝差厚拼焊板的力学解析模型

由胀形成形理论知，板料中心部分在胀形过程中只受双向应力的作用，则在此基础上建立差厚拼焊板的胀形成形简化力学模型。由于半球试验模型的胀形件最终变形为球形，这样在空间分析上就成为三维的空间坐标。事实上，半球胀形时板料中心部分受到的应力只在两个坐标方向上，而第三个坐标方向可近似为零。所以，简化胀形成形模型时忽略了第三个坐标方向的位移，只研究平行于两个主应力方向的变形性能，如图 1-1 所示。图 1-1 所示拼焊板由两块厚度分别为 t_A 和 t_B（$t_A < t_B$）的钢板焊接而成（忽略焊缝的热影响），拼焊板的焊缝平行于 1 坐标方向，且母材材料相同（K 值和 n 值相同）。板料在平行于焊缝方向受到拉伸力 F_1，在垂直于焊缝方向受到拉伸力 F_2，母材 A 板和 B 板为 $L \times L/2$ 的矩形，忽略焊接导致的焊缝周围材料性能畸变。

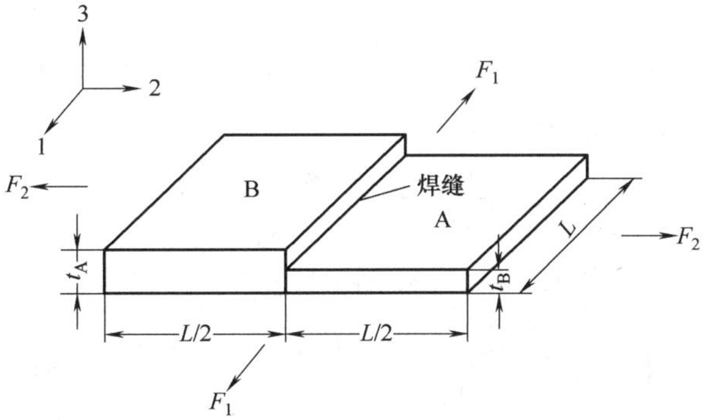

图 1-1　胀形成形过程中直线焊缝拼焊板的简化受力情况

在建立拼焊板胀形成形力学模型时，假设：①拼焊板变形始终处于受力平衡状态，F_1 和 F_2 是两个始终保持正交方向的拉力；②厚板和薄板在焊缝处 1 方向上的应变相同，即 $\varepsilon_{1A} = \varepsilon_{1B}$。

已知 B 板的 1、2 两个方向的应力为

$$\sigma_{1B} = \frac{2F_1}{(t_A + t_B)L}, \ \sigma_{2B} = \frac{F_2}{t_B L} \tag{1-1}$$

令

$$\alpha = \frac{\sigma_2}{\sigma_1} \tag{1-2}$$

$$\beta = \frac{\varepsilon_2}{\varepsilon_1} \tag{1-3}$$

$$\gamma = \frac{\sigma_3}{\sigma_1} \tag{1-4}$$

因为 3 方向上可认为应力 σ_{3B} 为 0，因此 $\gamma_B = 0$；由 Hill48 屈服准则相关的流动法则可知：

$$\beta_B = \frac{2\alpha_B - C_2 - C_2\gamma_B}{2 - C_1\gamma_B - C_2\alpha_B}$$

式中：$C_1 = \frac{2}{r+1}$；$C_2 = \frac{2r}{r+1}$；r 为各向异性指数。

把式（1-1）代入式（1-2），得

$$\alpha_B = \frac{\dfrac{F_2}{t_B L}}{\dfrac{2F_1}{(t_A + t_B)L}} = \frac{F_2}{2F_1} \frac{(t_A + t_B)}{t_B} = \frac{F_2}{2F_1}(1 + t_r) \tag{1-5}$$

式中，$t_r = \frac{t_A}{t_B}$ 为板厚比。

易知，低碳钢的本构方程为 $\overline{\sigma} = K\overline{\varepsilon}^n$，根据参考文献［1］中的定义，1 方向上的应力应变本构关系为

$$\sigma_{1B} = \frac{K[(1-\gamma_B) + (\alpha_B - \gamma_B)\beta_B]^n}{[1 + (\alpha_B)^2 - C_2\alpha_B + C_1\gamma_B(\gamma_B - \alpha_B - 1)]^{\frac{1}{2}(1+n)}} {\varepsilon_{1B}}^n \tag{1-6}$$

将式（1-1）代入式（1-6），整理后可得

$$\varepsilon_{1B} = \left\{ \frac{2F_1[1 + \alpha_B^2 - C_2\alpha_B + C_1\gamma_B(\gamma_B - \alpha_B - 1)]^{\frac{1}{2}(1+n)}}{KL(t_A + t_B)[(1-\gamma_B) + (\alpha_B - \gamma_B)\beta_B]^n} \right\} \tag{1-7}$$

根据胀形变形特点，板料在受到双向拉力情况下，3 方向上的应力较小，可忽略不计，即 $\sigma_{3B} = 0$，$\gamma_B = 0$。假设板料为各向同性，即 $r = 1$，$C_1 = C_2 = 1$，则 Hill48 屈服准则相关的流动法则变为

$$\beta_B = \frac{2\alpha_B - 1}{2 - \alpha_B} = \frac{3}{2 - \dfrac{F_2}{2F_1}(1 + t_r)} - 2 \tag{1-8}$$

易知，$\beta_B > 1$，所以式（1-8）中 ε_2 为最大主应变，ε_1 为最小主应变。

式（1-7）可简化为

$$\varepsilon_{1B}=\left\{\frac{2F_1[1+\alpha_B^2-\alpha_B]^{\frac{1}{2}(1+n)}}{KLt_B(1+t_r)[1+\alpha_B\beta_B]^n}\right\}^{\frac{1}{n}} \tag{1-9}$$

从式（1-9）中看出，由于 F_1、F_2、K、n、t_B、L 均为边界条件和几何力学性能条件，且在边界条件和性能条件不可改变的情况下，t_r、α_B 和 β_B 为影响 1 方向上应变的因素。综合式（1-5）和式（1-8），可以看出，影响 1 方向上应变的因素其本质上还是和 t_r 有关。式（1-8）是个减函数，可以推断不等厚的拼焊板在胀形成形时，随着板厚比增加，成形极限图会从等双拉状态向平面应变状态偏移，则薄板易发生失效。

同样，B 板 2 方向上的应力-应变关系为

$$\sigma_{2B}=\frac{K\alpha_B\left[(1-\gamma_B)\frac{1}{\beta_B}+(\alpha_B-\gamma_B)\right]}{[1+\alpha_B^2-C_{2B}\alpha_B+C_{1B}\gamma_B(\gamma_B-\alpha_B-1)]^{\frac{1}{2}(1+n)}} \tag{1-10}$$

而 A 板 2 方向上的应力-应变关系为

$$\sigma_{2A}=\left[\frac{K\alpha_A\left[(1-\gamma_A)\frac{1}{\beta_A}+(\alpha_A-\gamma_A)\right]^n}{[1+\alpha_A^2-C_{2A}\alpha_A+C_{1A}\gamma_A(\gamma_A-\alpha_A-1)]^{\frac{1}{2}(1+n)}}\right](\varepsilon_{2A})^n \tag{1-11}$$

2 方向上的平衡方程为

$$F_{2B}=F_{2A} \tag{1-12}$$

即

$$\sigma_{2B}t_BL=\sigma_{2A}t_AL \tag{1-13}$$

再令

$$K_B=\frac{K\alpha_B\left[(1-\gamma_B)\frac{1}{\beta_B}+(\alpha_B-\gamma_B)\right]^n}{[1+\alpha_B^2-C_{2B}\alpha_B+C_{1B}\gamma_B(\gamma_B-\alpha_B-1)]^{\frac{1}{2}(1+n)}} \tag{1-14}$$

$$K_A=\frac{K\alpha_A\left[(1-\gamma_A)\frac{1}{\beta_A}+(\alpha_A-\gamma_A)\right]^n}{[1+\alpha_A^2-C_{2A}\alpha_A+C_{1A}\gamma_A(\gamma_A-\alpha_A-1)]^{\frac{1}{2}(1+n)}} \tag{1-15}$$

当板料为各向同性时，$R=1$，$C_1=C_2=1$，式（1-14）和式（1-15）变为

$$K_{2B}=\frac{K\alpha_B\left(\frac{1}{\beta_B}+\alpha_B\right)^n}{(1+\alpha_B^2-\alpha_B)^{\frac{1}{2}(1+n)}} \tag{1-16}$$

$$K_{2A}=\frac{K\alpha_A\left(\frac{1}{\beta_A}+\alpha_A\right)^n}{(1+\alpha_A^2-\alpha_A)^{\frac{1}{2}(1+n)}} \tag{1-17}$$

结合式（1-13）和低碳钢本构方程可得

$$K_{2B}\varepsilon_{2B}{}^{n}t_{B}=K_{2A}\varepsilon_{2A}{}^{n}t_{A} \tag{1-18}$$

实际应变定义为

$$\varepsilon_{2i}=\ln\frac{L_i}{L/2}\quad (i=\mathrm{A}、\mathrm{B}) \tag{1-19}$$

把式（1-19）代入式（1-18），得

$$L_{B}=\exp\left[\ln\frac{L}{2}+\left(\frac{K_{2A}}{K_{2B}}t_{r}\right)^{\frac{1}{n}}\left(\ln L_{A}-\ln\frac{L}{2}\right)\right] \tag{1-20}$$

式中，L_A为 A 板 2 方向变形后的长度。

可以看出，在材料参数一定的情况下，2 方向上的变形（焊缝移动）只与板厚比 t_r有关。式（1-20）为 t_r的增函数，随着 t_r增加，L_B增加。这是因为厚板厚度增加，厚板的抗变形作用增强，在胀形变形过程中不容易屈服变形；而薄板相对厚板发生屈服变形更早，变形量更大，因此在胀形成形中焊缝易向厚板侧移动。

二、焊缝条件对拼焊板单向拉伸性能的影响规律

拼焊板设计既要满足使用性能要求，也要满足制造性能要求。而拼焊板的成形性是其可制造性的关键。成形性除了受拼焊板母材厚度、材质差异影响外[2-5]，焊缝条件（焊缝方向和焊缝位置）也是影响成形性的关键因素[6,7]。研究表明：随着焊缝方向逐渐与拉伸方向垂直，拼焊板成形行为逐渐下降；当焊缝与拉伸方向成45°角时，具有母材80%的成形性。研究还发现，焊缝位置对拼焊板成形过程中焊缝移动量有很大的影响[8-10]。在拼焊板设计过程中，不仅要考虑母材厚度及材料参数对成形性的影响，同时也必须考虑焊缝条件对成形性的影响。为此，在设计初始阶段，需要了解焊缝条件对成形行为的影响，并通过理论、有限元和试验方法系统分析焊缝条件对拼焊板成形行为的影响规律。

（一）焊缝角度与单向拉伸性能的关系模型

焊缝方向是指焊缝与变形主应变之间的夹角，对拼焊板成形行为有很大的影响，因此得到了广泛关注[11-13]。相关研究主要是针对横向焊缝和纵向焊缝两种特殊情况展开的，多采用有限元和试验方法分析焊缝方向对成形性的影响，如成形极限图及最小主应变等。但是，焊缝方向对成形行为影响的内在原因及相关的影响因素有待进一步深入研究。以单向拉伸、平面应变两种变形状态为例，建立焊缝方向与成形行为之间的解析模型，揭示焊缝方向对变形行为影响的本质规律及其影响因素，为拼焊板设计中焊缝方向确定奠定了理论基础。

首先，为量化拼焊板单向拉伸性能，定义综合延伸率来表征拼焊板的拉伸性

能。然后，基于不同的失效模式建立焊缝角度与综合延伸率的解析模型，并采用有限元和试验方法分析焊缝方向与综合延伸率之间的关系。同时，为了避免母板材料力学性能参数的影响，采用相同材料、不同厚度的激光拼焊板进行分析。

拼焊板失效存在两种形式：焊缝开裂和薄侧母材开裂[14]。由于钢制激光拼焊板焊缝强度通常比母材高，此时，焊缝角度较大时，开裂发生在拼焊板母材上。而焊缝的形状和性能对拼焊板成形行为影响较小，在理论分析中可忽略，即可将焊缝作为一条直线处理。带焊缝角度的拼焊板单向拉伸示意图如图1-2所示。图1-2中，A、B分别为拼焊板薄侧和厚侧母材，θ为拼焊板焊缝角度，试件在两端拉力F的作用下变形。根据文献［15］对单向拉伸试样模型进行简化，将包含焊缝的母材区独立出来分析拼焊板的变形规律。为评价拼焊板整体延展性，定义拼焊板综合延伸率为拉伸变形过程中的总伸长量与原长之比，即

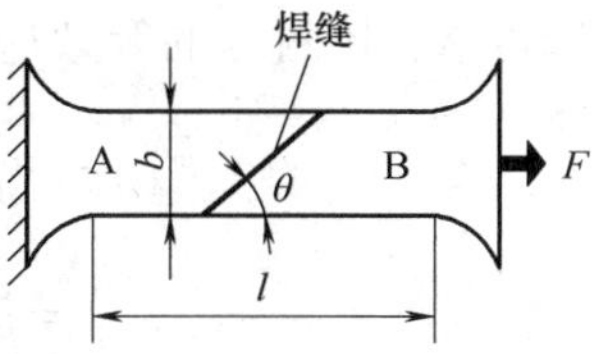

图1-2　带焊缝角度的拼焊板单向拉伸示意图

$$\delta_u = \Delta l / l \tag{1-21}$$

式中：δ_u为综合延伸率；Δl为拉伸变形的伸长量；l为拼焊板初始总长度。

1. 母材开裂模式下焊缝方向的解析模型

当θ较大时，焊缝两端c和d分别在拼焊板上、下两边缘上，且上、下边缘上薄侧和厚侧母材的长度不同，失效主要表现为薄侧母材开裂。拼焊板简化模型如图1-3所示。A、B分别为拼焊板的薄侧和厚侧母材，初始厚度分别为t_A和t_B，其中b为拼焊板的宽度，y是任一宽度单元与水平中心线的距离。

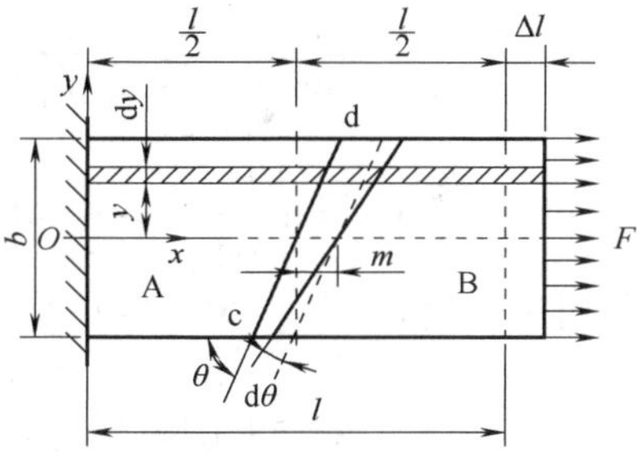

图1-3　薄侧母材开裂模式的拼焊板简化模型

为简化模型，进行下列基本假设：

1）拼焊板受力拉伸是连续均匀的变形过程。

2）假设拼焊板焊缝处为刚性连接。

变形前，宽度单元上母材A和B的初始长度分别为

$$l_{A|y} = \frac{l}{2} + \frac{y}{\tan\theta}$$

$$l_{B|y} = \frac{l}{2} - \frac{y}{\tan\theta}$$

若母材A和B在变形后的长度分别为$l'_{A|y}$和$l'_{B|y}$，则有

$$l'_{A|y}=\frac{l}{2}+\frac{y}{\tan\theta}+\Delta l+\frac{y\sin(d\theta)}{\sin\theta\sin(\theta-d\theta)}$$

$$l'_{B|y}=\frac{l}{2}-\frac{y}{\tan\theta}-\frac{y\sin(d\theta)}{\sin\theta\sin(\theta-d\theta)}$$

而母材 A、B 两侧的等效应变 $\bar{\varepsilon}_{A|y}$、$\bar{\varepsilon}_{B|y}$可由下式得

$$\bar{\varepsilon}_{A|y}=\ln\left[1+2\frac{\Delta l\sin\theta\sin(\theta-d\theta)+y\sin(d\theta)}{(l\sin\theta+2y\cos\theta)\sin(\theta-d\theta)}\right]$$

$$\bar{\varepsilon}_{B|y}=\ln\left[1+\frac{2y\sin(d\theta)}{(l\sin\theta-2y\cos\theta)\sin(\theta-d\theta)}\right]$$

若材料服从 Hollomon 的幂指数应变硬化准则 $\bar{\sigma}=K\bar{\varepsilon}^n$，则可计算得到母材 A、B 的等效应力，分别为$\bar{\sigma}_{A|y}$、$\bar{\sigma}_{B|y}$：

$$\bar{\sigma}_{A|y}=K_A\left[\ln\left(1+2\frac{\Delta l\sin\theta\sin(\theta-d\theta)+y\sin(d\theta)}{(l\sin\theta+2y\cos\theta)\sin(\theta-d\theta)}\right)\right]^{n_A}$$

$$\bar{\sigma}_{B|y}=K_B\left[\ln\left(1-\frac{2y\sin(d\theta)}{(l\sin\theta-2y\cos\theta)\sin(\theta-d\theta)}\right)\right]^{n_B}$$

由塑性变形体积不变原理和单向拉伸特征知：

$$\varepsilon_2=\varepsilon_3=-\frac{1}{2}\varepsilon_1$$

又

$$\varepsilon_{A3}=\ln\frac{t'_{A|y}}{t_{A|y}}=-\frac{1}{2}\ln\left[1+2\frac{\Delta l\sin\theta\sin(\theta-d\theta)+y\sin(d\theta)}{(l\sin\theta+2y\cos\theta)\sin(\theta-d\theta)}\right] \qquad (1\text{-}22)$$

$$\varepsilon_{B3}=\ln\frac{t'_{B|y}}{t_{B|y}}=-\frac{1}{2}\ln\left[1-\frac{2y\sin(d\theta)}{(l\sin\theta-2y\cos\theta)\sin(\theta-d\theta)}\right] \qquad (1\text{-}23)$$

通过式（1-22）、式（1-23）分别解出母材 A、B 变形后的厚度 $t'_{A|y}$、$t'_{B|y}$：

$$t'_{A|y}=t_{A|y}\left[1+\frac{2\Delta l\sin\theta\sin(\theta-d\theta)+2y\sin(d\theta)}{(l\sin\theta+2y\cos\theta)\sin(\theta-d\theta)}\right]^{-\frac{1}{2}}$$

$$t'_{B|y}=t_{B|y}\left[1-\frac{2y\sin(d\theta)}{(l\sin\theta-2y\cos\theta)\sin(\theta-d\theta)}\right]^{-\frac{1}{2}}$$

单向拉伸过程是连续均匀的变形过程，根据力的平衡条件得

$$\int_{-\frac{b}{2}}^{\frac{b}{2}}\bar{\sigma}_{A|y}t'_{A|y}dy=\int_{-\frac{b}{2}}^{\frac{b}{2}}\bar{\sigma}_{B|y}t'_{B|y}dy \qquad (1\text{-}24)$$

由能量守恒定理，在拉伸过程中塑性变形能 E_d等于外力所做的功 W_e，即

$$E_d=W_e$$

其中，

$$W_e=\int_0^{\Delta l}F dl=\int_0^{\Delta l}\int_{-\frac{b}{2}}^{\frac{b}{2}}\sigma_{B|y}t_{B|y}dy dl$$

$$E_d = \int_{V_A} \bar{\sigma}_A \bar{\varepsilon}_A dV_A + \int_{V_B} \bar{\sigma}_B \bar{\varepsilon}_B dV_B = \int_{-\frac{w}{2}}^{\frac{w}{2}} \bar{\sigma}_{A|y} \bar{\varepsilon}_{A|y} t'_{A|y} l'_{A|y} dy + \int_{-\frac{w}{2}}^{\frac{w}{2}} \bar{\sigma}_{B|y} \bar{\varepsilon}_{B|y} t'_{B|y} l'_{A|y} dy$$

所以

$$\int_0^{\Delta l} \int_{-\frac{b}{2}}^{\frac{b}{2}} \bar{\sigma}_{B|y} t'_{B|y} dy dl = \int_{-\frac{b}{2}}^{\frac{b}{2}} \bar{\sigma}_{A|y} \bar{\varepsilon}_{A|y} t'_{A|y} l'_{A|y} dy + \int_{-\frac{b}{2}}^{\frac{b}{2}} \bar{\sigma}_{B|y} \bar{\varepsilon}_{B|y} t'_{B|y} l'_{A|y} dy \quad (1\text{-}25)$$

通过式（1-24）、式（1-25）可获得 θ 和 δ_u之间的关系。从模型中可知，材料参数（K、n）、拼焊板厚度等是影响 θ 与 δ_u关系的主要因素。

2. 焊缝开裂模式下焊缝方向的解析模型

当 θ 较小时，失效主要表现为焊缝上开裂。此时，可将拼焊板简化，简化模型如图 1-4 所示。图中，l 是拼焊板初始长度，Δl 是单向拉伸变形的伸长量，A 为厚板，B 为薄板，b 是拼焊板宽度，θ 是初始焊缝角度，θ'是变形后焊缝角度，F 是外加变形载荷。

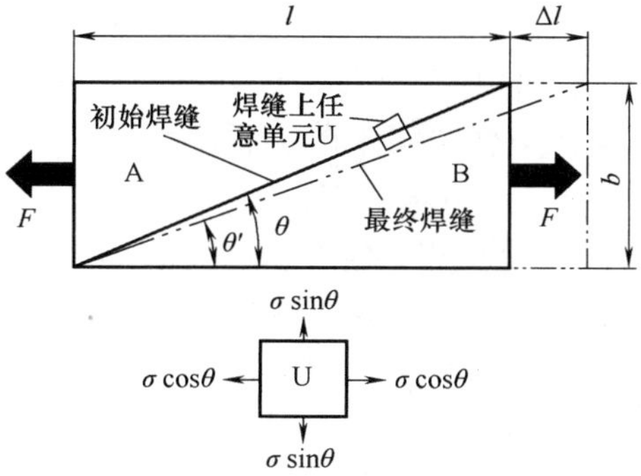

图 1-4　焊缝开裂模式的拼焊板简化模型

从图 1-4 可知，焊缝初始和变形后的长度分别为

$$\begin{cases} l_W = \dfrac{l}{\cos\theta} \\ l'_W = \dfrac{l + \Delta l}{\cos\theta'} \end{cases}$$

由正弦定理得

$$\frac{\Delta l}{l} = \frac{\sin(\theta - \theta')}{\sin\theta' \cos\theta} \quad (1\text{-}26)$$

将式（1-21）代入式（1-26）得

$$\cos\theta' = \frac{\delta_u + 1}{\sqrt{(\delta_u + 1)^2 + \tan^2\theta}}$$

所以

$$\delta_W = \frac{l'_W - l_W}{l_W} = \sqrt{(\delta_u + 1)^2 + \tan^2\theta}\cos\theta - 1$$

$$\delta_u = \frac{\sqrt{(\delta_W + 1)^2 - \sin^2\theta}}{\cos\theta} - 1$$

由于 θ 较小，二阶值 $\sin^2\theta$ 也很小，可以忽略，则获得拼焊板综合延伸率 δ_u 和焊缝工程应变 δ_W 之间的关系式：

$$\delta_u = \frac{\delta_W + 1}{\cos\theta} - 1 \tag{1-27}$$

若焊缝成形极限曲线服从 NADDRG 经验模型[16]，即

$$\begin{cases} \delta_{10} = (23.3 + 13.2t_0)n/0.21 & (\delta_1 = 0) \\ \delta_1 = (1 + \delta_{10})(1 + \delta_2)^{-1} - 1 & (\delta_2 < 0) \\ \delta_1 = (1 + \delta_{10})(1 + \delta_2)^{0.5} - 1 & (\delta_2 > 0) \end{cases} \tag{1-28}$$

式中：δ_1 是工程主应变；δ_2 是工程次应变；δ_{10} 是 δ_2 为 0 时的工程主应变值；t_0 是材料初始厚度；n 是材料的应变硬化指数。

则工程主应变与真实主应变之间存在如下关系：

$$\delta_1 = \exp(\varepsilon_1) - 1 \tag{1-29}$$

式中：δ_1 是工程主应变；ε_1 是真实主应变。

单向拉伸条件下，真实主、次应变关系为

$$\varepsilon_2 = -\frac{1}{2}\varepsilon_1 \tag{1-30}$$

假设沿焊缝方向的应变为焊缝主应变，垂直于焊缝方向的应变为焊缝次应变，结合式（1-28）~式（1-30）可获得当焊缝角度为 θ 时，单向拉伸条件下焊缝真实主、次应变关系如下：

$$\frac{\varepsilon_2}{\varepsilon_1} = \frac{2\sin\theta - \cos\theta}{2\cos\theta - \sin\theta} \tag{1-31}$$

由式（1-28）和式（1-30）、式（1-28）和式（1-31）分别得到：

$$\frac{1}{2}\varepsilon_1 = \varepsilon_0 \tag{1-32}$$

$$\frac{\cos\theta + \sin\theta}{2\cos\theta - \sin\theta}\varepsilon_{\theta 1} = \varepsilon_0 \tag{1-33}$$

式中，$\varepsilon_0 = \ln(1 + \delta_{10})$。

由式（1-32）、式（1-33）可获得 ε_1 和 $\varepsilon_{\theta 1}$ 的关系，并结合式（1-29）计算得：

$$\delta_W = (\delta + 1)^{\frac{2\cos\theta - \sin\theta}{2(\cos\theta + \sin\theta)}} - 1 \tag{1-34}$$

式中，δ 是焊缝单向拉伸状态下的工程应变，对同一种材料来说它是常数。

结合式（1-27）、式（1-34）可得

$$\delta_u = \frac{(\delta+1)^{\frac{2\cos\theta-\sin\theta}{2(\cos\theta+\sin\theta)}}}{\cos\theta} - 1 \tag{1-35}$$

式（1-35）即是单向拉伸情况下，焊缝角度 θ 较小时，综合延伸率 δ_u 与焊缝角度 θ 之间的关系模型，此时，拼焊板失效表现为焊缝开裂。

3. 解析模型的有限元及试验验证

在有限元建模中，当焊缝角度较大时焊缝采用刚性连接建模；当焊缝角度较小时，采用 BT 壳单元进行焊缝建模，并赋予焊缝属性。约束条件：试件一端固定，另一端施加载荷 F。拼焊板母材采用汽车 B 柱用的宝钢热镀锌冲压钢，厚度分别为 1.75mm 和 2.5mm，母材的材料性能参数见表 1-1。以载荷-位移曲线为评价标准，通过物理试验对所建立的有限元模型进行验证。

表 1-1　拼焊板母材性能参数（DX53DZ100MB）

弹性模量 E/MPa	泊松比 v	强度系数 K/MPa	应变硬化指数 n	各向异性指数 r
2.1×10^5	0.3	480	0.18	1.60

为验证所建立的带焊缝角度的拼焊板有限元模型，进行了焊缝角度 θ 分别为 45°和 90°的单向拉伸试验。仿真与试验的载荷-位移曲线对比如图 1-5 和图 1-6 所示。

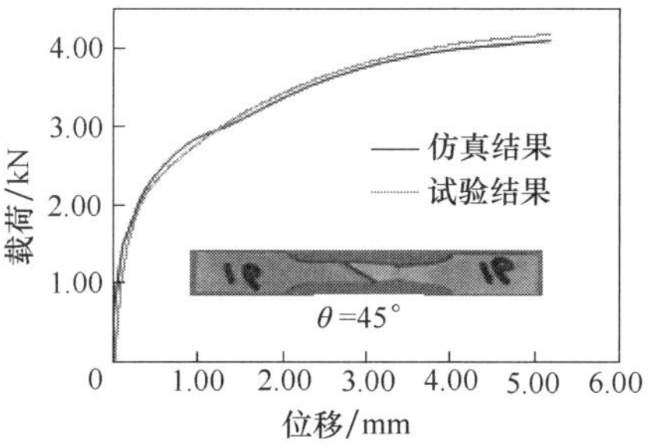

图 1-5　焊缝角度为 45°结果对比

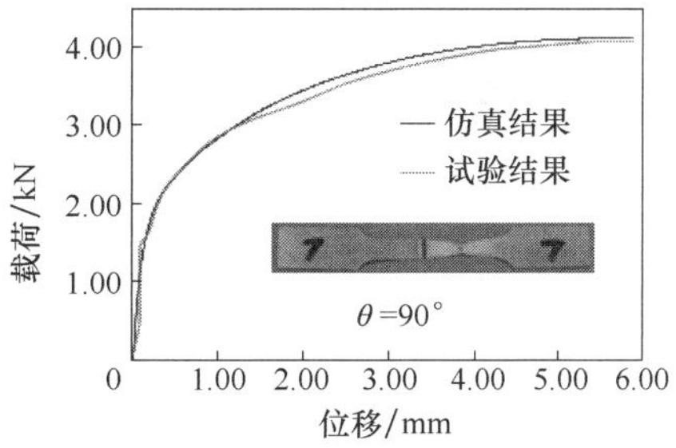

图 1-6　焊缝角度为 90°结果对比

由图 1-5、图 1-6 可以看出，有限元仿真和试验的载荷-位移曲线基本吻合，证明有限元模型可用于模拟拼焊板不同焊缝角度的单向拉伸行为。

通过有限元软件 Ls/dyna 进行了焊缝角度 θ 对单向拉伸试样综合延伸率 δ_u 影响的模拟，由于焊缝角度对拼焊板开裂位置影响较大，所以首先分析了 θ 对应力分布的影响，并据此判定断裂位置。由于在不同的断裂位置情况下，拼焊板综合延伸率也不同，为此，研究 θ 对试样的 δ_u 的影响规律。即在 θ 较小时，从 0°开始每间隔 1°取一个值，直到断裂位置发生变化（在薄侧母材开裂时 θ 为 24°）；再从25°起每间隔5°取一个值直至90°，并分别对这些不同焊缝角度拼焊板模型进行模拟分析。

4. 焊缝方向对失效位置的影响

根据希尔（Hill）集中性失稳理论可知，当应变到达极限应变时材料发生缩颈。即在载荷突变时，根据最大应变首先达到其极限应变来确定试件失稳位置。不同焊缝角度下拼焊板失效开裂位置如图1-7所示。从图1-7可知，在θ为0°时，开裂出现在焊缝上。从模拟结果发现在较小角度范围内（<15°），开裂均出现在焊缝上。当θ超过15°时，开裂通常发生在薄板侧，并随着角度变化开裂发生的位置也不尽相同，如在45°和90°时开裂发生在薄板的不同位置。当θ较小时，焊缝因其延展性较差而首先出现开裂；当θ超过临界值时，开裂出现在薄侧母材上，这主要是由于薄侧母材承受了大部分变形，导致在薄侧母材处先达到极限应变而缩颈。同时，由于在上边缘的薄侧母材所占总长度的比例最小，相比其他位置的薄侧母材具有更大的应变，此处也易先出现开裂。

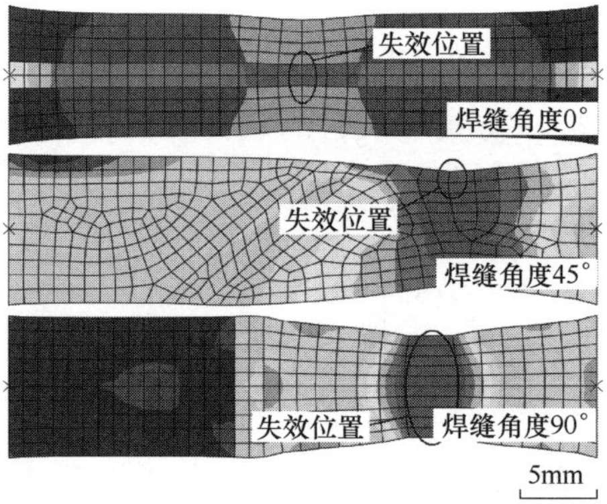

图1-7　不同焊缝角度下拼焊板失效开裂位置

5. 拼焊板焊缝角度与综合延伸率的关系

从不同范围焊缝角度的试验结果可以发现，拼焊板失效模式有两种：一是焊缝开裂，这种情况通常在焊缝角度较小时出现；二是拼焊板焊缝附近的弱侧母材开裂，这种失效形式在焊缝角度超过一定临界值后出现。基于不同失效模式的焊缝角度和综合延伸率的关系模型建立有限元模型，模拟计算不同焊缝角度下的综合延伸率（图1-8），从而获得不同范围内焊缝角度对拼焊板综合延伸率的影响规律。

从图1-8中可以看到，线1是有限元模拟结果，线2和线3分别是焊缝开裂模式和母材开裂模式条件下的理论计算结果。在焊缝角度较小的范围（0° < θ <

15°）内，拼焊板综合延伸率随着焊缝角度的增大而减小，且减小的速率也逐渐减小，直至几乎趋近稳定。主要因为，当焊缝角度增大时，焊缝上任一点的主应变减小、次应变增大，使得焊缝成形能力减小，最终体现出拼焊板综合延伸率降低。当焊缝角度超过 15°时，拼焊板综合延伸率又随焊缝角度增大而增大，其增大的速率也逐渐减小；但是起初减小的速率较大，且在较小的 θ 变化范围（15° < θ <45°）内拼焊板综合延伸率就增大到一个稳定值；当焊缝角度超过 45°后拼焊板综合延伸率几乎无变化。这是因为，在焊缝角度到达 15°时，焊缝和薄侧母材同时开裂，一旦焊缝角度超过 15°，拼焊板失效模式发生变化，由焊缝开裂转换成焊缝临近的薄侧母材处开裂，而且通常出现在拼焊板标距内的上边缘，这是因为上边缘薄侧母材占标距总长度的比例相对较小，其承受大部分变形后应变较大，较其他部位先达到极限应变导致开裂。焊缝角度越大，拼焊板标距内上边缘的薄侧母材所占比例增加，其成形性相对较好，表现为拼焊板综合延伸率提高。

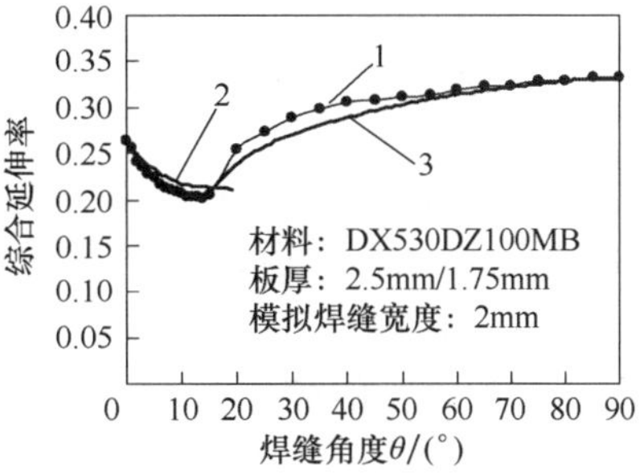

图 1-8　不同焊缝角度下的综合延伸率

（二）横向焊缝位置与单向拉伸性能的关系模型

焊缝位置是影响拼焊板成形性的主要因素之一，并得到了广泛研究[17-19]，已取得了一定成果。主要通过试验和有限元方法，以距离拼焊板中心的距离来量化焊缝位置，研究其对最大焊缝移动量的影响。然而，焊缝位置与成形行为之间关系的一些相关因素及它们的量化关系有待进一步深入研究。下面以单向拉伸试验为研究对象，研究焊缝位置对成形性影响。

1. 横向焊缝拼焊板综合延伸率解析模型

拼焊板由两块材质相同、厚度不同的钢板通过激光焊接而成，焊缝方向垂直于主应变方向，则拉伸过程中缩颈发生在焊缝附近的弱侧母材上[20]。由于激光焊接所产生的焊缝和热影响区都比较窄，对横向焊缝拼焊板单向拉伸性能影响较小，在理论分析过程中可将焊缝宽度忽略[21]。横向焊缝拼焊板单向拉伸模型可简化为图 1-9。图中，F 为拉伸载荷，A、B 分别为拼焊板的薄侧和厚侧，l_{A0}、l_{B0}分别为 A、B 侧的初始长度，x 表示焊缝距离中心线的位置。

在拼焊板拉伸过程中，假设拼焊板变形过程始终处于准静态平衡。若拼焊板母材服从 Hollomon 硬化准则，即

$$\overline{\sigma} = K\overline{\varepsilon}^n \tag{1-36}$$

式中：$\overline{\sigma}$ 是等效应力；$\overline{\varepsilon}$ 是等效应变；K 是强度系数；n 是应变硬化指数。

则拼焊板 A、B 侧的等效强度 $\overline{\sigma}_A$、$\overline{\sigma}_B$ 分别为

$$\overline{\sigma}_A = K_A \overline{\varepsilon}_A^{n_A}, \quad \overline{\sigma}_B = K_B \overline{\varepsilon}_B^{n_B}$$

式中：$\overline{\varepsilon}_A$、$\overline{\varepsilon}_B$分别为 A、B 侧的等效应变；K_A、K_B分别为 A、B 侧的强度系数；n_A、n_B分别为 A、B 侧的应变硬化指数。

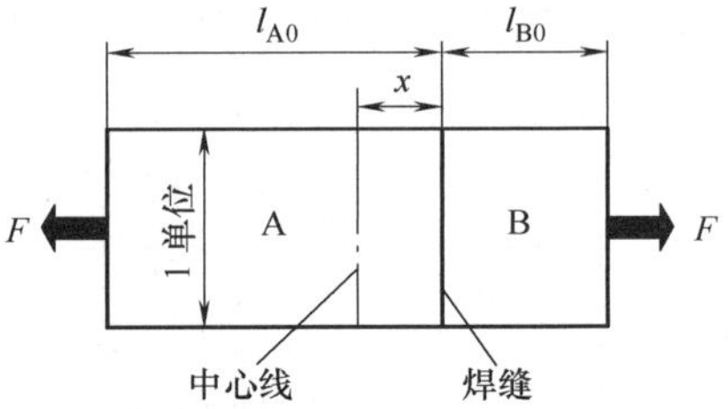

图 1-9　横向焊缝拼焊板单向拉伸模型

单向拉伸试验的载荷可按下式计算：

$$F = K_A \overline{\varepsilon}_A^{n_A} t_{A0} e^{-\overline{\varepsilon}_A} = K_B \overline{\varepsilon}_B^{n_B} t_{B0} e^{-\overline{\varepsilon}_B} \tag{1-37}$$

式中：F 是拉伸载荷；t_{A0}、t_{B0}分别为 A、B 侧的初始厚度。

在单向拉伸过程中，薄板（A 侧）开始缩颈，载荷将不随应变的增大而变化，即 $dF/d\overline{\varepsilon}_A = 0$，结合式（1-37）得

$$\overline{\varepsilon}_A = n_A$$

定义综合延伸率：

$$\delta_u = \frac{L}{L_0} = \frac{l_A + l_B}{L_0} - 1 \tag{1-38}$$

式中：l_A、l_B分别是拼焊板变形后 A、B 侧的实际长度；L、L_0分别是拼焊板变形后和初始总长度。

又 A 侧等效应变为

$$\overline{\varepsilon}_A = \ln \frac{l_A}{l_{A0}}$$

所以 l_A、l_B可按式（1-39）计算获得

$$\begin{cases} l_A = \left(\dfrac{L}{2} + x\right) e^{n_A} \\ l_B = (\delta_u + 1)L - \left(\dfrac{L}{2} + x\right) e^{n_A} \end{cases} \tag{1-39}$$

将式（1-39）代入式（1-37），式（1-37）可转化为

$$\frac{K_A}{K_B} \frac{t_{A0}}{t_{B0}} n_A{}^{n_A} e^{-n_A} = \left[\ln \frac{2(\delta_u + 1)L - (L + 2x)e^{n_A}}{L - 2x}\right]^{n_B} \frac{L - 2x}{2(\delta_u + 1)L - (L + 2x)e^{n_A}} \tag{1-40}$$

式中：K_i（i = A、B）为强度系数；t_i（i = A、B）为实际厚度；n_i（i = A、B）为应变硬化指数；δ_u为综合延伸率；x 为焊缝距拼焊板中心线的距离。

式（1-40）表明，综合延伸率与焊缝位置（离拼焊板中心线的距离）的关系受母材材料强度系数比（K_A/K_B）、初始厚度比（t_{A0}/t_{B0}）、母材材料的应变硬化指数（n_A、n_B）及总长度（L）等参数的影响。在母材的材料和厚度及拼焊板

总长度一定的情况下，可以获得综合延伸率与焊缝位置的关系。

2. 横向焊缝移动解析模型

假设由材质相同、厚度相等的板料组成的拼焊板拉伸时焊缝移动量为0，则拼焊板移动量为实际焊缝移动量与同材、同厚拼焊板焊缝移动量之差，即

$$S = l_A - \frac{L+2x}{L-2x} l_B \tag{1-41}$$

式中，S 是焊缝移动量。

又

$$l_A = \left(\frac{L}{2} + x\right) e^{n_A} \tag{1-42}$$

$$\frac{K_A}{K_B} \frac{t_{A0}}{t_{B0}} \frac{l_{A0}}{l_{B0}} n_A{}^{n_A} \frac{1}{l_A} = \left(\ln \frac{l_B}{l_{B0}}\right)^{n_B} \frac{1}{l_B} \tag{1-43}$$

结合式（1-41）~式（1-43）可以获得拼焊板焊缝移动量与焊缝位置之间的关系，从中可知它们之间的关系受母材材料强度系数比、初始厚度比、初始长度比、应变硬化指数及拼焊板两侧长度等因素的影响。

3. 横向焊缝移动解析模型验证

焊缝垂直于主应变方向，即拉伸方向，焊缝位置即焊缝与拼焊板中心线的距离（x），如图1-10所示。拼焊板母材选用上海大众汽车纵梁拼焊板母材ZSTE260Z，材料力学性能参数通过母材材料单一板单向拉伸试验获得，拼焊板试样尺寸如图1-10所示。

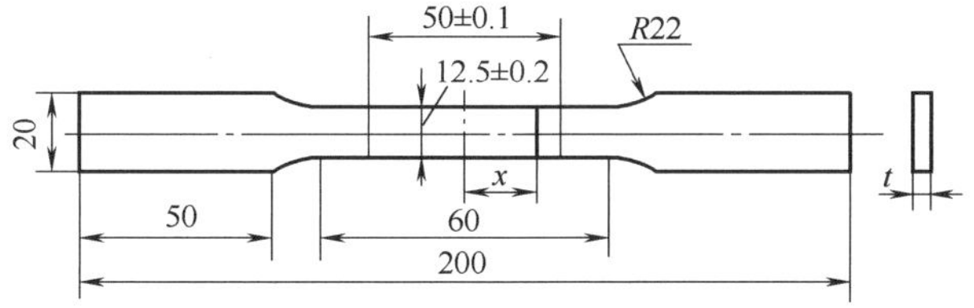

图1-10　拼焊板试样尺寸（单位：mm）

对不同焊缝初始位置（x = −30mm、−20mm、−10mm、0mm、10mm、20mm、30mm）的七种单向拉伸试样进行拉伸试验和有限元模拟，结果如图1-11和图1-12所示。当拉伸载荷达到最大时认为拼焊板失效，失效后的试样如图1-11所示。从试验结果可知，失效位置总是发生在弱侧母材上。

针对解析模型［式（1-41）~式（1-43）］，以综合延伸率为拼焊板单向拉伸性能的评价指标，焊缝与拼焊板几何中心线距离表示焊缝位置（x），研究拼焊板焊缝位置与综合延伸率之间的关系。解析模型属于超越方程，无法直接获得它们之间的显式关系，可采用数值迭代求解。同时，采用Ls/dyna软件对单向拉伸

试验进行有限元分析，验证拼焊板综合延伸率解析模型的合理性。试验、有限元模拟与解析模型的计算结果的比较如图 1-12 所示。结果表明，综合延伸率解析模型是有效的。

随着焊缝初始位置变化，拼焊板综合延伸率呈线性变化。x 为负值时，表示焊缝偏向厚板；反之，焊缝偏向薄板，如图 1-10 所示。x 为负值范围内，即薄板所占较小比例，并承担大部分变形，此时的拼焊板延伸率较小。当取两个极值（$x=-30$mm、30mm）时，由于厚板的宽度方向应变小于薄板，在焊缝处厚板和薄板厚度方向应变相互制约，影响了试验和模拟的结果，导致与理论计算值有较大偏差，这一现象在厚板与薄板长度不对称的情况下表现尤为突出。

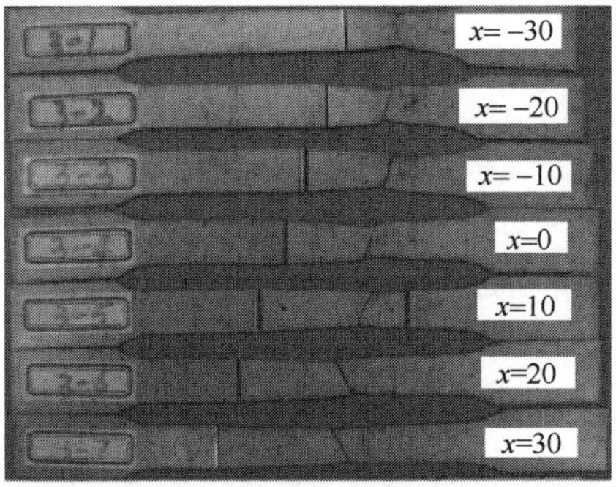

图 1-11 不同焊缝位置拼焊板的失效试样（单位：mm）

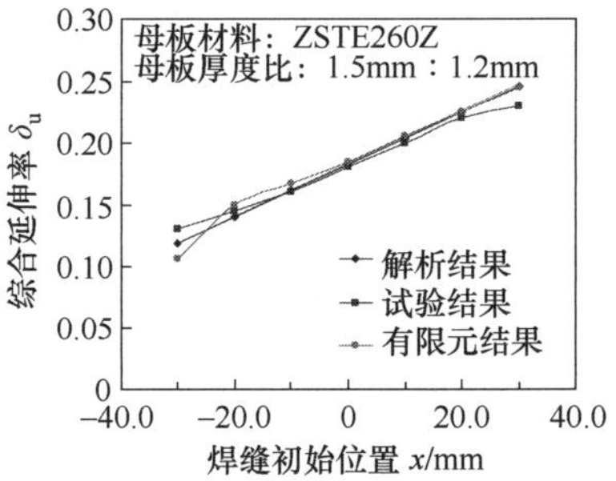

图 1-12 拼焊板焊缝位置与综合延伸率的关系

从式（1-40）可以看到，拼焊板单向拉伸试件延伸率与焊缝位置的关系随材料和厚度的不同而发生变化。同时，拼焊板长度也是影响焊缝位置与综合延伸率之间关系的一个参数，它主要是影响焊缝位置的大小，可用焊缝相对位置解释。

在试验和模拟中分别测出缩颈时厚板和薄板变形的长度，进一步计算出各自的变化量，按式（1-41）中焊缝移动量的定义可获得焊缝位置与拼焊板焊缝移动量之间的关系，与理论结果一起表述在图 1-13 中。由图 1-13 知，三种分析结果呈现良好的一致性。焊缝移动量 S 与焊缝位置 x 呈线性关系，焊缝移动量随焊缝位置 x 的增大而增大。即 x 越小表示薄板所占总长度较小，在变形量较小阶段拼焊板就发生缩颈，此时厚板变形非常小，所以焊缝移动量较小；反之，薄板相对厚板变形大，焊缝移动量增大。式（1-43）显示，S 与 x 之间的关系除受拼焊板母材的影响，还受焊缝相对位置（x/L）的影响。

（三）纵向焊缝条件下焊缝位置的解析模型

1. 纵向焊缝综合延伸率解析模型的建立

为了避免母材材料力学性能差异的影响，假设拼焊板由母材相同、厚度分别

为 t_A 和 t_B（$t_A < t_B$）的板料组成，焊缝方向与拉伸方向平行。拼焊板横截面示意如图 1-14 所示，薄侧、厚侧和焊缝初始宽度分别为 W_A、W_B 和 W_W。

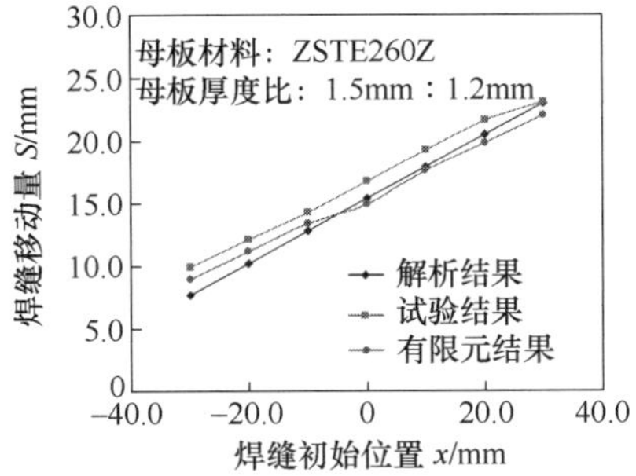

图 1-13　焊缝位移与焊缝移动量之间关系

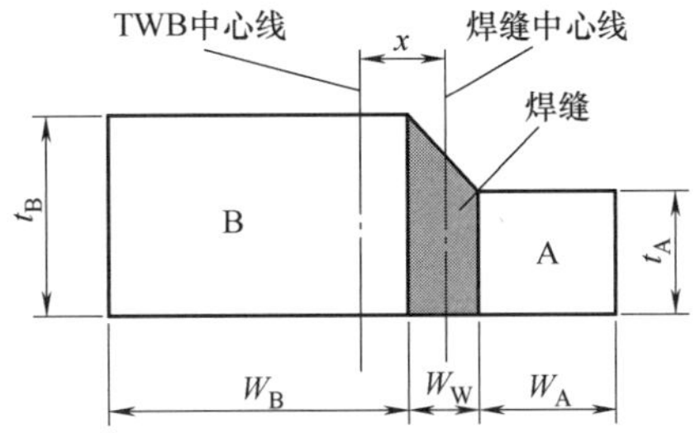

图 1-14　拼焊板横截面示意

按式（1-38）定义综合延伸率来评价纵向焊缝拼焊板拉伸性能。拼焊板纵向拉伸时，所加载的外力方向与焊缝平行，在分析拼焊板纵向拉伸时假设焊缝与母材变形均匀，即在拉伸过程中试样各处应变是相等的。母材和焊缝的应力-应变关系遵循 Ludwick-Hollomon 定律，即母材和焊缝的应力-应变曲线为幂指数硬化曲线，则

$$\bar{\sigma}_i = K_i \bar{\varepsilon}_i^{\,n_i} \quad (i = \mathrm{A、B、W}) \tag{1-44}$$

式中，$\bar{\sigma}_A$、$\bar{\sigma}_B$、$\bar{\sigma}_W$ 分别为母材 A、母材 B 和焊缝 W 的等效应力；ε_A、ε_B、ε_W 分别是母材 A、母材 B 和焊缝 W 的等效应变；K_A、K_B、K_W 分别是母材 A、母材 B 和焊缝 W 的强度系数；n_A、n_B、n_W 分别是母材 A、母材 B 和焊缝 W 的应变硬化指数。

对于拼焊板，在纵向焊缝试样的拉伸试验中，若加载在整个试样上的力为 F，则根据力的平衡方程，可以得

$$F = \sigma_A A_A + \sigma_B A_B + \sigma_W A_W \tag{1-45}$$

式中，A_A、A_B、A_W 分别为拉伸试样中母材 A、B 和焊缝 W 变形后的实际横截面积。

把式（1-44）代入式（1-45）可得

$$F = \sum_{i = \mathrm{A、B、W}} K_i \varepsilon_i^{\,n_i} A_i \tag{1-46}$$

由等应变假设 $\varepsilon_A = \varepsilon_B = \varepsilon_W = \varepsilon$ 可得

$$F = \sum_{i = \mathrm{A、B、W}} K_i \varepsilon^{n_i} \frac{A_{i0} l_0}{l} \tag{1-47}$$

式中，ε 为拉伸试样的均匀应变值；l_0、l 分别为拉伸试样初始长度和变形后实际长度；A_{i0}（i = A、B、W）分别为母材 A、母材 B 和焊缝 W 的初始横截面积。

当拉伸试件分散性失稳时，拉伸载荷达到最大值，即 $\mathrm{d}F = 0$，对式（1-47）

求导简化可得

$$\sum_{i=\mathrm{A、B、W}} K_i A_{i0} \varepsilon^{n_i}(n_i - \varepsilon) = 0 \tag{1-48}$$

式中，ε 是拼焊板焊缝开裂时的主应变。

因为主应变 ε 与综合延伸率 δ_u 存在以下关系：

$$\varepsilon = \ln(1 + \delta_u) \tag{1-49}$$

把式（1-49）代入式（1-48），可得拼焊板纵向拉伸时综合延伸率的解析模型：

$$\sum_{i=\mathrm{A、B、W}} K_i A_{i0} \varepsilon^{n_i}[n_i - \ln(1 + \delta_u)] = 0 \tag{1-50}$$

由式（1-50）可知，拼焊板纵向拉伸时的综合延伸率由母材和焊缝的材料参数及初始面积共同决定。

假设拼焊板初始总宽度为 W，根据图 1-14 可知焊缝位置 x 可用下式表示：

$$x = \frac{W_{A0} - W_{B0}}{2}$$

又 $W_{A0} + W_{B0} = W - W_W$，则

$$\begin{cases} A_{A0} = W_{A0} t_{A0} = \left(\dfrac{W - W_W}{2} + x\right) t_{A0} \\ A_{B0} = W_{B0} t_{B0} = \left(\dfrac{W - W_W}{2} - x\right) t_{B0} \\ A_{W0} = W_{W0} t_{W0} = W_{W0} \dfrac{t_{A0} + t_{B0}}{2} \end{cases} \tag{1-51}$$

式中，A_{A0}、A_{B0}、A_{W0} 分别为母材 A、B 和焊缝 W 的初始面积。

由式（1-50）和式（1-51）即可获得焊缝位置 x 与拼焊板综合延伸率 δ_u 之间的解析关系。从解析模型中可知，拼焊板纵向拉伸综合延伸率由焊缝、母材材料参数及拼焊板初始总宽度、焊缝宽度和位置、两侧母材初始板厚共同决定。

2. 纵向焊缝拼焊板综合延伸率解析模型的验证

采用有限元和试验相结合的方法对建立的拼焊板纵向拉伸综合延伸率解析模型进行验证。

有限元建模中由于开裂主要发生在焊缝上，焊缝建模必须考虑焊缝性能和形状的影响，采用 BT 壳单元进行焊缝建模，并赋予焊缝属性。试样尺寸按照国标 GB/T 228.1—2010 进行制作，焊缝处于拼焊板中心线上，如图 1-15 所示。焊缝宽度取为 2mm，材料力学性能参数根据范围取 $K_W = 1.5K_b$，$n_W = 0.5n_b$ [22]。约束条件为试件一端固定，另一端施加载荷 F。

拼焊板母材采用汽车 B 柱用的宝钢热镀锌板 DX53DZ100MB 材料，厚度分别

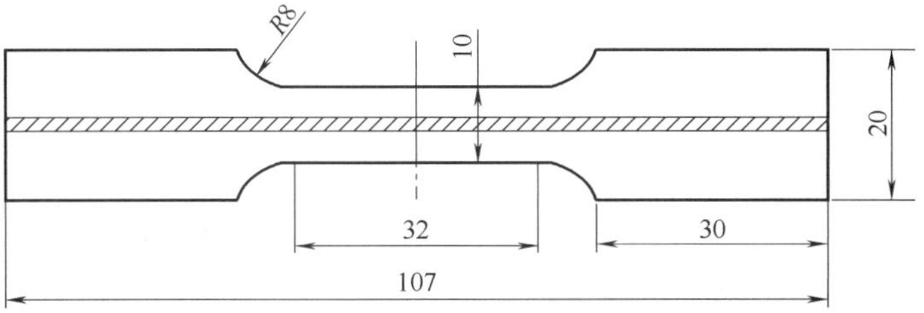

图 1-15　纵向拉伸试件基本尺寸（单位：mm）

为 1.75mm 和 2.5mm，母材的材料性能参数见表 1-1。以载荷-位移曲线为评价标准，通过物理试验对所建立的有限元模型进行验证。

为验证所建立的纵向拼焊板有限元模型，进行纵向焊缝单向拉伸试验。试验和有限元模拟结果如图 1-16 所示，失效模式基本相同，开裂均发生在焊缝上。

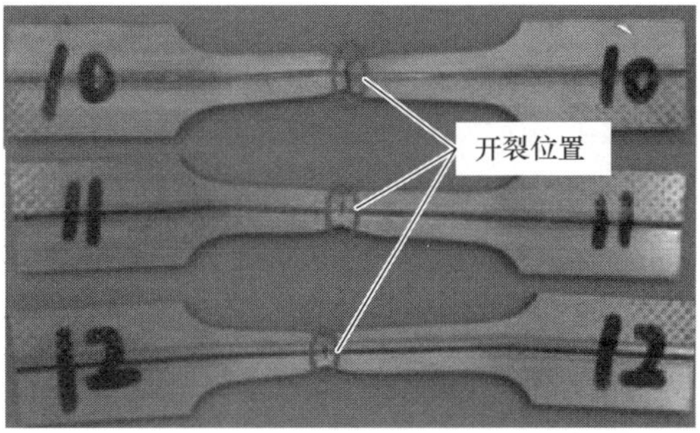

a)

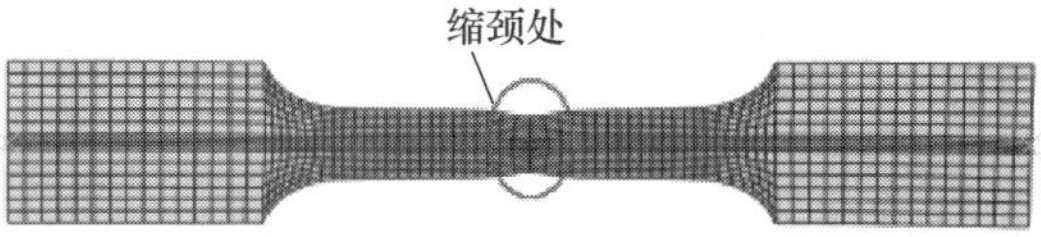

b)

图 1-16　纵向焊缝拼焊板拉伸试验结果

a）纵向焊缝拼焊板试验失效位置　b）纵向焊缝拼焊板拉伸失效有限元结果

根据试验机记录的载荷（P）-位移（ΔL）数据获得载荷位移曲线，根据载荷最大时得到的拉伸长度与试件初始长度之比可以计算出试件的平均延伸率，理论计算值和有限元仿真结果进行比较，结果如图 1-17 所示。图 1-17 显示理论计算、有限元仿真及试验值较为吻合，验证了纵向拉伸平均延伸率计算模型的正确性，可用于后续拼焊板纵向拉伸成形性能研究。

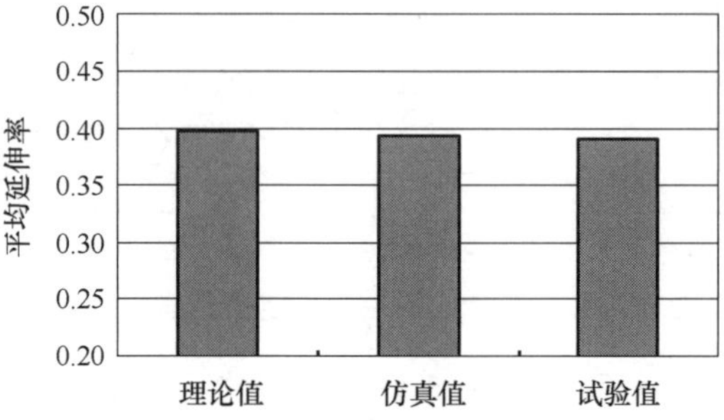

图 1-17　不同方法得到的平均延伸率比较

三、拼焊板横向拉伸时应变不均匀性对成形性能的影响

作为评价成形性能的主要方法之一，单向拉伸试验已被很多学者用来评定拼焊板的成形性能。由于拼焊板焊缝的存在，焊缝与拉伸载荷方向不同时（焊缝垂直于拉伸载荷方向和焊缝平行于拉伸载荷方向），拼焊板的变形不均匀性及其成形性能有很大不同，影响变形不均匀分布的敏感性因素也有所差异，所以有必要针对这两种情况分别进行深入研究。本章着重研究了焊缝垂直于拉伸载荷方向的情况。

首先，采用有限元仿真和试验相结合的方法，研究了焊缝材料参数及仿真处理方式对拼焊板横向拉伸性能的影响；然后，在此基础上，建立拼焊板横向拉伸时平均延伸率的力学解析模型，通过试验和有限元模拟验证了模型的正确性；最后，从应变不均匀性角度，研究了初始板厚比、焊缝初始位置、母材应变硬化指数对拼焊板横向拉伸成形性能的影响规律。

（一）焊缝材料参数及仿真建模方式对横向拉伸性能的影响

1. 拼焊板横向拉伸有限元模型

已有研究证明，焊缝的特点是高强度、低塑性，符合幂指数本构关系，其性能随母材改变而改变。根据文献［23］，焊缝的强度系数 K_W、应变硬化指数 n_W 与母材的强度系数 K_b、应变硬化指数 n_b 之间存在着如下关系：$K_r = K_W/K_b = 1.5 \sim 2.5$，$n_r = n_W/n_b = 0.5 \sim 0.8$。本节将采用有限元探索焊缝材料参数 K_W 值、n_W 值不同组合对数值模拟结果的影响，与横向拉伸试验进行比较，分析焊缝材料参数对拼焊板横向拉伸性能的影响。

有限元仿真计算采用 ABAQUS 软件，试件的尺寸参照 GB/T 228.1—2010，如图 1-18 所示。分析中，母材采用宝钢生产的 ZSTE260Z 冷冲板材，材料参数见表 1-2，厚度为 1.2mm/1.5mm 组合。

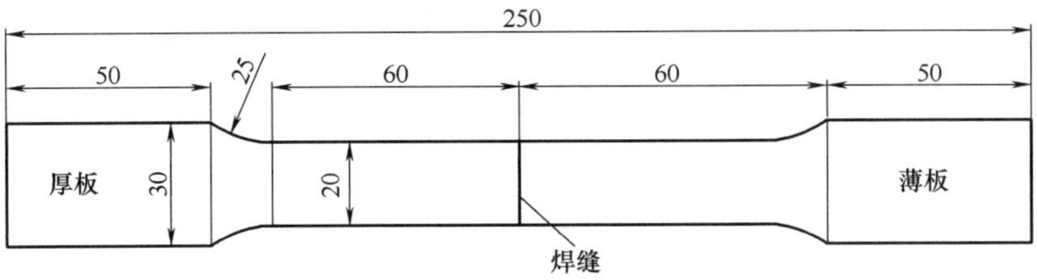

图 1-18　横向拉伸试件基本尺寸

表 1-2　ZSTE260Z 材料参数

K/MPa	n	杨氏模量/MPa	泊　松　比
674	0.2	210	0.3

有限元分析中分别对两种焊缝建模方式进行了比较，图 1-19 为两种不同焊缝处理方式下的横向拉伸变形示意图[24]。考虑焊缝性能的方法是在模型中划分一个焊缝区，将焊缝性能赋予焊缝区所在单元上；而忽略焊缝性能时，两侧母材单元直接采用刚性连接。拉伸试件一端采用固支边界条件，即完全限制三个方向上的平移及旋转自由度，另一端在水平方向即加载方向可以自由移动。有限元模型如图 1-20 所示，母材及焊缝采用 BT 四边形壳单元，在试件标称长度内，单元，长宽都为 1mm；在夹持部分，由于主要的变形不在这里发生，为了节约计算时间，此处单元尺寸较大。对于激光拼焊板，由硬度分析可知，焊缝及热影响区宽度大约为 2mm，为了便于网格划分，壳单元焊缝模型中焊缝宽度取为 1mm，由两排单元组成。

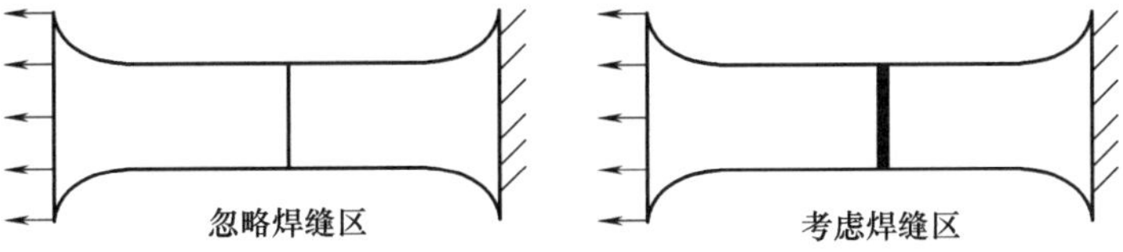

图 1-19　横向拉伸变形示意图

2. 拼焊板横向拉伸试验

（1）试验材料和设备　与有限元仿真采用的材料相同，试验用激光拼焊板的母材为 ZSTE260Z，厚度分别为 1.2mm 和 1.5mm。焊接用激光功率为 4kW，焊接速度为 1m/min。激光焊的特点是焊接速度快、热影响区范围小、焊缝窄、外形美观、焊缝金属性能变化小、焊缝较硬，试件尺寸如图 1-10 所示。

试验仪器为长春试验机研究所生产的 2G · CSS 电子万能试验机（图 1-21），试验机的参数见表 1-3。

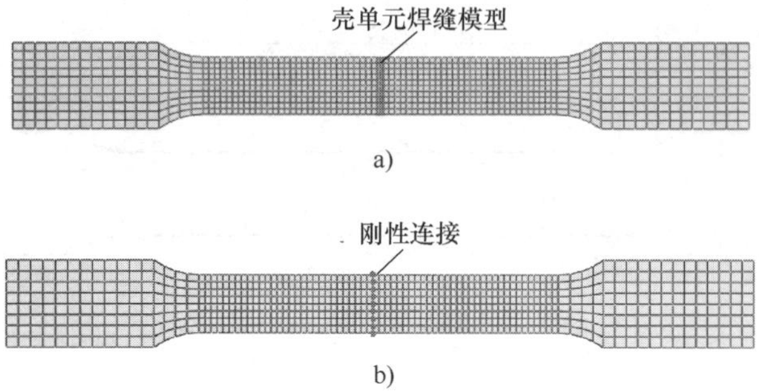

图 1-20　横向拉伸有限元模型

a）考虑焊缝性能的有限元模型　b）忽略焊缝性能的有限元模型

图 1-21　2G · CSS 电子万能试验机

表 1-3　试验机的参数

规　格	2G · CSS
最大试验力/kN	100
试验力测量精度	在最大试验力 2%～100% 范围内，精度为示值的 ±1%
变形测量精度	在引伸计量程的 2%～100% 范围内，精度为示值的 ±1%
位移量程/mm	200
位移测量精度	±1%
速度精度	±1%
拉伸夹头最大间距/mm	550

（2）试验方法与结果　试验参考 GB/T 228.1—2010，试验中拉伸速度采用的 6mm/min，拉伸至试件断裂后停止（图 1-22），将各试件的载荷与位移记录下

来。根据试验机记录的载荷（P）-位移（ΔL）数据获得载荷-位移曲线，由载荷最大时得到的拉伸长度与试件初始长度比可以得到试件的延伸率。

图 1-22　试件断裂结果图

3. 焊缝材料参数及仿真建模方式的影响

将采用不同焊缝材料参数的有限元模型与拉伸试验得到的载荷-位移曲线进行对比，结果如图 1-23 所示。将载荷最大时计算得到的延伸率进行对比，结果如图 1-24 所示。从图 1-23、图 1-24 可见，采用不同焊缝材料及建模方式得到的试件横向拉伸载荷-位移曲线和延伸率基本一致，结果与试验数据比较相近。由此说明，拼焊板横向拉伸时，焊缝及热影响区对拉伸性能影响很小。

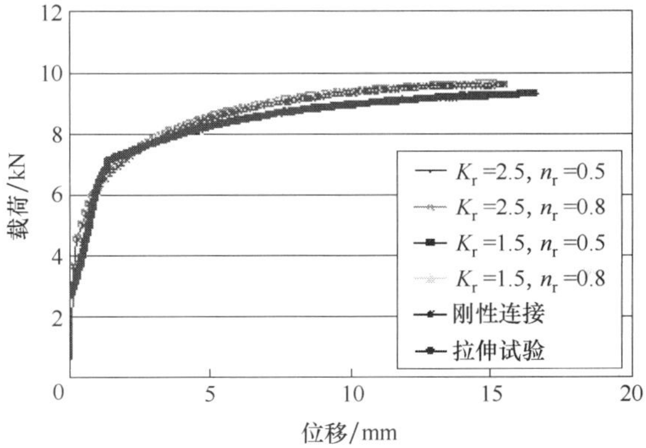

图 1-23　不同焊缝材料横向拉伸时的载荷-位移曲线

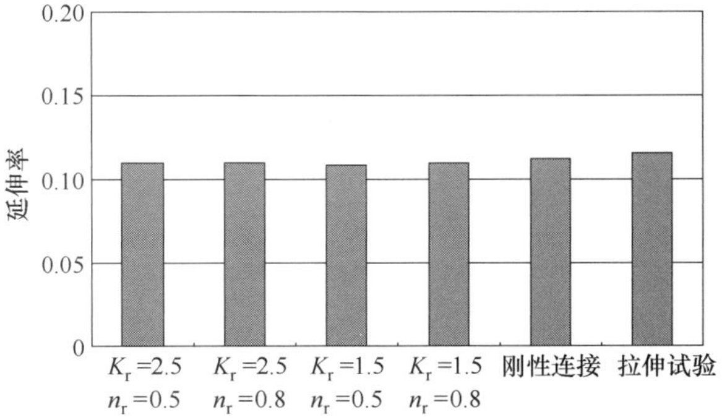

图 1-24　不同焊缝材料横向拉伸时的延伸率

（二）同材拼焊板横向拉伸时平均延伸率力学解析模型

拼焊板横向拉伸时，焊缝及热影响区对拉伸性能影响很小。理论计算时可忽略焊缝及热影响区的尺寸大小和变形，建立的横向拉伸受力示意图如图 1-25 所示。假设焊缝两侧母材相同，初始板厚分别为 t_A 和 t_B（$t_A < t_B$），初始长度分别为 l_{A0}、l_{B0}，初始焊缝位置（焊缝离中心线距离）为 x，板料在拉伸方向受单向拉伸力 F 的作用。为了便于衡量拼焊板不同于母材的拉伸性能，以拼焊板分散性失稳时的延伸率作为平均延伸率，该值反映了拼焊板开始发生局部颈缩时薄板和厚板的整体变形量，以及拼焊板的整体成形性能。

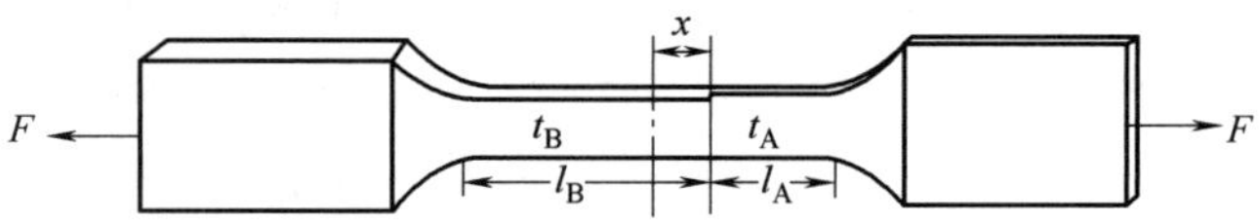

图 1-25　拼焊板横向拉伸受力示意图

根据焊缝两侧母材受力平衡关系，结合金属幂指数本构关系可得

$$K\varepsilon_A^n A_A = K\varepsilon_B^n A_B \tag{1-52}$$

即

$$\varepsilon_A^n t_A e^{-\varepsilon_A} = \varepsilon_B^n t_B e^{-\varepsilon_B} \tag{1-53}$$

式中，K、n 分别为母材的强度系数和应变硬化指数；ε_A、ε_B 分别为厚薄两侧母材的瞬时应变值；A_A、A_B 分别为厚薄两侧母材的瞬时横截面积。

对式（1-53）两边取对数得到两侧应变比 ε_r 与薄侧应变 ε_A、初始板厚比 t_r 及母材应变硬化指数 n 之间的关系：

$$\ln t_r + n\ln\varepsilon_r - \varepsilon_A\left(1 - \frac{1}{\varepsilon_r}\right) = 0 \tag{1-54}$$

其中

$$\varepsilon_r = \frac{\varepsilon_A}{\varepsilon_B},\ t_r = \frac{t_A}{t_B}$$

由式（1-54）可得

$$\varepsilon_A = \frac{\ln t_r + n\ln\varepsilon_r}{1 - \dfrac{1}{\varepsilon_r}} \tag{1-55}$$

对式（1-55）微分，并令其等于 0 可得

$$\frac{d\varepsilon_B}{d\varepsilon_r} = \frac{1}{(\varepsilon_r - 1)^2}[n(\varepsilon_r - 1) - \varepsilon_r^2(\ln t_r + n\ln\varepsilon_r)] = 0 \tag{1-56}$$

当拼焊板两侧初始厚度有差异时，

$$\frac{1}{(\varepsilon_r-1)^2}\neq 0$$

因此可得

$$n(\varepsilon_r-1)-\varepsilon_r^2(\ln t_r+n\ln\varepsilon_r)=0 \tag{1-57}$$

由式（1-57）可对给定的 t_r、n 值用数值解得到 ε_r值，代入式（1-55）可得拼焊板横向拉伸时厚薄两侧所能达到的最大伸长应变 ε_{Bj}、ε_{Aj}（计算得到 $\varepsilon_{Aj}\approx n$），从而可根据式（1-58）算得此时的平均延伸率：

$$\begin{aligned}\delta_u&=\frac{(e^{\varepsilon_{Bj}}-1)+(e^{\varepsilon_{Aj}}-1)l_r}{1+l_r}\\&=\frac{(e^{\varepsilon_{Bj}}-1)\left(\frac{l_0}{2}+x_0\right)+(e^{\varepsilon_{Aj}}-1)\left(\frac{l_0}{2}-X_0\right)}{l_0}\end{aligned} \tag{1-58}$$

式中：l_r为薄厚两侧母材初始长度比；l_0为试件初始总长度；x_0 为焊缝初始位置。

从式（1-55）~式（1-58）可知，拼焊板横向拉伸的平均延伸率由母材应变硬化指数、两侧母材初始板厚比及初始焊缝位置（总长度一定时）共同决定。

（三）理论模型的有限元及试验验证

采用有限元和试验相结合的方法对建立的拼焊板横向拉伸平均延伸率计算公式进行验证，首先采用通用有限元仿真软件 ABAQUS 建立不同焊缝位置的拼焊板单向拉伸有限元模型，记录仿真过程的载荷-位移曲线并计算得到每个焊缝位置的平均延伸率。为简化，有限元模型的焊缝建模方式采用刚性连接，如图 1-20a所示。同时，对母材为 ZSTE260Z 的激光拼焊板进行不同焊缝位置的单向拉伸试验，失效后的试样如图 1-26 所示，得到不同焊缝位置时的横向拉伸延伸率，将有限元值、试验值与理论值进行比较，结果如图 1-27 所示。从图 1-26 可以看出，不同焊缝位置的拼焊板试件均断裂在薄板中间位置（或附近），说明焊缝位置的变化不会对失效方式产生影响。图 1-27 所示为不同焊缝位置拼焊板的平均延伸率。可见，随着焊缝位置从厚板移向薄板，平均延伸率逐渐增大；同时，理论解析值、试验值及有限元值具有较高的吻合度，验证了拼焊板横向拉伸平均延伸率力学解析模型。

（四）应变不均匀性因素对平均延伸率的影响

拼焊板横向拉伸的平均延伸率由两侧母材初始板厚比、初始焊缝位置（总长度一定时）与母材应变硬化指数共同决定。而这些因素影响横向拉伸时平均延伸率的本质是对拼焊板拉伸过程中的应变不均匀性产生了影响，应从应变不均匀性角度，探讨这些因素对拼焊板横向拉伸时平均延伸率的影响规律。

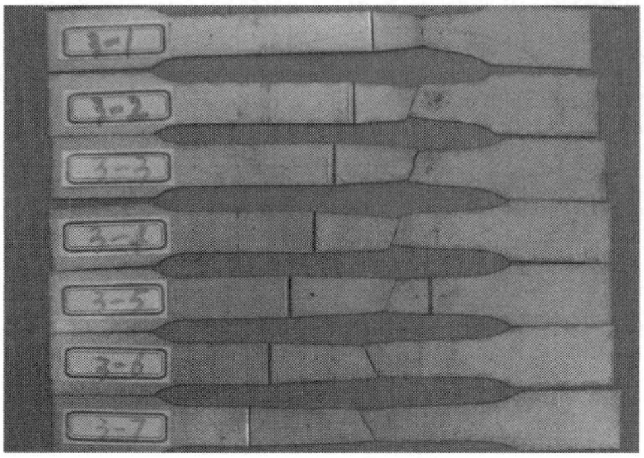

图 1-26　拉伸试件结果

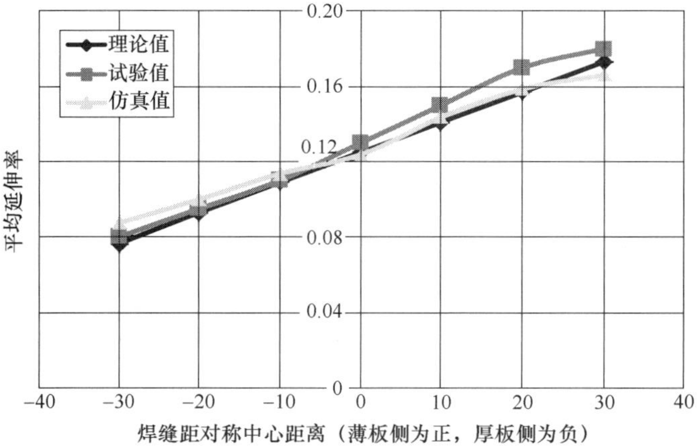

图 1-27　不同焊缝位置的拼焊板的平均延伸率

1. 初始板厚比的影响

在初始板厚比对拼焊板两侧应变比及平均延伸率的影响规律分析中，薄厚两侧采用相同材料 ZSTE260Z，固定一侧厚度为 1.5mm，改变另一侧厚度分别得到初始板厚比为 0.6～1.4，初始板厚比对拼焊板两侧应变比的影响规律如图 1-28 所示。同时，分别通过平均延伸率力学解析模型和有限元仿真法得到不同初始板厚比时的平均延伸率，并与单一母材进行比较，得到初始板厚比对拼焊板平均延伸率下降率的影响规律，如图 1-29 所示。

从图 1-28 和图 1-29 可知，当两侧初始板厚比为 1 时，随着薄侧应变的增大（即拉伸的进行），两侧应变比为 1 且保持不变，此时拼焊板平均延伸率接近母材。当初始板厚比不为 1 时，两侧应变比随着薄侧应变的增大而增大；且随着两侧板厚差异的增大，变形初始应变比和应变增加速率均增大，最终达到的应变比

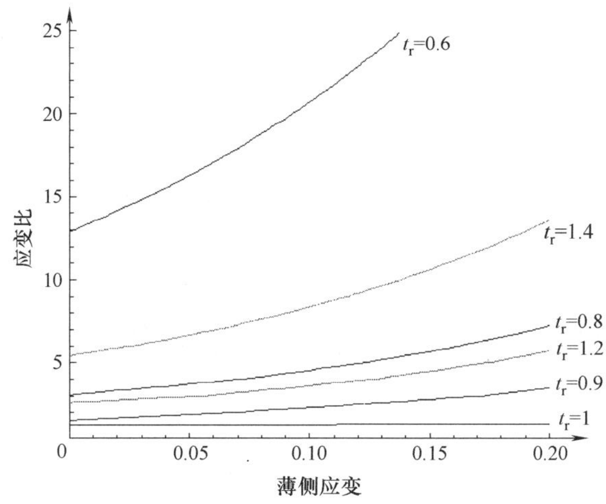

图 1-28　初始板厚比对拼焊板两侧应变比的影响规律

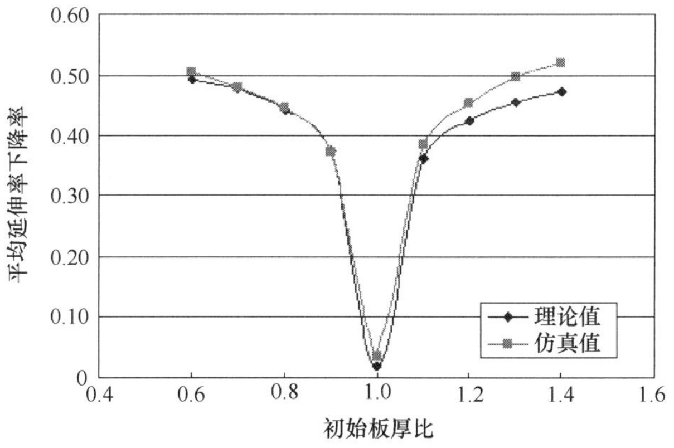

图 1-29　初始板厚比对拼焊板平均延伸率下降率的影响规律

变大；同时，拼焊板横向拉伸时薄侧极限应变固定为母材的应变强化指数，所以，两侧应变比的增加意味着当薄侧发生颈缩时，厚侧变形量减小，从而使拼焊板横向拉伸时平均延伸率相比单一母材下降率增大，使整体拉伸性能下降。

2. 焊缝初始位置的影响

在拼焊板横向拉伸过程中，焊缝初始位置不影响两侧应变比的变化，但影响不同应变分布区域的大小。图 1-30 所示为固定板厚比为 0.8，通过有限元模拟得到的不同初始焊缝位置（0、－20mm、20mm）时两侧等效应变分布云图。从图 1-30 可以看出，随着焊缝初始位置从薄侧偏移到厚侧，薄侧变形区域变大；由于薄板（红色变形区域）相比厚板变形量较大，所以薄板所占比例越大时拼焊板整体变形程度越大。如图 1-31 所示，随着焊缝位置从薄板向厚板移动，拼焊板平均延伸率相比母材下降率越小，成形性能越接近母材。同时，分别通过力学解析模型和有限元法得到焊缝初始位置对拼焊板平均延伸率下降率的影响规律如图 1-31 所示。

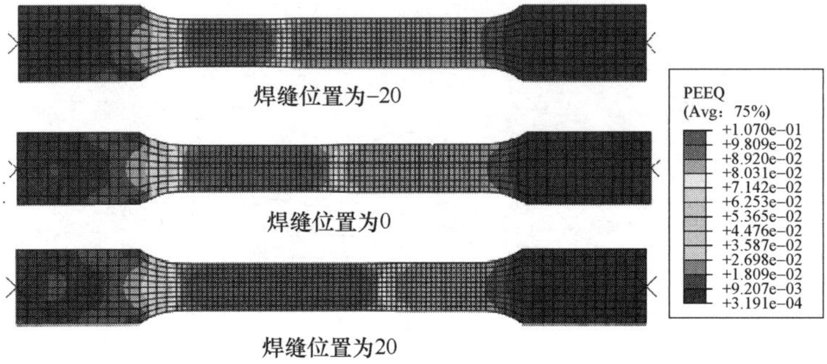

图 1-30　焊缝初始位置对拼焊板等效应变分布的影响

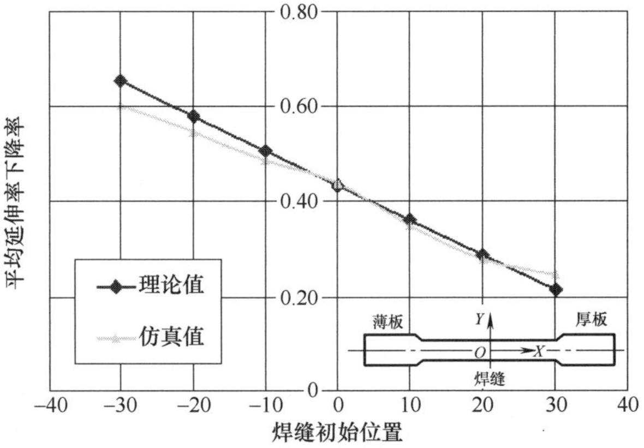

图 1-31　焊缝初始位置对拼焊板平均延伸率下降率的影响规律

3. 母材应变硬化指数的影响

为研究母材应变硬化指数对拼焊板两侧应变比和平均延伸率的影响规律，固定板厚比为 0.8，焊缝置中布置，母材应变硬化指数 n_b 值分别取 0.15、0.2、0.25，代入式（1-55）可得到不同薄侧母材应变条件下，n_b 对两侧应变比 ε_r 的影响规律如图 1-32 所示。同时，分别通过力学解析模型和有限元法得到母材应变硬化指数对平均延伸率下降率的影响规律，如图 1-33 所示。从图 1-33 可以看出，母材应变硬化指数 n_b 值不同时，两侧应变比的变化规律也不同。随着 n_b 值的增大，拼焊板两侧初始应变比减小，且随着拉伸的进行应变比增加速率也减小，最终使两侧变形不均匀性下降。在薄侧极限应变不变的情况下，薄厚两侧应变比的增加意味着厚侧变形量增大，使得拼焊板整体变形程度提高，拼焊板横向拉伸时的成形性能提高。如图 1-33 所示，随着母材应变硬化指数 n_b 值增大，拼焊板横向拉伸平均延伸率越接近母材。

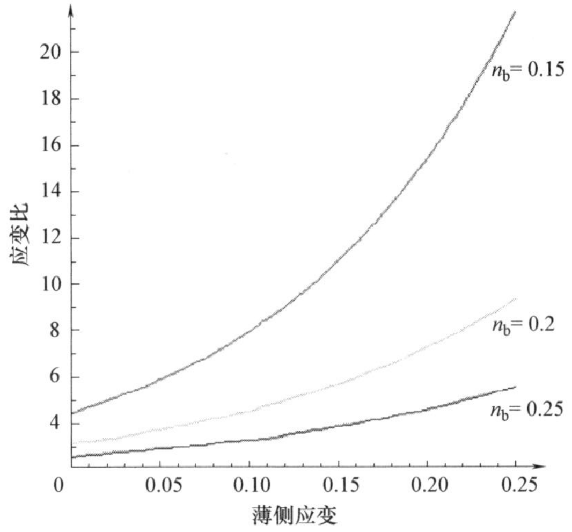

图 1-32　母材应变硬化指数对拼焊板两侧应变比的影响

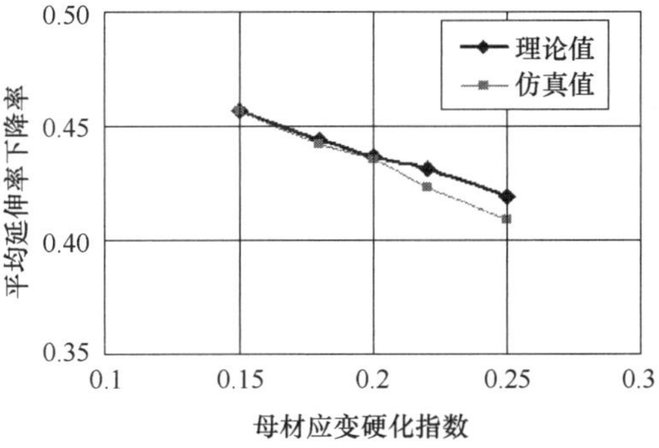

图 1-33　母材应变硬化指数对平均延伸率下降率的影响规律

四、拼焊板纵向拉伸时应力不均匀性对成形性能的影响

根据相关文献，相同厚度和强度的激光拼焊板的胀形结果与单一母材相比，当主应变方向平行于焊缝时，极限成形高度下降了 30%，且失效发生在焊缝界面。试验结果表明[25,26]，拼焊板纵向拉伸（焊缝平行于拉伸方向）时，屈服强

度和抗拉强度提高、应变硬化指数和伸长率降低是影响拼焊板成形能力的主要原因。但是，纵向拉伸时焊缝提前失效导致拼焊板延伸率下降的原因，目前只停留在焊缝塑性差的定性分析上[27]，尚未见到从机理上揭示拼焊板延伸率与母材、焊缝之间关系的文献。

基于等应变假设建立了拼焊板纵向拉伸时平均延伸率的力学解析模型，采用试验和有限元法验证了模型的正确性；最后从应力不均匀性角度研究了焊缝材料参数、焊缝初始位置、焊缝和母材初始宽度比及母材初始厚度比对拼焊板纵向拉伸平均延伸率的影响规律。

（一）拼焊板纵向拉伸时平均延伸率力学解析模型

假设拼焊板由两块厚度为 t_A 和 t_B（$t_A < t_B$）的钢板焊接而成，厚板和薄板的材质相同（强度系数 K 和硬化指数 n 相同），拼焊板纵向拉伸的横截面示意图如图 1-14 所示。为了便于衡量拼焊板不同于母材的拉伸性能，称拼焊板分散性失稳时的延伸率为平均延伸率，分散性失稳时的应变为极限平均应变。

拼焊板纵向拉伸时，外界力所加载的方向与焊缝平行，在分析拼焊板纵向拉伸时，假设焊缝与母材变形均匀，即在拉伸中试样各处应变相等；母材和焊缝的应力-应变关系遵循 Ludwick-Hollomon 定律，即母材和焊缝的应力-应变曲线为幂指数硬化曲线，则有下列关系式成立：

$$\sigma_B = K_B {\varepsilon_B}^{n_B} \tag{1-59}$$

$$\sigma_W = K_W {\varepsilon_W}^{n_W} \tag{1-60}$$

式中：σ_B、σ_W 分别为母材、焊缝的应力值；ε_B、ε_W 分别为母材、焊缝的应变值；K_B、K_W 分别为母材、焊缝的强度系数；n_B、n_W 分别为母材、焊缝的应变硬化指数。

对于同材拼焊板，在纵向焊缝试样的拉伸试验中，若加载在整个试样上的力为 F，则根据力的平衡方程，可以得到：

$$F = \overline{\sigma}_B A_B + \overline{\sigma}_W A_W \tag{1-61}$$

式中，A_B、A_W 分别为拉伸试样中母材、焊缝的横截面积。

把式（1-59）和式（1-60）代入式（1-61）可得

$$F = K_B {\overline{\varepsilon}_B}^{n_B} A_B + K_W {\overline{\varepsilon}_W}^{n_W} A_W \tag{1-62}$$

由假设 $\varepsilon_B = \varepsilon_W = \varepsilon$ 可得

$$F = K_B \overline{\varepsilon}^{n_B} A_B + K_W \overline{\varepsilon}^{n_W} A_W = K_B \overline{\varepsilon}^{n_B} \frac{A_{B0} l_0}{l} + K_W \overline{\varepsilon}^{n_W} \frac{A_{W0} l_0}{l} \tag{1-63}$$

式中：$\overline{\varepsilon}$ 为拉伸试样的均匀应变值；l_0、l 分别为拉伸试样初始长度和瞬时长度；A_{B0}、A_{W0} 分别为母材和焊缝的初始横截面积。

当拉伸试件分散性失稳时，拉伸载荷达到最大值，即 $dF = 0$，对式（1-63）求导简化可得

$$\frac{\varepsilon_j^{n_W}(n_W-\varepsilon_j)}{\varepsilon_j^{n_B}(n_B-\varepsilon_j)}=-\frac{A_{B0}}{A_{W0}}\frac{K_B}{K_W} \tag{1-64}$$

式中，ε_j为极限平均应变值。

由 $\varepsilon_j=\ln\frac{l_j}{l_0}$和 $\delta_u=\frac{l_j-l_0}{l_0}$，可得

$$\varepsilon_j=\ln(1+\delta_u) \tag{1-65}$$

式中，δ_u为平均延伸率。

把式（1-65）代入式（1-64），可得拼焊板纵向拉伸时的平均延伸率计算公式：

$$\frac{[\ln(1+\delta_u)]^{n_W}[n_W-\ln(1+\delta_u)]}{[\ln(1+\delta_u)]^{n_B}[n_B-\ln(1+\delta_u)]}=-\frac{A_{B0}}{A_{W0}}\frac{K_B}{K_W} \tag{1-66}$$

由式（1-66）可知，拼焊板纵向拉伸时的平均延伸率由母材和焊缝的材料参数 K_B、K_W、n_B、n_W及初始面积比共同决定。

由图 1-14 可得母材和焊缝初始面积比为

$$\frac{A_{B0}}{A_{W0}}=\frac{2(w_At_A+w_Bt_B)}{(t_A+t_B)w_W}=\frac{1}{w_W}\left(w-w_W-2x+\frac{4x}{1+t_r}\right) \tag{1-67}$$

式中：w 为初始总宽度；x 为焊缝位置；t_r为两侧母材初始板厚比。

由式（1-66）和式（1-67）可得

$$\frac{[\ln(1+\delta_u)]^{n_W}[n_W-\ln(1+\delta_u)]}{[\ln(1+\delta_u)]^{n_B}[n_B-\ln(1+\delta_u)]}=-\frac{1}{w_W}\left(w-w_W-2x+\frac{4x}{1+t_r}\right)\frac{K_B}{K_W} \tag{1-68}$$

拼焊板纵向拉伸平均延伸率由焊缝、母材材料参数及初始宽度、焊缝位置、两侧母材初始板厚比共同决定。其中当焊缝置中（$x=0$）时，式（1-68）变为

$$\frac{[\ln(1+\delta_u)]^{n_W}[n_W-\ln(1+\delta_u)]}{[\ln(1+\delta_u)]^{n_B}[n_B-\ln(1+\delta_u)]}=-2w_r\frac{K_B}{K_W} \tag{1-69}$$

式中，w_r为初始宽度比，$w_r=\frac{w_A}{w_W}=\frac{w_B}{w_W}$。

由式（1-69）可知，当焊缝置中布置时，拼焊板纵向拉伸时的平均延伸率与两侧母材初始板厚比无关，仅由 K_B、K_W、n_B、n_W及母材、焊缝初始宽度比共同决定。

（二）理论模型的验证

采用有限元和试验相结合的方法对建立的拼焊板纵向拉伸平均延伸率计算模型进行验证。采用宝钢提供的母材为 DX53DZ100MB 的拼焊板作为试验和有限元仿真用的研究对象，材料参数见表 1-1，厚度为 1.75mm/2.5mm 组合，焊缝置中布置。

有限元仿真软件为 ABAQUS，试件的尺寸参照 GB/T 228.1—2010，如图 1-15所示，有限元模型如图 1-34 所示，采用壳单元焊缝建模方式，焊缝宽度

取为 2mm，材料参数根据范围取 $K_r = K_W/K_B = 1.5$，$n_r = n_W/n_B = 0.5$[28]。有限元仿真结果如图 1-35 所示。

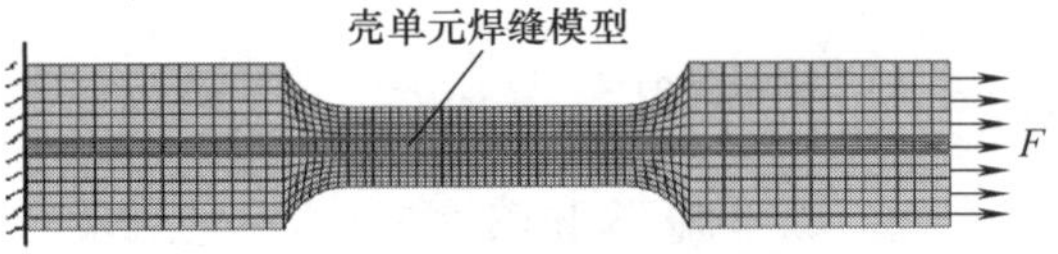

图 1-34　纵向拉伸试件有限元模型

图 1-35　纵向拉伸有限元仿真结果

对相同材料、相同板厚比及相同尺寸的拼焊板试件进行纵向拉伸试验，试验中拉伸速度为 6mm/min，其他参数参照 GB/T 228.1—2010 规定。失效后的试样如图 1-36 所示。从图 1-35 和图 1-36 可以看到，试验和仿真试样缩颈位置都是在标距中心或附近。

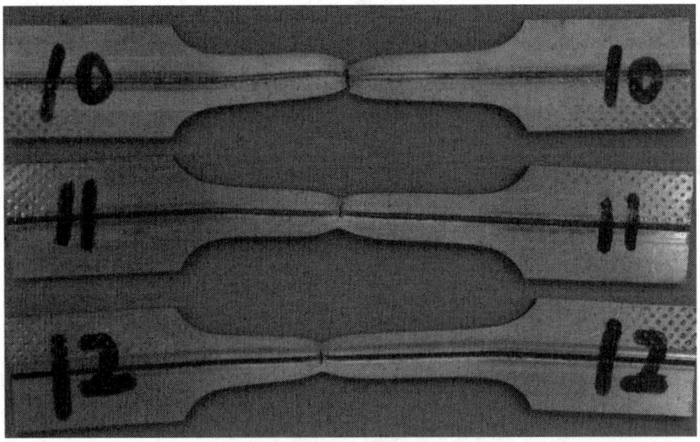

图 1-36　纵向拉伸试验失效后的试样

根据试验机记录的载荷、位移数据获得载荷-位移曲线，将载荷最大时得到的拉伸长度与试件初始长度比作为试件的平均延伸率，与理论计算值和有限元仿真值进行比较，如图 1-37 所示。图 1-37 显示理论计算、有限元仿真及试验结果较为吻合，验证了纵向拉伸平均延伸率计算模型的正确性，可用于后续拼焊板纵向拉伸成形性能研究的有限元分析。

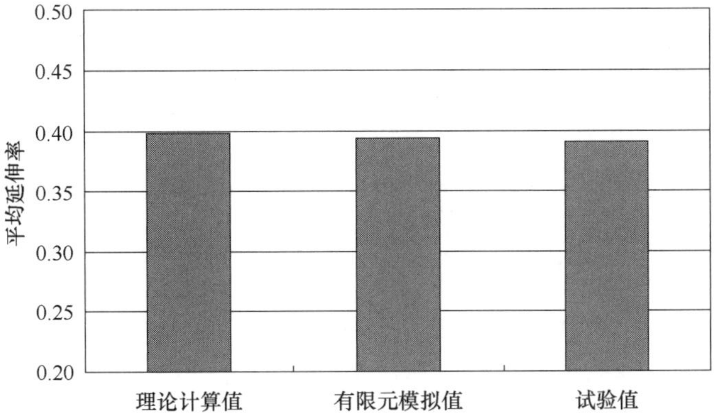

图 1-37 不同方法得到的平均延伸率比较

（三）应力不均匀性因素对平均延伸率的影响

由式（1-68）可知，拼焊板纵向拉伸平均延伸率由焊缝、母材材料参数及初始宽度比、焊缝位置、两侧母材初始板厚比共同决定。而这些因素影响拼焊板纵向拉伸时的平均延伸率的本质是对拼焊板拉伸过程中应力不均匀性产生了影响，所以应从应力不均匀性角度探讨这些因素对拼焊板纵向拉伸时平均延伸率的影响规律。

1. 焊缝材料参数的影响

现有研究表明[29]，不同的激光焊接参数（如焊接电流、压力、材料搭边、辗压焊接功率、焊接速度等）会影响焊缝性能，从而影响拼焊板的性能，所以有必要研究不同焊缝材料参数对拼焊板纵向拉伸成形性能的影响规律。

（1）焊缝材料参数对应力分布的影响　由等应变假设，纵向拉伸未发生分散性失稳之前焊缝与母材的应变相等，此时焊缝与母材应力比可由式（1-70）表示。

$$\frac{\bar{\sigma}_{\mathrm{W}}}{\bar{\sigma}_{\mathrm{B}}}=\frac{K_{\mathrm{W}}\bar{\varepsilon}_{\mathrm{W}}^{\ n_{\mathrm{W}}}}{K_{\mathrm{B}}\bar{\varepsilon}_{\mathrm{B}}^{\ n_{\mathrm{B}}}}=\frac{K_{\mathrm{W}}}{K_{\mathrm{B}}}\bar{\varepsilon}^{(n_{\mathrm{W}}-n_{\mathrm{B}})} \tag{1-70}$$

为研究焊缝材料参数的单一影响规律，将焊缝参数假定为 $K_r=K_W/K_B=1.5$、$n_r=n_W/n_B=1$ 和 $K_r=K_W/K_B=1$、$n_r=n_W/n_B=1.5$ 及 $K_r=K_W/K_B=1.5$、$n_r=n_W/n_B=0.5$ 三种情况下得到的焊缝与母材应力比变化曲线进行对比，结果如图 1-38 所示。由图 1-38 可知，假定焊缝与母材应变硬化指数相同时，两侧应力比与焊缝的强度系数成正比，且在成形过程中保持不变。假定焊缝与母材强度系数相同，随着拉伸变形进行，两侧应力比减小，且在变形之初减小速率最大，在变形结束时焊缝与母材应力接近相同；当焊缝与母材强度系数与应变硬化指数均不同时，随着拉伸变形的进行，两侧应力比减小，且在变形结束时仍然存在较大的应力差异。

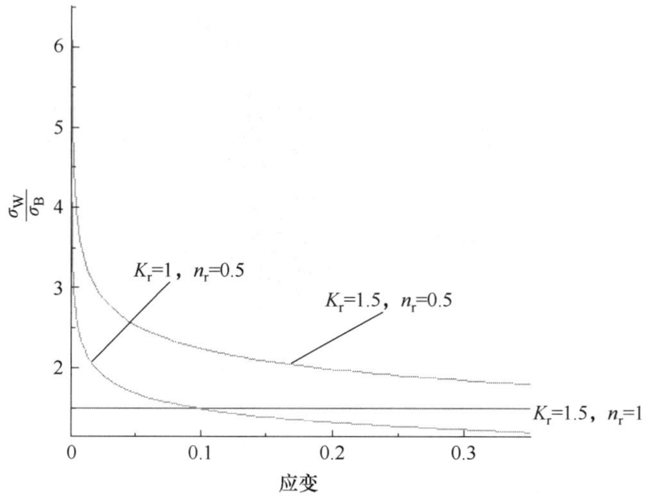

图 1-38 焊缝材料参数对应力比的影响

图 1-39 与图 1-40 所示分别为固定 n_r 值或 K_r 值中任一参数而改变另一类，拼焊板两侧应力比的变化规律。由图 1-39 和图 1-40 可知，n_r 值一定时，随着 K_r 值的增大，焊缝与母材应力差异越大，但随着拉伸的进行，其下降趋势一致；K_r 值一定时，随着 n_r 值增大，焊缝与母材应力差异减小，且随着拉伸的进行，应力比下降速度加快。也就是说，焊缝与母材材料差异越大，应力比相差也越大。

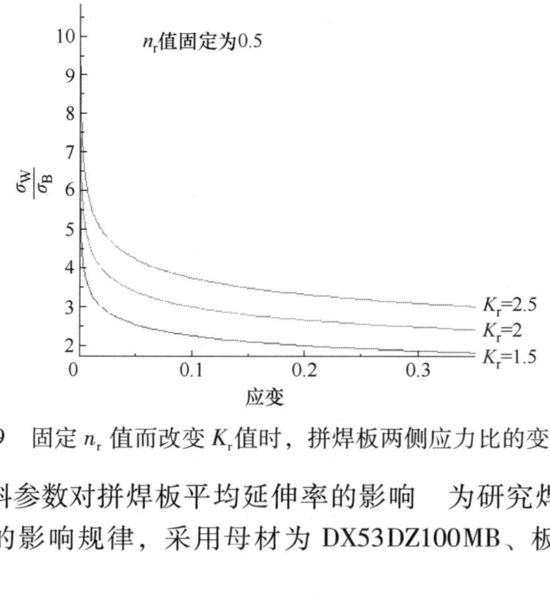

图 1-39 固定 n_r 值而改变 K_r 值时，拼焊板两侧应力比的变化规律

（2）焊缝材料参数对拼焊板平均延伸率的影响 为研究焊缝材料参数对拼焊板平均延伸率的影响规律，采用母材为 DX53DZ100MB、板厚比为 1.75mm/

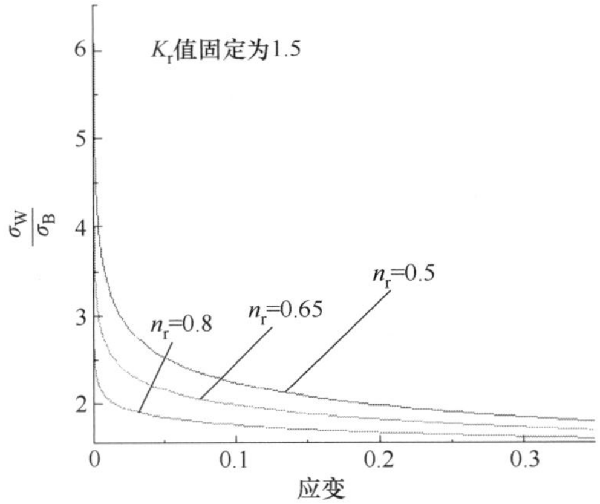

图 1-40　固定 K_r 值而改变 n_r 值时，拼焊板两侧应力比的变化规律

2.5mm 且焊缝置中布置的拼焊板，将有不同焊缝材料参数 K_r、n_r 的拼焊板平均延伸率与没有焊缝时的母材进行比较，得到拼焊板平均延伸率下降率，并将平均延伸率下降率与根据式（1-69）计算得到的理论值进行了对比，如图 1-41 所示。从图 1-41 可以看出，有限元值与理论计算值较为吻合，随着焊缝材料参数 K_r 值增大，n_r 值减小，即焊缝与母材应力比相差越大时拼焊板平均延伸率相比母材下降越大，而且参数 n_r 值对延伸率影响显著。根据有限元仿真结果，当 n_r 值固定为 0.5，改变 K_r 值从 1.5 上升到 2.5 时，延伸率下降率大约增加 4.6%；当 K_r 值固定为 1.5，改变 n_r 值从 0.5 上升到 0.8 时，其延伸率下降率增加近 12%。该研究结果可为实际生产中合理选择焊接参数提供一定的参考。

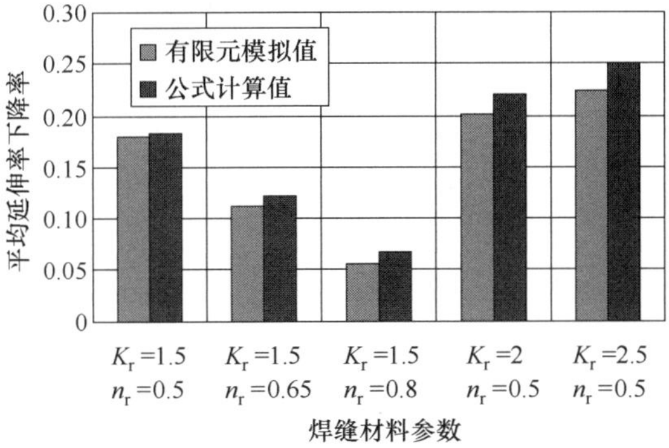

图 1-41　焊缝材料参数对平均延伸率的影响

2. 焊缝初始位置的影响

为研究焊缝初始位置对拼焊板平均延伸率的影响规律，采用图 1-42 所示厚

度组合为 1.75mm/2.5mm 的试件。定义焊缝置中布置时其位置为 0，得到不同焊缝初始位置时的拼焊板平均延伸率下降率（与母材相比较），且平均延伸率下降率与式（1-68）计算得到的理论值进行了对比，如图 1-43 所示。从图 1-43 可以看出，理论结果与有限元仿真结果较为吻合，且拼焊板的平均延伸率较母材均有所下降。当薄厚侧板厚组合为 1.75mm/2.5mm 时，随着焊缝位置从厚板偏移到薄板（$x>0$）方向，拼焊板纵向拉伸平均延伸率下降率减小，即成形性能提高。因为随着焊缝位置从厚板偏移到薄板，母材所占横截面面积变大，其应力分布区域也加大，从而对成形性能的贡献加大，使得拼焊板整体成形性能越接近母材及成形性能越好。

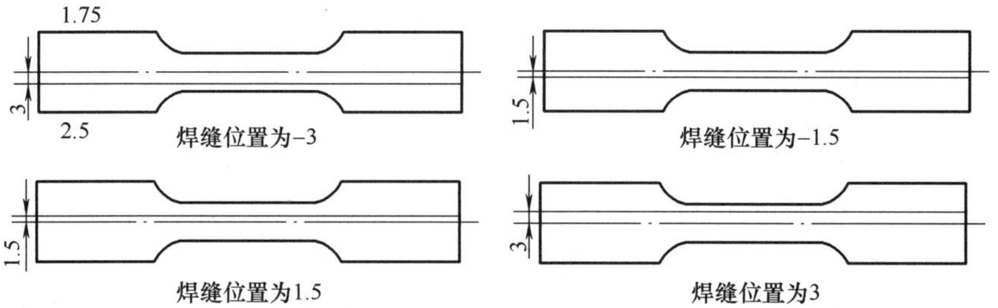

图 1-42　不同焊缝初始位置示意图

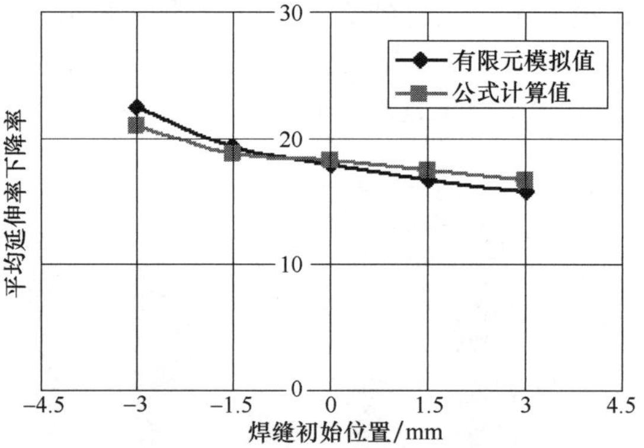

图 1-43　焊缝初始位置对拼焊板平均延伸率的影响

3. 母材与焊缝初始宽度比的影响

单一板材在进行单向拉伸试验时，其性能受尺寸参数的影响并不大，但初始宽度比会影响拼焊板平均延伸率。同时，试验研究也发现，由于焊缝的存在，不同宽度试件的拼焊板纵向拉伸性能相差较大，导致拼焊板材料的塑性指标不一致，这给拼焊板的使用带来不便，所以有必要研究初始宽度比与拼焊板塑性指标之间的关系。

为简化研究，固定焊缝材料性能参数 $K_r = K_W/K_B = 1.5$，$n_r = n_W/n_B = 0.5$，焊缝宽度为2mm 不变的情况下，改变拼焊板宽度得到不同初始宽度比；同时，与没有焊缝时的母材进行比较，得到初始宽度比对拼焊板平均延伸率下降率的影响规律，如图 1-44 所示。根据图 1-44 可知，有限元值与理论计算值较为吻合。在焊缝尺寸不变的情况下，试样宽度越大即初始宽度比 w^* 越大，平均延伸率下降率越小；这是因为母材所占横截面积的增大会使应力分布区域变大，从而使拼焊板性能与母材越接近。且在 $0 < w^* < 20$ 时，初始宽度比对拼焊板纵向拉伸性能影响较为显著；而在 $w^* > 20$ 时，拼焊板性能随初始宽度比的变化趋于平缓。由此说明，小型纵向拉伸试件初始宽度比对试件成形性能的影响存在一个敏感区域（$0 < w^* < 20$），即在该区域内设计拉伸试验时，必须考虑试件尺寸对试验结果的影响，从而使不同尺寸拼焊板测得的塑性指标具有可比性。

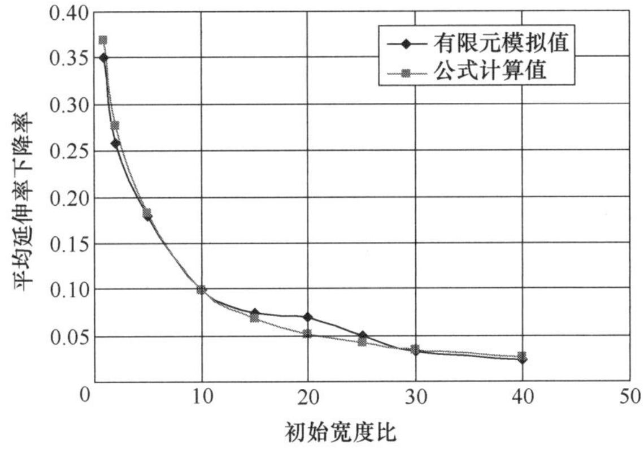

图 1-44　初始宽度比对拼焊板平均延伸率下降率的影响规律

4. 母材初始板厚比的影响

对于母材初始板厚比的影响，当焊缝置中布置时，根据式（1-69）可知母材初始板厚比对拼焊板纵向拉伸平均延伸率下降率无影响，所以这里研究焊缝不是置中布置时（$x \neq 0$）的情况。由式（1-69）可知，初始板厚比 t_r对拼焊板平均延伸率下降率的影响与 x 值的正负有关系。在 $x = 3$ 和 $x = -3$ 的情况下，仍采用 DX53DZ100 MB 材料，改变两侧母材初始板厚比为 0.6 ~ 1.4，得到在焊缝位置不同的情况下，初始板厚比对拼焊板平均延伸率下降率的影响规律，并与有限元结果做比较，如图 1-45 所示。根据图 1-45 可知，有限元值与理论计算值变化趋势较为吻合。在焊缝位置偏向于薄板（$x > 0$）的情况下，两侧母材初始板厚比越大，母材所占横截面积越小，相应应力分布区域也越小，使拼焊板纵向拉伸性能向焊缝靠近及平均延伸率下降率越大。反之，在焊缝位置偏向于厚板（$x < 0$）的

情况下，随着母材初始板厚比增加，母材应力分布区域变大，使拼焊板拉伸性能更接近母材及平均延伸率下降率减小。

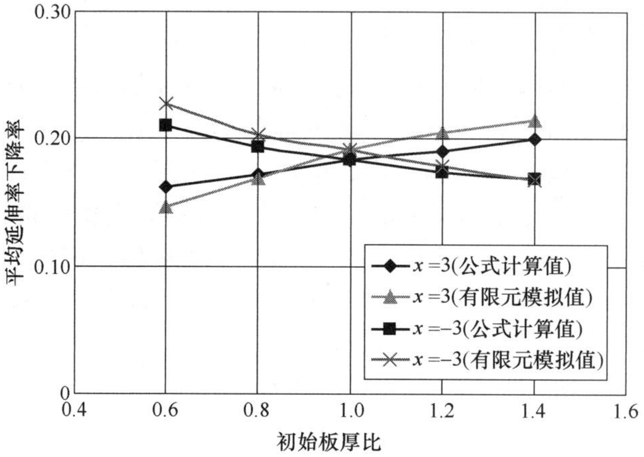

图 1-45　初始板厚比对拼焊板平均延伸率下降率的影响规律

参 考 文 献

[1] Smith L M, Averill R C, Lucas J P, et al. Influence of transverse normal stress on sheet metal formability [J]. International Journal of Plasticity, 2003, 19 (10): 1567-1583.

[2] Chan S M, Chan L C, Lee T C. Tailor-welded blanks of different thickness ratios effects on forming limit diagrams [J]. Journal of Materials Processing Technology, 2003, 132 (1): 95-101.

[3] Shakeri H R, Buste A, Worswick M J, et al. Study of damage initiation and fracture in aluminum tailor welded blanks made via different welding techniques [J]. Journal of Light Metals, 2002, 2 (2): 95-110.

[4] Chan L C, Chan S M, Cheng C H, et al. Formability and Weld Zone Analysis of Tailor-Welded Blanks for Various Thickness Ratios [J]. Journal of Engineering Materials and Technology, 2005, 127 (2): 179-185.

[5] Chan L C, Cheng C H, Chan S M, et al. Formability Analysis of Tailor-Welded Blanks of Different Thickness Ratios [J]. Journal of Manufacturing Science and Engineering, 2005, 127 (4): 743-751.

[6] Cheng C H, Chan L C, Chow C L, et al. Experimental investigation on the weldability and forming behavior of aluminum alloy tailor-welded blanks [J]. Journal of Laser Applications, 2005, 17 (2): 81-88.

[7] Friedman P, Kridli G. Microstructural and mechanical investigation of aluminum tailor-welded blanks [J]. Journal of Materials Engineering and Performance, 2000, 9 (5): 541-551.

[8] Heo Y, Choi Y, Kim H Y, et al. Characteristics of weld line movements for the deep drawing

with drawbeads of tailor-welded blanks [J]. Journal of Materials Processing Technology, 2001, 111 (1-3): 164-169.

[9] Choi Y, Heo Y, Kim H, et al. Investigations of weld-line movements for the deep drawing process of tailor welded blanks [J]. Journal of Materials Processing Technology, 2000, 108 (1): 1-7.

[10] Kinsey B L, Cao J. An analytical model for tailor welded blank forming [J]. Journal of Manufacturing Science and Engineering, 2003, 125 (2): 344-351.

[11] Narayanan R G, Narasimhan K. Influence of the weld conditions on the forming-limit strains of tailor-welded blanks [J]. The Journal of Strain Analysis for Engineering Design, 2008, 43 (4): 217-227.

[12] Cheng C H, Chan L C, Chow C L. Weldment properties evaluation and formability study of tailor-welded blanks of different thickness combinations and welding orientations [J]. Journal of Materials Science, 2007, 42 (15): 5982-5990.

[13] Zhao K M, Chun B K, Lee J K. Finite element analysis of tailor-welded blanks [J]. Finite Elements in Analysis and Design, 2001, 37 (2): 117-130.

[14] Andrew D. Laser-welded blanks gain ground [J]. Manufacturing Engineering, 1998, 121 (11): 76-82.

[15] 陈炜，杨继昌. 拼焊板在车身覆盖件制造中的应用 [J]. 汽车工程，2003，25 (1): 82-87.

[16] Witherall R. The end of the road for aluminum autobodies [J]. Metallurgia, 1998, 65 (5): 181-183.

[17] Tang B T, Zhao Z, Wang Y. One-step FEM-based evaluation of weld line movement and development of blank in sheet metal stamping with tailor-welded blanks [J]. The International Journal of Advanced Manufacturing Technology, 2007, 35 (3-4): 268-279.

[18] Meinders T, van den Berg A, Huetink J. 1 Deep drawing simulations of Tailored Blanks and experimental verification [J]. Journal of Materials Processing Technology, 2000, 103 (1): 65-73.

[19] Choi Y, Heo Y, Kim H, et al. Investigations of weld-line movements for the deep drawing process of tailor welded blanks [J]. Journal of Materials Processing Technology, 2000, 108 (1): 1-7.

[20] Cheng C H, Chan L C, Chow C L. Weldment properties evaluation and formability study of tailor-welded blanks of different thickness combinations and welding orientations [J]. Journal of Materials Science, 2007, 42 (15): 5982-5990.

[21] Zhao K M, Chun B K, Lee J K. Finite element analysis of tailor-welded blanks [J]. Finite Elements in Analysis and Design, 2001, 37 (2): 117-130.

[22] 伍强，陈根余，徐兰英. CO_2 激光焊接车身拼焊板 [J]. 中国激光，2007，34 (12): 1726-1731.

[23] Siegert K, Glasbrenner B, Possehn T. Forming of tailored blanks with nonlinear weld-lines

[R]. SAE Technical Paper, 2000.

[24] Wang B Y, Shi M F, Sadrnia H, et al. Structural performance of tailor welded sheet steels [R]. SAE Technical Paper, 1995.

[25] 姜银方，杨继昌，陈炜. 拼焊板冲压成形研究的现状和发展趋势 [J]. 汽车工程，2003，25 (4)：410-414.

[26] 邱晓刚. 焊缝对拼焊板成形性能的影响 [J]. 理化检验-物理分册，2005，41 (4)：166-170.

[27] 郭立伟，孙大勇，谷丰，等. 不等厚板的两种焊接工艺及接头塑性变形性能 [J]. 哈尔滨理工大学学报，2003，8 (2)：12-15.

[28] 伍强，陈根余，徐兰英，等. CO_2 激光焊接车身拼焊板 [J]. 中国激光，2007，34 (12)：1726-1731.

[29] 阎启，曹能，余宁峰. 激光拼焊板成形性能的试验研究 [J]. 应用激光，2003，23 (2)：71-73.

第二章　激光拼焊板的成形性能

一、拼焊板成形变形不均匀性理论

由于存在焊缝与焊缝两侧材料性能的差异，拼焊板整体成形极限下降，影响了其在汽车零部件上的应用。因此，如何提高拼焊板成形极限得到广大工程技术人员的关注。采用各种工艺来提升拼焊板成形性能，如夹持焊缝成形、采用阶梯形压边圈以及合理设置拉延筋等。这些方案的主要目的是控制焊缝移动或降低焊缝移动来提高成形极限。结果表明，降低焊缝移动量使得工件的成形性能有所提高。

实际上，焊缝移动是拼焊板在成形过程中表现出来的一种现象。焊缝两边厚度不均或强度不均，使得在相同作用力条件下，焊缝两边金属的变形程度不一致，导致了焊缝移动。但能否通过焊缝移动来评定拼焊板成形性能的好坏还值得探讨。从半球胀形试验出发，针对厚度比不同的拼焊板，对降低成形极限的原因从理论上进行分析，对如何评价拼焊板的成形性能，提高成形极限提出了建议。

（一）拼焊板有限元分析理论

1. 单元选择

在板料成形的数值分析中，考虑到坯料在厚度方向上的尺寸要远小于长度和宽度两个方向，这种情况下适合采用壳单元进行分析，即可以在保证计算精度的情况下大大节省计算时间，鉴于此，选用壳单元作为有限元分析的单元。

2. 材料模型

在板料轧制过程中，由于纤维组织发生取向使得在不同方向的性能有所差异，这种现象称为各向异性。在板料成形过程中，由于组织的这种取向使得在各方向上的屈服强度有所差异。为了精确地分析板料在成形过程中的变形动态，必须采用合适的本构模型进行描述。目前常用的各向异性屈服准则有 Hill 各向异性屈服准则和 Barlat 各向异性屈服准则。此处采用 Barlat 三参数塑性模型，各向异性屈服准则可描述为

$$\Phi = a\left|K_1 + K_2\right|^m + a\left|K_1 - K_2\right|^m + c\left|2K^2\right|^m = 2\sigma_y^m \tag{2-1}$$

式中：σ_y为屈服应力；m 表示材料晶体结构的参数，对于面心立方晶体，m 取 8，而对于体心立方晶体结构的材料，m 取 6；K_1 和 K_2 分别表示为

$$K_1 = \frac{\sigma_x - h\sigma_y}{2}$$

$$K_2 = \sqrt{\left(\frac{\sigma_x - h\sigma_y}{2}\right)^2 + p^2\tau_{xy}^2} \tag{2-2}$$

各向异性材料常数 a、c、h 和 p 可以通过 R_{00}、R_{45}和 R_{90}获得

$$\left.\begin{aligned} a &= 2 - 2\sqrt{\frac{R_{00}}{1+R_{00}}\frac{R_{90}}{1+R_{90}}} \\ c &= 2 - a \\ h &= \sqrt{\frac{R_{00}}{1+R_{00}}\frac{1+R_{90}}{R_{90}}} \end{aligned}\right\} \tag{2-3}$$

p 可以通过方程（2-4）迭代获得：

$$g(p) = \frac{2m\sigma_y^m}{\left(\frac{\partial\Phi}{\partial\sigma_x} + \frac{\partial\Phi}{\partial\sigma_y}\right)\sigma_\phi} - 1 - R_\phi \tag{2-4}$$

式中：σ_ϕ为在 ϕ 方向上的单向拉伸应力；R_ϕ为在 ϕ 方向上的厚向异性系数。

3. 焊缝模型

拼焊板成形有限元分析中，焊缝建模分为两大类，一是忽略焊缝性能，采用刚性连接建模[2,3]，如图 2-1 所示。这是因为焊缝宽度较小，忽略其影响可提高计算效率。二是将焊缝看作一个独立部分并赋予焊缝材料性能。由于焊缝的性能与母材差异较大，必须考虑焊缝自身形状和性能的影响。研究发现，焊缝建模要根据拼焊板变形状态来确定，特别是当失效发生在焊缝上时，焊缝是决定拼焊板成形性能的关键，必须考虑焊缝性能。这时，焊缝的精确描述和焊缝性能获取是焊缝建模的基础[4]。研究采用的拼焊板板厚比或强度比较大，开裂发生在母材上，在焊缝建模时采用刚性连接，忽略焊缝性能影响。

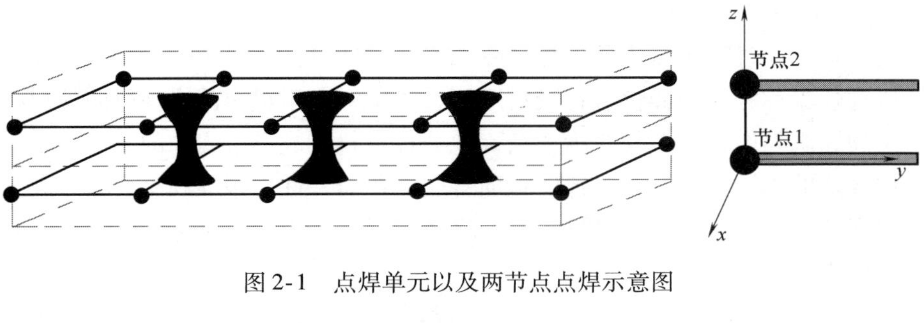

图 2-1　点焊单元以及两节点点焊示意图

（二）板厚比对极限成形高度的影响

差厚拼焊板是汽车拼焊板零件采用的主要方式之一，考虑到强度不同的材料

组成的拼焊板，变形规律与差厚拼焊板具有相似性，所以从差厚拼焊板出发对成形性能进行研究。

1. 有限元分析模型

数值模拟广泛应用于成形仿真等工作，不仅可节省时间、财力，还可获得通过试验方法无法获得的一些数据以用来帮助分析解决问题。利用商用有限元分析软件，针对板厚比不同的拼焊板胀形试验进行模拟和分析，试验装置简图如图 2-2 所示，有限元分析模型如图 2-3 所示，拼焊板模型如图 2-4 所示，焊缝处于正中间位置，焊缝采用焊接单元进行处理。考虑到等双向拉伸变形状态和平面应变状态是表征板料成形的两个重要变形状态，因此，利用图 2-2 所示模具装置，通过改变板料的形状来获得这两种变形状态。单元选用 Belytschko 壳单元，拼焊板共划分为 18496 个单元。材料选用铝合金 6061-6，材料模型选用各向异性、等向强化硬化模型，材料力学性能参数见表 2-1。

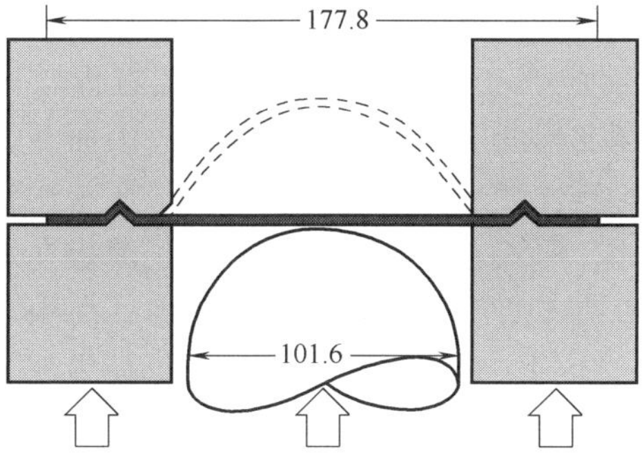

图 2-2　试验装置简图

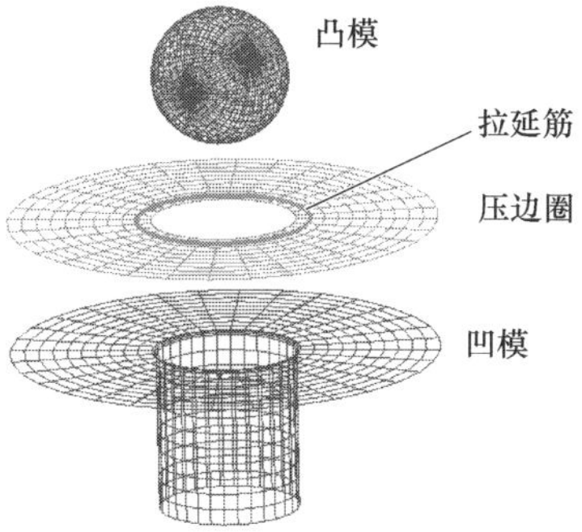

图 2-3　有限元分析模型图

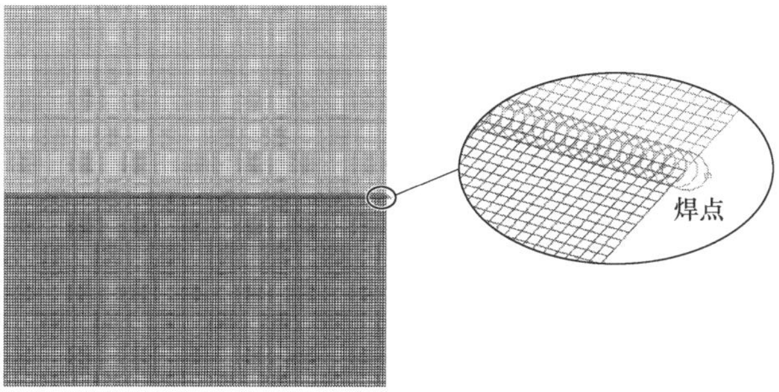

图 2-4　拼焊板模型

表 2-1　铝合金 6061-6 材料力学性能参数

拼焊板厚度/mm	0.7, 0.7	0.75, 0.7	0.8, 0.7	1.0, 0.7	1.5, 0.7
拼焊板板厚比	1	1.07	1.14	1.43	2.14
硬化指数 n	0.11				
强度系数 K/MPa	496				
各向异性系数 r	0.7				

2. 双向拉伸变形状态的有限元分析

采用正方形坯料可以研究拼焊板在胀形（等双向拉伸状态）下的成形特点，板料大小为 203mm×203mm，焊缝处于中间位置，有限元模型如图 2-4 所示。

（1）板厚比对厚度减薄的影响　通过对表 2-1 中几种厚度比的拼焊板进行有限元分析，获得的成形极限图与厚度分布图分别如图 2-5、图 2-6 所示。

从图 2-6 中可以看出，对于同种材料但板厚比不同的拼焊板胀形成形，随着板厚比的增加，应变路径也发生了变化，由均一板厚的等双向拉伸状态向平面应变状态转变，且板厚比越大，越接近平面应变变形状态。原因是随着板厚比增大，即厚板和薄板之间的差异越大，达到变形所需的外力差异越大，因而，在变形初始阶段，薄板首先满足屈服条件开始塑性变形；对于厚板而言，还未达到其塑形变形条件，薄板和厚板又是一个整体，厚板在一定程度上抑制了薄板在焊缝方向上的变形，而薄板易在厚度方向和垂直于焊缝的方向上发生变形，薄板与厚板之间的差值越大，这种现象就越明显，达到一定程度后，危险变形处表现为平面应变状态。从图 2-6 所示的厚度分布情况也可以看出，随着板厚比增大，薄板与厚板的变形变得更加不均匀，变形也越集中于薄板的焊缝附近，因而，很容易由于局部的失稳而带来整体的失效，导致极限成形高度降低。

（2）板厚比对极限成形高度的影响　通过试验，对不同板厚比情况下获得的极限成形高度进行了研究，它们之间的关系如图 2-7 所示。

从图 2-7 可以看出，拼焊板的板厚比对极限成形高度的影响非常大，且随着板厚比增大，极限成形高度显著降低。在变形初期阶段，即冲头将力作用于拼焊板时，由于薄板相对于厚板容易发生变形，即变形力达到一定数值时，首先满足了薄板变形的条件，使薄板开始发生变形，此时，由于还未达到厚板变形所需的力，厚板暂不发生变形，随着薄板变形的增加，材料发生硬化，使所需的变形力增加，当达到厚板变形所需的条件时，厚板发生塑性变形，如此进行下去，直至板料破裂为止，这可明显地从图 2-8 中看出。此外，从图 2-8 中还可看出，随着板厚比增大，厚板相对薄板的变形呈减小的趋势，这也在一定程度上说明了板厚比增大，焊缝两侧薄板、厚板变形不均匀性增加，不利于整体变形，降低了整体的极限成形高度。

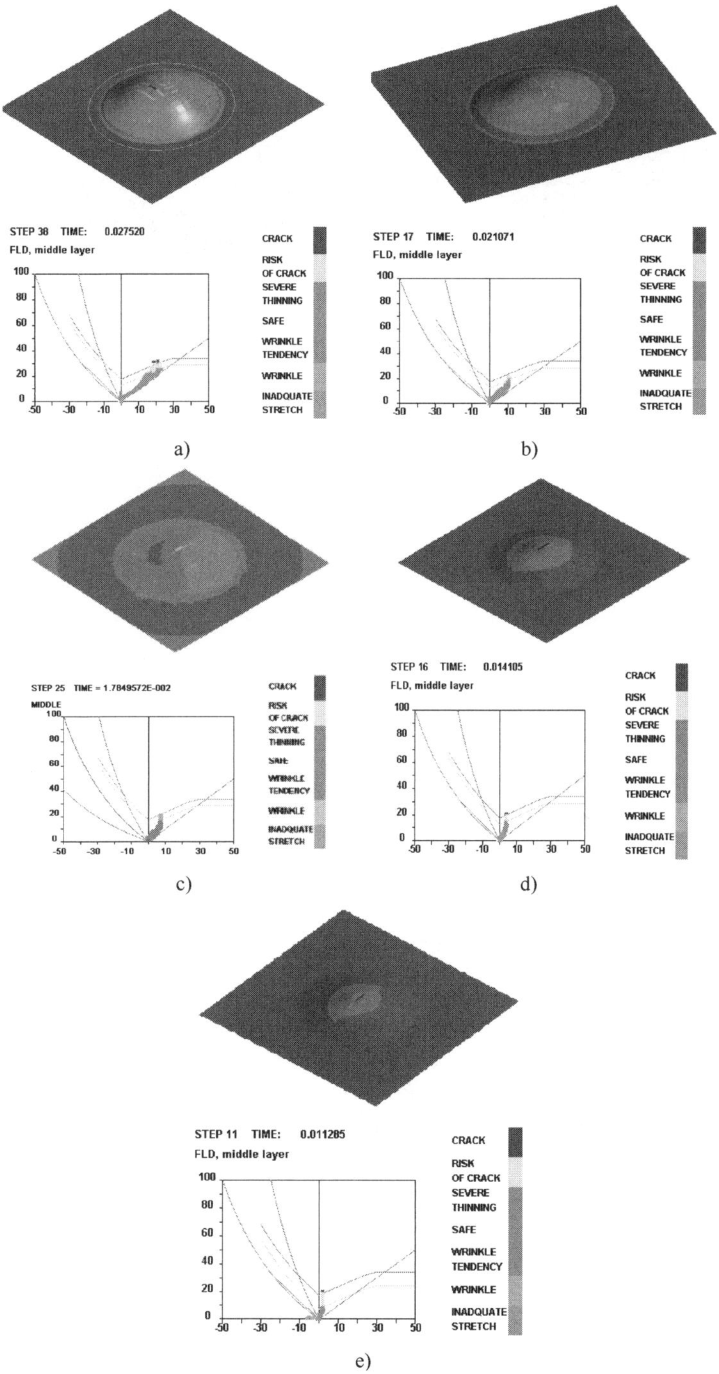

图 2-5　不同板厚比拼焊板胀形成形极限图

a）板厚比为 1　b）板厚比为 1.07　c）板厚比为 1.14　d）板厚比为 1.43　e）板厚比为 2.14

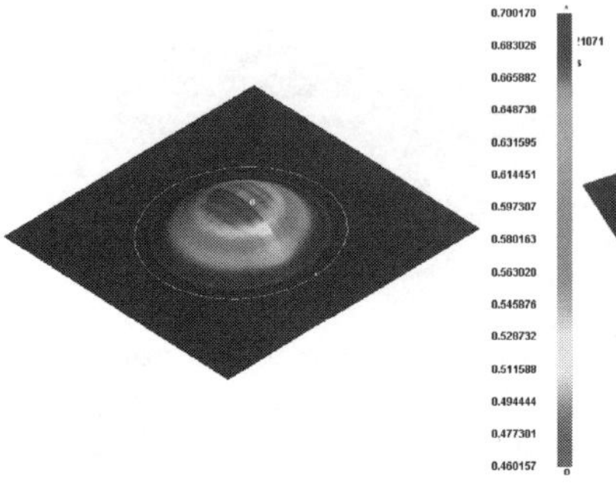

a)

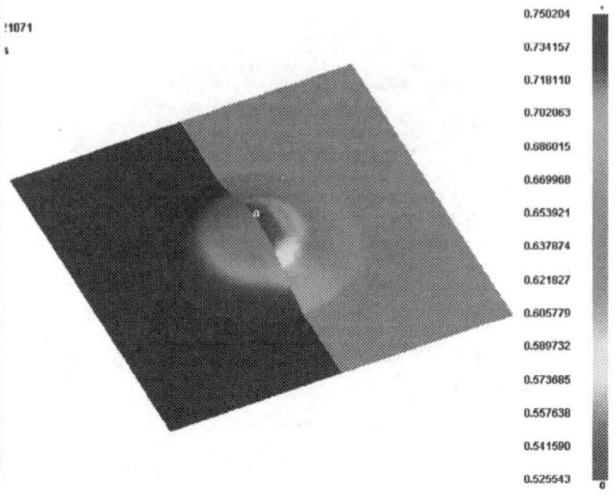

b)

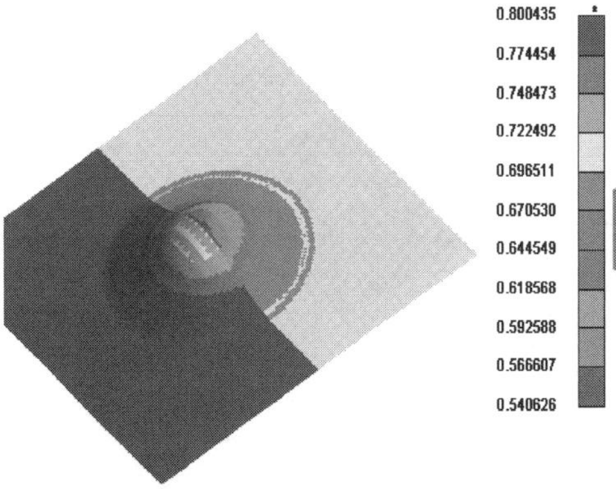

c)

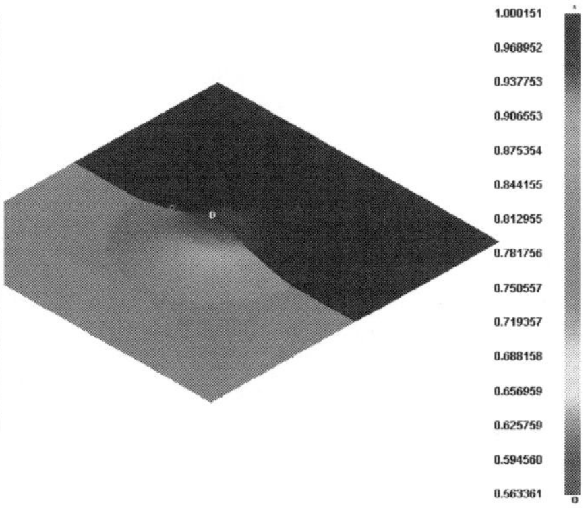

d)

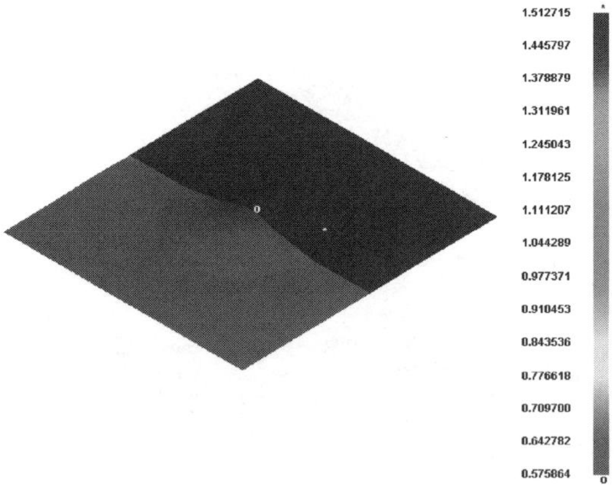

e)

图 2-6　不同板厚比拼焊板在极限成形高度下的厚度分布图

a）板厚比为 1　b）板厚比为 1. 07　c）板厚比为 1. 14

d）板厚比为 1. 43　e）板厚比为 2. 14

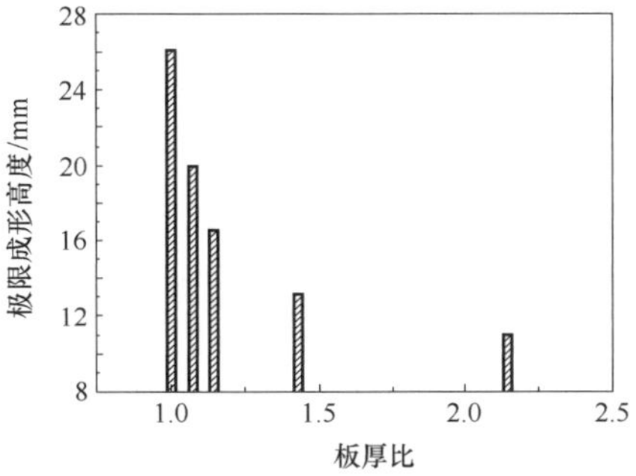

图 2-7　不同板厚比拼焊板的极限成形高度分布图

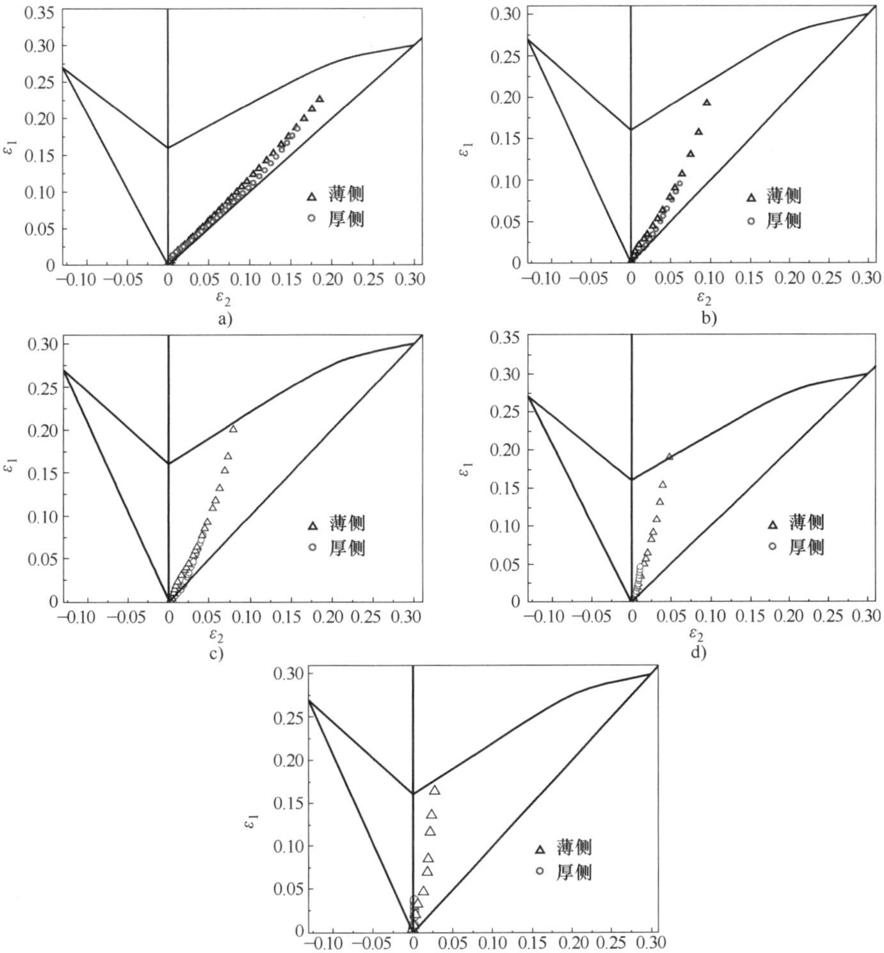

图 2-8　应变最大处焊缝两侧母材变形路径

a）板厚比为 1　b）板厚比为 1. 07　c）板厚比为 1. 14　d）板厚比为 1. 43　e）板厚比为 2. 14

从图 2-8 中还可以看出，对于不同板厚比的拼焊板胀形过程，由于拼焊板的厚度不同，使其发生塑性变形的外部条件也不尽相同，从而引起拼焊板变形路径的变化。为了便于分析，将它们放在同一成形极限图中，如图 2-9 所示。从图 2-9中可以看出，拼焊板板厚比的差异影响着变形的路径，板厚比越大，变形路径越偏向平面应变，即拼焊板的变形能力越弱；反之，越接近等双向拉伸变形状态，即拼焊板的变形能力越强，所获得的极限成形高度越大。在此结果的基础上可推测，若能通过改变焊缝的形状来改变危险变形处的变形路径，则有利于厚板的变形乃至整个拼焊板的成形。

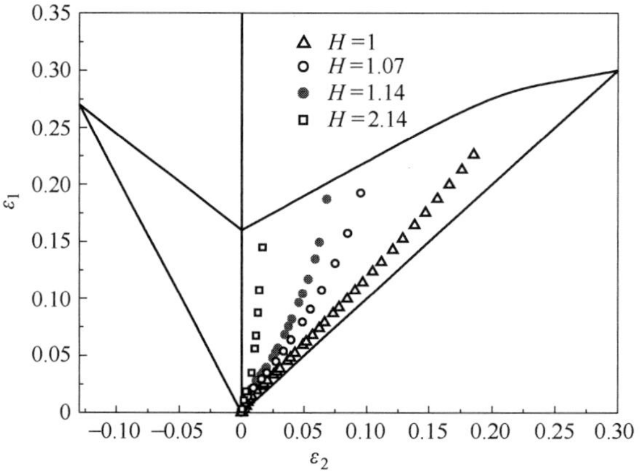

图 2-9　不同板厚比拼焊板最大变形点的变形路径

3. 似平面应变状态成形的有限元分析

采用矩形坯料可以研究拼焊板在平面应变状态下的成形特点，板料大小为 203mm×76.2mm，焊缝处于中间位置，有限元模型如图 2-10 所示。

图 2-10　似平面应变状态变形的拼焊板模型

（1）板厚比对厚度减薄的影响　通过对表 2-1 中几种板厚比的拼焊板进行的有限元分析，获得成形极限图与厚度分布图分别如图 2-11、图 2-12 所示。

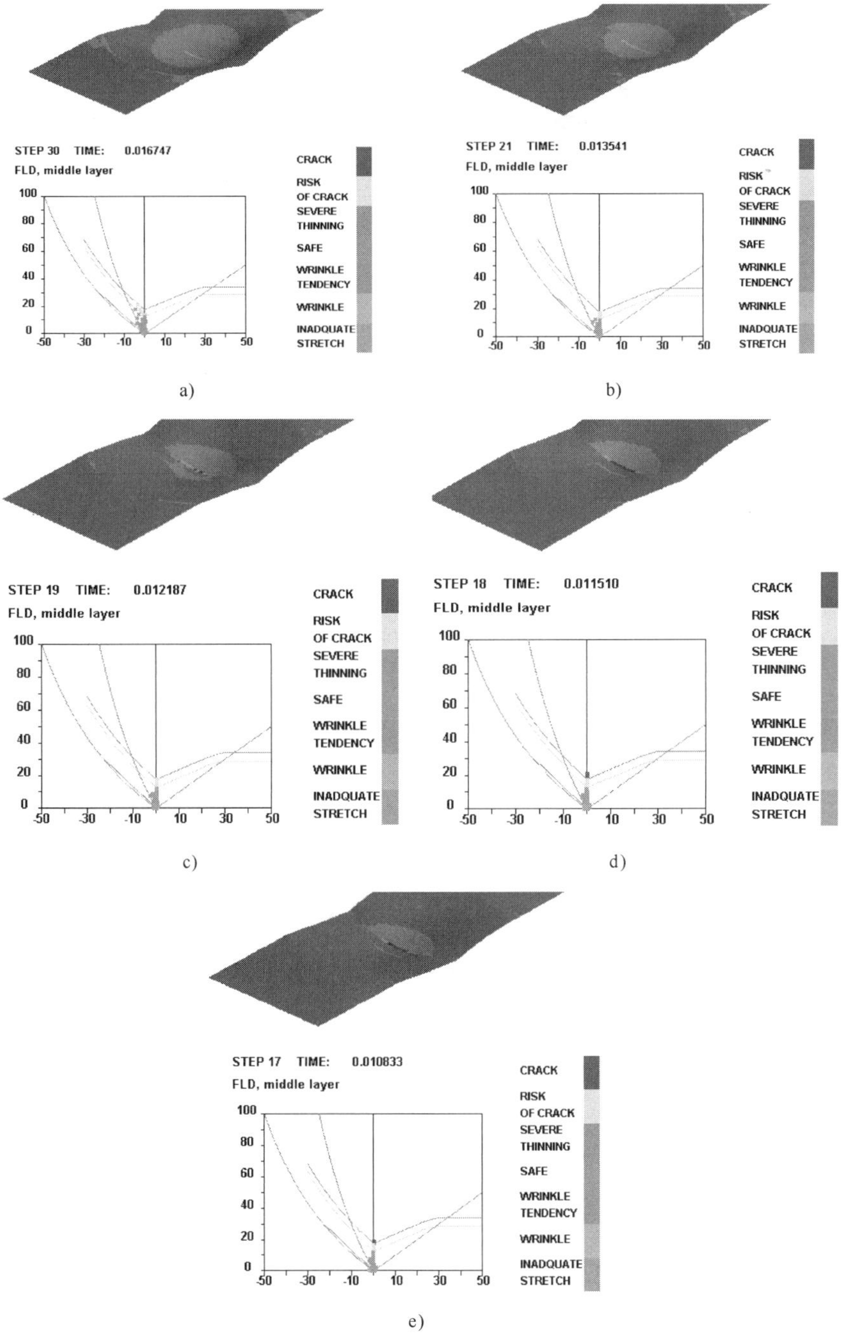

图 2-11　不同板厚比拼焊板成形极限图

a）板厚比为 1　b）板厚比为 1.07　c）板厚比为 1.14　d）板厚比为 1.43　e）板厚比为 2.14

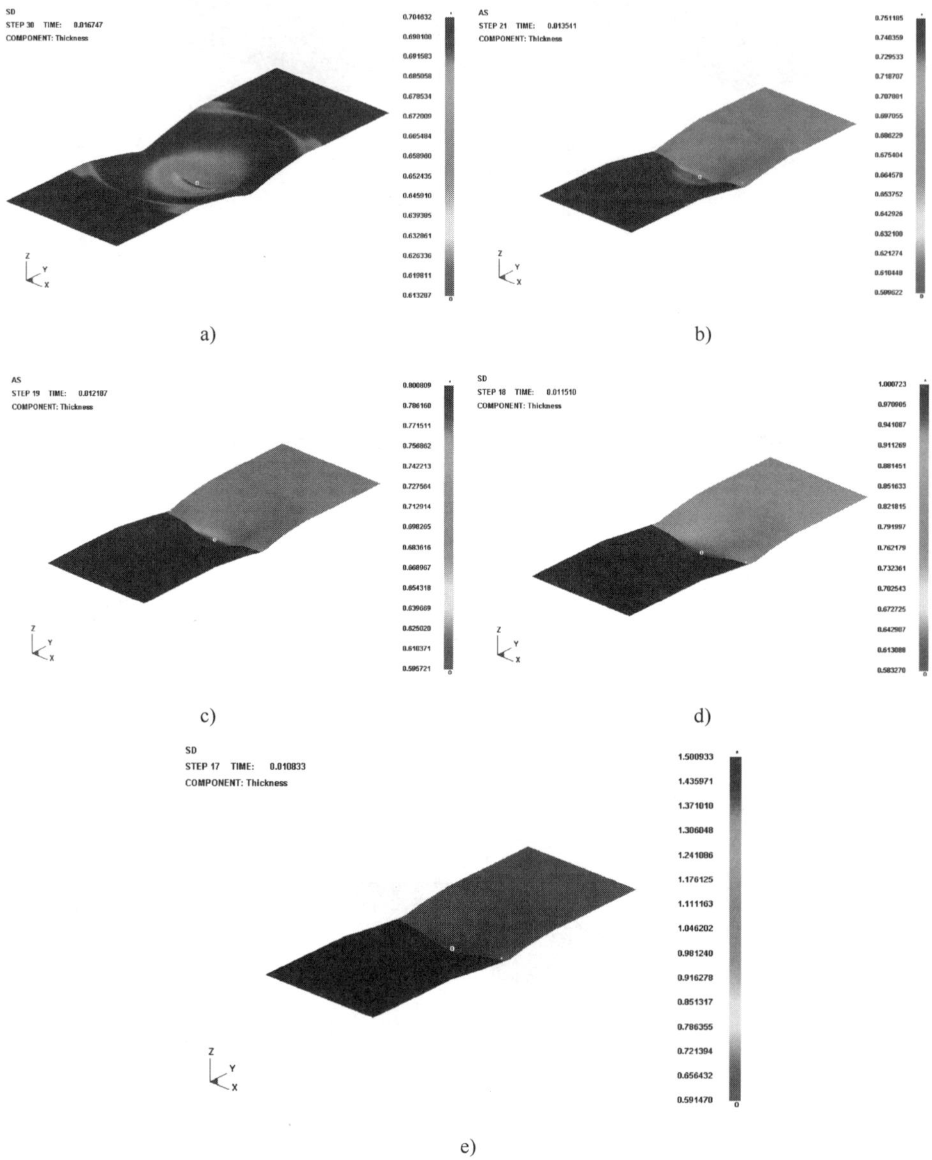

图 2-12 不同板厚比拼焊板成形后的厚度分布图

a) 板厚比为 1 b) 板厚比为 1.07 c) 板厚比为 1.14 d) 板厚比为 1.43 e) 板厚比为 2.14

从图 2-11 中可以看出，对于同种材料但板厚比不同的拼焊板成形，随着板厚比增大，危险变形处的应变路径均为平面应变状态。这是因为平面应变状态本身就是最不利于成形的一种变形状态，拼焊板的变形不均匀性促使变形状态转向平面应变状态；因而，无论板厚比为多大，变形状态均为平面应变状态，不会发生改变，但随着板厚比的增大，变形不均匀性增加，成形高度降低。这也可以从图 2-12 所示的厚度分布情况看出，随着板厚比的增大，薄板与厚板的变形更加不均匀，变形也越集中于薄板的焊缝附近，因而很容易由于局部失稳带来整体失效，导致成形极限降低。

（2）板厚比对极限成形高度的影响　在平面应变状态下，板厚比对极限成形高度的影响如图 2-13 所示。从图 2-13 中可以看出，拼焊板的板厚比对极限成形高度的影响非常大，且随着板厚比增大，极限成形高度显著降低，当板厚比达到一定数值时，极限成形高度的降低变得趋向缓和。在变形初期阶段，即冲头将力作用于拼焊板时，由于薄板相对于厚板容易发生变形，即变形力达到一定数值时，首先满足了薄板变形的条件，薄板发生变形，此时，由于还未达到厚板变形所需的力，厚板暂不发生变形。随着薄板变形的增加，材料发生硬化，变形所需的变形力增大，当达到厚板变形所需的条件时，厚板发生塑性变形，如此进行下去，直至板料破裂，如图 2-14 所示。此外，从图 2-14 中还可以看出，随着板厚比的增大，厚板相对薄板的变形呈减小的趋势，也在一定程度上说明板厚比增大不利于整体拼焊板变形，降低了整体的极限成形高度。

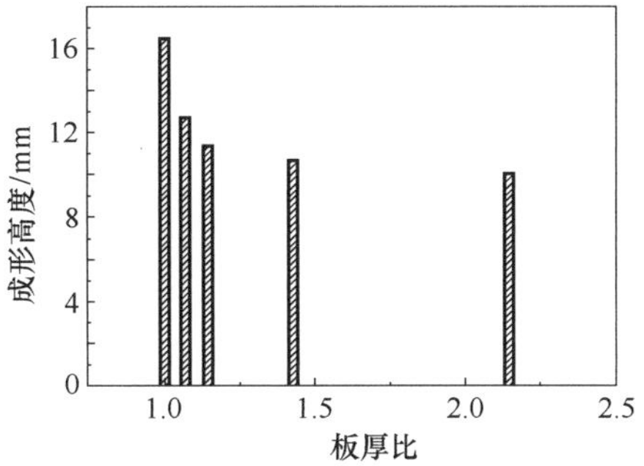

图 2-13　在平面应变状态下板厚比对成形高度的影响

（三）拼焊板极限成形高度降低的理论分析及验证

1. 拼焊板极限成形高度降低的理论分析

由不同变形状态下的有限元结果可知，焊缝处于中间位置的拼焊板，除了厚度比外，变形状态也是影响成形极限的一个重要因素。为此，分析变形状态对极限成形高度的影响。

图 2-15 为拼焊板在不同变形状态下，板厚比与极限成形高度的关系曲线。从图中可以看出，在同一板厚比情况下，等双向拉伸状态下获得的极限成形高度要大于平面应变状态。随着板厚比的增大，极限成形高度的差异减小。这是因为，正方形板料胀形所能获得的极限成形高度受两方面因素影响：一是变形状态，二是板厚比。在板厚比为 1 或接近 1 时，正方形板料胀形才为严格意义上的等双向拉伸状态。随着板厚比的增大，变形状态逐渐发生变化，逐渐向平面应变状态发生转变，因而，所获得的极限成形高度有降低的趋势。此外，板厚比还影响板料变形的不均匀性，板厚比越大，变形不均匀性越大，越容易降低极限成形高度。对于矩形拼焊板成形，由于其变形状态受板厚比的影响很小，几乎均为平

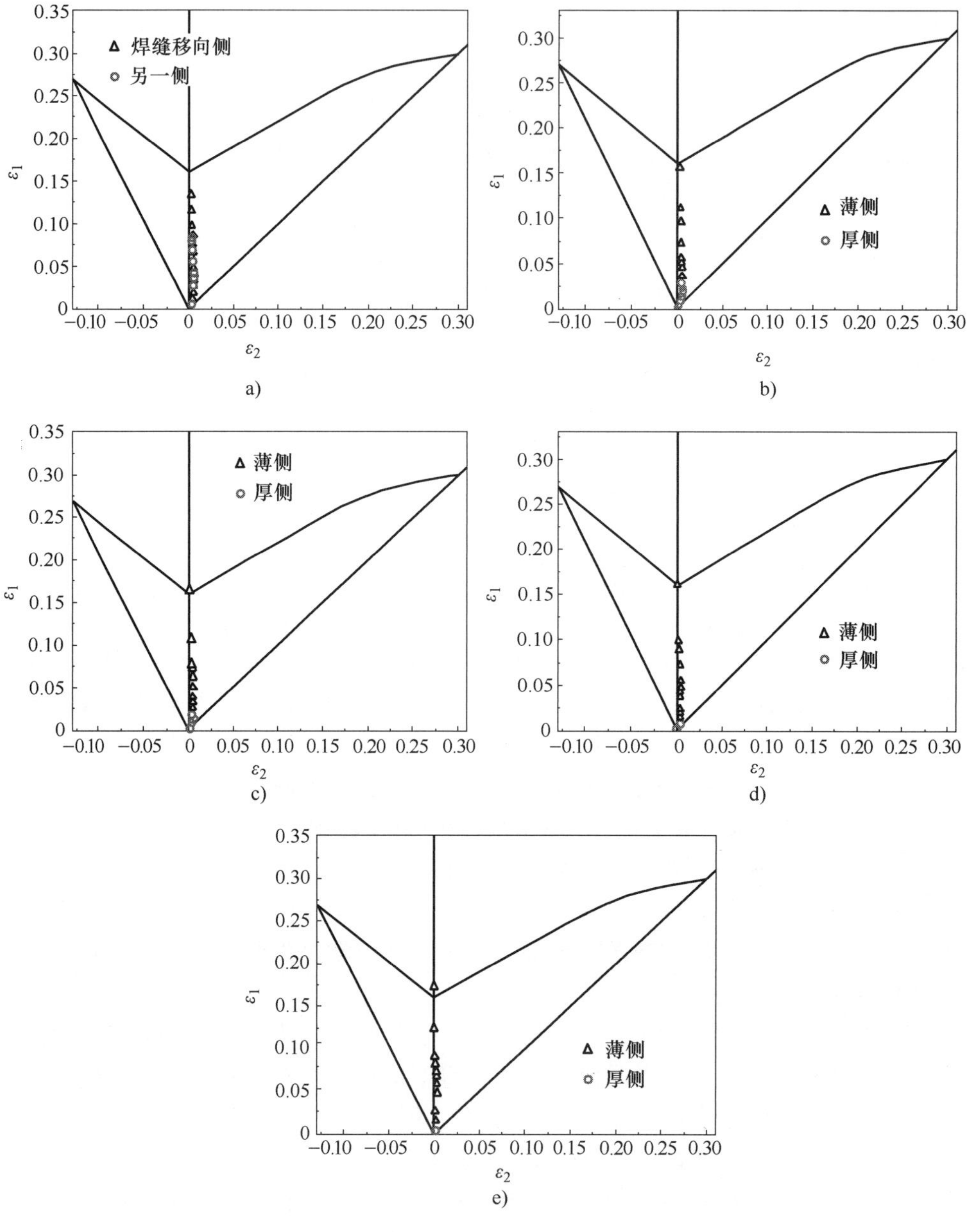

图2-14　应变最大处焊缝两侧变形路径

a）板厚比为1　b）板厚比为1.07　c）板厚比为1.14

d）板厚比为1.43　e）板厚比为2.14

面应变状态，影响极限成形高度的主要是板厚比的差异，即变形的不均匀性。因此，随着板厚比的增大，两种不同宽度的板料变形时的变形状态差异减少，获得的极限成形高度差异减小。

2. 拼焊板极限成形高度降低理论的验证

由上面分析可知，对于特定的拼焊板零件成形，变形状态及板厚比是影响拼焊板整体塑性发挥的重要因素。在汽车拼焊板零件的设计过程中，根据零件的性能要求，对厚度有一定的要求。要改变零件的成形性能，改变焊缝的位置或形状或许是最好的解决办法。因而，针对板厚比为1.07（0.75mm/0.7mm）的正方形拼焊板，通过改变焊缝形状，对它们的变形状态和极限成形高度进行比较分析。

图2-16为曲线焊缝拼焊板示意图，焊缝形状是半径为325mm的圆弧，b = 1.27mm。通过数值分析获得的极限成形高度与变形路径分别如图2-17、图2-18所示。

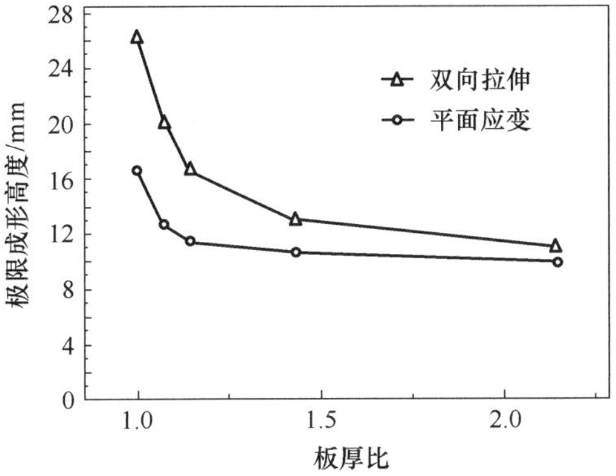

图2-15　拼焊板在不同变形状态下板厚比与极限成形高度的关系曲线

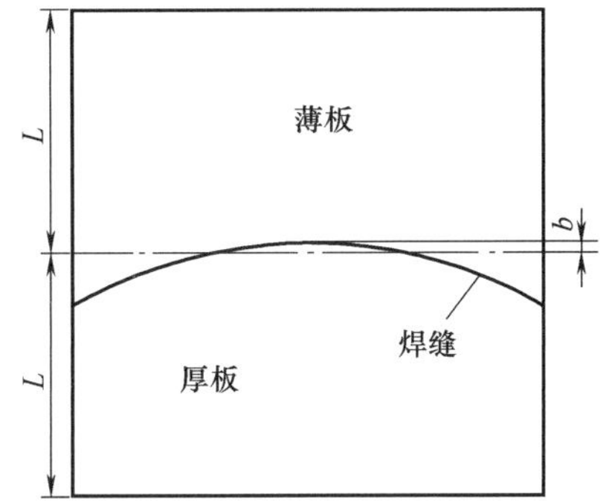

图2-16　曲线焊缝拼焊板示意图

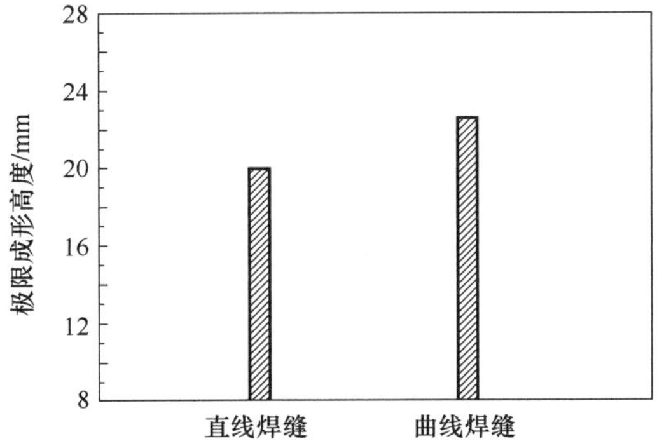

图2-17　不同焊缝形状获得的成形高度

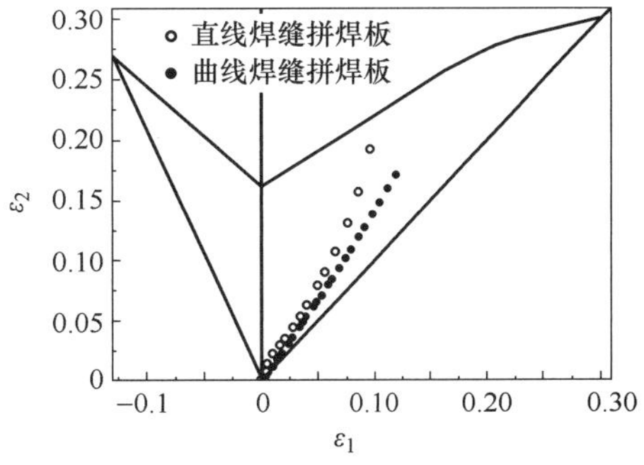

图2-18　板厚比为1.07的拼焊板危险变形处的变形路径

由图 2-17、图 2-18 可以看出，改变焊缝形状可以改变拼焊板危险处的变形路径。曲线焊缝比直线焊缝的变形状态更有利于整体的成形性能发挥，可获得更高的极限成形高度。

可见，在同一板厚比情况下，若能改变危险部位的变形状态，使其向有利于成形的变形状态发生改变，则有利于拼焊板整体的成形。

根据以上分析，在不考虑模具等外界因素的条件下，直线焊缝拼焊板成形极限的降低，存在两方面的原因：一是由于焊缝两侧变形力的差异，使薄板金属容易发生变形，且变形程度大于厚板一侧，板厚比越大，两侧金属变形差异越大，使薄板在厚板没有完全发挥变形能力之前提前失效，导致整个拼焊板成形能力降低；二是由于拼焊板焊缝两侧变形力的差异，使变形处的变形路径改变，即从等双向拉伸应变状态转向平面应变状态，降低了成形极限。在拼焊板设计时，若考虑焊缝形状对成形作为的影响，对焊缝形状进行优化，可在一定程度上提高拼焊板整体的成形性能，再结合工艺措施，可达到最优效果。

二、拼焊板焊缝移动及胀形成形高度的解析模型

（一）拼焊板变形中焊缝移动的解析模型及试验验证

1. 拼焊板变形中焊缝移动的解析模型

在拼焊板成形过程中，为了研究焊缝在垂直焊缝方向上的移动量，将拼焊板变形示意图简化为二维模型，如图 2-19 所示。图中，W_B 表示薄板的原始长度，L_B 表示变形后薄板在 1 方向上的投影长度，Δ 为焊缝由薄板向厚板在 1 方向上的移动量，D_B 为板料 B 侧的位移边界。

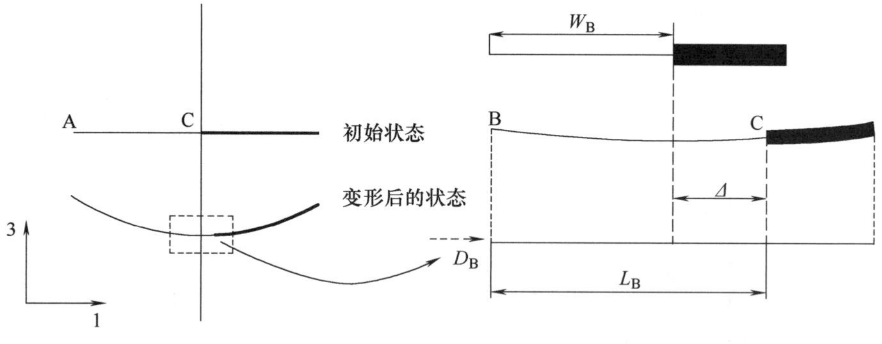

图 2-19　拼焊板变形示意图

根据图 2-19，焊缝移动量可表示为

$$\Delta = D_B + (L_B - W_B) = D_B + W_B(e^{\varepsilon_{B1}} - 1) \tag{2-5}$$

式中，ε_{B1}为薄板在 1 方向上产生的应变。

从公式（2-5）中可以看出，焊缝移动量薄板的长度 W_B、应变 ε_{B1}及位移边界 D_B 有关。

在 Δ 的计算过程中，若边界 D_B 无法确定，则可用演绎推理法进行确定，即在变形的 AC 段，总有一处的边界是可以确定的，从这一点到焊缝处可以分为多个长度微元，通过前一个微元获得的移动量等于后一微元的边界，依此类推，可以获得焊缝处微元的边界 D_B。对于变形量 ε_{B1}，如果无法通过试验等方法获得，可以通过下面的解析方法来获得。

根据 Hill 各向异性屈服准则［式（2-6)］、能量准则［式（2-7)］及板料本构关系［式（2-8)］，可得到方程（2-9）[5]：

$$R(\sigma_1-\sigma_2)^2+(\sigma_2-\sigma_3)^2+(\sigma_3-\sigma_1)^2=(R+1)Y^2 \tag{2-6}$$

$$\bar{\sigma}\,\bar{\varepsilon}=\sigma_1\varepsilon_1+\sigma_2\varepsilon_2+\sigma_3\varepsilon_3 \tag{2-7}$$

$$\bar{\sigma}=K(\bar{\varepsilon})^n \tag{2-8}$$

$$\sigma_1=\frac{K[(1-\gamma)+(\alpha-\gamma)\beta]^n}{[1+\alpha^2-C_2\alpha+C_1\gamma(\gamma-\alpha-1)]^{\frac{1}{2}(1+n)}}\varepsilon_1^n \tag{2-9}$$

其中

$$\left.\begin{aligned}&\beta=\frac{\varepsilon_2}{\varepsilon_1}=\frac{2\alpha_B-C_2-C_1\gamma_B}{2-C_1\gamma_B-C_2\alpha_B}\\&\alpha=\frac{\sigma_2}{\sigma_1}\\&\gamma=\frac{\sigma_3}{\sigma_1}\\&C_1=\frac{2}{R+1},\ C_2=\frac{2R}{R+1}\end{aligned}\right\} \tag{2-10}$$

对于薄板，可有

$$\varepsilon_{B1}=\frac{[1+\alpha^2-C_2\alpha+C_1\gamma(\gamma-\alpha-1)]^{\frac{1+n}{2n}}}{K[(1-\gamma)+(\alpha-\gamma)\beta]}\sigma_{B1}^{\frac{1}{n}} \tag{2-11}$$

在板料冲压成形工艺中，大多属于平面应力状态，即 $\sigma_3=0$，故 $\gamma=0$；公式（2-11)可简化为

$$\varepsilon_{B1}=\frac{(1+\alpha^2-C_2\alpha)^{\frac{1+n}{2n}}}{K(1+\alpha\beta)}\sigma_{B1}^{\frac{1}{n}} \tag{2-12}$$

其中

$$\beta=\frac{\varepsilon_{B2}}{\varepsilon_{B1}}=\frac{2\alpha_B-C_2}{2-C_2\alpha_B}$$

$$\left.\begin{aligned}\alpha &= \frac{\sigma_{B2}}{\sigma_{B1}} \\ C_2 &= \frac{2R}{R+1}\end{aligned}\right\}$$

式（2-12）中的 σ_{B1} 可以按照文献［6］中给出的方法进行计算。

结合式（2-5）和式（2-12），发现焊缝移动量与薄板的边界位移 D、变形状态 β 及垂直于焊缝方向上的应变 ε_1 大小有关。薄板的变形量越大则焊缝移动量越大。当变形状态从等双拉状态转变为平面变形状态时，焊缝移动量有增加的趋势。

2. 焊缝移动解析模型的试验验证

为验证焊缝移动解析模型，通过拼焊板的胀形试验对解析分析获得的焊缝移动与试验结果进行对比分析。

通过图 2-20 所示装置（模具尺寸如图 2-21 所示）对低碳钢拼焊板进行了胀形试验，板料大小为 203mm × 203mm，母板材料同为 GMW2M-ST-S 冷轧钢板，厚度分别为 2. 21mm 和 1. 17mm，焊缝置于中间位置。模具和板料之间进行良好的润滑。通过试验获得的结果如图 2-22 所示，焊缝移动最大位置处于胀形的顶部，最大移动量为 4. 7mm。

图 2-20　胀形试验装置

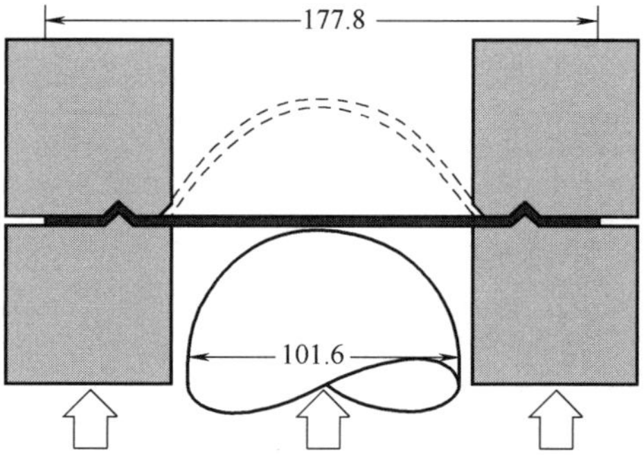

图 2-21　模具尺寸

通过式（2-5）可对胀形试验中焊缝移动进行理论计算，分析区域如图 2-23 所示。这里，D_B 忽略不计，ε_1 取均值 0. 25。

按照式（2-5）得

$$\Delta = D_B + W_B(e^{\varepsilon_{B1}} - 1) = 13 \times (e^{0.25} - 1)\text{mm} = 3.7\text{mm}$$

可以看出，通过解析法获得的焊缝移动量与试验结果有一定的误差，一方面是由于测量应变产生的误差，另一方面是因为未考虑边界的流入情况，但在胀形成形情况下，这部分流入相对比较小，可以忽略。

（二）拼焊板胀形成形高度的解析模型

由图 2-22 看出，在胀形成形过程中，裂缝一般出现在薄板/强度低的一侧，

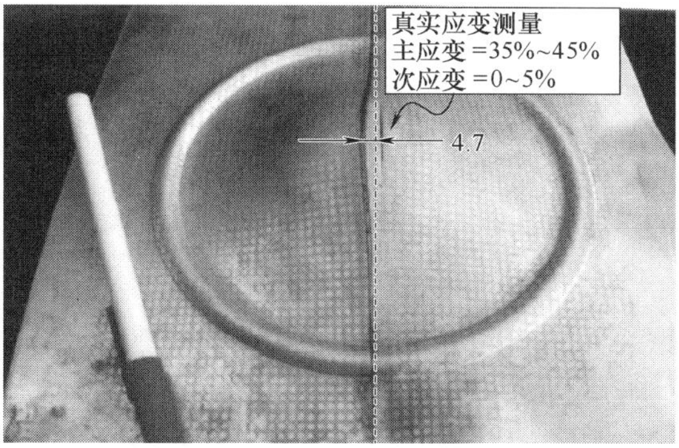

图 2-22　通过试验获得的结果

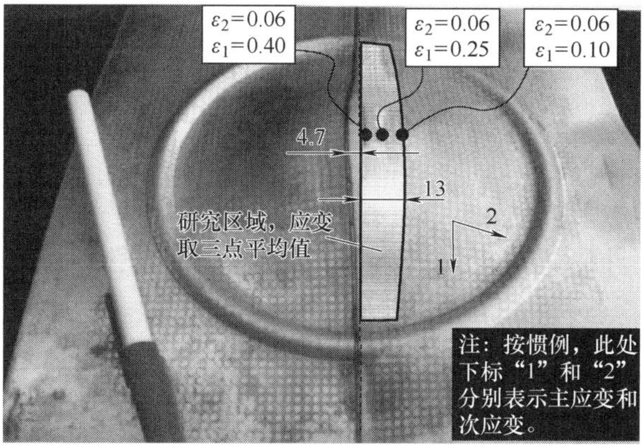

图 2-23　焊缝移动理论计算模型

且裂缝几乎平行于焊缝。也就是说，拼焊板整体的成形程度取决于薄板的塑性发挥程度，且以薄板的失效作为整个拼焊板失效的标志。可以根据此准则来建立拼焊板成形极限的理论模型。

1. 均一板胀形成形高度模型

对于薄板均一板胀形成形，为了便于分析，以危险处材料的变形情况作为分析对象，成形模型可用图 2-24 所示的二维模型来进行简化，原始变形长度为 2A，变形后为圆弧所示。图中：A 表示圆球形冲头的半径；h^* 为单一薄板胀形成形下所能获得的高度；R 为成形高度为 h^* 时成形零件的近似半径；ε^* 为薄板在等双向拉伸情况下的平均极限变形。

根据图 2-24，可获得薄板在等双向拉伸情况下的平均极限应变：

$$\varepsilon^* = \frac{aR - A}{A} = \frac{A^2 + h^{*2}}{2Ah^*}\arcsin\frac{2Ah^*}{A^2 + h^{*2}} - 1 \tag{2-13}$$

2. 拼焊板胀形成形高度模型

对于拼焊板胀形成形，为了便于分析，以危险处材料的变形情况作为分析对象，模型可用图 2-25 来表示。

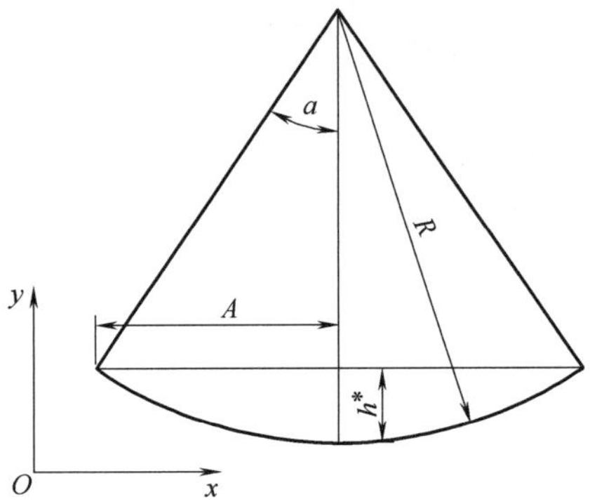

图 2-24 均一板胀形成形模型

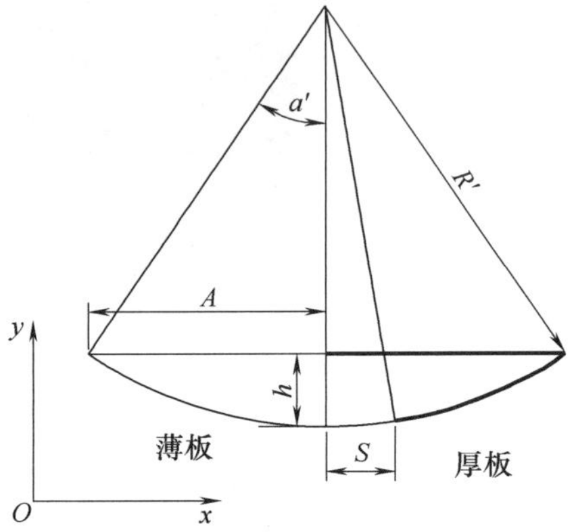

图 2-25 拼焊板胀形成形模型

图 2-25 中 S 为焊缝在成形高度为 h 时的移动量；ε_{thin}、ε_{thick} 分别为成形高度为 h 时，薄板和厚板的均匀变形量；Δl 为成形高度为 h 时的伸长量；R' 为成形高度为 h 时，成形零件的近似半径。根据模型，可获得焊缝移动量 S［见式（2-14）］及伸长量 Δl［见式（2-15）］。

$$S = \frac{A}{2}(\varepsilon_{thin} - \varepsilon_{thick}) \Rightarrow 2S = A(\varepsilon_{thin} - \varepsilon_{thick}) \tag{2-14}$$

$$\Delta l = A(\varepsilon_{thin} + \varepsilon_{thick}) = 2R' \arcsin \frac{A}{R'} - 2A = \frac{A^2 + h^2}{h} \arcsin \frac{2Ah}{A^2 + h^2} - 2A \tag{2-15}$$

由式（2-14）及式（2-15）可推出：

$$2A\varepsilon_{thin} = 2S + \frac{A^2 + h^2}{h} \arcsin \frac{2Ah}{A^2 + h^2} - 2A \tag{2-16}$$

可得

$$\varepsilon_{thin} = \frac{S}{A} + \frac{A^2 + h^2}{2Ah} \arcsin \frac{2Ah}{A^2 + h^2} - 1 \tag{2-17}$$

根据塑性理论[7]，拼焊板所产生的最大应变不大于均一板的应变，即 $\varepsilon_{thin} \leqslant \varepsilon^*$。根据式（2-17）和式（2-13）有

$$\frac{S}{A} + \frac{A^2 + h^2}{2Ah} \arcsin \frac{2Ah}{A^2 + h^2} - 1 < \frac{A^2 + h^{*2}}{2Ah^*} \arcsin \frac{2Ah^*}{A^2 + h^{*2}} - 1 \tag{2-18}$$

经换算可得

$$S + \frac{A^2 + h^2}{2h} \arcsin \frac{2Ah}{A^2 + h^2} < \frac{A^2 + h^{*2}}{2h^*} \arcsin \frac{2Ah^*}{A^2 + h^{*2}} \tag{2-19}$$

其中，$\arcsin(x)\approx x+\frac{1}{6}x^3$，代入式（2-19）并整理得

$$3A+\frac{2A^3h^2}{(A^2+h^2)^2}<\frac{2A^3h^{*2}}{(A^2+h^{*2})^2} \tag{2-20}$$

令 $H=h^2$，$H^*=h^{*2}$，$G=\frac{2A^3H^*}{(A^2+H^*)^2}$，可推出：

$$h<A\sqrt{\frac{\sqrt{A^2+2A(3S-G)}-A}{3S-G}-1} \tag{2-21}$$

因此，只要获知焊缝的移动量和薄板一侧金属的成形极限，就可根据式（2-21）获得该拼焊板的成形极限。其中，焊缝的移动量可以通过式（2-5）来获得。

从式（2-21）可以看出，拼焊板的成形高度与焊缝移动量、凸模半径及薄板的成形能力有关，且随着薄板成形能力提高，拼焊板所获得的成形高度也增加。

3. 变形状态对胀形成形高度的影响

在实际的拼焊板成形中，变形状态不是唯一的，而是等双向拉伸与平面应变状态之间的某种变形状态，因而，该种变形状态下，板料所能发挥的塑性变形能力是不同的。根据 Swift 分散性失稳理论[8]，板材在不同应变状态下发生分散性失稳时，各主应变的极限值为

$$\left.\begin{aligned}\varepsilon_1&=\frac{2(2-x)(1-x+x^2)}{(1+x)(4-7x+4x^2)}n\\ \varepsilon_2&=\frac{2(2x-1)(1-x+x^2)}{(1+x)(4-7x+4x^2)}n\\ \varepsilon_3&=-\frac{2(1-x+x^2)}{(4-7x+4x^2)}n\end{aligned}\right\} \tag{2-22}$$

式中：ε_1、ε_2、ε_3分别为三个主应变方向上的应变值；n 为材料的硬化指数；x 为应力状态参数，描述形式如下：

$$x=\frac{\sigma_2}{\sigma_1} \tag{2-23}$$

式中，σ_2、σ_1分别表示两个方向的主应力。

根据公式（2-22），在等双向拉伸状态下，获得的主应变 $\varepsilon_1=n$；在平面应变状态下，获得主应变 $\varepsilon_1=0.6n$。因此，在平面应变状态下，板料发生破坏时的应变仅为等双向拉伸状态下的3/5。因而，变形状态处于等双向拉伸到平面应变状态区间内，即$0.5\leqslant x\leqslant 1.0$，获得的成形高度应相应地通过系数0.6～1.0来进行修正。

4. 拼焊板胀形成形高度模型的验证

基于提出的分析模型获得的成形高度与数值分析结果进行比较，见表 2-2 和

表 2-3。

表 2-2　正方形拼焊板胀形成形高度的解析解与模拟解

(t_A/t_B)/(mm/mm)	0.75/0.7	0.8/0.7	1.0/0.7	1.5/0.7
板厚比	1.07	1.14	1.43	2.14
焊缝移动量 S/mm	1.20	1.30	1.14	0.95
h^*/mm	26.1			
h/mm	21.6	21.4	21.7	22.5
修正值	1.0	0.86	0.75	0.6
修正后高度/mm	21.6	18.4	16.3	13.5
仿真高度/mm	20	16.5	13.2	11

表 2-3　矩形拼焊板胀形成形高度的解析解与模拟解

(t_A/t_B)/(mm/mm)	0.75/0.7	0.8/0.7	1.0/0.7	1.5/0.7
厚度比	1.07	1.14	1.43	2.14
焊缝移动量 S/mm	0.45	0.55	0.70	0.74
h^*/mm	26.1			
h/mm	23.5	22.8	22	21.7
修正值	0.6	0.6	0.6	0.6
修正后高度/mm	14.1	13.7	13.2	13.0
仿真高度/mm	12.7	11.4	10.7	10

表 2-2 为正方形拼焊板胀形成形高度的理论与仿真结果。通过成形极限图可知，在不同板厚比情况下，拼焊板的变形状态是不同的。在板厚比较小，为 1.07 时，变形状态基本为等双向拉伸状态，h 的修正值为 1.0；而板厚比达到 2.14 时，变形状态为平面应变状态，h 的修正值为 0.6。因此，板厚比处于 1～2.14 之间时，修正值的区间为 1.0～0.6；板厚比大于 2.14 时，修正值为 0.6。

从表 2-2 中可以看出，成形高度的数值解小于解析解，这说明通过式（2-21）所获得的成形高度为一个极限值，实际情况下获得的成形高度要小于解析结果；仿真高度与解析解之间的误差主要是由于拼焊板整体成形能力要低于母材成形能力造成的。

表 2-3 为矩形拼焊板胀形成形高度的解析解与模拟解。通过成形极限图可知，在不同板厚比情况下，变形状态均为平面应变状态，因而对 h 的修正值为 0.6。从表 2-3 中可以看出，通过数值分析方法获得的成形高度都要小于解析结果，说明通过式（2-21）所获得的成形高度为一个极限值，实际情况下获得的成形高度要小于解析结果；仿真高度与解析解之间的误差主要是由于拼焊板整体成形能力要低于母材成形能力造成的。因此，通过在不同宽度、不同板厚比情况

下对成形高度进行的模拟解和解析解比较可知，所提出的解析模型是正确的，可以用来对拼焊板的成形高度进行预测。但由于该模型是基于圆球胀形模型和拼焊板焊缝处于正中间的情况下建立起来的，应用范围受到一定限制，只适用于计算圆球胀形情况下拼焊板所能获得的成形高度。

三、拼焊板成形过程中焊缝两侧母材应变路径动态变化机理

（一）拼焊板母材双向拉伸简化模型

拼焊板母材单元双向拉伸简化模型如图 2-26 所示。模型中在成形过程中忽略焊缝的影响，将其简化为一条理想的直线，仅起到力的传递作用。做如下几点假设：

1）根据一般的板料成形理论，可以假设拼焊板在受双向应力过程中处于平面应力状态，即 $\sigma_3=0$。

2）面内应力主轴和应变主轴重合，且始终在平行以及垂直于焊缝的两个正交方向上。

3）这种变形方式下，两侧母材在垂直于焊缝方向的应变大于平行于焊缝方向的应变，如图 2-27 所示。

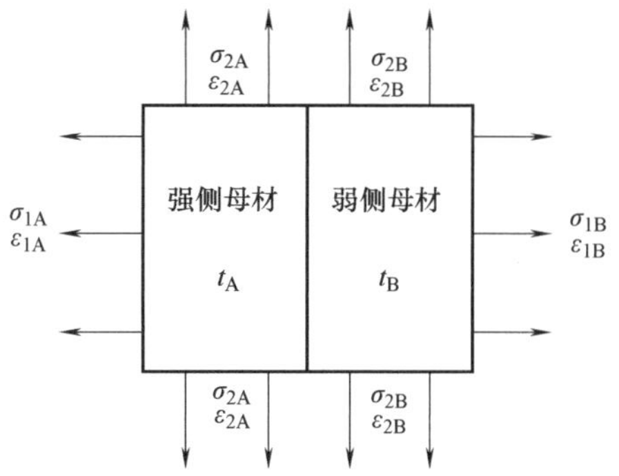

图 2-26　拼焊板母材单元双向拉伸简化模型

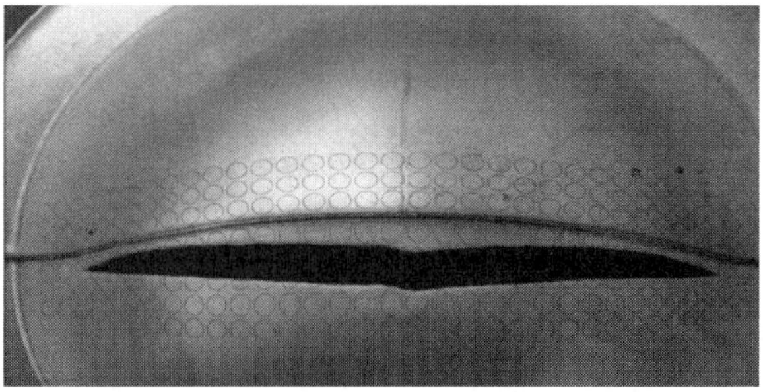

图 2-27　母材破裂情况下弱侧单元网格

假设在焊缝附近很小的区域内，根据变形协调，两侧母材存在如下关系式：

$$d\varepsilon_{2A}=d\varepsilon_{2B}=d\varepsilon_2 \text{与} \varepsilon_{2A}=\varepsilon_{2B}=\varepsilon_2$$

4）当两侧板料存在强度差异时，变形集中于弱侧，假设强侧板料变形过程为简单加载状态，则强侧主应力成比例增加。

基于以上四点假设，以下对焊缝两侧母材综合强度差异较大的拼焊板成形过

程中相邻母材单元的应力-应变关系进行分析，建立相应的力学解析模型。

（二）拼焊板成形过程中母材应变路径动态变化力学解析模型

1. 基于厚向同性母材的力学分析

假设强侧变形过程中次应变与主应变的比值为

$$\rho = \frac{d\varepsilon_2}{d\varepsilon_{1A}} = \frac{\varepsilon_2}{\varepsilon_{1A}} \tag{2-24}$$

$$\beta = \frac{d\varepsilon_2}{d\varepsilon_{1B}} \tag{2-25}$$

根据经典弹塑性稳定理论，在双向平面应力状态下，存在如下关系：

$$\frac{d\varepsilon_1}{2\sigma_1 - \sigma_2} = \frac{d\varepsilon_2}{2\sigma_2 - \sigma_1} = \frac{-d\varepsilon_3}{\sigma_2 + \sigma_1} = \frac{d\bar{\varepsilon}}{2\bar{\sigma}} \tag{2-26}$$

设$\bar{\sigma}$为等效应力，$\bar{\varepsilon}$为等效应变。

简单加载情况下：

$$\frac{\varepsilon_1}{2\sigma_1 - \sigma_2} = \frac{\varepsilon_2}{2\sigma_2 - \sigma_1} = \frac{-\varepsilon_3}{\sigma_2 + \sigma_1} = \frac{\bar{\varepsilon}}{2\bar{\sigma}} \tag{2-27}$$

材料厚向同性时：

$$\bar{\sigma} = \sqrt{\sigma_1^2 + \sigma_2^2 - \sigma_1\sigma_2} \tag{2-28}$$

由式（2-24）、式（2-27）、式（2-28）可得

$$\sigma_{1A} = \frac{2+\rho}{\sqrt{3(1+\rho+\rho^2)}}\bar{\sigma}_A \tag{2-29}$$

$$\bar{\varepsilon}_A = 2\frac{\varepsilon_2}{\rho}\sqrt{\frac{1+\rho+\rho^2}{3}} \tag{2-30}$$

由式（2-25）、式（2-26）、式（2-28）可得

$$\sigma_{1B} = \frac{2+\beta}{\sqrt{3(1+\beta+\beta^2)}}\bar{\sigma}_B \tag{2-31}$$

$$\bar{\varepsilon}_B = \int \frac{2}{\beta}\sqrt{\frac{1+\beta+\beta^2}{3}}d\varepsilon_2 \tag{2-32}$$

根据焊缝附近1方向上力平衡条件可知：

$$\sigma_{1A}t_A = \sigma_{1B}t_B \tag{2-33}$$

$$t_A = t_{A0}e^{\varepsilon_{3A}} = t_{A0}e^{-\varepsilon_{2A}-\varepsilon_{1A}}$$

$$t_B = t_{B0}e^{\varepsilon_{3B}} = t_{B0}e^{-\varepsilon_{2B}-\varepsilon_{1B}} \tag{2-34}$$

式中：t_{A0}、t_{B0}分别为两侧板料初始厚度；t_A、t_B分别为两侧板料在变形过程中的实时厚度。

材料幂指型本构关系：

$$\bar{\sigma} = K\bar{\varepsilon}^n \tag{2-35}$$

结合式（2-29）~式（2-35）可以得在成形过程中焊缝附近强弱两侧的应变路径的相对关系如下：

$$\frac{2+\rho}{\sqrt{3(1+\rho+\rho^2)}}K_A\left(2\frac{\varepsilon_2}{\rho}\sqrt{\frac{1+\rho+\rho^2}{3}}\right)^{n_A}t_{A0}e^{-\frac{\varepsilon_2}{\rho}}=$$

$$\frac{2+\beta}{\sqrt{3(1+\beta+\beta^2)}}K_B\left(\int\frac{2}{\beta}\sqrt{\frac{1+\beta+\beta^2}{3}}d\varepsilon_2\right)^{n_B}t_{B0}e^{\int-\frac{\varepsilon_2}{\beta}d\varepsilon_2}$$

2. 基于厚向异性母材的力学分析

若引入材料各向异性，式（2-26）~式（2-28）可转化为

$$\frac{d\varepsilon_1}{(1+r)\sigma_1-\sigma_2}=\frac{d\varepsilon_2}{(1+r)\sigma_2-\sigma_1}=\frac{-d\varepsilon_3}{\sigma_2+\sigma_1}=\frac{d\bar{\varepsilon}}{(1+r)\sqrt{\sigma_1^2-\frac{2r}{1+r}\sigma_1\sigma_2+\sigma_2^2}}$$

简单加载时：

$$\frac{\varepsilon_1}{(1+r)\sigma_1-r\sigma_2}=\frac{\varepsilon_2}{(1+r)\sigma_2-r\sigma_1}=\frac{-\varepsilon_3}{\sigma_2+\sigma_1}=\frac{\bar{\varepsilon}}{(1+r)\sqrt{\sigma_1^2-\frac{2r}{1+r}\sigma_1\sigma_2+\sigma_2^2}}$$

$$\bar{\sigma}=\sqrt{\sigma_1^2-\frac{2r}{1+r}\sigma_1\sigma_2+\sigma_2^2}$$

同各向同性的推导过程可得

$$\sigma_{1A}=\bar{\sigma}_A\frac{1}{\sqrt{1-\frac{2r_A(r_A+\rho+\rho r_A)}{(1+r_A)(1+r_A+\rho r_A)}+\frac{(r_A+\rho+\rho r_A)^2}{(1+r_A+\rho r_A)^2}}}$$

$$=\bar{\sigma}_A\frac{\sqrt{(1+r_A)}(1+r_A+\rho r_A)}{\sqrt{2(\rho+1)^2r_A^2+(3\rho^2+2\rho+3)r_A+(1+\rho^2)}}$$

$$\bar{\varepsilon}_A=\frac{\varepsilon_2\sqrt{1-\frac{2r_A(r_A+\rho+\rho r_A)}{(1+r_A)(1+r_A+\rho r_A)}+\frac{(r_A+\rho+\rho r_A)^2}{(1+r_A+\rho r_A)^2}}(1+r_A)}{\frac{(1+r_A)(r_A+\rho+\rho r_A)}{1+r_A+\rho r_A}-r_A}$$

$$=\varepsilon_2\frac{\sqrt{[2(\rho+1)^2r_A^2+(3\rho^2+2\rho+3)r_A+(1+\rho^2)](1+r_A)}}{\rho(2r_A+1)}$$

$$\sigma_{1B}=\bar{\sigma}_B\frac{\sqrt{(1+r_B)}(1+r_B+\beta r_B)}{\sqrt{2(\beta+1)^2r_B^2+(3\beta^2+2\beta+3)r_B+(1+\beta^2)}}$$

$$\bar{\varepsilon}_B=\int\frac{\sqrt{[2(\beta+1)^2r_B^2+(3\beta^2+2\beta+3)r_B+(1+\beta^2)](1+r_B)}}{\beta(2r_B+1)}d\varepsilon_2$$

由焊缝两边在 1 方向上力平衡可得

$$\frac{\sqrt{(1+r_A)}(1+r_A+\rho r_A)}{\sqrt{2(\rho+1)^2r_A^2+(3\rho^2+2\rho+3)r_A+(1+\rho^2)}}K_A t_{A0}e^{-\frac{\varepsilon_2}{\rho}}$$

$$\left\{\varepsilon_2\frac{\sqrt{[2(\rho+1)^2r_A^2+(3\rho^2+2\rho+3)r_A+(1+\rho^2)](1+r_A)}}{\rho(2r_A+1)}\right\}^{n_A}=$$

$$\frac{\sqrt{(1+r_B)}(1+r_B+\beta r_B)}{\sqrt{2(\beta+1)^2r_B^2+(3\beta^2+2\beta+3)r_B+(1+\beta^2)}}K_B t_{B0}e^{\int-\frac{d\varepsilon_2}{\beta}}$$

$$\left\{\int\frac{\sqrt{[2(\beta+1)^2r_B^2+(3\beta^2+2\beta+3)r_B+(1+\beta^2)](1+r_B)}}{\beta(2r_B+1)}d\varepsilon_2\right\}^{n_B}$$

定义 λ 为材料主次应变比，$\lambda_A=\rho$，$\lambda_B=\beta$。

定义应变状态参数 1

$$\zeta=\frac{\sqrt{(1+r)}(1+r+\lambda r)}{\sqrt{2(\lambda+1)^2r^2+(3\lambda^2+2\lambda+3)r+(1+\lambda^2)}}$$

定义应变状态参数 2：

$$\eta=\frac{\sqrt{[2(\lambda+1)^2r^2+(3\lambda^2+2\lambda+3)r+(1+\lambda^2)](1+r)}}{\lambda(2r+1)}$$

焊缝两侧单元的应变关系可以表征为

$$\xi_A K_A t_{A0}e^{-\frac{\varepsilon_2}{\rho}}(\varepsilon_2\eta_A)^{n_A}=\xi_B K_B t_{B0}e^{\int-\frac{d\varepsilon_2}{\beta}}\left(\int\eta_B d\varepsilon_2\right)^{n_B}$$

由获得的力学模型可知，在强弱两侧的母材材料性能与厚度已知的情况下，两者的应变路径存在非线性关系。随着 2 方向上塑性应变的历史累加，在各材料力学性能参数的耦合作用下，弱侧的应变路径会发生非线性动态变化。

板料在处于双向拉伸成形状态时，单元的主、次应变比符合以下关系：

$$-0.5\leqslant\beta,\ \rho\leqslant1$$

根据获得的应变关系式，通过数值迭代计算，可以表征出成形过程中拼焊板弱侧与强侧各自应变关系之间的联系。

3. 基于力学解析模型的不同板料组合状态下母材应变路径分析

板料在双向拉伸状态下，根据应变状态成形极限图可以划分为拉深状态区与胀形状态区，两个区域的边界为单向拉伸状态与等双向拉伸状态，平面应变状态为它们的分界点。

母板材料选用 DC56D + Z 与 H220YD。对强侧母材应变变化比为 1（等双向拉伸状态）以及 −0.5（单向拉伸状态）两个极限应变状态下弱侧母材的应变状态进行分析。

成形过程中，强侧母材为等双向拉伸状态时弱侧母材的应变变化比如图 2-28所示。

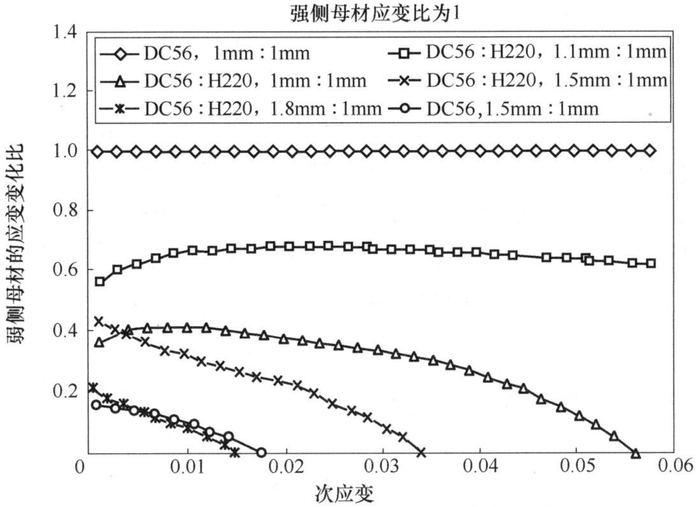

图 2-28　强侧母材为等双向拉伸状态时弱侧母材的应变变化比

同材同厚拼焊板的母材综合强度相当，DC56 与 H220 在板厚比为 1.2mm∶1mm 时，两侧母材的综合强度接近。计算的结果表明，DC56 同材等厚拼焊板弱侧母材的应变变化比始终保持数值为 1。DC56 差厚（1.5mm∶1mm）拼焊板的弱侧单元的应变变化比远离 1。对于 DC56 与 H220 的异材拼焊板，当板厚比越接近 1.2mm∶1mm 时，弱侧母材的应变变化比越接近 1。可见，当强侧母材的应变路径固定为等双向拉伸状态时，若两侧母材的综合强度存在差异，弱侧母材的应变变化比从 1 向 0 偏移，综合强度差异越大，偏移越明显。随着变形的增加，弱侧母材的应变变化比成非线性变化。

将拼焊板成形过程中强、弱两侧母材的应变路径绘制成图 2-29。

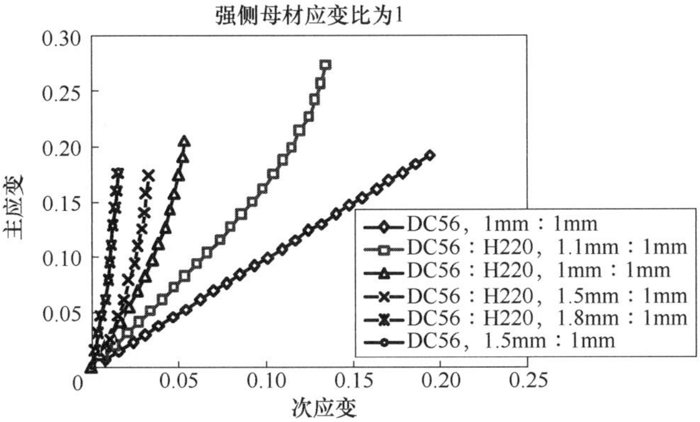

图 2-29　强侧母材为等双向拉伸状态时弱侧母材的应变路径

计算结果表明，当强侧母材的应变路径为等双向拉伸状态时，DC56 同材等厚拼焊板弱侧母材的应变路径始终保持等双向拉伸状态，DC56 差厚（1.5mm∶1mm）拼焊板的弱侧母材的应变路径偏离等双向拉伸状态向平面应变状态靠近。对于 DC56 与 H220 的异材拼焊板，当板厚比越接近 1.2mm∶1mm 时，弱侧母材的应变路径越接近等双向拉伸状态。若两侧母材的综合强度存在差异，弱侧母材的应变从等双向拉伸状态向平面应变状态偏移。随着变形的增加，偏移程度增加，这种偏移使得母材过早到达极限应变值，导致拼焊板成形极限能力下降。成形过程中，强侧母材为单向拉伸状态时弱侧母材的应变变化比如图 2-30 所示。

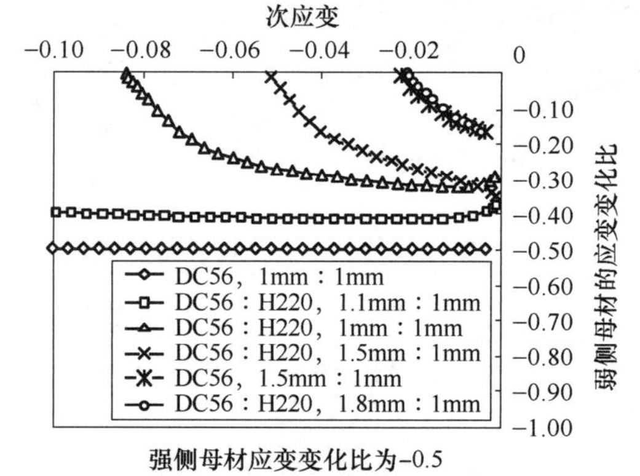

图 2-30　强侧母材为单向拉伸状态时弱侧母材的应变变化比

计算结果表明，与强侧母材的应变为等双向拉伸状态时规律相同，当强侧母材的应变路径固定为单向拉伸状态时，若两侧母材的综合强度存在差异，弱侧母材的应变变化比从 −0.5 向 0 偏移，综合强度差异性越大，偏移越明显，同时随着变形的增加，弱侧母材的应变变化比成非线性变化。

将拼焊板成形过程中强、弱两侧母材的应变路径绘制成如图 2-31 所示。

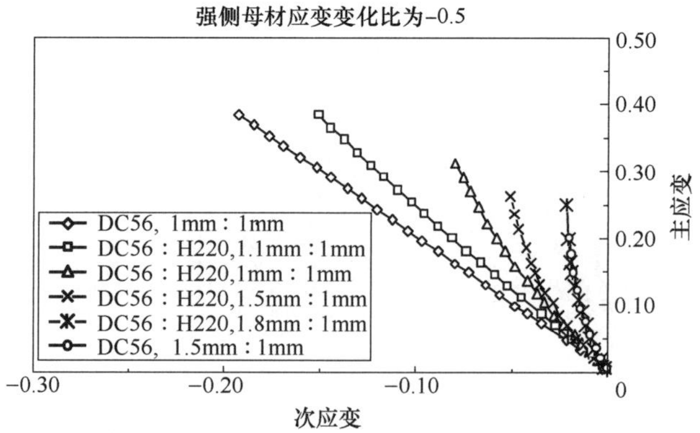

图 2-31　强侧母材为单向拉伸状态时弱侧母材的应变路径

计算结果表明，同强侧母材的应变为等双向拉伸状态时的规律相同，当强侧母材的应变路径固定为单向拉伸状态时，若两侧母材的综合强度存在差异，弱侧母材的应变从单向拉伸状态向平面应变状态偏移。随着变形的增加，偏移程度增加，这种偏移也使母材过早达到极限应变值，导致拼焊板成形极限能力下降。

从整体上分析，在同材差厚情况下，当厚度差异变大时，弱侧母材的变形路径向平面应变状态偏移；异材差厚情况下，随厚度差异增加，弱侧母材的应变状态先远离后转向平面应变状态。可见，异材拼焊板存在一个综合强度的最优匹配点，使拼焊板焊缝两侧母材的变形路径差异最小，从而获得较好的成形能力。从实质上分析，母材综合强度差异使成形过程中弱侧材料的应变状态向不利于成形的状态偏移。

四、拼焊板成形极限图

（一）基于焊缝极限的母材应变区域分析及成形极限图的建立

参照传统单一板成形极限图建立方法，根据焊缝与邻近母材在塑性变形中的力学关系建立基于焊缝极限应变的拼焊板成形极限图。

有别于传统的主次应变的定义，新的方法把垂直于焊缝的方向定为 X 方向，平行于焊缝的方向定为 Y 方向，如图 2-32 所示（A 侧代表强侧母材，B 侧代表弱侧母材）。将焊缝的极限应变转换到弱侧母材应变上，避开了焊缝应变测量困难的问题。

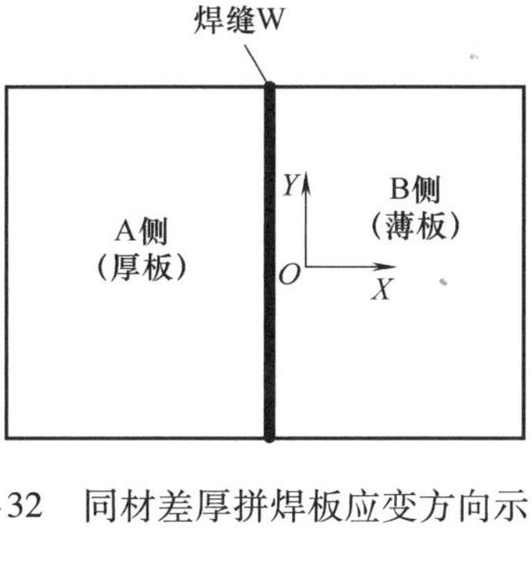

图 2-32　同材差厚拼焊板应变方向示意图

结合拼焊板成形特征提出下列三个基本理论假设：

1）假设母材 A 与母材 B 均为面内各向同性。

2）由于拼焊板变形中母材连接处在垂直于焊缝和沿焊缝两个方向上的差异性较大，故假设母材 A、B 在此处的面内应力主轴和应变主轴重合，且它们各自的主应力和主应变分量始终处于垂直于焊缝和沿焊缝两个方向上。

3）根据拼焊板变形协调关系可假设焊缝两侧母材在 Y 方向上的主应变分量相等，具体步骤如图 2-33 所示。

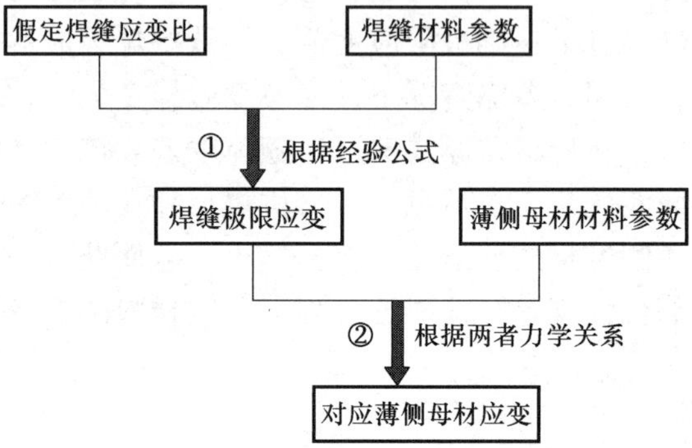

图 2-33　理论计算步骤

① 假定一个焊缝应变比 $\beta_A = \dfrac{\varepsilon_{AY}}{\varepsilon_{AX}}$（范围为 $-0.5 \sim 1$，从单向拉伸状态变化到等双向拉伸状态），根据经验公式及焊缝材料参数 t、n，计算得到此时焊缝极限应变 ε_{AX} 和 ε_{AY}。

$$FLD_0 = (23.3 + 14.3 \times t_A) \times n_A / 0.21$$

$$\varepsilon_{AY} = \frac{1 + FLD_0}{1 + \varepsilon_{AX}} - 1 \qquad (-0.5 < \beta_A < 0)$$

$$\varepsilon_{AY} = (1 + FLD_0) \times (1 + \varepsilon_{AX}^{-0.5}) - 1 \qquad (0 < \beta_A < 1)$$

将得到的工程应变换算为真实应变 ε_{AX}、ε_{AY}。

② 根据焊缝单元与相邻薄侧单元的力学关系，计算当焊缝达到极限应变状态时的相邻弱侧母材应变。

焊缝单元与相临母材单元的受力平衡如下：

$$\sigma_{WX} t_W = \sigma_{BX} t_B$$

式中，t_W、t_B 分别表示焊缝、相邻母材在变形过程的实时厚度。又

$$t_W = t_{W0} e^{-(\varepsilon_{WX} + \varepsilon_{WY})}, t_B = t_{B0} e^{-(\varepsilon_{BX} + \varepsilon_{BY})}$$

可得

$$\sigma_{BX} \exp(\varepsilon_{WX} - \varepsilon_{BX}) = \frac{t_{W0}}{t_{B0}} \sigma_{WX}$$

再通过应力-应变关系可计算得到弱侧母材应变 ε_{BX}、ε_{BY} 及应变比 β_B。

1）当弱侧母材 Y 方向上的应变大于 X 方向上的应变时

$$\sigma_{WX} = \frac{K(2 + \beta_W)}{[3(\beta_W^2 + \beta_W + 1)]^{(1 - n_W)/2}} \left(\frac{2}{3} \varepsilon_{WX} \right)^{n_W}$$

$$\sigma_{BX} = \frac{K(2+\beta_B)}{[3(\beta_B^2+\beta_B+1)]^{(1-n_B)/2}}\left(\frac{2}{3}\varepsilon_{BX}\right)^{n_B}$$

$$\beta_B = \frac{\varepsilon_{BX}}{\varepsilon_{BY}}$$

2）当弱侧母材 X 方向上的应变大于 Y 方向上的应变时

$$\sigma_{WX} = \frac{K(2+\beta_W)}{[3(\beta_W^2+\beta_W+1)]^{(1-n_W)/2}}\left(\frac{2}{3}\varepsilon_{WX}\right)^{n_W}$$

$$\sigma_{BX} = \frac{K\left(2+\dfrac{1}{\beta_B}\right)}{\left[3\left(\dfrac{1}{\beta_B^2}+\dfrac{1}{\beta_B}+1\right)\right]^{(1-n_B)/2}}\left(\frac{2}{3}\varepsilon_{BX}\right)^{n_B}$$

$$\beta_B = \frac{\varepsilon_{BY}}{\varepsilon_{BX}}$$

每一个焊缝应变比状态下对应可算得一个母材应变值，将算得的各值连成曲线可得焊缝失效时的母材极限曲线，如图 2-34 中的曲线 1。考虑到 Y 方向上的应变与 X 方向上的应变大小对拼焊板成形性能影响的不同，将传统 FLD 曲线沿着 $Y=X$ 直线镜像得到 $\varepsilon_{BX}>\varepsilon_{BY}$ 的极限曲线，如图 2-34 中的曲线 2。再将板料双拉时的临界应变状态曲线：等双拉曲线 5 和单向拉伸曲线 3、4 同时画在图 2-34 上，可得拼焊板的安全区域 a、b、c、d，而其中分成的两个区域 Z_1、Z_2 分别代表焊缝失效和母材失效区域。

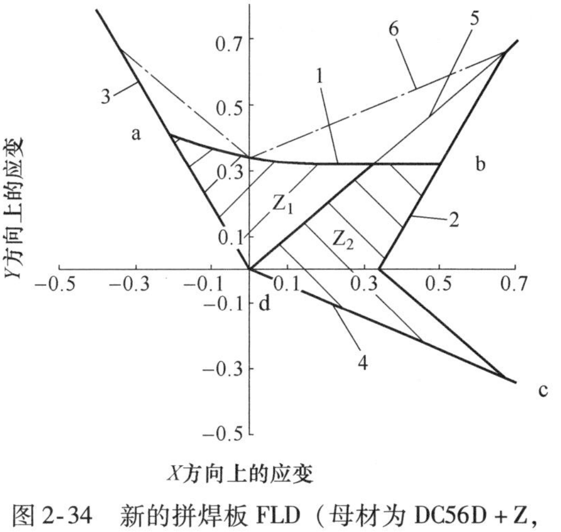

图 2-34　新的拼焊板 FLD（母材为 DC56D + Z，0. 9mm∶1. 6mm，POLO 门内板材料）

1—焊缝失效时对应的拼焊板中弱侧母材极限曲线

2—拼焊板中弱侧母材极限曲线（$\varepsilon_{BX}>\varepsilon_{BY}$）

3—单向拉伸曲线（$\varepsilon_{BX}<\varepsilon_{BY}$）　4—单向拉伸曲线（$\varepsilon_{BX}>\varepsilon_{BY}$）

5—等双拉曲线（$\varepsilon_{BX}=\varepsilon_{BY}$）　6—弱侧单一板极限曲线（$\varepsilon_{BX}<\varepsilon_{BY}$）

相比于用传统方法建立的拼焊板成形极限图，新的拼焊板成形极限图的优越性在于：

1）由拼焊板成形极限图 2-34 可以看出，在焊缝失效区域，拼焊板成形极限曲线相比单一板曲线 6 有了明显下降，从而直观表征出拼焊板相比于单一板成形性能下降的特点。

2）新的拼焊板成形极限图建立时，将焊缝失效形式转换到弱侧母材极限应变状态上，从而避开了焊缝应变测量困难的问题。

3）新的成形极限图由区域 A 和 B 组成，其中 A 为焊缝失效区域，B 为母材失效区域，使得拼焊板的两种失效形式跟母材应变状态有了对应关系。实际材料成形后测量的应变结果与失效形式如果无法与其区域对应，可反映出板料不合格。

（二）新成形极限图的试验验证

试验验证分两种情况，一种为焊缝合格件的试验验证，另一种为焊缝不合格情况下的试验验证。

1. 焊缝合格件的试验验证

本试验采用材料为 DC56 的同材差厚拼焊板，厚度比为 0.9mm/1.6mm。试件按照 GB/T 15825.8 要求加工，分为横向焊缝与纵向焊缝两套规格，如图 2-35 所示。

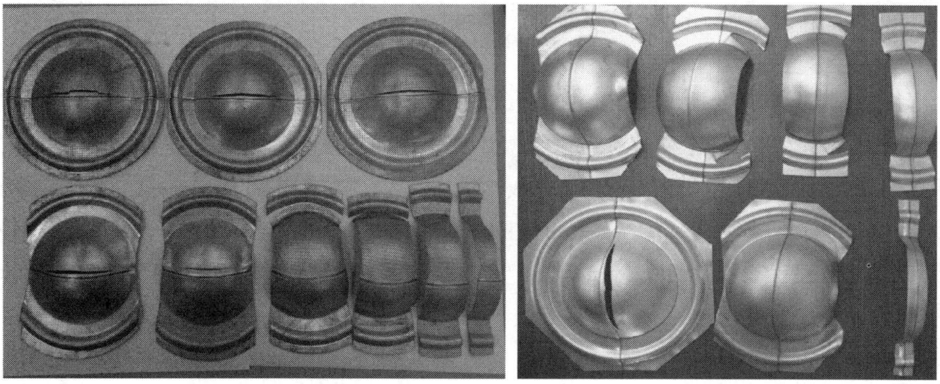

a)　　b)

图 2-35　焊缝合格冲压件

a）横向焊缝冲压件　b）纵向焊缝冲压件

从成形结果取焊缝附近破裂件的网格变形量为研究对象，如图 2-36 所示。

将取得的平行及垂直于焊缝的应变值标于图 2-37 所示的成形极限区域图上。

从试验结果可见，当试件为纵向焊缝时，母材的主应变方向与焊缝的主应变方向相同，都为平行于焊缝的方向，此时焊缝先失效，如图 2-36a、b 所示，此时的母材破裂点应变值位于弱侧单一母材极限曲线 6 与新的极限区域 A 的弱侧母材极限曲线 1 之间；当试件为横向焊缝时，母材的主应变方向与焊缝的主应变方向相反，为垂直于焊缝方向，此时弱侧母材先失效，如图 2-36c 所示，此时的母材破裂点应变值位于弱侧母材极限曲线 2 之外。

2. 焊缝不合格情况下的试验验证

试验采用材料为 DC56 的同材同厚拼焊板，厚度比为 1.5mm/1.5mm，试验结果样件如图 2-38 所示。

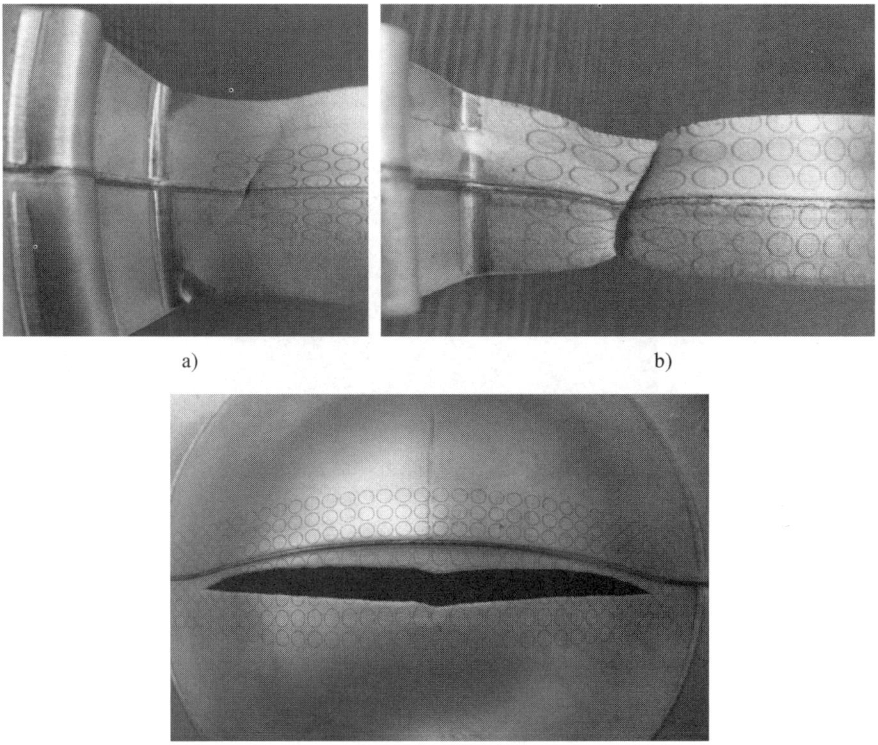

a)　　b)

c)

图 2-36　焊缝附近破裂件的网格

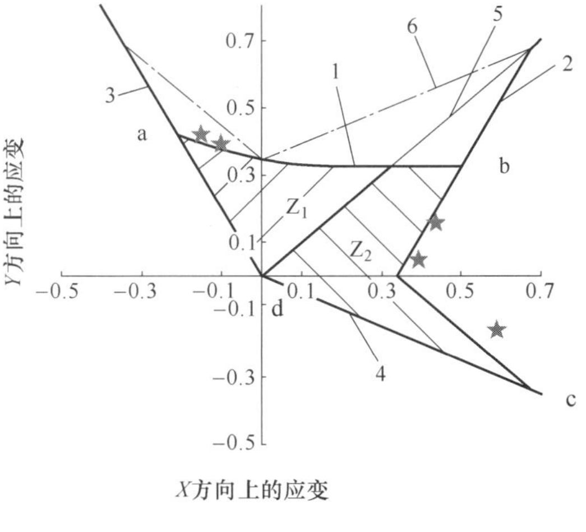

图 2-37　母材极限应变点在成形极限区域图上的位置

1—焊缝失效时对应的拼焊板中弱侧母材极限曲线　2—拼焊板中弱侧母材极限曲线（$\varepsilon_{BX}>\varepsilon_{BY}$）
3—单向拉伸曲线（$\varepsilon_{BX}<\varepsilon_{BY}$）　4—单向拉伸曲线（$\varepsilon_{BX}>\varepsilon_{BY}$）　5—等双拉曲线（$\varepsilon_{BX}=\varepsilon_{BY}$）
6—弱侧单一板极限曲线（$\varepsilon_{BX}<\varepsilon_{BY}$）

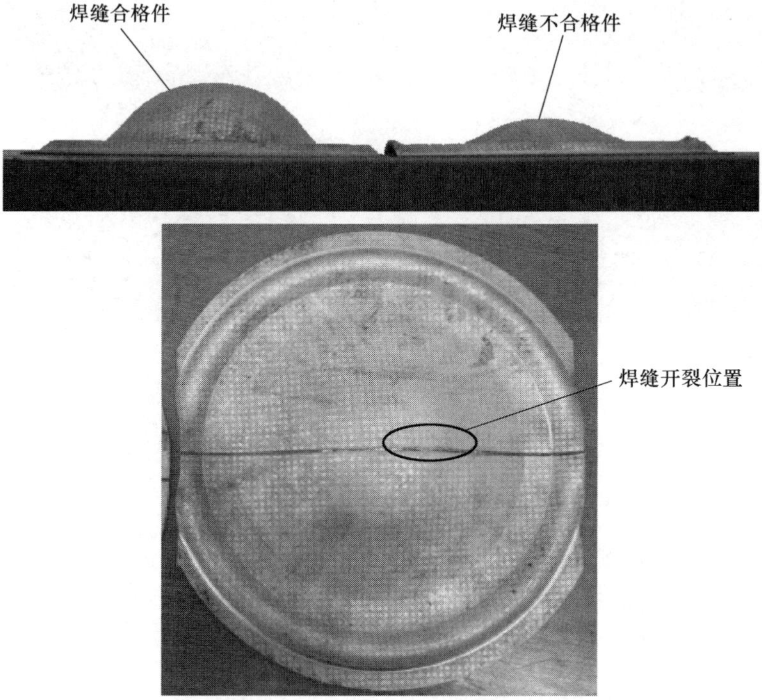

图 2-38 焊缝不合格冲压件

取破裂周围的极限应变值，建立对应的成形极限区域图，获得的结果如图 2-39 所示。

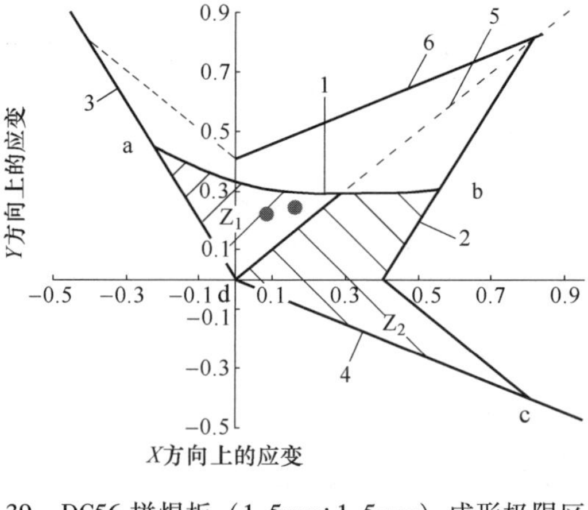

图 2-39 DC56 拼焊板（1.5mm∶1.5mm）成形极限区域图

1—焊缝失效时对应的拼焊板中弱侧母材极限曲线 2—拼焊板中弱侧母材极限曲线（$\varepsilon_{BX}>\varepsilon_{BY}$） 3—单向拉伸曲线（$\varepsilon_{BX}<\varepsilon_{BY}$） 4—单向拉伸曲线（$\varepsilon_{BX}>\varepsilon_{BY}$） 5—等双拉曲线（$\varepsilon_{BX}=\varepsilon_{BY}$） 6—弱侧单一板极限曲线（$\varepsilon_{BX}<\varepsilon_{BY}$）

从结果可见，母材的主应变方向与焊缝相同，都为平行焊缝方向。焊缝失效时，相邻母材的应变值位于新的极限区域 A 之内。根据理论计算，焊缝合格且焊缝达到极限应变时，相邻母材对应的应变应处于线 ab 上，在焊缝破裂时，对应的母材应变小于线 ab 上的值，可见焊缝不合格。

通过试验验证可见，新的拼焊板成形极限区域图可以很好地反映拼焊板的成形特征，可作为拼焊板成形极限的判定。

五、曲线焊缝拼焊板的成形性能

（一）曲线焊缝差厚拼焊板的力学解析模型

曲线焊缝拼焊板由两块厚度分别为 t_A 和 t_B（$t_A > t_B$）的钢板焊接而成（忽略焊缝的热影响），A 板圆弧部分的半径为 R，中心在板料对称中心线上。受到平行于 1、2 主轴的力 F_1 和 F_2，如图 2-40 所示。

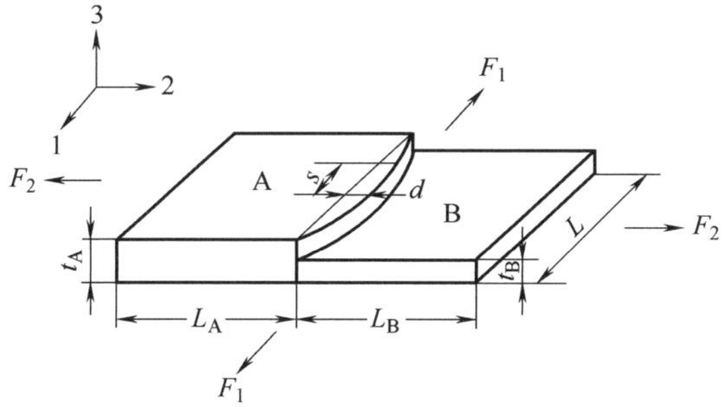

图 2-40　胀形成形过程中曲线焊缝拼焊板的简化受力情况

图 2-40 中的圆弧用圆弧上的点到平行于底边的弦的距离 d 表示，且有以下的对应关系：

$$d = \sqrt{R^2 - s^2} - \sqrt{R^2 - (L/2)^2}$$

式中：R 为圆弧半径；s 为圆弧上的点投影到弦上后到板料对称轴的距离。

根据定义，B 板侧 1、2 方向上的应力可表示为

$$\sigma_{B1} = \frac{F_1}{t_A(L_A + d) + t_B(L_B - d)}, \quad \sigma_{B2} = \frac{F_2}{t_B L} \tag{2-36}$$

由式（1-2）可得

$$\alpha_B = \frac{F_2}{F_1 L}[t^*(L_A + d) + (L_B - d)]$$

将上式代入式（1-8），可得 1、2 方向上的应变之比：

$$\beta_{\mathrm{B}}=\frac{3}{2-\dfrac{F_2}{F_1L}[t^*(L_{\mathrm{A}}+d)+(L_{\mathrm{B}}-d)]}-2=\frac{3}{2-\dfrac{F_2}{F_1L}[d(t^*-1)+t^*(L_{\mathrm{A}}+L_{\mathrm{B}})]}-2 \tag{2-37}$$

从式（2-37）中可以看出，板厚比对于曲线拼焊板虽然仍有影响，但是多了一个和半径有关的参数 d，控制 d 的大小就可以控制 1、2 方向上的应变值。显然，式（2-37）是对于 d 的增函数，随着 d 变大，1、2 方向上的应变比 β_{B} 增大，成形极限图上变形过程容易向平面应变状态偏移，板料失效加快；相反，随着 d 减小，成形极限图上变形过程易偏向等双拉线附近，成形变得均匀，板料成形性能得到较好的提高。由式（2-36）可知，焊缝半径 R 增大，相关系数 d 减小，因此式（2-36）也可以看作是相对于焊缝半径的函数关系式。

在 2 方向上的焊缝移动，可以用板料在 2 方向上的应变值表示：

$$\Delta_{\mathrm{B2}}=\beta_{\mathrm{B}}\varepsilon_1(L_{\mathrm{B}}-d)$$

对于一些拼焊板零件，由于设计灵活性的需求，曲线焊缝也有所应用。为此，针对折线、抛物线、Spline 曲线以及圆弧四种曲线焊缝形式对拼焊板成形极限能力的影响开展研究。

（二）曲线焊缝拼焊板胀形有限元模型的建立与验证

试验模具同图 2-2 所示的胀形模具，所用板料为 GMW2M-ST-S（美国产低碳冷轧钢），性能参数见表 2-4。为了验证有限元模拟的正确性，根据试验模具建立有限元模型如图 2-41 所示，板厚比为 1.5（薄板厚 1.17mm），曲线焊缝位置如图 2-42 所示，分别选用 76.2mm 和 101.6mm 两个半径圆弧焊缝规格的曲线焊缝拼焊板。

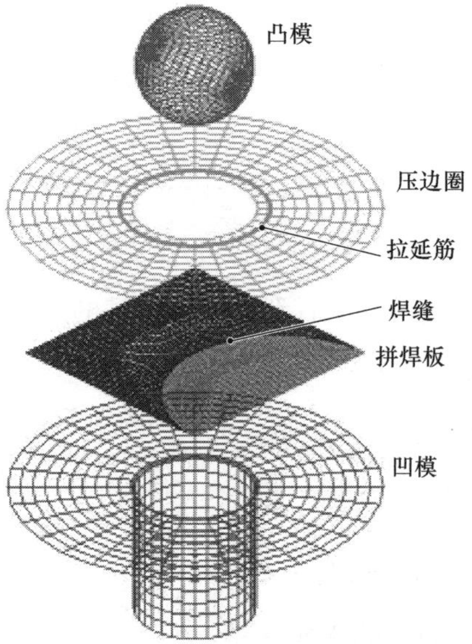

图 2-41　有限元模型图

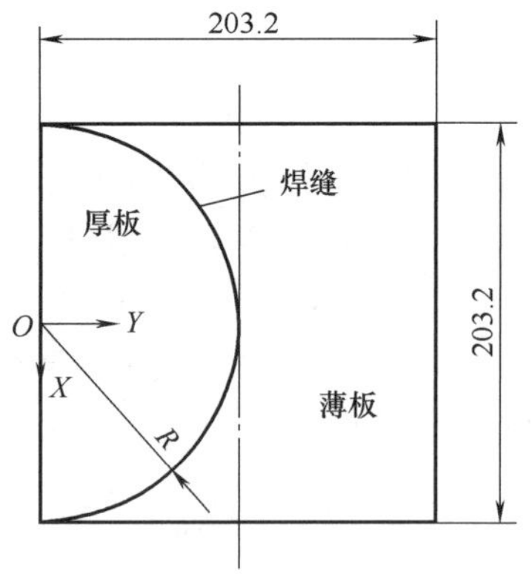

图 2-42　曲线焊缝差厚拼焊板示意图

表 2-4　材料性能参数

n 值	0.195
K 值（薄板/厚板）	595MPa/585MPa
屈服应力（薄板/厚板）	243MPa/224MPa
抗拉强度（薄板/厚板）	362MPa/355MPa

图 2-43 所示为差厚拼焊板的半球胀形试验结果和有限元结果。图中显示，拼焊板的失效发生在薄板侧靠近焊缝顶点处。

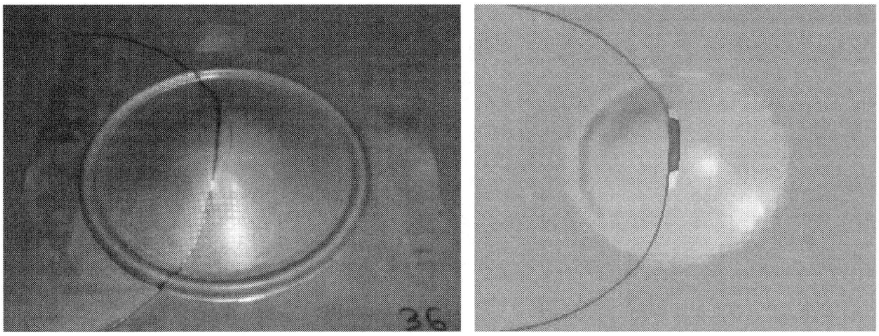

图 2-43　差厚拼焊板的半球胀形试验结果和有限元结果

焊缝半径分别为 101.6mm 和 76.2mm 的差厚拼焊板成形后的焊缝移动量比较如图 2-44 所示。易看出，焊缝半径为 101.6mm 的差厚拼焊板成形后的焊缝移动量较大，而半径为 76.2mm 的焊缝移动量较小，试验值和仿真值均有较好的吻合性。

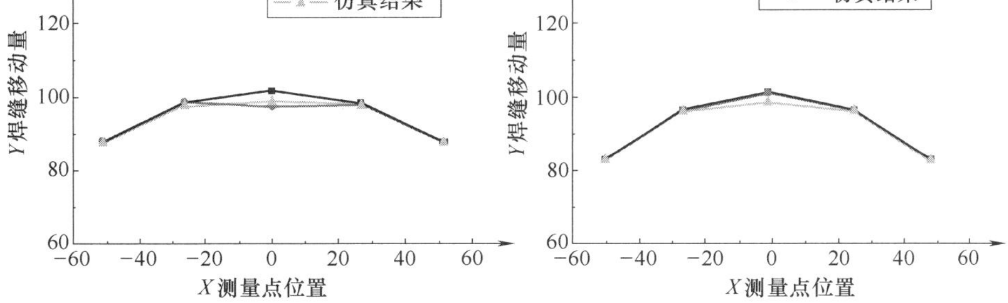

a)　　b)

图 2-44　焊缝移动量比较

a）焊缝半径为 101.6mm　b）焊缝半径为 76.2mm

两种不同圆弧半径的拼焊板极限成形高度比较见表2-5。

表2-5　两种不同圆弧半径的拼焊板极限成形高度比较

焊缝半径/mm	试验极限胀形高度/mm	仿真极限胀形高度/mm
76.2	20.5	20.8
101.6	23.0	23.4

对比结果表明，不同焊缝形式下的拼焊板成形高度不尽相同，仿真与试验结果在数值上的误差在可接受范围之内，此仿真模型可以用来进行曲线焊缝形式对拼焊板成形极限能力的影响研究。

（三）不同形式曲线焊缝对拼焊板成形能力的影响对比

建立不同形式曲线焊缝的有限元模型，为了提高结果的可参照性，将有限元模型材料统一为GMW2M-ST-S同材差厚拼焊板（板厚比为1.5，薄板厚度为1.17mm），圆弧曲线焊缝的圆弧半径为200mm；抛物线焊缝以曲线最高处为坐标原点，抛物线方程为$y=-0.003875x^2$；折线焊缝的折线斜率为±4.1，Spline曲线焊缝在相同的区域内接近于其他曲线，取点(0,0)、(±30.5，-3.00)、(±50.8，-7.73)、(±81.3，-17.41)、(±101.6，-24.73)，各种焊缝形状如图2-45所示。

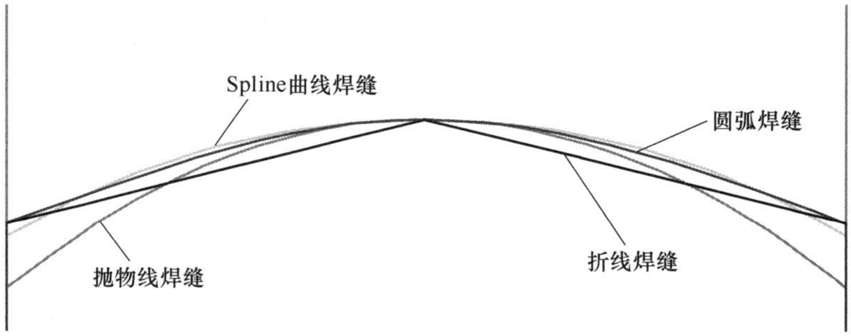

图2-45　各种焊缝形状

通过仿真获得各种焊缝形式拼焊板的极限成形高度及在成形高度为16mm情况下焊缝的移动量，结果比较见表2-6和表2-7。

表2-6　不同形式曲线焊缝的拼焊板极限成形高度

焊缝形式	折线	抛物线	Spline曲线	圆弧
极限胀形高度	16.5mm	20.9mm	22.8mm	24.3mm

表2-7　不同形式曲线焊缝的移动量

焊缝形式	折线	抛物线	Spline曲线	圆弧
焊缝移动量	4.48mm	2.46mm	2.32mm	2.23mm

可以看出，圆弧焊缝的极限成形高度最高，且在同一成形高度时，焊缝移动量最小，可见其成形性能最优。同时，圆弧也是最简单的曲线形式之一，所以下面采用圆弧作为焊缝的曲线形式进一步研究曲线焊缝拼焊板的成形能力。

（四）不同半径圆弧焊缝对拼焊板成形能力的影响研究

图 2-46 所示为板厚比为 1.5 的 GMW2M-ST-S 同材差厚激光拼焊板，在不同焊缝曲线半径规格下的极限成形高度的比较。仿真结果表明，整体上拼焊板的极限成形高度与焊缝半径成非线性关系。在同一板厚比的情况下随着焊缝半径增加，在半径小于 350mm 时极限成形高度有明显增加，半径大于 350mm 后，增加趋缓。这是由于随着焊缝半径增加，厚板参与变形的面积增大，成形过程中焊缝两侧母材的变形不均匀性引起的弱板过大变形程度相对较小。因此，在相同的边界条件下，厚板面积大的拼焊板成形极限能力优于厚板面积小的拼焊板。

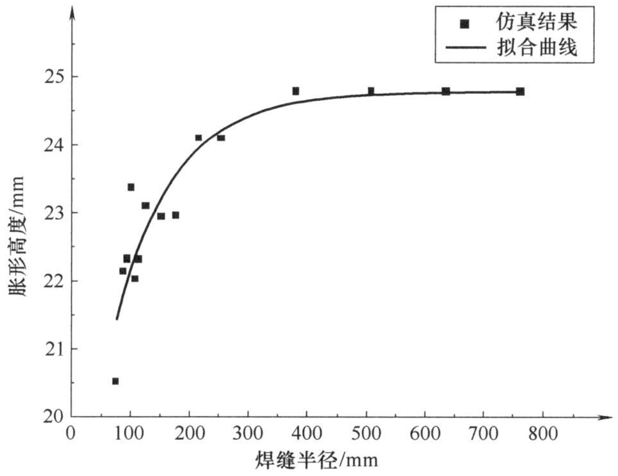

图 2-46　不同半径圆弧焊缝拼焊板的极限胀形高度

图 2-47 所示为不同焊缝曲线半径的拼焊板在胀形高度为 16mm 时的焊缝移动量对比。仿真结果表明，在同一板厚比、同一胀形高度的情况下，随着焊缝半径的增加，焊缝的移动逐渐减小。总体而言，当半径小于 110mm 时，随着焊缝半径增加，焊缝移动距离明显减小；当半径大于 110mm 时，随着焊缝半径增加，厚侧材料参与变形的程度增加，焊缝移动距离逐渐减小。

通过对不同类型曲线焊缝的成形性能对比，发现相对于各种形式的曲线焊缝而言，圆弧焊缝的成形性能较优。在圆弧曲线焊缝拼焊板成形过程中，当板厚比一定时，焊缝半径是影响拼焊板成形性能的主要因素之一。随着焊缝圆弧半径增加，强侧板料在成形过程中参与变形的程度增大，使两侧板料变形不均匀性相对减小，有利于提高拼焊板的极限成形能力。当焊缝半径达到一定数值后，拼焊板的胀形高度与焊缝移动量趋于定值。

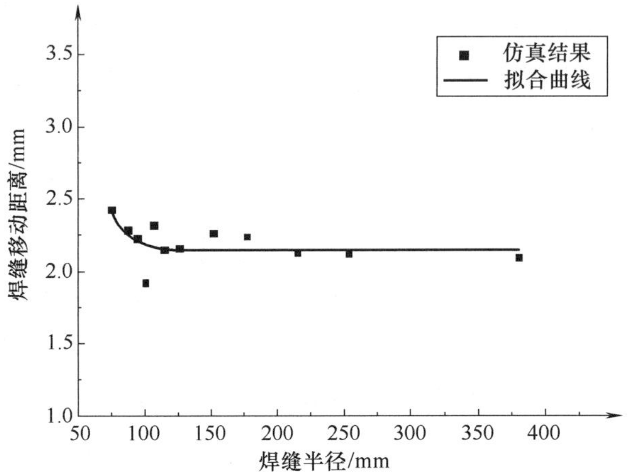

图 2-47　不同半径圆弧焊缝拼焊板的焊缝移动形式

参 考 文 献

[1] Barlat F, Lian K. Plastic behavior and stretchability of sheet metals. Part I: A yield function for orthotropic sheets under plane stress conditions [J]. International Journal of Plasticity, 1989, 5 (1): 51-66.

[2] Brad Lee Kinsey. A combined approach to improve and assess the formability of tailor welded blanks [D]. Dissertation for Doc Degree in Northwest University. 2001, 7.

[3] Youngmoo H, Youho C, Heon Y K, et al. Characteristics of weld line movements for the deep drawing with drawbeads of tailor-welded blanks [J]. Journal of Materials Processing Technology, 2001, 111 (1-3): 164-169.

[4] 陈水生. 汽车车身零件拼焊板设计关键技术及方法研究 [D]. 上海: 同济大学, 2011.

[5] Smith L M, Averill R C, Lucas J P, et al. Influence of transverse normal stress on sheet metal formability [J]. International Journal of Plasticity, 2003, 19 (10): 1567-1583.

[6] Kinsey B L. A combined approach to improve and assess the formability of tailor welded blanks [D]. Evanston: Northwestern University, 2001.

[7] Kang D C, Tian H B, Zhang S H. Study on the forming limit nomogram of tensile stamping operations [J]. Journal of Materials Science & Technology, 2004, 20 (3): 363-364.

[8] 杨玉英. 大型薄板成型技术 [M]. 北京: 国防工业出版社, 1996.

第三章 激光拼焊板的本构关系及综合强度比

一、概述

拼焊板（Tailor-welded blank，TWB）成形是指在冲压成形前先将不同厚度、不同材质或不同表面涂层的平板坯料焊接在一起，而后进行冲压成形的一种工艺[1-2]。传统生产中是先将不同坯料冲压成若干零件后，再点焊或铆焊成一个整体零件，这种情况容易产生焊接变形和焊接残余应力，产品整体刚度不好，质量难以保证。为了改善整体零件的质量和性能，人们曾采用整板成形法（One-Sheet-Forming），这种方式虽然能明显提高零件质量，但在设计过程中出于对零件某些局部的结构性能要求，整个部件都用同样高性能的材料，既浪费，又增加重量，已基本不适应时代的发展需要[3]。若采用拼焊板成形技术，即先将各部分坯料进行拼焊后再进行整体冲压成形，则可避免上述问题，而且还可以提高产品的整体质量，目前已被证明是一种非常行之有效的成形方法[4-5]。

然而，拼焊板焊缝两边板厚、材料性能等差异及焊缝的存在，使其成形性能与单一板有很大区别，成形过程中的弱侧母材提前开裂与焊缝移动等问题，影响了拼焊板的成形能力。目前拼焊板研究多集中在冲压成形技术的研究上，而对冲压成形机理的理论研究较少，对冲压成形性能的研究也很不透彻，尤其在如何定量分析冲压成形能力等方面做得不够多，研究成果也不能对拼焊板的设计、制造起到基础性的指导作用。究其缘由，目前的研究多立足于拼焊板冲压成形是一个工程技术问题，将拼焊板的母板材料之间的强度比视为固定不变的，研究拼焊板的材料性能、板厚比、冲压成形参数等每个参数变量与成形性能之间的关系，还没有将隐含在拼焊板冲压成形技术中的科学问题很好地挖掘出来。因此，从拼焊板母板强度之间的动态变化关系出发，重点研究初始板厚比、材料性能以及母板变形状态对其强度差异的影响规律，综合分析它们与冲压成形性能之间的关系，将为合理的拼焊板零件设计和冲压工艺制订提供一定的理论依据，并为提高拼焊板制件的质量提供有利的条件。

二、激光拼焊板的本构关系及其母材强度系数 *K* 值

（一）拼焊板平面应力状态本构关系

由于拼焊板成形的变形体为板料，而从板料成形的特点可知，其成形大都是在平面应力状态下进行的，垂直于板面方向（厚向）的应力为零或者很小，可以忽略不计。换句话讲，拼焊板成形时大都处于平面应力状态[6]。因此，一般的拼焊板成形变形区分析中，如胀形、拉深等，只需考虑板面内应力的作用，可忽略厚向应力对其成形的影响，作为平面应力状态进行分析。

1. 拼焊板平面应力状态力学模型

拼焊板成形理论分析中，由于焊缝力学性能不易测得，且变形行为也不明确，故一般的拼焊板理论分析以及有限元模拟忽略焊缝对成形的影响，将焊缝简化为一条线，作为刚性连接处理[7-9]；在拼焊板母材连接处厚、薄两侧各取一个微小六面体（微元），简化为线的焊缝位于两个六面体的接合面上。变形过程中某时刻两个微小六面体各受到沿轴1、2 的应力 σ_1 和 σ_2 的作用，而将其厚向应力 σ_3 假设为零，结合拼焊板成形特点提出下列三个基本理论假设，建立拼焊板平面应力状态力学模型如图 3-1 所示。

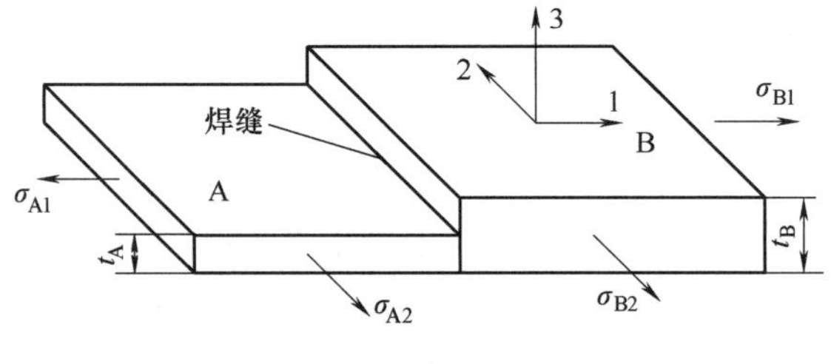

图 3-1　拼焊板平面应力状态力学模型

理论分析过程的三个假设包括：

1）假设母材 A 与母材 B 均为面内各向同性，而存在厚向异性 r。

2）由于拼焊板变形中母材连接处在垂直焊缝和沿焊缝两个方向的差异性较大，故假设母材 A、B 在此处的面内应力主轴和应变主轴重合，且始终在 1 和 2 两个正交方向上，即它们各自的主应力和主应变分量始终处于垂直焊缝和沿焊缝两个方向上。

3）根据拼焊板变形协调关系可假设焊缝两侧母材在方向 2 上的主应变分量相等，即 $\varepsilon_{A1}=\varepsilon_{A2}$。

注：本文公式中出现的脚标 A、B 分别代表母材 A 和母材 B，1、2 则分别表示变形过程中垂直于焊缝和沿着焊缝两个方向；若无脚标，则说明表达式可用于

任一拼焊板母材。

2. 拼焊板平面应力状态本构关系的建立

令 $\alpha=\sigma_2/\sigma_1$，$\beta=\varepsilon_2/\varepsilon_1$。由 Hill48 屈服准则、相关流动理论及假设 1）和厚向应力 $\sigma_3=0$ 得

$$\alpha=\frac{\sigma_2}{\sigma_1}=\frac{2\beta+C}{C\beta+2} \tag{3-1}$$

式中，$C=\dfrac{2r}{r+1}$，r 为拼焊板母材厚向异性指数。

由 Hill48 屈服准则在平面应力状态下的关系可得

$$\begin{aligned}\bar{\sigma}&=\left(\sigma_1^2+\sigma_2^2-\frac{2r}{1+r}\sigma_1\sigma_2\right)^{\frac{1}{2}}\\&=\sigma_1\frac{\left[(4-C^2)(\beta^2+C\beta+1)\right]^{\frac{1}{2}}}{C\beta+2}\end{aligned} \tag{3-2}$$

式中，$\bar{\sigma}$为母材等效应力。

而根据金属塑性变形功原理得到

$$\begin{aligned}\bar{\sigma}&=\frac{\sigma_1\varepsilon_1+\sigma_2\varepsilon_2+\sigma_3\varepsilon_3}{\bar{\varepsilon}}\\&=\frac{2\sigma_1\varepsilon_1}{\bar{\varepsilon}}\frac{\beta^2+C\beta+1}{C\beta+2}\end{aligned} \tag{3-3}$$

式中，$\bar{\varepsilon}$为母材等效应变。

式（3-2）与式（3-3）相等，可得板料面内等效应变（应变强度）为

$$\bar{\varepsilon}=\frac{2\varepsilon_1(\beta^2+C\beta+1)^{\frac{1}{2}}}{\sqrt{4-C^2}} \tag{3-4}$$

将式（3-4）代入金属幂指型塑性形变本构方程，则有

$$\begin{aligned}\bar{\sigma}&=K\bar{\varepsilon}^n\\&=K\left[\frac{2\varepsilon_1(\beta^2+C\beta+1)^{\frac{1}{2}}}{\sqrt{4-C^2}}\right]^n\end{aligned} \tag{3-5}$$

由式（3-5）与式（3-2）相等，可得面内 1 方向主应变分量为

$$\varepsilon_1=\frac{4-C^2}{2}\left\{\frac{\left[(4-C^2)(\beta^2+C\beta+1)\right]^{\frac{1-n}{2}}}{K(2+C\beta)}\sigma_1\right\}^{\frac{1}{n}} \tag{3-6}$$

再由 $\beta=\varepsilon_2/\varepsilon_1$ 得面内 2 方向主应变分量为

$$\varepsilon_2=\frac{4-C^2}{2}\left\{\frac{\left[(4-C^2)\left(\dfrac{1}{\beta^2}+\dfrac{C}{\beta}+1\right)\right]^{\frac{1-n}{2}}}{K\left(\dfrac{C}{\beta}+2\right)}\sigma_2\right\}^{\frac{1}{n}} \tag{3-7}$$

将式（3-6）和式（3-7）做相应变换即可得到

$$\sigma_1=\frac{K(2+C\beta)}{[(4-C^2)(\beta^2+C\beta+1)]^{\frac{1-n}{2}}}\left(\frac{2}{4-C^2}\varepsilon_1\right)^n \tag{3-8}$$

$$\sigma_2=\frac{K\left(2+\frac{C}{\beta}\right)}{\left[(4-C^2)\left(\frac{1}{\beta^2}+\frac{C}{\beta}+1\right)\right]^{\frac{1-n}{2}}}\left(\frac{2}{4-C^2}\varepsilon_2\right)^n \tag{3-9}$$

由式（3-7）和假设3）得

$$\sigma_{A2}=\left\{\frac{\left[K_A\left(\frac{C_A}{\beta_A}+2\right)\right]^{\frac{1}{n_A}}\left[(4-C_B^2)^{\frac{1+n_B}{1-n_B}}\left(\frac{1}{\beta_B^2}+\frac{C_B}{\beta_B}+1\right)\right]^{\frac{1-n_B}{2n_B}}}{\left[K_B\left(\frac{C_B}{\beta_B}+2\right)\right]^{\frac{1}{n_B}}\left[(4-C_A^2)^{\frac{1+n_A}{1-n_A}}\left(\frac{1}{\beta_A^2}+\frac{C_A}{\beta_A}+1\right)\right]^{\frac{1-n_A}{2n_A}}}\sigma_{B2}^{\frac{1}{n_B}}\right\}^{n_A} \tag{3-10}$$

根据假设3）以及受力平衡关系（$\sigma_{A1}t_{A1}=\sigma_{A2}t_{A2}$），并由塑性变形体积不变基本假设（$\varepsilon_1+\varepsilon_2+\varepsilon_3=0$）得

$$\sigma_{A1}=\frac{\sigma_{B1}}{t_r\exp(\varepsilon_{B1}-\varepsilon_{A1})} \tag{3-11}$$

式中，$t_r=t_{A0}/t_{B0}$表示拼焊板母材初始板厚比；exp 代表自然常数 e。

将式（3-10）和式（3-11）代入式（3-1），并将结果化简可得

$$\frac{(4-C_A^2)^{\frac{1+n_A}{2}}\left(\delta_A^2+1-\frac{C_A^2}{4}\right)^{\frac{1-n_A}{2}}}{2\delta_A}=K_rt_r\exp(\varepsilon_{B1}-\varepsilon_{A1})\left[\frac{(4-C_B^2)^{\frac{1+n_B}{2}}\left(\delta_B^2+1-\frac{C_B^2}{4}\right)^{\frac{1-n_B}{2}}}{2\delta_B}\right]^{n_r}\left(\frac{\sigma_{B1}}{K_B}\right)^{n_r-1} \tag{3-12}$$

式中，$K_r=K_A/K_B$和$n_r=n_A/n_B$分别代表拼焊板母材的K值（强度系数）和n值（硬化指数）之比；$\delta_A=\frac{1}{\beta_A}+\frac{C_A}{2}$和$\delta_B=\frac{1}{\beta_B}+\frac{C_B}{2}$分别是母材 A 和母材 B 的应变状态替代关系式。

由式（3-8），结合$\beta=\varepsilon_2/\varepsilon_1$可知：

$$\frac{\sigma_{B1}}{K_B}=\frac{2\delta_B}{\left[(4-C_B^2)\left(\delta_B^2+1-\frac{C_B^2}{4}\right)\right]^{\frac{1-n_B}{2}}}\left(\frac{2}{4-C_B^2}\varepsilon_{B2}\right)^{n_B} \tag{3-13}$$

将式（3-13）代入式（3-12），并结合式（3-4）可将其化简为

$$\frac{\delta_B}{\delta_A}\left(\frac{4-C_A^2}{4-C_B^2}\right)^{\frac{1+n_A}{2}}\left(\frac{\delta_A^2+1-\frac{C_A^2}{4}}{\delta_B^2+1-\frac{C_B^2}{4}}\right)^{\frac{1-n_A}{2}}=K_r t_r \exp\left[\frac{\sqrt{4-C_B^2}}{2}\frac{\delta_B-\delta_A+\frac{C_A-C_B}{2}}{\left(\delta_B^2+1-\frac{C_B^2}{4}\right)^{\frac{1}{2}}}\bar{\varepsilon}_B\right]\bar{\varepsilon}_B^{\ n_A-n_B} \tag{3-14}$$

将 $C_A=\frac{2r_A}{r_A+1}$、$C_B=\frac{2r_B}{r_B+1}$及 $\delta_A=\frac{1}{\beta_A}+\frac{C_A}{2}$和 $\delta_B=\frac{1}{\beta_B}+\frac{C_B}{2}$代入式（3-14）并化简得

$$\frac{\frac{1}{\beta_B}+\frac{r_B}{r_B+1}}{\frac{1}{\beta_A}+\frac{r_A}{r_A+1}}\left[\frac{1-\left(\frac{r_A}{r_A+1}\right)^2}{1-\left(\frac{r_B}{r_B+1}\right)^2}\right]^{\frac{1+n_A}{2}}\left[\frac{\frac{1}{\beta_A}\left(\frac{1}{\beta_A}+\frac{2r_A}{r_A+1}\right)+1}{\frac{1}{\beta_B}\left(\frac{1}{\beta_B}+\frac{2r_B}{r_B+1}\right)+1}\right]^{\frac{1-n_A}{2}}=$$
$$K_r t_r \exp\left[\sqrt{1-\left(\frac{r_B}{r_B+1}\right)^2}\frac{\left(\frac{1}{\beta_B}-\frac{1}{\beta_A}\right)}{\sqrt{\frac{1}{\beta_B}\left(\frac{1}{\beta_B}+\frac{2r_B}{r_B+1}\right)+1}}\bar{\varepsilon}_B\right]\bar{\varepsilon}_B^{\ n_A-n_B} \tag{3-15}$$

令 $\eta_A=\frac{1}{\beta_A}$、$\eta_B=\frac{1}{\beta_B}$、$M_A=\frac{r_A}{r_A+1}$、$M_B=\frac{r_B}{r_B+1}$，则式（3-15）可表示为

$$\left(\frac{\eta_B+M_B}{\eta_A+M_A}\right)\cdot\left(\frac{1-M_A^2}{1-M_B^2}\right)^{\frac{1+n_A}{2}}\left[\frac{\eta_A(\eta_A+2M_A)+1}{\eta_B(\eta_B+2M_B)+1}\right]^{\frac{1-n_A}{2}}=$$
$$K_r t_r \exp\left[\sqrt{1-M_B^2}\frac{(\eta_B-\eta_A)}{\sqrt{\eta_B(\eta_B+2M_B)+1}}\bar{\varepsilon}_B\right]\bar{\varepsilon}_B^{\ n_A-n_B} \tag{3-16}$$

式（3-16）是关于拼焊板母材 A 和母材 B 面内应变比相互依赖关系的隐式超越方程，无法得到关于 η_A或 η_B的封闭解，即无法直接从上述关系式中求解出拼焊板成形过程中应变状态关系的显式方程以研究其规律性。

然而，若已知母材 B 的等效应变$\bar{\varepsilon}_B$及其面内应变比 $\beta_B=\varepsilon_{B2}/\varepsilon_{B1}$，结合式（3-4）即求得它的面内主应变分量 ε_{B1}及 ε_{B2}，进而由式（3-8）和式（3-9）可求得母材 B 及面内主应力分量 σ_{B1}、σ_{B2}。利用 $\eta_B=1/\beta_B$和式（3-16），可求解得 η_A，再利用假设 3）和 $\beta_A=\varepsilon_{A2}/\varepsilon_{A1}$，即可求得母材 A 的两个面内主应变分量 ε_{A1}、ε_{A2}，进而再由式（3-8）和式（3-9）可求得两个面内主应力分量 σ_{A1}和 σ_{A2}。

因此，若已知拼焊板任一母材的等效应变（或面内主应变分量）及其面内主应变分量的比值，利用式（3-4）、式（3-8）、式（3-9）和式（3-16），即可求出平面应力状态下焊缝两侧母材的四个面内主应力分量和三个主应变分量（母材沿焊缝方向主应变分量相等），故上述式（3-4）、式（3-8）、式（3-9）

和式（3-16）四个关系式共同组成了拼焊板在平面应力状态下的本构关系方程组。

（二）拼焊板平面应力状态本构关系验证

由于拼焊板试验难以直接测量出厚板和薄板的成形过程中应力或应变，且由于厚薄两侧变形的不均匀性，利用载荷和位移曲线换算得到的应力-应变关系也不能真实反映拼焊板任一母材应力-应变关系曲线，故直接采用试验方法验证本文提出的本构关系方程十分困难。因此，采用有限元和试验相结合的方法验证该本构关系方程，即首先建立拼焊板单向拉伸的有限元模型，记录仿真过程中的载荷-位移曲线，与拼焊板拉伸试验得到的载荷-位移曲线对比以验证有限元模型有效性；在证明该仿真模型有效的基础上，采用该有限元模型检验提出的本构关系方程正确与否。

1. 拼焊板单向拉伸仿真模型及试验验证

拼焊板成形与单一板成形的区别仅在于焊缝存在及母材差异性。但由于激光拼焊板的焊缝宽度仅为 1 ~2mm 左右，故理论分析和有限元仿真建模时均将焊缝简化为一条线，母材之间采用刚性连接；拼焊板母材为同材，厚度分别为 1.2mm 和 1.5mm；厚板和薄板的材料性能通过实际的单向拉伸试验获得；仿真中采用平面应力壳单元模拟，以提高计算效率。拼焊板单向拉伸试样几何尺寸示意图和相应的有限元模型如图 3-2 所示。

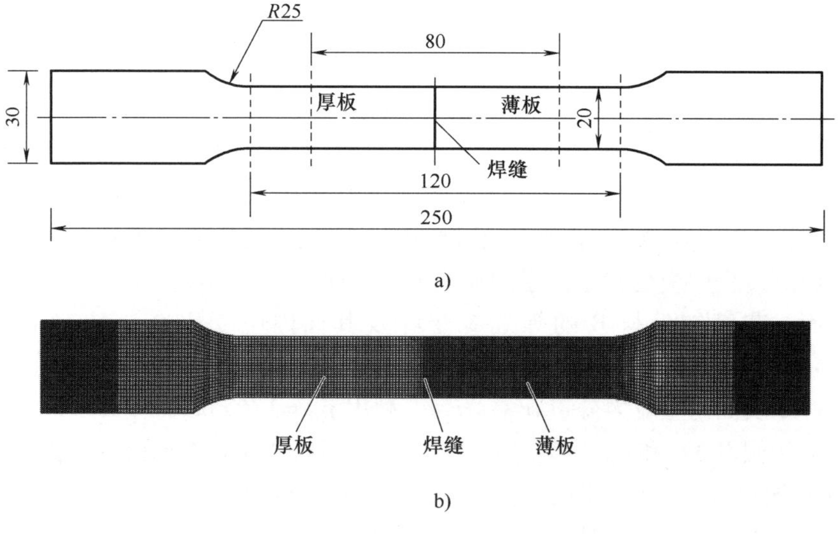

图 3-2　拼焊板单向拉伸试样几何尺寸示意图和相应的有限元模型

a）几何尺寸示意图　b）相应的有限元模型

为验证上述拼焊板单向拉伸有限元模型是否可靠，采用由两块厚度分别为

1.2mm 和 1.5mm 的汽车常用镀锌钢板 H260PD 焊接得到的拼焊板进行单向拉伸试验。该试验中选择的拼焊板试件几何尺寸与仿真建模所用几何尺寸一致；拼焊板试件与母材性能测试拉伸时试验机速率均为 6mm/min，记录拉伸过程中的载荷（P）-位移（ΔL）曲线。

将仿真过程记录的拼焊板试样拉伸载荷-位移曲线与试验结果进行对比，如图 3-3 所示。由两条曲线对比结果可知，有限元模型所得曲线与实际的试验曲线在均匀塑性变形阶段的吻合程度较高，故采用此有限元模型验证拼焊板平面应力状态本构关系依据充分可靠。

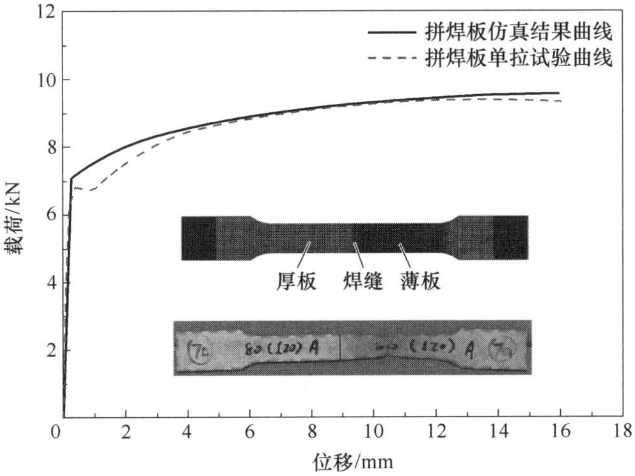

图 3-3　拼焊板单向拉伸载荷-位移曲线对比

2. 拼焊板平面应力状态本构关系模型的有限元验证

在有限元分析中发现，即使是简单的单向拉伸，拼焊板在厚、薄板的连接处沿焊缝方向上，两侧母材的变形也不是均匀分布的，而是从试件对称中心到自由边界处的应力和应变随其位置不同而有所变化。因此，可在沿焊缝方向上的不同位置上，成对选取焊缝两侧的厚板和薄板单元，分别测量拼焊板均匀塑性变形某一时刻它们的主应力和主应变分量大小，将其作为验证本构关系模型的数据基础以验证所提出的本构关系模型正确与否。

首先，对该拼焊板有限元模型进行厚、薄两侧母材应变及应力分布研究，将拼焊板焊缝处厚板侧某些单元的两个面内主应变分量作为已知量，利用 $\beta = \varepsilon_2/\varepsilon_1$ 和关系式（3-4）计算得到等效应变，其后采用上述建立的本构关系方程求解出焊缝处对应薄板侧微元的主应力和主应变分量等，将该理论计算结果与有限元分析得到的薄板侧单元相应值做比较，以验证平面应力状态本构关系模型的正确性。

由拼焊板力学模型建立过程可知，该本构关系是关于焊缝两侧母材微元体的应力和应变分布关系方程。也就是说，该本构关系是研究拼焊板母材连接处厚、薄板上无限靠近两点上的应力和应变分布规律的方程，如图 3-4 所示。

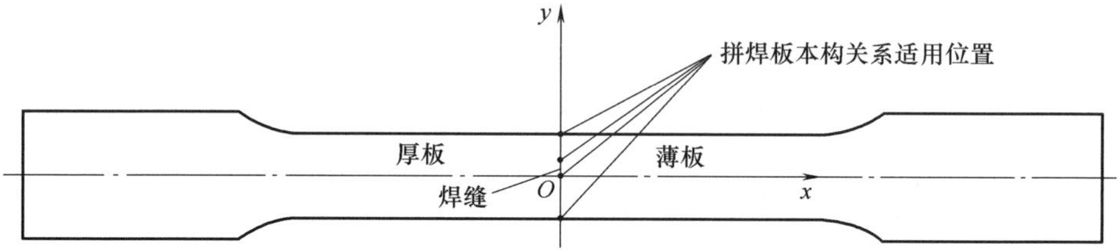

图 3-4　拼焊板本构关系适用位置示意图

然而，有限元分析是以连续体单元网格离散化为基础的，而单元网格总有一定的尺寸大小。但理论上要求单元网格无限小时，单元积分点的应力和应变才适用于本构关系的验证。为了解决上述矛盾，采用两种不同大小的单元网格（0. 1mm 和 0. 5mm）进行有限元分析，根据两次分析的结果，通过外推方法（图 3-5）获得厚、薄母材无限靠近焊缝处的应力和应变用于本构关系的验证。

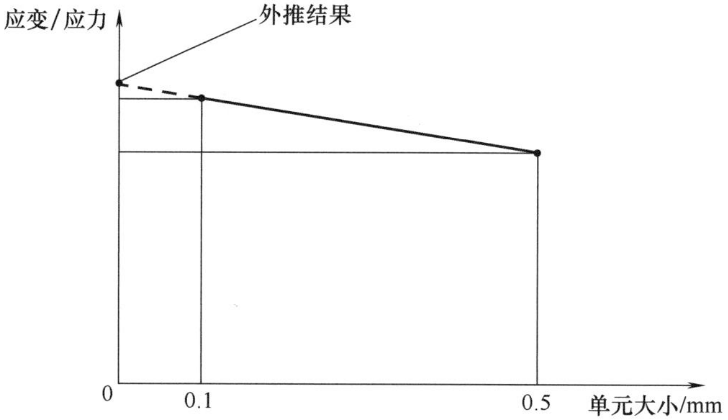

图 3-5　外推法计算焊缝处应力或应变示意图

将有限元分析结果外推得到的沿焊缝不同位置上厚板侧两个面内主应变分量作为已知量，根据前面提出的本构关系方程，采用数值方法求解出相应的薄板侧两个面内主应变分量和垂直于焊缝方向上的主应力分量，并与有限元分析结果数据外推得到的薄板侧相应应力或应变值进行比较（由于该有限元分析为单向拉伸模拟，拼焊板沿焊缝方向上的主应力分量较小，故在验证中将其忽略）。对比结果如图 3-6 所示，图中横坐标（单元积分点位置）表示所取有限元单元的积分点在沿焊缝方向上的初始位置（坐标原点在试样的对称中心上，如图 3-4 所示）。

由图 3-6 所示的仿真结果曲线与本构关系模型计算曲线对比可以看出：在假设厚板侧应力或应变分布已知的情况下，利用上述提出的本构关系方程计算

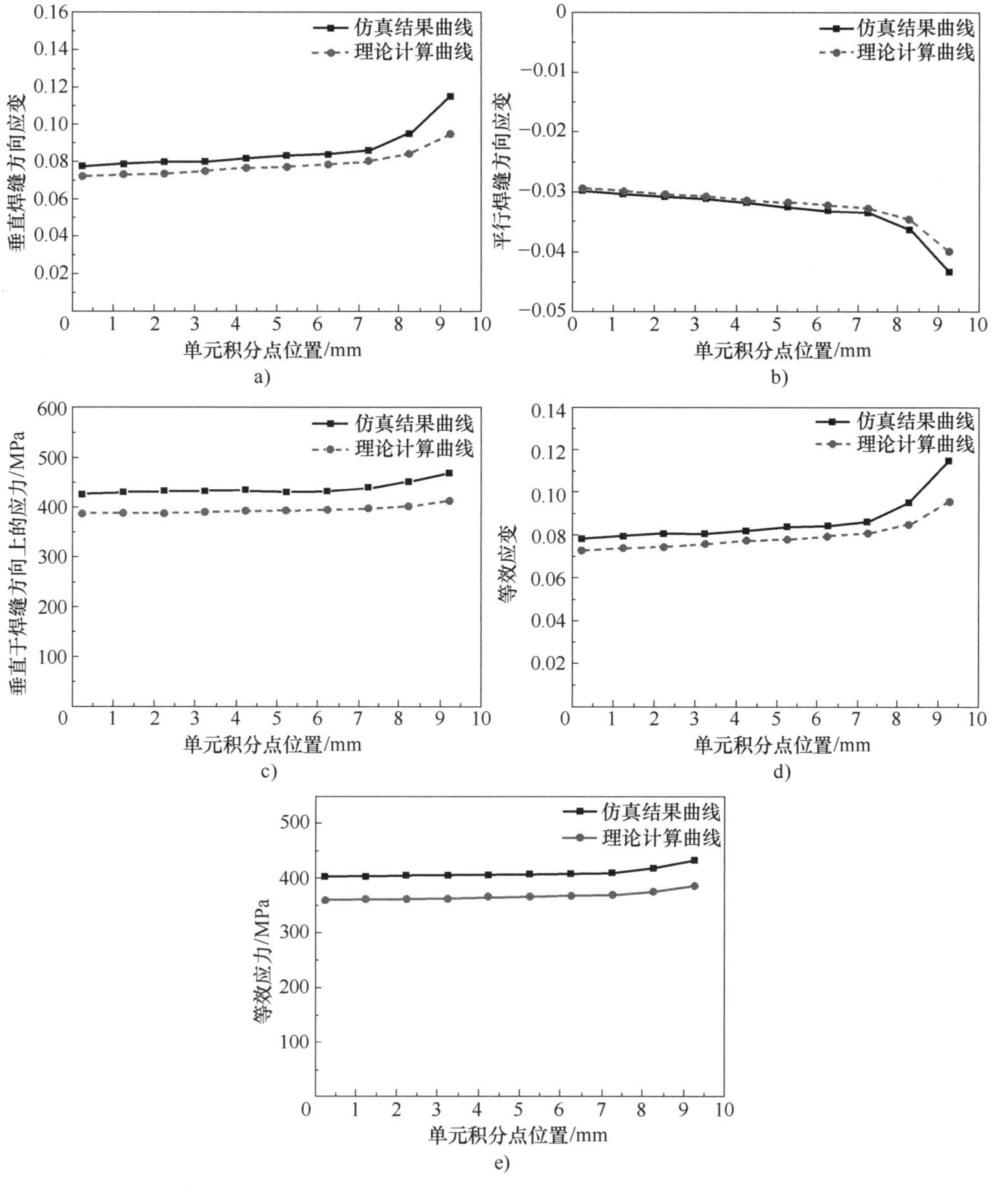

图 3-6　沿焊缝方向上不同位置仿真结果与理论计算结果对比

a）薄侧垂直焊缝方向面内主应变分量对比　b）薄侧平行焊缝方向面内主应变分量对比

c）薄板侧垂直焊缝方向面内主应力分量对比　d）薄板侧等效应变对比　e）薄板侧等效应力对比

得到薄板侧应力和应变与有限元仿真结果吻合度较高，特别是沿着焊缝方向上的主应变分量，理论计算结果和有限元仿真结果更为接近。这主要是因为：根据理论分析中的基本假设 3)，该处的理论计算曲线直接和厚板侧沿焊缝方向的主应变分量相等，它与薄板侧仿真结果的吻合度最好也从侧面说明了理论假设的正确性。

因此，拼焊板平面应力状态本构关系可计算拼焊板成形过程中其母材应力应变相互关系，为后节研究拼焊板成形中母材强度差异的变化提供了必备的理论计算基础。

（三）拼焊板母材强度系数 *K* 值

在先进工业国家对钣金成形性能研究成果中，共提出 15 项成形性能方面的数据。评价单一板料成形的性能指标，具体指标包括板厚、抗拉强度、屈强比、极限伸长率、应变硬化指数 n 值和厚向异性系数 r 值等。而强度系数 K 值，通常作为板料刚度或强度的衡量指标，很少与金属板料的成形性能联系起来，故在板料成形和硬化能力评价方面对强度系数的研究较少。然而，已有研究发现强度系数 K 值作为幂指型硬化模型的重要参数之一，它对液压成形件的厚度分布均匀性有重大影响，且随着 K 值的增大，液压成形管壁厚分布越均匀，亦即 K 值越大，材料成形性能越好[10]。同时，对拼焊板而言，由课题组已有研究和前面拼焊板本构关系重要方程式（3-16）发现，母材强度系数 K 值之比和板料初始板厚比在同一水平上影响拼焊板母材应变状态的相互关系，而对拼焊板的已有研究均证明板厚差是影响成形性能的重要因素。虽然文献[11]初步讨论了 K 值的变化规律及其与强度指标之间关系，以及 K 值和 n 值在不同的材料强化阶段对金属基体和第二相敏感性相反而反映出的金属材料固有强韧性配合特性，但 K 值是否对板料的成形能力具有一定的评价作用，以及该参数与其他成形性能参数对板料成形能力评价规律性是否一致，已有文献并未就此类问题做深入研究。为了深入研究拼焊板冲压成形性能的影响因素，对强度系数 K 值和其他材料参数之间的相互关系做深入研究，并讨论其对板料成形能力的评价方面的重要作用，为后续研究母材 K 值差异对拼焊板成形性能的影响规律提供理论依据。

如图 3-7 所示，在金属板料真实应力-应变曲线上，与拉伸力-伸长量曲线上最大载荷点对应的 D 点称为单向拉伸塑性失稳点（$\mathrm{d}F=0$），对应的真实应力称为塑性失稳应力，用 σ_j 表示。根据金属塑性变形时体积不变的假设，即 $AL=A_0L_0$，可得

$$\varepsilon=\ln\frac{L}{L_0}=\ln\frac{A_0}{A} \tag{3-17}$$

式中：A_0、A 分别是金属变形前后的横截面积；L_0、L 则分别是金属变形前后的长度。

1. 强度系数与抗拉强度和硬化指数解析关系的建立

由式（3-17）可得

$$A=A_0\mathrm{e}^{-\varepsilon} \tag{3-18}$$

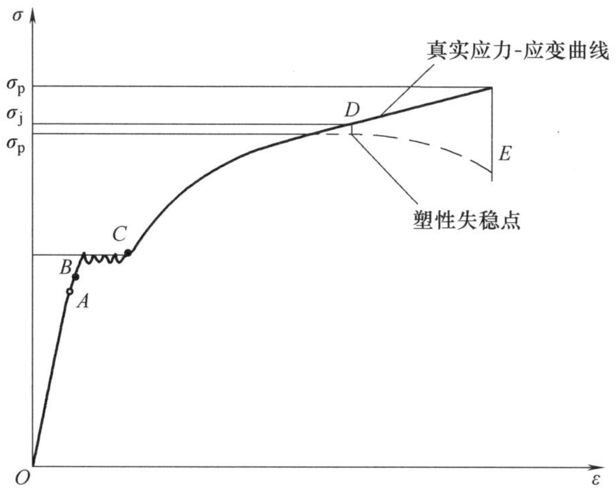

图 3-7　金属板料真实应力－应变曲线

对上式求微分可得

$$dA = -A_0 e^{-\varepsilon} d\varepsilon \tag{3-19}$$

此外，对 $F=\sigma A$ 求全微分，可得

$$dF = A d\sigma + \sigma dA \tag{3-20}$$

将式（3-19）代入式（3-20）可得

$$dF = A_0 e^{-\varepsilon} d\sigma + \sigma(-A_0 e^{-\varepsilon} d\varepsilon) \tag{3-21}$$

令 $dF=0$，可得金属单向拉伸塑性失稳处：

$$\left.\frac{d\sigma}{d\varepsilon}\right|_{\varepsilon=\varepsilon_j} = \sigma_j \tag{3-22}$$

因此，由式（3-22）可以看出，在金属板料的塑性失稳点处，真实应力-应变曲线的斜率与此处的真实应力（塑性失稳应力）相等。这是金属板料承受单向拉伸载荷下的真实应力-应变曲线在塑性失稳点上的显著特性[12]。

另外，在幂指型硬化模型中，曲线的变化趋势完全取决于系数 K 和指数 n 两个参数，故应用此形式函数来逼近金属板料硬化模型仅需两个条件。考虑到金属板料塑性成形中，应变程度大都在塑性失稳点附近，故 K 和 n 的确定通常是以幂次式 $\sigma=K\varepsilon^n$ 在塑性失稳点处能较好地与试验所获真实应力-应变曲线相符合为基本条件。为此，根据以下两个条件作为确定 K 值和 n 值的依据[13]：

1）幂次式 $\sigma=K\varepsilon^n$ 通过板料的单拉塑性失稳点，即图 3-6 中的 D 点，故

$$\sigma_j = K\varepsilon_j^n \tag{3-23}$$

2）幂次式在塑性失稳点处的斜率应与真实应力-应变曲线在该点的切线斜率相等，即

$$\left.\frac{\mathrm{d}\sigma}{\mathrm{d}\varepsilon}\right|_{\varepsilon=\varepsilon_j} = Kn\varepsilon_j^{n-1} \tag{3-24}$$

因此，根据金属板料塑性失稳点的特性，即式（3-22），结合式（3-24）可得

$$Kn\varepsilon_j^{n-1} = \sigma_j \tag{3-25}$$

由式（3-23）和式（3-25）可得

$$\begin{cases} n = \varepsilon_j \\ K = \dfrac{\sigma_j}{\varepsilon_j^n} \end{cases} \tag{3-26}$$

同时，由式（3-17）可知

$$\varepsilon_j = \ln\frac{A_0}{A_j} \tag{3-27}$$

亦即

$$\frac{A_0}{A_j} = \mathrm{e}^{\varepsilon_j} \tag{3-28}$$

由于在真实应力-应变曲线上，塑性失稳点处应力 σ_j 可按下列公式计算：

$$\sigma_j = \frac{F_{max}}{A_j} = \frac{F_{max}}{A_0}\frac{A_0}{A_j} \tag{3-29}$$

同时，在工程应用中抗拉强度 R_m 由下式定义

$$R_m = \frac{F_{max}}{A_0} \tag{3-30}$$

将式（3-28）和式（3-30）代入式（3-29）可得

$$\sigma_j = R_m \mathrm{e}^{\varepsilon_j} \tag{3-31}$$

由式（3-26）和式（3-31），可得强度系数 K 值与抗拉强度 R_m 和 n 值之间的解析关系：

$$K = \frac{R_m}{\left(\dfrac{n}{\mathrm{e}}\right)^n} \tag{3-32}$$

根据式（3-32），得出在 n 值和抗拉强度 R_m 各自的可取值范围内（假定 n 值在 0 ~ 0.5 内变化，R_m 则从低强度钢、高强钢到超高强度钢的变化范围为 0 ~ 1500MPa）K 值随它们的变化规律，如图 3-8 所示。

由图 3-8 可以看出，在固定 n 值大小的情况下，K 值随着 R_m 的增大而急剧增大，因此 K 值主要反映金属板料强度的变化规律，表明板料在拉伸载荷下的实际承载能力（这与抗拉强度 R_m 值大小直接相关），这也解释了学术界为什么将其称为强度系数的原因。然而，从另外一方面来看，固定 R_m 情况下，K 值也会随 n 值的增大而增大，似乎表明 K 值也能反映材料抵抗继续塑性变形的能力

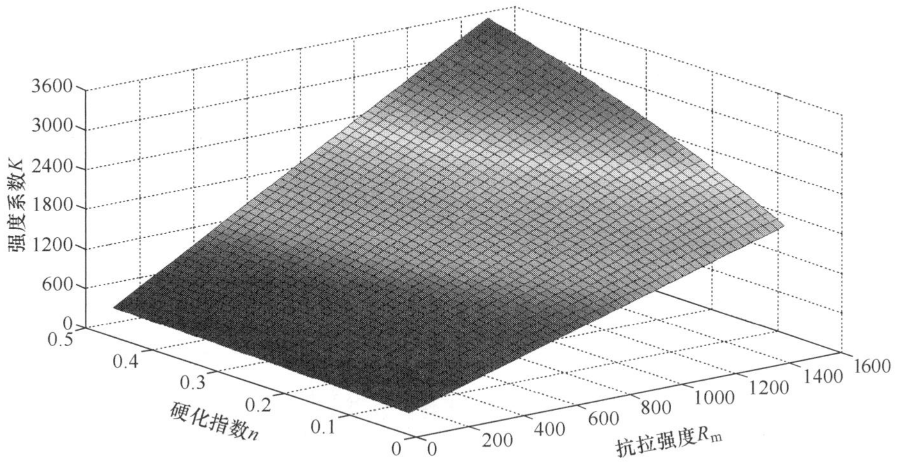

图 3-8　强度系数 K 值随 n 值和抗拉强度 R_m 的变化规律

（应变硬化）和可承受的最大均匀变形程度（这些能力直接与 n 值相关）。但是，从已有的板料成形性能研究成果来看，实际情况并非如此。一般情况下，n 值越大，材料的均匀塑性变形能力越强，而 K 值越大则意味着材料抵抗变形的能力越强，其成形性能反而下降。因此，在实际的金属材料性能研究中，不能简单地根据上述解析关系式将 R_m 固定而研究 K 值与 n 值的变化规律来衡量材料的成形性能。实际情况往往是 n 值增大，材料强度降低，即抗拉强度 R_m 减小，进而造成 K 值减小。

因此，K 值的大小更重要的是反映材料强度的变化规律，而强度差异造成拼焊板成形能力下降是其成形性能研究的一个重要方面。此处解析关系将母材抗拉强度 R_m 转换为 K 值，对拼焊板成形性能影响因素的研究具有重要的意义。

2. 强度系数与抗拉强度和硬化指数解析关系的验证

为了验证上述 K 值与 R_m 和 n 值解析关系，选用四种成形能力差异较大的镀锌钢板做单向拉伸试验。材料牌号分别为 DC56D、H180YD、H260PD 和 H340LAD。试件取样方向均沿着板料轧制方向，形状与尺寸如图 3-9 所示。

试验参照《金属材料 金属薄板和薄带拉伸应变硬化指数（n 值）试验方法》（GB/T 5028—2008）进行，原理是试件在均匀塑性变形范围内受规定的恒速率轴向拉伸而变形，分别对整个均匀塑性变形范围的应力-应变曲线和均匀塑性变形范围的应力-应变曲线的一部分的数据点计算 n 值和 K 值。

试验设备选用 DNS-100 万能试验机，如图 3-10 所示；变形阶段位移-载荷曲线由引伸计记录测定；试验速度选用 0.1mm/s，缓慢加载直至试件断裂，记录屈服强度、抗拉强度，绘制载荷-位移曲线。

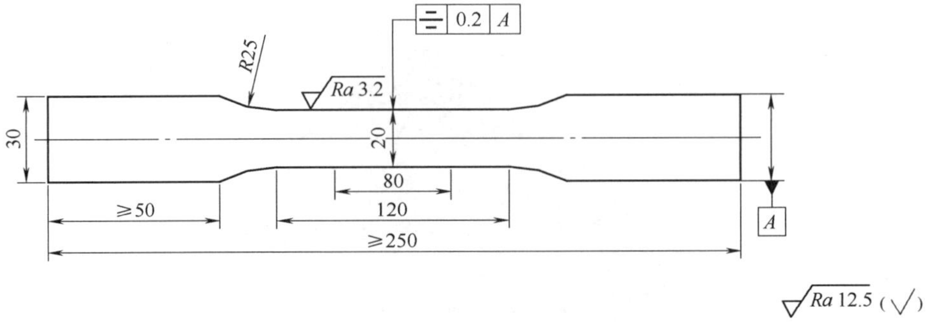

图 3-9　单向拉伸试样形状及尺寸

图 3-10　DNS-100 万能试验机

试验按下述关系式直接计算得到应变硬化指数 n 值和强度系数的试验值 K_{test}：

$$\begin{cases} n = \dfrac{N\sum\limits_{i=1}^{N} x_i y_i - \sum\limits_{i=1}^{N} x_i \sum\limits_{i=1}^{N} y_i}{N\sum\limits_{i=1}^{N} x_i^2 - \left(\sum\limits_{i=1}^{N} x_i\right)^2} \\ K = \exp\left(\dfrac{\sum\limits_{i=1}^{N} y_i - n\sum\limits_{i=1}^{N} x_i}{N}\right) \end{cases} \tag{3-33}$$

式中：N 为试验采样点数；i 为采样点序号；$y = \ln\sigma$；$x = \ln\varepsilon$。

事实上，式（3-33）即是标准材料单向拉伸试验中测定应变硬化指数 n 值和强度系数 K 值的标准计算公式[14]。

按式（3-32）解析得到强化系数的解析值 K_{aly}，并计算它与试验值 K_{test} 的相对误差，结果见表3-1。

表3-1　板料力学性能参数的试验值与解析值对比

材料牌号	R_m/MPa	n	K_{test}（试验值）/MPa	K_{aly}（解析值）/MPa	相对误差（%）
DC56D	297	0.236	530	529	0.19
H220YD	374	0.22	630	650	3.17
H220PD	370	0.202	620	626	0.97
H340LAD	471	0.173	759	758	0.13

由试验验证的结果可以看出，采用式（3-32）解析关系得到的强化系数 K_{aly} 与试验得到的 K_{test} 相比，相对误差很小，可控制在4%以内。故采用此解析法求得的 K 值满足工程精度要求，具有一定的工程适用性。

同时，从试验数据变化规律上来看，K 值的变化规律和抗拉强度 R_m 一致，而和 n 值的变化规律相反。因此，实际板料性能参数中，K 值反映了材料强度的大小，而母材强度差异是造成拼焊板变形不均匀性大小的主要原因。

三、基于综合强度比的拼焊板母材参数对成形性能的影响规律

（一）拼焊板综合强度比模型

目前，评价拼焊板成形性能主要采用胀形和杯突等试验，并在焊缝移动、胀形高度、焊缝形式和位置及板厚比等方面取得了很多研究成果，这对拼焊板零件设计与成形性能研究具有一定的参考价值。但是，就拼焊板成形性能影响因素研究而言，目前多局限于板厚比方面，且不考虑拼焊板成形过程中母材板厚变化对其成形性能的影响，或者在固定板厚比的情况下仅分析母材参数对其成形性能的影响，未能综合考虑母材板厚比和材料性能差异的影响，并且不能从拼焊板整个成形过程考虑母材强度差异性的变化对拼焊板成形性能的影响，因而至今还缺乏合理的拼焊板冲压成形性能评价标准。

1. 拼焊板综合强度比理论模型

由于板料厚度、材料性能的不同，拼焊板母板之间的强度必然存在差异，在不考虑模具等外界因素的条件下，这些差异的综合影响将直接造成拼焊板成形过程中焊缝两侧金属变形的不均匀性，不但会造成焊缝在成形过程中移动使得厚板的成形能力得不到发挥，而且导致弱侧母材的应变路径在成形过程中发生变化，最终导致拼焊板的成形能力低于母板成形能力。然而，由于拼焊板零件设计中主要考虑其结构功能的需求，往往按照其功能需求确定拼焊板母材牌号，而较少考虑所选材料性能对拼焊板成形能力的影响，因此已有的大量研究工作都是以板厚

比与成形性能之间的关系为研究对象，而把拼焊板强度比退化成单纯的板厚比。但通过研究认为，母板强度比还应该考虑以下两方面的因素：

（1）强度比随塑性应变量大小而动态变化　在成形过程中由于板料在塑性变形阶段材料会发生硬化而使后续屈服强度提高，显然母材之间的强度比也相应产生动态变化，最终影响拼焊板的成形性能。

（2）母材应变路径影响拼焊板强度比　拼焊板冲压成形工艺参数的影响，包括母板的几何形状和尺寸、工艺补充面的设置、压边力的分布等都可能影响拼焊板母板的塑性应变路径，从而间接影响其强度比。

基于以上对拼焊板母材强度比分析可知，拼焊板的强度比实际需要综合考虑母材初始厚度差异、材料性能差异、母材应变状态（主要受冲压工艺参数的影响，如坯料几何尺寸、压边力等）以及成形过程中母材塑性应变量大小的影响，并且综合强度比随着冲压的进行而动态变化，即拼焊板在冲压成形过程中，母板之间的强度比是动态变化的，而这种强度比是由板厚比、材料性能、冲压工艺参数等综合因素决定的。因此，为了综合考虑上述因素对拼焊板母材强度造成的差异，定义母材之间的综合强度比 R_V 为

$$R_V = \frac{G_1(X_1、X_2、X_3、X_4\cdots\cdots)}{G_2(Y_1、Y_2、Y_3、Y_4\cdots\cdots)} \tag{3-34}$$

式中，G_1 和 G_2 分别是拼焊板两块母材的综合强度，而 X_1、X_2……和 Y_1、Y_2……分别是母材综合强度的影响因素。这些因素不但包括材料性能和板料初始厚度两部分，而且考虑到成形过程中的母材厚度及其应变状态的变化，包括了母材自身塑性应变量大小及应变状态。

2. 拼焊板综合强度比解析模型

基于拼焊板综合强度比理论模型的分析，为了确立材料性能、塑性应变以及母材厚度对综合强度比的影响，母材综合强度的显式解析式的建立从两个方面考虑：

1）考虑到塑性应变大小和材料性能参数对母材综合强度的影响，可以从材料性能曲线出发进行分析。对于常规的幂指型材料应力-应变曲线，斜率 $d\bar{\sigma}/d\bar{\varepsilon}$（应变硬化率，也称切线模量）不是常数，而是随应变的增大而逐渐减小（图 3-11）。也就是说，不同变形阶段板料的单位应变下应力大小不同。同时，从金属板料塑性失稳点特性可知，此曲线斜率与此处塑性失稳应力相等。此外，对亚稳态材料性能研究发现，应变硬化率在硬化早期随马氏体含量的增大而增大[15]，表明该参数可体现材料强度大小。因此，用应变硬化率 $d\bar{\sigma}/d\bar{\varepsilon}$ 的大小作为母材强度的部分衡量指标具有一定的理论意义。

为了方便后续应用，将应变硬化率定义为拼焊板母材的动态强度因子 ν，即

$$\begin{aligned}\nu &= \frac{\mathrm{d}\,\overline{\sigma}}{\mathrm{d}\,\overline{\varepsilon}} \\ &= Kn\,\overline{\varepsilon}^{n-1} \\ &= n\,\frac{\overline{\sigma}}{\overline{\varepsilon}}\end{aligned} \tag{3-35}$$

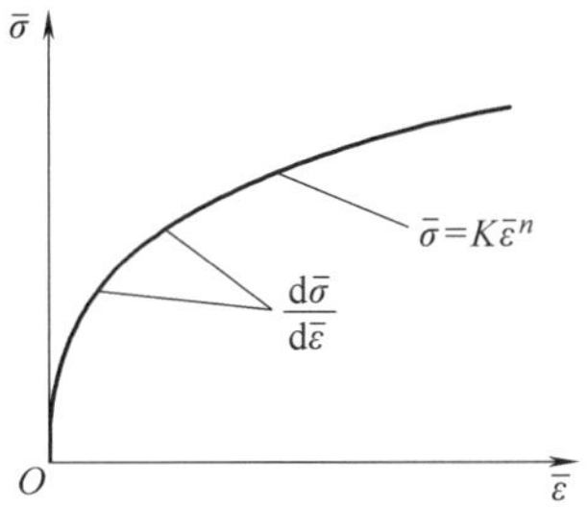

图 3-11　幂指型材料硬化曲线与应变硬化率示意图

2）由于板料厚度大小会直接影响到材料变形抗力的大小，而在板料的成形过程中，塑性变形而引起厚度变化，故考虑动态变化过程的拼焊板母材综合强度需考虑板料厚度的变化。

根据板料厚向应变 $\varepsilon_3 = \ln \dfrac{t}{t_0}$ 和塑性变形体积不变条件（$\varepsilon_1 + \varepsilon_2 + \varepsilon_3 = 0$），可得

$$t = t_0 \exp(-\varepsilon_1 - \varepsilon_2) \tag{3-36}$$

而厚向异性板板面内的等效应变（应变强度）为[102]

$$\overline{\varepsilon} = \frac{1+r}{\sqrt{1+2r}}\sqrt{\varepsilon_1^2 + \frac{2r}{1+r}\varepsilon_1\varepsilon_2 + \varepsilon_2^2} \tag{3-37}$$

根据式（3-36）和式（3-37）可得金属板料成形中实时板厚 t 为

$$t = t_0 \exp\left[-\frac{(\beta+1)\sqrt{1-\left(\dfrac{r}{r+1}\right)^2}}{\sqrt{\beta^2 + \dfrac{2r}{r+1}\beta + 1}}\overline{\varepsilon}\right] \tag{3-38}$$

综合上述两个方面对拼焊板综合强度的影响，提出拼焊板母材的综合强度 G 为

$$\begin{aligned}G &= vt \\ &= Knt_0\overline{\varepsilon}^{n-1}\exp\left[-\frac{(\beta+1)\sqrt{1-\left(\dfrac{r}{r+1}\right)^2}}{\sqrt{\beta^2 + \dfrac{2r}{r+1}\beta + 1}}\overline{\varepsilon}\right]\end{aligned} \tag{3-39}$$

式中，$\beta=\varepsilon_2/\varepsilon_1$表示应变比；exp 代表自然常数 e。

从拼焊板母材综合强度的定义可以看出，该值直接反映成形过程中微小应变增量所需的成形力增量的大小。由于拼焊板成形中母材的实时硬化能力以及板厚的变化，该值随成形过程中的塑性应变量大小而实时变化，同时，该关系式中含有应变状态参数β，故能反映不同变形状态下任意塑性变形时刻母材成形能力的大小。

因此，为了反映拼焊板塑性成形过程中任意时刻焊缝两侧母材成形能力（强度方面）的差异性，定义综合强度比 G_r解析关系式为

$$G_r=\frac{G_A(t_{A0},K_A,n_A,r_A,\bar{\varepsilon}_A,\beta_A)}{G_B(t_{B0},K_B,n_B,r_B,\bar{\varepsilon}_B,\beta_B)}$$

$$=K_r n_r t_r\frac{\bar{\varepsilon}_A^{\,n_A-1}}{\bar{\varepsilon}_B^{\,n_B-1}}\exp\left[\frac{(\beta_B+1)\sqrt{1-\left(\frac{r_B}{r_B+1}\right)^2}}{\sqrt{\beta_B^2+\frac{2r_B}{r_B+1}\beta_B+1}}\bar{\varepsilon}_B-\frac{(\beta_A+1)\sqrt{1-\left(\frac{r_A}{r_A+1}\right)^2}}{\sqrt{\beta_A^2+\frac{2r_A}{r_A+1}\beta_A+1}}\bar{\varepsilon}_A\right] \tag{3-40}$$

式中：$n_r=n_A/n_B,K_r=K_A/K_B$，分别代表拼焊板母材的 n 值（硬化指数）和 K 值（强度系数）之比；$t_r=t_{A0}/t_{B0}$表示拼焊板母材初始板厚比；exp 代表自然常数 e。

由式（3-40）可以看出，拼焊板综合强度比 G_r不但反映了母材初始板厚 t_0 不同而造成的强度差异，而且包含了材料参数 K 值、n 值和厚向异性指数 r 值差异的影响，甚至考虑了母材变形程度大小和变形状态等因素，故该参数对于综合衡量多种因素对拼焊板冲压成形性能的影响规律具有重要意义。

（二）拼焊板母材参数对综合强度比及其弱板应变路径的影响规律

从拼焊板综合强度比的显式解析式及拼焊板平面应力本构关系方程可以看出，母材的初始厚度 t_0、K 值、n 值及厚向异性指数 r 值均影响成形过程中的综合强度比。考虑到拼焊板冲压成形工艺参数，包括母材的几何形状和尺寸、工艺补充面的设置、压边力的分布等，以及其他模具等外界因素都可能影响拼焊板母材的塑性应变路径，由此可将这些因素和不同成形方式的影响归结到对母材应变路径的影响上。

考虑到成形极限图（FLD）中，拉-压应变状态的极限变形路径是单向拉伸和平面应变状态，而拉-拉应变状态的极限变形路径是双向等拉和近似平面应变状态，其他应变状态下，无论是拉-压变形还是拉-拉变形，均介于这三者之间。因此，关于母材初始板厚和材料参数对综合强度比以及弱侧母材应变路径影响规律的理论分析中，可假设强侧母材成形中分别保持以下三种典型应变路径（图 3-12），采用前述拼焊板本构关系方程计算母材之间的应力应变关系，探讨上述

参数对综合强度比和弱侧母材应变路径的影响规律。

1）单向拉伸状态，$\alpha=0,\beta=-\frac{r}{1+r}$。

2）似平面应变状态，$\alpha\approx\frac{r}{1+r},\beta=0.01$。

3）双向等拉状态，$\alpha=\beta=1$。

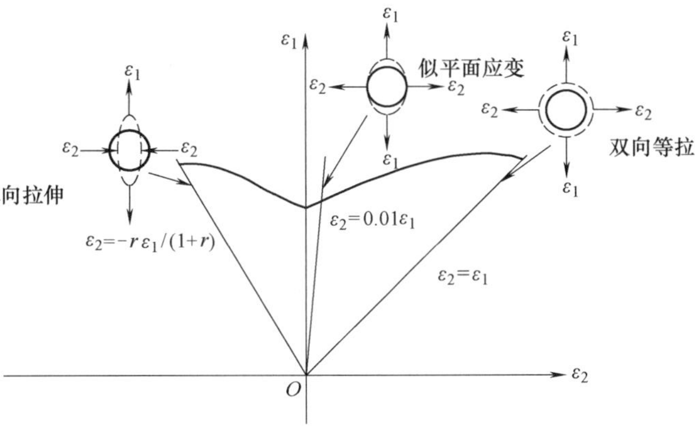

图 3-12　双向拉应力作用下的三种典型应变路径示意图

为了探索拼焊板成形过程中母材成形能力差异的变化规律，采用改变单一参数的方法研究初始厚度 t_0 以及主要材料性能参数 K 值、n 值、r 值等对综合强度比和弱侧母材应变路径变化的影响规律。

以上海宝钢提供的拼焊板母材系列牌号为例，材料性能参数及其变化范围见表 3-2。母材强弱以均匀变形阶段、相同时刻的等效塑性应变大小定义，应变值较小的为强板，反之为弱板。

表 3-2　拼焊板母材材料性能参数及其变化范围

材料性能参数	t_0/mm	K 值/MPa	n 值	r 值
变化范围	0.8～2.0	530～760	0.17～0.235	1.0～2.3

1. 初始母材板厚差异影响

已有的拼焊板冲压成形性能研究发现，母材初始板厚差异对其变形不均匀性和成形能力有重要影响，为了探讨该因素对拼焊板综合强度比的单一因素影响规律，采用同材差厚拼焊板进行理论分析。拼焊板母材均采用 DC56（主要性能参数见表 3-3），将弱侧母材的厚度固定为 0.8mm，改变另一侧母材的厚度，分别在三种典型变形状态下，研究不同初始厚度差异对变形过程中拼焊板综合强度比的影响，同时考察弱侧母材的应变路径变化情况。

表 3-3　拼焊板母材 DC56 的主要性能参数

材料牌号	性能参数				
	屈服强度/MPa	抗拉强度/MPa	r 值	n 值	K 值
DC56	156	297	2.3	0.235	530

（1）单向拉伸状态　理论分析将强侧母材（即厚板）的应变路径假设为简单加载情况，在成形过程中保持为单向拉伸状态不变，基于提出的拼焊板平面应力状态本构关系方程，计算综合强度比［式（3-40）］在变形过程中的变化规律，以及弱侧母材的应变路径变化情况，计算结果如图 3-13 所示。

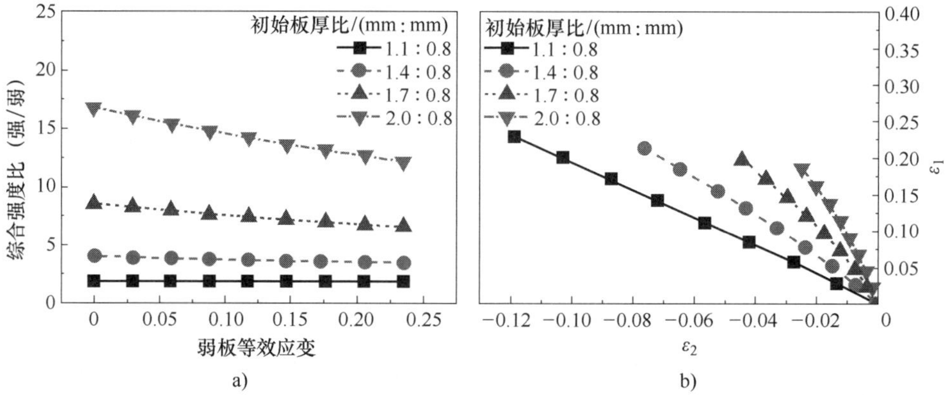

图 3-13　初始板厚差异比对拼焊板成形过程的影响（单向拉伸状态）

a）综合强度比的变化规律曲线　b）弱侧母材应变状态变化曲线

图 3-13a 所示是不同初始板厚比下综合强度比随弱板等效应变的变化规律曲线，可以看出：

1）相同弱板等效应变下，初始板厚比越大，拼焊板综合强度比越大。

2）综合强度比随弱板等效应变的增加而有所下降，初始板厚比越大，下降幅度越大。

图 3-13b 所示是不同初始板厚比下弱侧母材应变状态在成形过程中的变化情况曲线，可以看出：

1）初始板厚比越大，弱侧母材的应变路径越靠近平面应变状态。

2）应变路径在成形过程中略向单向拉伸状态偏移，初始板厚比越大，偏移越明显。

由此可知，单向拉伸变形状态下初始板厚比对拼焊板综合强度比和弱侧母材应变路径的影响具有对应关系：综合强度比越大，弱侧母材的应变路径越靠近平面应变状态；单向拉伸变形方式下，综合强度比下降幅度越大，应变路径向单向拉伸应变状态的偏移越明显。

（2）似平面应变状态　金属板料的成形过程中，平面应变状态是最不利于材料成形的变形状态。为了研究母材初始板厚比在这种变形状态下对拼焊板成形的影响，假设强侧母材保持应变路径为 0.01，计算初始板厚差异对综合强度比和弱侧母材应变路径的影响规律，结果如图 3-14 所示。

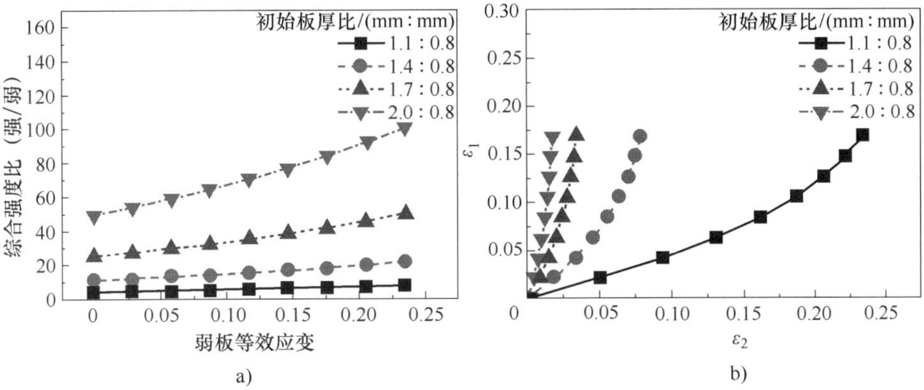

图 3-14　初始板厚差异对拼焊板成形过程的影响（似平面应变状态）

a）综合强度比的变化规律曲线　b）弱侧母材应变状态变化曲线

图 3-14a 所示是不同初始板厚比下综合强度比随弱板等效应变的变化规律曲线，可以看出：

1）相同弱板等效应变下，初始板厚比越大，拼焊板综合强度比越大。

2）综合强度比随弱板等效应变的增加而上升，初始板厚比越大，上升幅度越大。

图 3-14b 所示是不同初始板厚比下弱侧母材应变状态在成形过程中的变化情况曲线，可以看出：

1）初始板厚比越大，弱侧母材的应变路径越靠近平面应变状态。

2）应变路径在成形过程中向平面应变状态偏移，初始板厚比越大，偏移越明显。

同样地，似平面应变变形状态下初始板厚比对拼焊板综合强度比和弱侧母材应变路径的影响具有对应关系：综合强度比越大，弱侧母材的应变路径越靠近平面应变状态；似平面应变状态变形方式下，综合强度比上升幅度越大，应变路径向平面应变状态的偏移越明显。

（3）双向等拉状态　从成形极限图（FLD）上可以看出，双向等拉是拉-拉应变状态中最好的变形方式，为了研究这种变形状态下初始板厚比对拼焊板强度差异的影响规律以及对成形过程的影响，此处假设厚侧母材为简单加载情况，保持应变状态为 1，计算出综合强度比的变化规律及弱侧母材应变路径的变化情况，如图 3-15 所示。

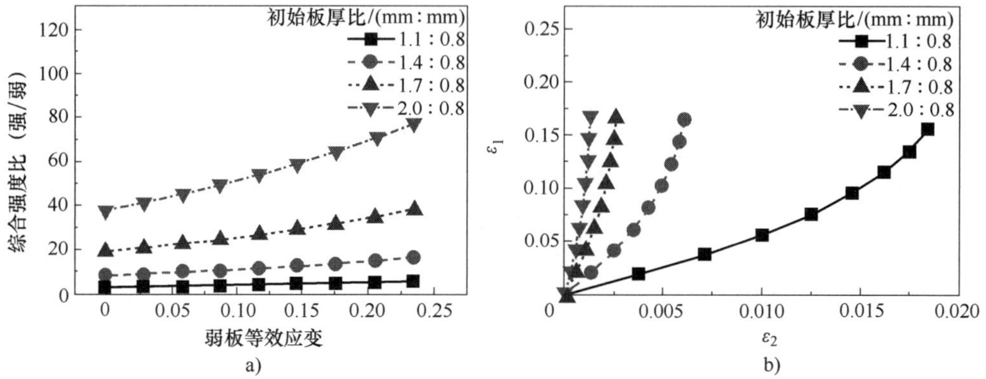

图 3-15　初始板厚比对拼焊板成形过程的影响（双向等拉状态）

a）综合强度比的变化规律曲线　b）弱侧母材应变状态变化曲线

图 3-15a 所示是不同初始板厚比下综合强度比随弱板等效应变的变化规律曲线，图 3-15b 所示是不同初始板厚比下弱侧母材应变状态在成形过程中的变化情况曲线。由图可以看出，该变形状态下初始板厚比对综合强度比及弱侧母材应变路径的影响规律与似平面应变状态相同，主要区别在于综合强度比的数值较似平面应变状态下小，且同一初始板厚比情况下成形过程中的变化幅度也较小。说明初始板厚比对拼焊板综合强度比及弱侧母材应变状态的影响规律在拉-拉应变状态下保持一致，区别仅在于影响程度的大小不同。

综合上述三种典型变形状态下初始板厚比对综合强度比及弱侧母材的应变路径影响可以看出：

1）任意变形状态下，初始板厚差异越大，拼焊板综合强度比越大，弱侧母材应变路径越靠近成形能力较差的平面应变状态。

2）同一初始板厚比下综合强度比和弱侧母材应变状态变化规律可分为拉-压（强侧母材为单向拉伸状态）和拉-拉（强侧母材为似平面应变状态和双向等拉状态）变形两种。拉-压变形下，综合强度比随弱板等效应变的增加而有所下降，弱侧母材应变路径在成形中略向单向拉伸状态偏移；拉-拉变形下，综合强度比随弱板等效应变的增加而上升，弱侧母材应变路径在成形过程中向平面应变状态偏移；两种变形方式下的综合强度比及弱侧母材应变状态在成形中的变化幅度均随初始板厚比的增大而增大。

3）从综合强度比数值大小上来看，相同初始板厚比情况下，单向拉伸变形状态时值最小，双向等拉状态时次之，似平面应变状态时最大。

2. 强度系数差异影响

通过拼焊板综合强度比显式解析式可以看出，母材强度系数 K 值应该是影响拼焊板母材强度差异的重要因素，且影响程度不亚于板厚比的影响。为获得母材 K 值差异对拼焊板成形过程的单一因素影响规律，采用相同厚度母材（厚度均为 0.8mm），除一侧母材 K 值变化外，其他材料性能参数（n 值和 r 值）设为相同，亦即在将同厚拼焊板一侧的母材固定为 DC56 的情况下，改变另外一侧母材的 K 值，研究不同 K 值比情况下，综合强度比及弱侧母材应变状态变化情况。

（1）单向拉伸状态　将强侧母材（即 K 值较大的母材）的应变路径假设为单向拉伸的简单加载情况，计算拼焊板综合强度比在成形过程中的变化规律，以及弱侧母材的应变路径变化情况，计算结果如图 3-16 所示。

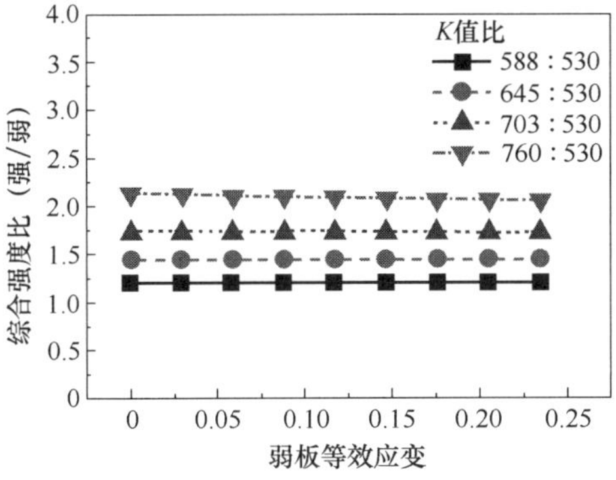

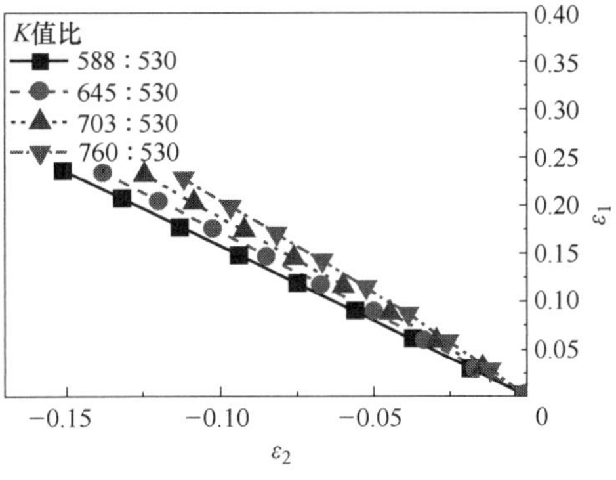

图 3-16　强度系数 K 值比对拼焊板成形过程的影响（单向拉伸状态）

a）综合强度比的变化规律曲线　b）弱侧母材应变状态变化曲线

图 3-16a 所示是不同 K 值比条件下综合强度比随弱板等效应变的变化曲线，可以看出：

1）相同弱板等效应变下，K 值比越大，拼焊板综合强度比越大。

2）综合强度比随弱板等效应变的增加而基本保持不变。

图 3-16b 所示是不同 K 值比情况下弱侧母材应变状态在成形过程中的变化情况曲线，可以看出：

1）K 值比越大，弱侧母材的应变路径越靠近平面应变状态。

2）应变路径在成形过程中基本呈线性，受母材 K 值比影响不大。

由此可知，单向拉伸变形状态下 K 值比对拼焊板综合强度比和弱侧母材应变路径的影响具有对应关系：综合强度比越大，弱侧母材的应变路径越靠近平面应变状态；单向拉伸变形方式下，综合强度比保持基本不变，其应变路径也基本呈线性。

（2）似平面应变状态　为了研究母材 *K* 值比在这种变形状态下对拼焊板成形的影响，假设强侧母材保持应变路径为 0.01 的似平面应变状态简单加载，研究母材 *K* 值差异对综合强度比及弱侧母材应变路径的影响规律，结果如图 3-17 所示。

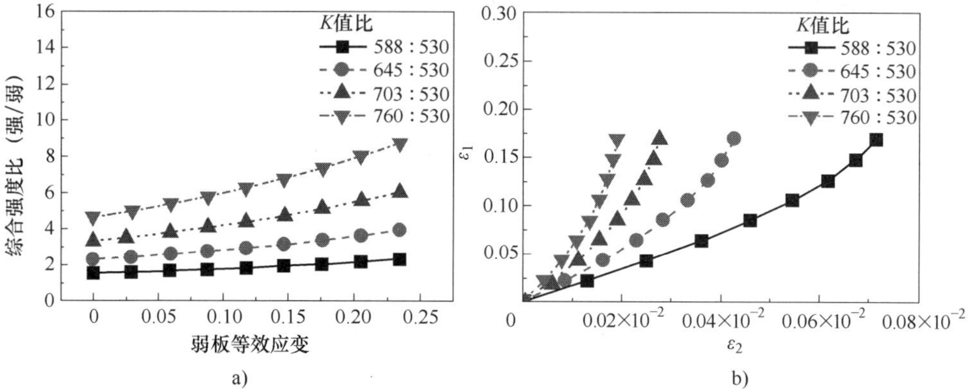

图 3-17　强度系数 *K* 值比对拼焊板成形过程的影响（似平面应变状态）

a）综合强度比的变化规律曲线　b）弱侧母材应变状态变化曲线

图 3-17a 所示是不同 *K* 值比条件下综合强度比随弱板等效应变的变化曲线，可以看出：

1）相同弱板等效应变下，母材 *K* 值比越大，拼焊板综合强度比越大。

2）综合强度比随弱板等效应变的增加而上升，*K* 值比越大上升幅度越大。

图 3-17b 所示是不同 *K* 值比下弱侧母材应变状态在成形过程中的变化曲线，可以看出：

1）母材 *K* 值比越大，弱侧母材的应变路径越靠近平面应变状态。

2）应变路径在成形中向平面应变状态偏移，*K* 值比越大，偏移越明显。

同样，似平面应变变形状态下 *K* 值比对拼焊板综合强度比和弱侧母材应变路径的影响具有对应关系：综合强度比越大，弱侧母材的应变路径越靠近平面应变状态；似平面应变状态变形方式下，综合强度比上升幅度越大，应变路径向平面应变状态的偏移越明显。

（3）双向等拉状态　为研究双向等拉变形状态下 *K* 值比对拼焊板强度差异的影响规律及对成形过程的影响，此处假设强侧母材为简单加载情况，保持应变状态为 1，研究拼焊板综合强度比的变化规律及弱侧母材应变路径的变化情况，如图 3-18 所示。

图 3-18a 所示是不同 *K* 值比下综合强度比随弱板等效应变的变化规律曲线，

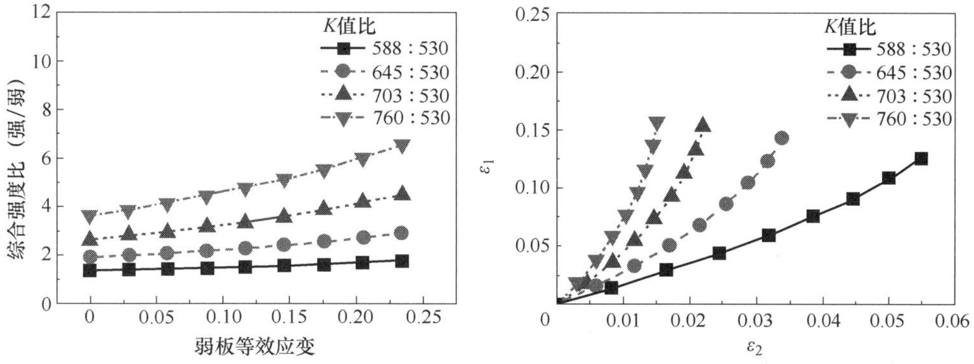

a)　　　　b)

图 3-18　强度系数 K 值比对拼焊板成形过程的影响（双向等拉状态）

a）综合强度比的变化规律曲线　b）弱侧母材应变状态变化曲线

而图 3-18b 所示是不同 K 值比下弱侧母材应变状态在成形过程中的变化曲线。由图可以看出，该变形状态下 K 值比对综合强度比及弱侧母材应变路径的影响规律与似平面应变状态相同，主要区别在于综合强度比的数值较似平面应变状态下小，且同一 K 值比情况下成形过程中的变化幅度也较小。这说明 K 值比对拼焊板综合强度比及弱侧母材应变状态的影响规律在拉-拉应变状态下保持一致，区别仅在于影响程度大小不同。

综合上述三种典型变形状态下母材 K 值比对综合强度比以及弱侧母材的应变路径影响可以看出：

1）任意变形状态下，母材 K 值差异越大，拼焊板综合强度比越大，弱侧母材应变路径越靠近成形能力较差的平面应变状态。

2）同一 K 值比下综合强度比和弱侧母材应变状态变化规律可分为拉-压（强侧母材为单向拉伸状态）和拉-拉（强侧母材为似平面应变状态和双向等拉状态）变形两种。拉-压变形下，综合强度比随弱板等效应变的增加而基本保持不变，弱侧母材应变路径在成形中近似呈线性；拉-拉变形下，综合强度比随弱板等效应变的增加而上升，弱侧母材应变路径在成形中向平面应变状态偏移；两种变形方式下的综合强度比及弱侧母材应变状态在成形过程中的变化幅度均随 K 值比的增大而增大。

3）从综合强度比数值大小上来看，相同 K 值比情况下，单向拉伸变形状态时其值最小，双向等拉状态时次之，似平面应变状态时最大。

3. 应变硬化指数差异影响

从狭义上来说，板料成形性能包括抗变形能力（强度）和断裂前拉伸变形程度两个方面[16]。K 值主要体现的就是材料的强度，前述研究已经说明该参数对拼焊板的成形过程有重要影响。同时，应变硬化指数 n 等于其颈缩应变［式（3-26）］，故能体现材料断裂前拉伸变形程度的大小。通常 n 值越大，应变强化越明显，在冲压过程中就更有利于增大变形区的范围，有利于延缓颈缩的到来，材料的成形性能也越好[17]。

为获得拼焊板母材这种可变形程度大小差异对成形过程的单一因素影响规律，采用相同厚度母材（厚度均为 0.8mm），除一侧母材 n 值变化外，其他材料参数（K 值和 r 值）设为相同，亦即在将同厚拼焊板一侧的母材固定为 DC56 的情况下，仅改变另外一侧母材的 n 值，研究不同 n 值比情况下，综合强度比及弱侧母材应变状态变化情况。

（1）单向拉伸状态　由于 n 值越小，材料越不易于变形，进而在拼焊板中表现为强板，在此处将 n 值较小母材的应变路径假设为单向拉伸的简单加载情况，计算拼焊板综合强度比在成形过程中的变化规律，以及弱侧母材的应变状态变化情况，计算结果如图 3-19 所示。

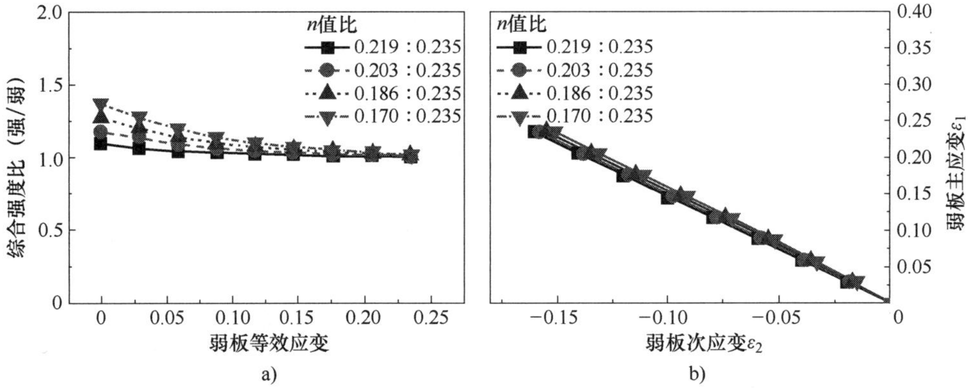

图 3-19　硬化指数 n 值比对拼焊板成形过程的影响（单向拉伸状态）

a）综合强度比的变化规律曲线　b）弱侧母材应变状态变化曲线

图 3-19a 所示是不同 n 值比情况下综合强度比随弱板等效应变的变化规律曲线，可以看出：

1）相同弱板等效应变情况下，n 值差异越大，拼焊板综合强度比越大，但在拼焊板变形程度较大时趋于相等，如弱板的等效应变等于其颈缩应变 0.235 时，四种 n 值差异下综合强度比都近似等于 1。

2）综合强度比随弱板等效应变的增加而有所下降，n 值差异越大，下降幅度越大，但总体来看，值均在 1 ~ 1.37 范围内。

图 3-19b 所示是不同 n 值比情况下弱侧母材应变状态在成形过程中的变化曲线，可以看出：

1）n 值差异越大，弱侧母材的应变状态越靠近平面应变状态，但变化并不明显。

2）应变路径在成形中基本呈线性，仅在成形初期向双向等拉状态有所偏移。

由此可知，单向拉伸变形状态下 n 值差异对拼焊板综合强度比和弱侧母材应变路径的影响同样具有一定的对应关系：综合强度比越大，弱侧母材的应变路径越靠近平面应变状态；单向拉伸变形方式下，综合强度比变化范围很小，应变路径也基本呈线性。

（2）似平面应变状态　为了研究母材 n 值比在这种变形状态下对拼焊板成形的影响，假设强侧母材（n 值较小的母材）保持应变路径为 0.01 的似平面应变状态简单加载，研究母材 n 值差异对综合强度比及弱侧母材应变路径的影响规律，结果如图 3-20 所示。

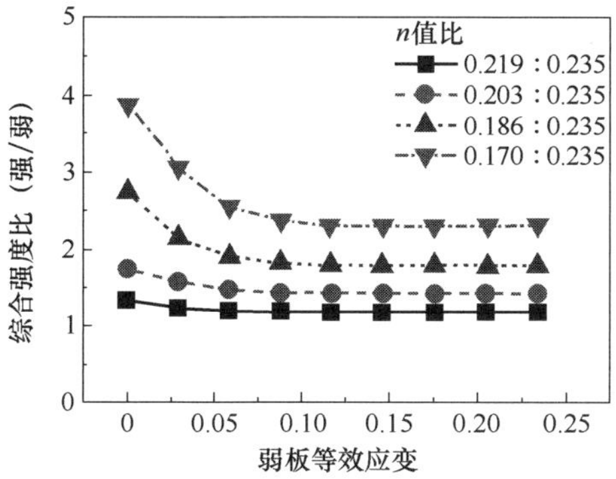

a)

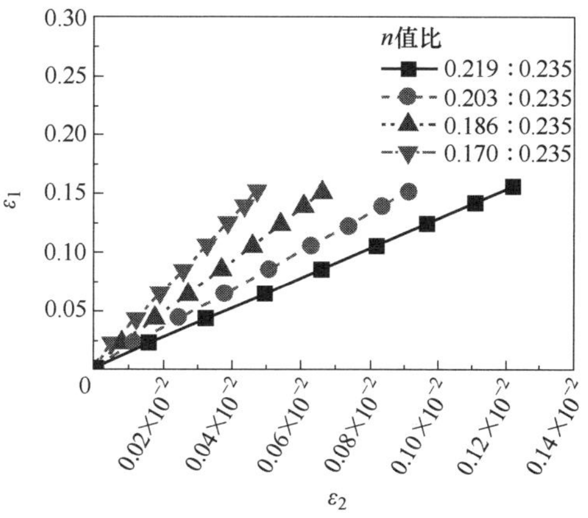

b)

图 3-20　硬化指数 n 值比对拼焊板成形过程的影响（似平面应变状态）

a）综合强度比的变化规律曲线　b）弱侧母材应变状态变化曲线

图 3-20a 所示是不同 n 值比下综合强度比随弱板等效应变的变化规律曲线，可看出：

1）相同弱板等效应变下，母材 n 值差异越大，拼焊板综合强度比越大。

2）变形初期，综合强度比随弱板等效应变的增加而下降，n 值差异越大，下降幅度越大，但在变形增大到一定程度后，综合强度比基本保持不变。

图 3-20b 所示是不同 n 值比情况下弱侧母材应变状态在成形过程中的变化曲线，可以看出：

1）母材 n 值差异越大，弱侧母材的应变路径越靠近平面应变状态。

2）应变路径仅在成形初期向双向等拉状态有所偏移，n 值差异越大，偏移越明显，但在变形增大到一定程度后应变路径近似呈线性。

同样地，似平面应变变形状态下 n 值比对拼焊板综合强度比和弱侧母材应变路径的影响具有对应关系：综合强度比越大，弱侧母材的应变路径越靠近平面应变状态；似平面应变状态变形方式下，变形初期综合强度比下降幅度越大，应变路径向双向等拉状态的偏移越明显。

（3）双向等拉状态　为了研究这种双向等拉变形状态下 n 值比对拼焊板母材强度差异的影响规律以及对其成形的影响，此处假设强侧母材为简单加载情况，并保持其应变状态为 1，研究拼焊板综合强度比的变化规律及弱侧母材的应变状态变化情况，结果如图 3-21 所示。

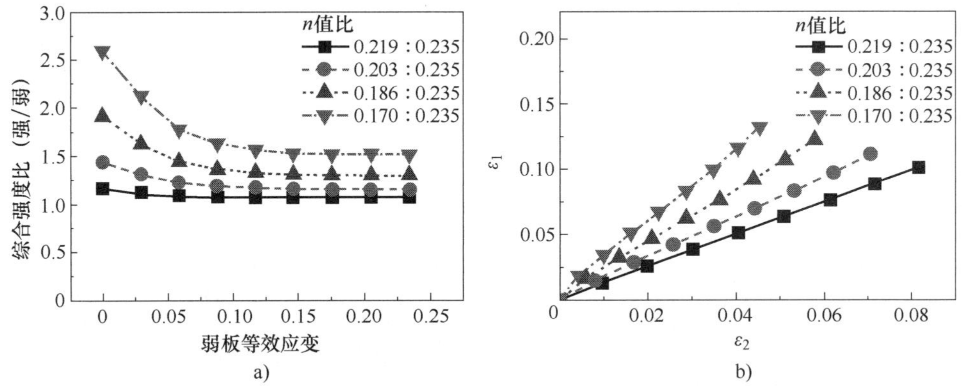

图 3-21　硬化指数 n 值比对拼焊板成形过程的影响（双向等拉状态）

a）综合强度比的变化规律曲线　b）弱侧母材应变状态变化曲线

图 3-21a 所示是不同 n 值比下综合强度比随弱板等效应变的变化规律曲线，而图 3-21b 所示是不同 n 值比下弱侧母材应变状态在成形过程中的变化曲线。由图可以看出，该变形状态下 n 值比对综合强度比以及弱侧母材应变路径的影响规律与似平面应变状态相同，主要区别在于综合强度比的数值较似平面应变状态下小，且同一 n 值比情况下成形过程中的变化幅度也较小。说明 n 值比对拼焊板综合强度比及弱侧母材应变状态的影响规律在拉-拉应变状态下保持一致，区别仅在于影响程度不同。

综合上述三种典型变形状态下母材 n 值比对综合强度比及弱侧母材的应变路径影响可以看出：

1）任意变形状态下，母材 n 值差异越大，拼焊板综合强度比越大，弱侧母材应变路径越靠近成形能力较差的平面应变状态，但拉-压（强侧母材为单向拉伸状态）变形下，拼焊板变形程度较大时综合强度比趋于相等，弱侧母材应变路径在成形中基本呈线性。

2）同一 n 值比情况下综合强度比和弱侧母材应变状态变化规律在拉-压（强侧母材为单向拉伸状态）和拉-拉（强侧母材为似平面应变状态和双向等拉状态）变形两种情况下类似，综合强度比均随弱板等效应变的增加而有所下降，而弱侧母材应变路径在成形过程中近似呈线性，仅在变形初期略向双向等拉状态偏移。

3）从综合强度比数值大小上来看，相同 n 值比情况下，单向拉伸变形状态时值最小，双向等拉状态时次之，似平面应变状态时值最大。

因此，拼焊板仅存在母材 n 值差异时，任意应变状态下其综合强度比在成形过程中都有所减小，有利于母材塑性变形能力的均匀发挥，有利于其成形能力的提高。这是由 n 值特殊性造成的。一般来说，无论何种变形状态，n 值越大，母材的局部硬化能力越强，随着变形程度的增大局部抗力（强度）增加也越快，故变形初期表现为弱板的母材，综合强度也增加较快，最终必然表现出拼焊板综合强度比在成形过程中下降，从而有利于拼焊板塑性变形能力的均匀发挥。

4. 厚向异性指数差异影响

厚向异性指数 r 值反映板料在板面内方向和厚度方向上由于各向异性而引起应变能力不一致的情况，同时也反映板材在板面内承受拉力或压力是抵抗变薄获得变厚的能力。r 值越大，表明板料越不易于在厚度方向上产生变形。因此，r 值大的母材，综合强度值较大，进而在拼焊板中表现为强板。

为获得拼焊板母材厚向异性 r 值差异对成形过程的单一因素影响规律，采用相同厚度母材（厚度均为 0.8mm），除一侧母材 r 值变化外，其他材料参数（K 值和 n 值）设为相同，亦即在将同厚拼焊板一侧的母材固定为 DC56 的情况下，仅改变另外一侧母材的 r 值，研究不同 r 值比情况下，综合强度比及弱侧母材应变状态变化情况。

（1）单向拉伸状态　此处将 r 值较大母材的应变路径假设为单向拉伸的简单加载情况，计算拼焊板综合强度比在成形过程中的变化规律及弱侧母材的应变状态变化情况，计算结果如图 3-22 所示。

图 3-22a 所示是不同 r 值比情况下综合强度比随弱板等效应变的变化规律曲线，可以看出：

1）相同弱板等效应变下，r 值差异越大，拼焊板综合强度比越大。

2）综合强度比随弱板等效应变的增加而基本保持不变。

图 3-22b 所示是不同 r 值比情况下弱侧母材应变状态在成形过程中的变化情况曲线，可以看出：

1）r 值差异越大，弱侧母材的应变路径越靠近平面应变状态。

2）应变路径在成形过程中基本呈线性，受母材 r 值差异影响不大。

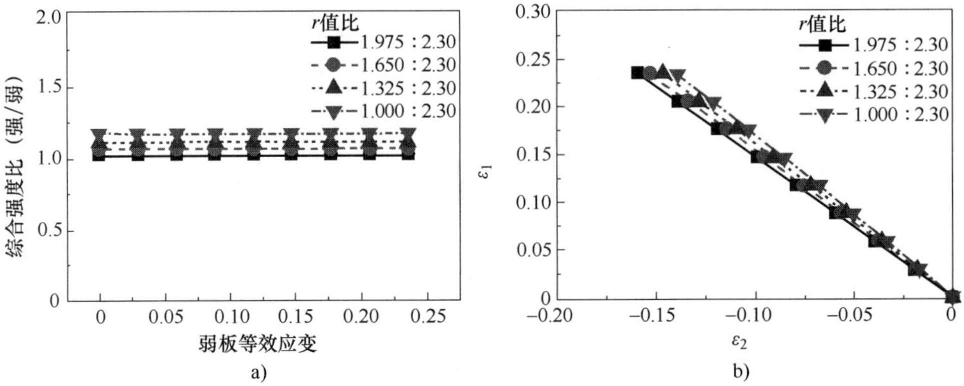

图 3-22　厚向异性指数 r 值比对拼焊板成形过程的影响（单向拉伸状态）

a）综合强度比的变化规律曲线　b）弱侧母材应变状态变化曲线

由此可知，r 值差异对拼焊板综合强度比和弱侧母材应变路径的影响具有一定的对应关系：综合强度比越大，弱侧母材的应变路径越靠近平面应变状态；单向拉伸变形方式下，综合强度比保持基本不变，应变路径也基本呈线性。

（2）似平面应变状态　为了研究母材 r 值比在这种变形状态下对拼焊板成形过程的影响，假设强侧母材保持应变路径为 0.01 的似平面应变状态简单加载，研究母材 r 值差异对综合强度比及弱侧母材应变路径的影响规律，结果如图 3-23 所示。

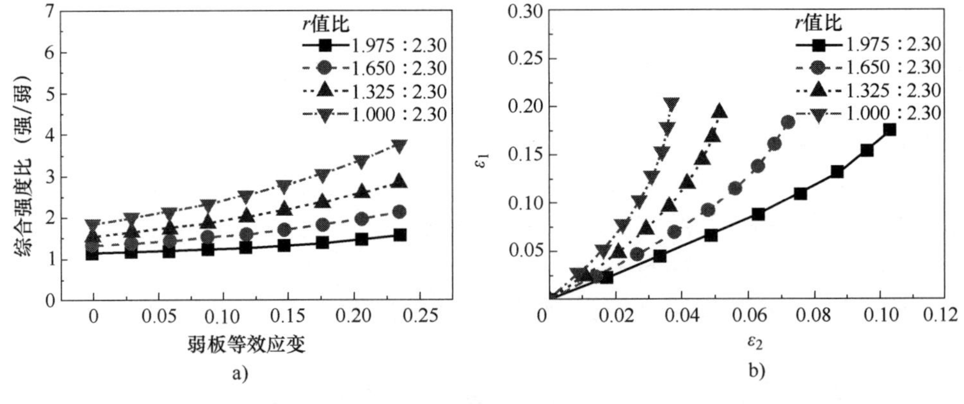

图 3-23　厚向异性指数 r 值比对拼焊板成形过程的影响（似平面应变状态）

a）综合强度比的变化规律曲线　b）弱侧母材应变状态变化曲线

图 3-23a 所示是不同 r 值比下综合强度比随弱板等效应变的变化规律曲线，可以看出：

1）相同弱板等效应变下，母材 r 值差异越大，拼焊板综合强度比越大。

2）综合强度比随弱板等效应变的增加而上升，r 值差异越大，上升幅度越大。

图 3-23b 所示是不同 r 值比下弱侧母材应变状态在成形过程中的变化曲线，可以看出：

1）母材 r 值差异越大，弱侧母材的应变路径越靠近平面应变状态。

2）应变路径在成形中向平面应变状态偏移，r 值差异越大，偏移越明显。

同样地，似平面应变变形状态下 r 值差异对拼焊板综合强度比和弱侧母材应变路径的影响具有对应关系：综合强度比越大，弱侧母材的应变路径越靠近平面应变状态；似平面应变状态变形方式下，综合强度比上升幅度越大，应变路径向平面应变状态的偏移越明显。

（3）双向等拉状态　为研究双向等拉变形状态下 r 值差异对拼焊板强度差异的影响规律以及对其成形过程的影响，此处假设强侧母材为简单加载情况，保持其应变状态为 1，研究拼焊板综合强度比的变化规律及弱侧母材应变路径的变化情况，结果如图 3-24 所示。

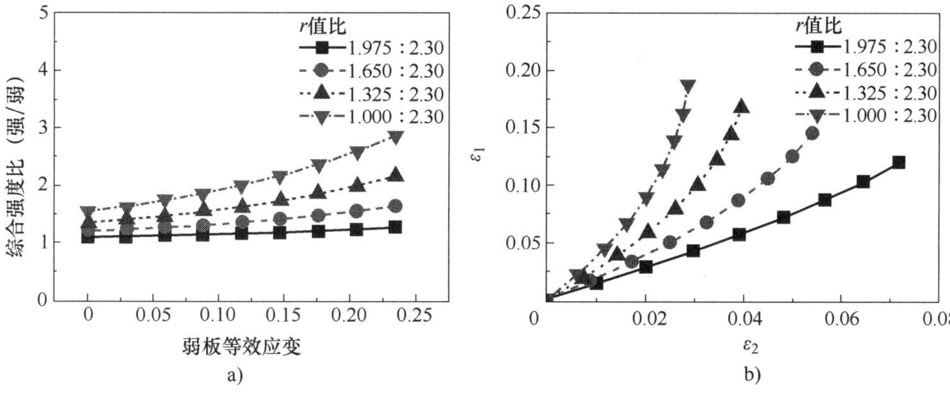

图 3-24　厚向异性指数 r 值比对拼焊板成形过程的影响（双向等拉状态）

a）综合强度比的变化规律曲线　b）弱侧母材应变状态变化曲线

图 3-24a 所示是不同 r 值差异下综合强度比随弱板等效应变的变化规律曲线，而图 3-24b 所示是不同 r 值差异下弱侧母材应变状态在成形过程中的变化情况曲线。由图可以看出，该变形状态下 r 值比对综合强度比以及弱侧母材应变路径的影响规律与似平面应变状态相同，主要区别在于综合强度比的数值较似平面应变状态下小，且同一 r 值差异情况下成形过程中的变化幅度也较小。说明 r 值差异对拼焊板综合强度比及弱侧母材应变状态的影响规律在拉-拉应变状态下保持一致，区别仅在于影响程度不同。

综合上述三种典型变形状态下母材 r 值差异对综合强度比以及弱侧母材的应变路径影响可以看出：

1）任意变形状态下，母材 r 值差异越大，拼焊板综合强度比越大，弱侧母材应变路径越靠近成形能力较差的平面应变状态。

2）同一 r 值差异下综合强度比和弱侧母材应变状态变化规律可分为拉-压（强侧母材为单向拉伸状态）和拉-拉（强侧母材为似平面应变状态和双向等拉状态）变形两种。拉-压变形下，综合强度比随弱板等效应变的增加而基本保持不变，弱侧母材应变路径在成形过程中近似呈线性；拉-拉变形下，综合强度比随弱板等效应变的增加而上升，弱侧母材应变路径在成形过程中向平面应变状态偏移；两种变形方式下的综合强度比及弱侧母材应变状态在成形过程中的变化幅度均随 r 值比的增大而增大。

3）从综合强度比数值大小上来看，相同 r 值差异下，单向拉伸变形状态时其值最小，双向等拉状态时次之，似平面应变状态时最大。

参考文献

[1] 李文忠，矫洪智，李荣军．当今先进的汽车车身焊接技术［J］．现代零部件，2006（5）：72-74.

[2] 伍强，陈根余，徐兰英，等．CO_2 激光焊接车身拼焊板［J］．中国激光，2007，34（12）：1726-1731.

[3] 程欣．拼焊板冲压不均匀变形规律的实验研究［D］．哈尔滨：哈尔滨工业大学，2000.

[4] Narayanan R G，Narasimhan K. Predicting the forming limit strains of tailor-welded blanks［J］. Journal of Strain Analysis for Engineering Design，2008，43（7）：551-563.

[5] Jie M，Cheng C H，Chan L C，et al. Experimental and theoretical analysis on formability of aluminum tailor-welded blanks［J］. Journal of Engineering Materials and Technology，2007，129（1）：151-158.

[6] 胡世光，陈鹤峥．板料冷压成形的工程解析［M］．北京：北京航空航天大学出版社，2004.

[7] Jie M，Cheng C H，Chan L C，et al. Experimental and theoretical analysis on formability of aluminum tailor-welded blanks［J］. Journal of Engineering Materials and Technology-Transactions of the ASME，2007，129（1）：151-158.

[8] 田浩彬．激光拼焊板成形理论分析及其成形高度解析模型的确定［D］．上海：同济大学，2006.

[9] 陈炜，吴毅明，吕盾，等．差厚激光拼焊板门内板的成形性能研究［J］．中国机械工程，2006，17（11）：1188-1190.

[10] 徐祥合，张卫刚，李淑慧，等．材料性能参数对液压成形件厚度分布的影响规律研究［J］．塑性工程学报，2007（6）：101-104.

[11] 顾为群，黄明志，骆竞晞．幂乘硬化方程相互关系和强化系数 K 值的研究［J］．西安

交通大学学报，1987，21（06）：19-24.

[12] 胡世光，陈鹤峥. 板料冷压成形原理［M］. 北京：国防工业出版社，1989.

[13] 胡世光，陈鹤峥. 板料冷压成形的工程解析［M］. 北京：北京航空航天大学出版社，2004.

[14] 金属薄板和薄带拉伸应变硬化指数（n 值）试验方法［J］. 理化检验：物理分册，2001，37（07）：312，313-315.

[15] 张旺峰，陈瑜眉，朱金华. 一种新型的拉伸应力应变曲线规律研究［J］. 西安交通大学学报，1999，33（10）：64-67.

[16] 周维贤，吴建军. 板料成形性基础［M］. 西安：西北工业大学出版社，2004.

[17] 陈文亮. 板料成形 CAE 分析教程［M］. 北京：机械工业出版社，2005.

第四章　激光拼焊板的材料参数对成形性能的影响

一、拼焊板母材参数对成形性能的影响规律

通过改变坯料形状尺寸，获得三种典型变形状态（单向拉伸状态、似平面应变状态和双向等拉状态）下母材初始板厚 t_0、K 值、n 值及 r 等值差异对极限成形高度和相同成形高度下焊缝移动量的影响规律，以研究材料参数对冲压成形性能的影响，与理论分析结果对比，探讨综合强度比和成形性能之间的内在关系。每种应变状态下所采用的坯料尺寸（图 4-1）参照国标制定，见表 4-1[1]。

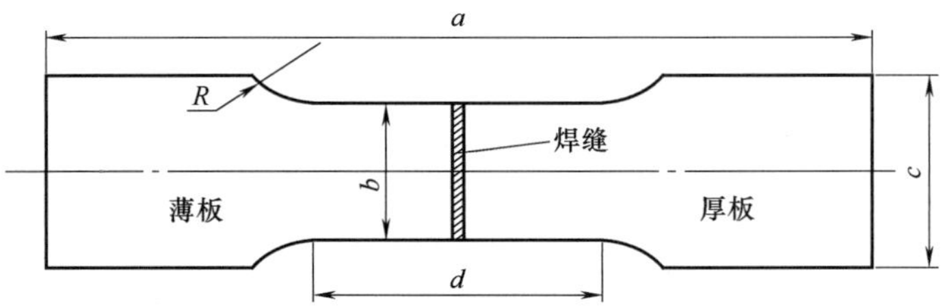

图 4-1　拼焊板试样几何尺寸示意图

表 4-1　典型变形状态下拼焊板坯料尺寸　　（单位：mm）

坯料尺寸	a	b	c	d	R
单向拉伸试样	180	20	30	100	25
似平面应变试样	180	100	120	20	25
双向等拉试样	180	180	180	0	0

（一）母材初始板厚 t_0 差异对成形性能的影响

仿真分析中，母材采用 DC56，弱侧母材的厚度固定为 0.8mm，改变另一侧母材的厚度，分别采用三种不同尺寸形状的拼焊板坯料（图 4-1，表 4-1）进行有限元仿真，研究不同变形状态下母材初始板厚 t_0 差异对极限成形高度及同一成形高度下焊缝移动量的影响规律，结果如图 4-2 和图 4-3 所示。

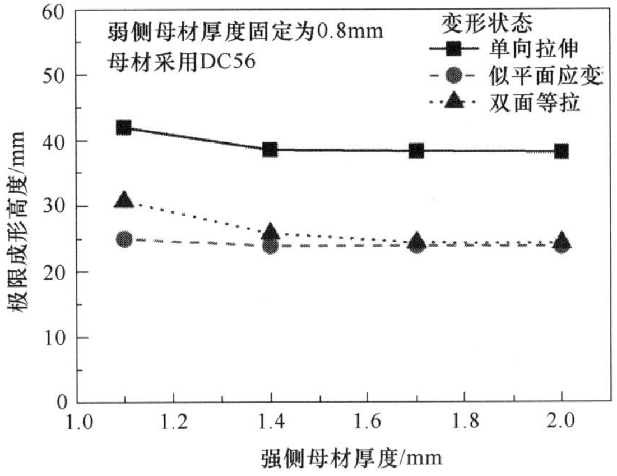

图 4-2　三种典型变形状态下初始板厚 t_0 差异对拼焊板极限成形高度的影响规律曲线

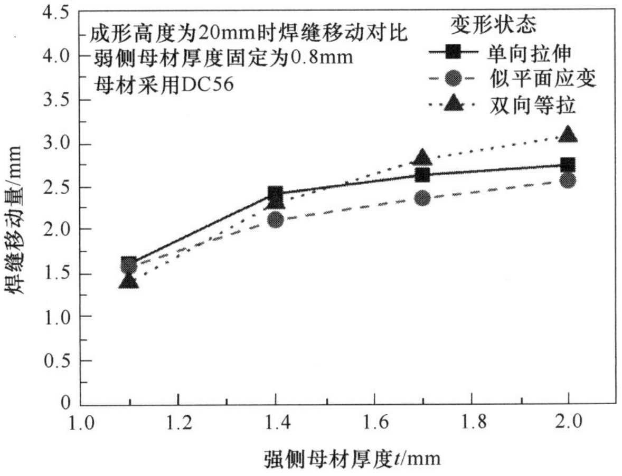

图 4-3　三种典型变形状态下初始板厚 t_0 差异对拼焊板焊缝移动量的影响规律曲线

图 4-2 所示是三种典型变形状态下初始板厚 t_0 差异对拼焊板极限成形高度影响规律曲线。可以看出：

1）三种变形状态下，拼焊板的极限成形高度均随强板厚度的增大而降低，且该变化曲线均随强板厚度增大而趋于平缓。

2）对比相同强板厚度下的极限成形高度值可知，单向拉伸变形状态最大，双向等拉状态次之，似平面应变状态最小，且拼焊板在单向拉伸变形状态下的极限成形高度较另外两种变形状态下有较大提高。

3）随着强板厚度增大，双向等拉和似平面应变状态下的极限成形高度趋于相等。

究其原因，上述规律与母材初始板厚 t_0 差异对拼焊板综合强度比的影响规律及综合强度比数值大小有关：

1）无论何种变形状态，随着初始板厚 t_0 差异增大，拼焊板母材之间强度差异也越来越大，强侧母材更不易变形，致使弱侧母材成为拼焊板变形的主要承载区，从而提前开裂导致拼焊板整体失效，极限成形高度下降。然而，母材初始板厚 t_0 差异造成的强度差异增大到一定程度之后，变形基本全都集中在弱侧母材上。虽然初始板厚 t_0 差异继续增大会造成强度差异增大，但变形不均匀性已无法进一步增加，极限成形高度也就不再显著的降低。

2）从综合强度比的数值来看，相同初始板厚 t_0 差异下，似平面应变状态下母材强度差异最大，双向等拉次之，单向拉伸最小。因此，在相同强板厚度下单向拉伸变形状态拼焊板极限成形高度值最大，双向等拉状态次之，似平面应变状态最小。同时，拉-压（单向拉伸变形状态）变形下，母材初始板厚 t_0 差异造成的强度差异在成形过程中有所减小，使得变形过程中后期强侧母材也能承担越来越大的变形，减小了整个成形过程中拼焊板强、弱母材的变形不均匀性，使拼焊板在该变形状态下的极限成形高度较另外两种变形状态下有较大提高。

3）拉-拉（强侧母材为似平面应变状态和双向等拉状态）变形下，初始板厚 t_0 差异造成的综合强度数值较大，并且在成形过程中随变形程度增大而增大。同时，母材强度差异增大到一定程度后，变形基本全都集中在弱侧母材上，初始板厚 t_0 差异继续增大也不会显著降低拼焊板的极限成形高度。

图4-3 所示为三种典型变形状态下初始板厚 t_0 差异对拼焊板焊缝移动量的影响规律曲线。可以看出：

1）三种变形状态下，成形高度为 20mm 时均存在焊缝移动。

2）三种变形状态下，焊缝在同一成形高度下的移动量均随强板厚度的增大而增大。这同样与拼焊板母材 K 值差异造成的强度差异有关：

第一，无论何种变形状态，弱侧母材由于综合强度低而先发生塑性拉伸变形，然后发生加工硬化，随之带动强侧母材发生塑性变形，这种强板相对弱板变形的滞后使变形时弱板被拉长，从而使焊缝产生向强板的相对移动。

第二，变形过程中由于母材强度差异，同样变形力下弱侧母材的变形量比强侧母材的变形量大，且随着初始板厚 t_0 差异造成的综合强度比增加，强板发生塑性变形的时刻更加滞后，变形过程的累积使强、弱母材变形量比值也越来越大，造成焊缝向强板移动距离增大。

（二）强度系数 *K* 值差异对拼焊板成形性能的影响

在强度系数 K 值差异对拼焊板成形性能单一因素影响规律的仿真分析中，采用相同厚度的母材（厚度均为 0.8mm）。除所研究对象的一侧母材 K 值变化外，其他材料参数（n 值和 r 值）设为相同。也就是说：将同厚拼焊板一侧母材选为 DC56，在固定其他材料参数与之相同的情况下，仅改变另外一侧母材的 K 值，分别采用三种不同尺寸形状的拼焊板坯料（图 4-1，表 4-1）进行仿真分析，研究不同变形状态下 K 值差异对拼焊板极限成形高度及相同成形高度下的焊缝移动量的影响，仿真结果如图 4-4 和图 4-5 所示。

图 4-4 所示是三种典型变形状态下 K 值差异对拼焊板极限成形高度的影响规律曲线。

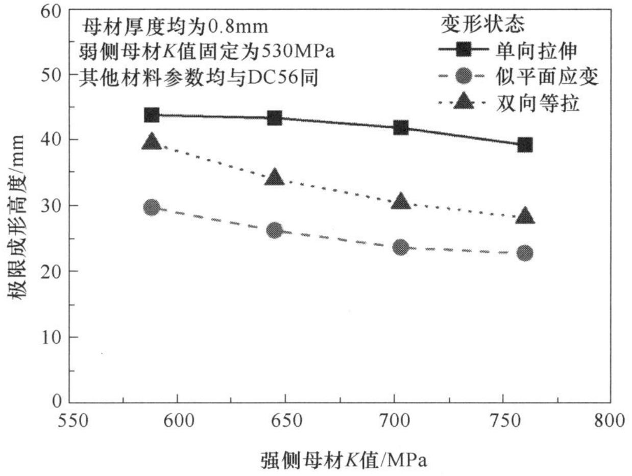

图 4-4　三种典型变形状态下 K 值差异对拼焊板极限成形高度的影响规律曲线

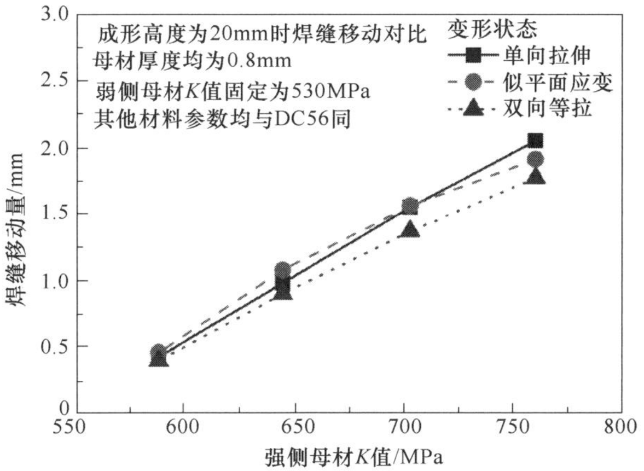

图 4-5　不同应变状态下 K 值差异对拼焊板焊缝移动量的影响规律曲线

可以看出：

1）三种变形状态下，拼焊板的极限成形高度均随强板 K 值增大而降低，与初始板厚 t_0 差异的影响规律一致。

2）对比相同 K 值下的极限成形高度值可知，单向拉伸变形状态最大，双向等拉状态次之，似平面应变状态最小，且母材 K 值差异较大时，拼焊板在单向拉伸变形状态下的极限成形高度较另外两种变形状态下有较大提高。

上述规律同样与母材强度系数 K 值差异对拼焊板综合强度比的影响规律及综合强度比数值大小有关：

1）无论何种变形状态，随着 K 值差异的增大，拼焊板母材之间强度差异也越来越大，强侧母材更不易变形，弱侧母材成为拼焊板变形的主要承载区，提前开裂导致拼焊板整体失效，极限成形高度下降。

2）从综合强度比的数值来看，相同 K 值差异下，同样是似平面应变状态下母材强度差异最大，双向等拉次之，单向拉伸最小。因此，在相同强板 K 值下单向拉伸变形状态拼焊板极限成形高度值最大，双向等拉状态次之，似平面应变状态最小。同时，拉-压（单向拉伸变形状态）变形情况，母材 K 值差异较大情况下，强度差异在成形过程中有所减小，变形过程中后期强侧母材也能承担越来越大的变形，减小了整个成形过程中拼焊板强、弱母材的变形不均匀性，使拼焊板在该变形状态下的极限成形高度较另外两种变形状态下有较大提高。

图4-5 所示为三种典型变形状态下 K 值差异对拼焊板焊缝移动量的影响规律曲线，可以看出：

1）三种变形状态下，成形高度为 20mm 时均存在焊缝移动。

2）三种变形状态下，在同一成形高度下的焊缝移动量均随强板 K 值增大而增大。

分析其原因，同样与拼焊板母材 K 值差异造成的强度差异有关：

1）无论何种变形状态，弱侧母材由于综合强度低而先发生塑性拉伸变形，然后发生加工硬化，随之带动强侧母材发生塑性变形，这种强板相对弱板变形的滞后使变形时弱板被拉长，使焊缝产生向强板的相对移动。

2）变形过程中由于母材强度差异，同样变形力下弱侧母材的变形量比强侧母材的变形量大，随着母材 K 值差异造成的综合强度比增加，强板发生塑性变形的时刻更加滞后，变形过程的累积使得强、弱母材变形量比值也越来越大，故造成焊缝向强板移动距离就越大。

（三）应变硬化指数 *n* 值差异对拼焊板成形性能的影响

在应变硬化指数 n 值差异对拼焊板成形性能单一因素影响规律的仿真分析中，采用同厚拼焊板（厚度均为 0. 8mm），除所研究对象的一侧母材 n 值变化外，母材的其他材料参数（K 值和 r 值）均设为相同。也就是说：将同厚拼焊板一侧母材的材料参数采用 DC56，在固定其他材料参数与之相同的情况下，仅改变另外一侧母材的 n 值，分别采用三种不同尺寸形状的拼焊板坯料

（图4-1，表4-1）进行仿真模拟，研究不同变形状态下 n 值差异对拼焊板极限成形高度及相同成形高度下的焊缝移动量的影响，仿真结果如图 4-6 和图 4-7 所示。

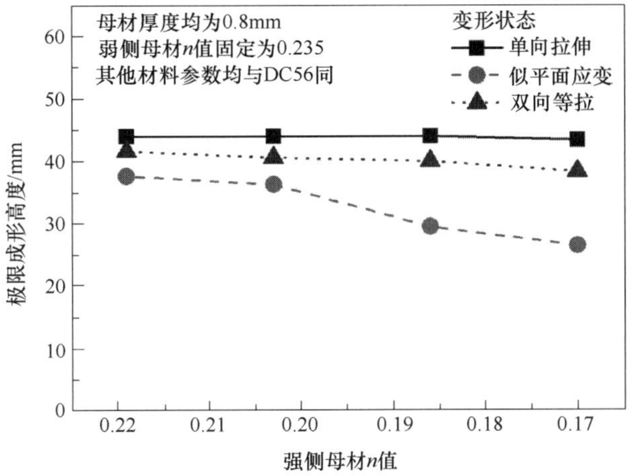

图 4-6　三种典型变形状态下 n 值差异对拼焊板极限成形高度的影响规律曲线

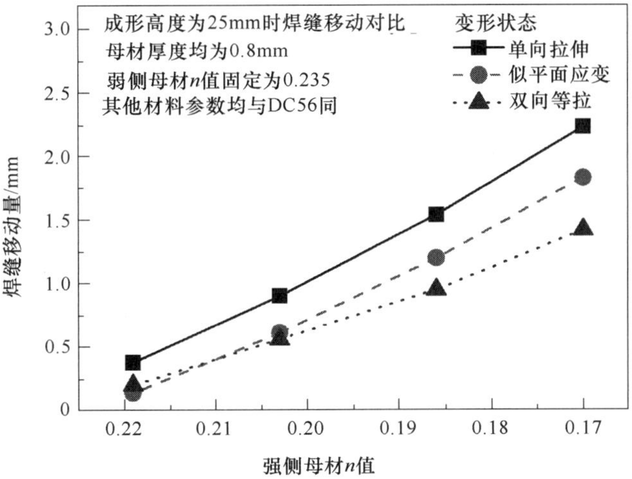

图 4-7　三种典型变形状态下 n 值差异对拼焊板焊缝移动量的影响规律曲线

图 4-6 所示是三种典型变形状态下 n 值差异对拼焊板极限成形高度的影响规律曲线。可以看出：

1）三种变形状态下，拼焊板的极限成形高度均随强板 n 值的减小而降低，但仅在似平面应变状态下较为明显。

2）对比相同强板 n 值下的极限成形高度值可知，单向拉伸变形状态最大，双向等拉状态次之，似平面应变状态最小，且母材 n 值差异较大时，拼焊板在似平面应变状态下的极限成形高度较另外两种变形状态下显著下降。

分析其原因，上述变化规律和 n 值差异对拼焊板综合强度比的特殊影响相关：

1）无论何种变形状态，随着 n 值差异的增大，拼焊板母材之间强度差异也越来越大，强侧母材更不易变形，致使弱侧母材成为拼焊板变形的主要承载区，提前开裂导致拼焊板整体失效，极限成形高度下降。但似平面应变变形状态下强度差异受 n 值差异影响较大，故该变形状态下极限成形高度也随母材 n 值差异增大而下降明显。

2）从综合强度比的数值来看，相同 n 值差异下，同样是似平面应变状态下母材强度差异最大，双向等拉次之，单向拉伸最小。因此，在相同强板 n 值下单向拉伸变形状态拼焊板极限成形高度值最大，双向等拉状态次之，似平面应变状态最小。同时，似平面变形状态下，综合强度比受母材 n 值差异影响较大，且成形后期综合强度比的变化范围是 1.2 ~2.3，而另外两种变形状态下综合强度比的变化在 1.0 ~1.5 内，故 n 值差异较大时，似平面应变状态下强、弱母材的变形不均匀性较大，使拼焊板在该变形状态下的极限成形高度下降较为明显。

图 4-7 所示为三种典型变形状态下 n 值差异对拼焊板焊缝移动量的影响规律曲线。可以看出：

1）三种变形状态下，成形高度为 25mm 时均存在焊缝移动。

2）三种变形状态下，焊缝在同一成形高度下的移动量均随强板 n 值减小而增大。

分析其原因，同样与拼焊板母材 n 值差异造成的强度差异有关：

1）无论何种变形状态，弱侧母材由于综合强度低而首先发生塑性拉伸变形，然后发生加工硬化，随之带动强侧母材发生塑性变形，这种强板相对弱板变形的滞后使变形时弱板被拉长，从而使焊缝产生向强板的相对移动。

2）变形过程中由于母材强度差异，同样变形力下弱侧母材的变形量比强侧母材的变形量大，且随着母材 n 值差异造成的综合强度比增加，强板发生塑性变形的时刻更加滞后，变形过程的累积使得强、弱母材变形量比值也越来越大，造成焊缝向强板移动距离增大。

（四）厚向异性指数 *r* 值差异对拼焊板成形性能的影响

在厚向异性指数 r 值差异对拼焊板成形性能单一因素影响规律的仿真分析中，采用同厚拼焊板（厚度均为 0.8mm）。除所研究对象一侧母材 r 值变化外，母材的其他材料参数（K 值和 n 值）均设为相同。也就是说：将同厚拼焊板一侧母材的材料参数采用 DC56，在固定其他材料参数与之相同的情况下，仅改变另外一侧母材的 r 值，分别采用三种不同尺寸形状的拼焊板坯料（图 4-1，表 4-1）进行仿真分析，研究不同变形状态下 r 值差异对拼焊板极限成形高度及相同成形高度下焊缝移动量的影响，仿真结果如图 4-8 和图 4-9 所示。

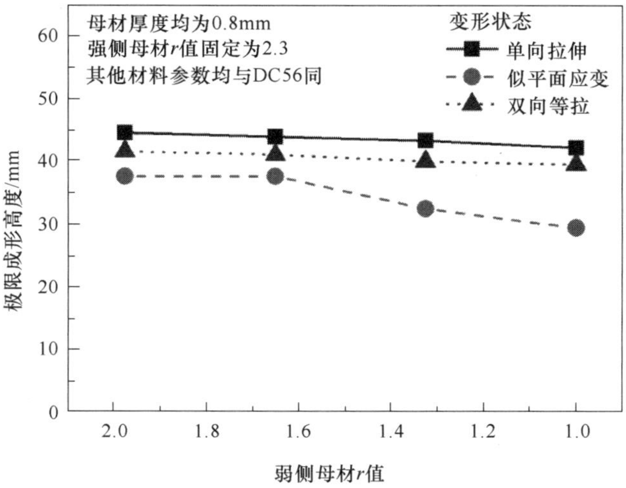

图 4-8　三种典型变形状态下 r 值差异对拼焊板极限成形高度的影响规律曲线

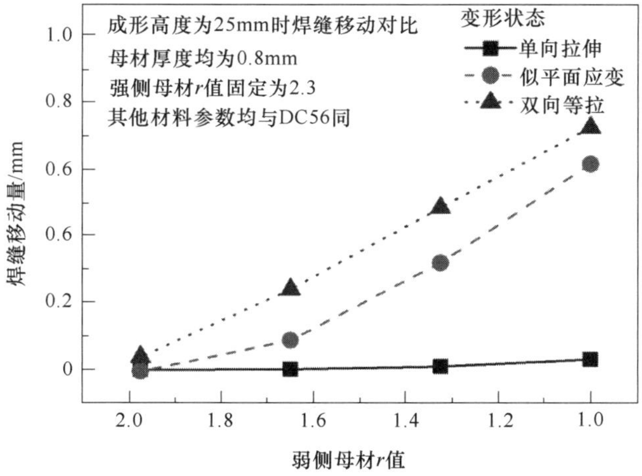

图 4-9　三种典型变形状态下 r 值差异对拼焊板焊缝移动量的影响规律曲线

图 4-8 所示是三种典型变形状态下 r 值差异对极限成形高度的影响规律曲线。可看出：

1）三种变形状态下，拼焊板的极限成形高度均随弱板 r 值减小而降低，但仅在似平面应变变形状态下其下降较为明显。

2）对比相同弱板 r 值下的极限成形高度值可知，单向拉伸变形状态最大，双向等拉状态次之，似平面应变状态最小，且母材 r 值差异较大时，拼焊板在似平面应变变形状态下的极限成形高度较另外两种变形状态下有较大下降。

分析其原因，上述变化规律同样和 r 值差异对拼焊板综合强度比影响规律及影响大小有关：

1）无论何种变形状态，随着 r 值差异的增大，拼焊板母材之间强度差异也越来越大，强侧母材更不易变形，致使弱侧母材成为拼焊板变形的主要承载区，提前开裂导致拼焊板整体失效，极限成形高度下降。但似平面应变变形状态下强度差异受 r 值差异影响较大，该变形状态下极限成形高度也随母材 n 值差异增大而下降明显。

2）从综合强度比的数值来看，相同 r 值差异下，同样是似平面应变状态下母材强度差异最大，双向等拉次之，单向拉伸最小。因此，在相同弱板 r 值下单向拉伸变形状态拼焊板极限成形高度值最大，双向等拉状态次之，似平面应变状态最小。同时，似平面变形状态下，综合强度比受母材 r 值差异影响较大，成形后期综合强度比的变化范围是 1.5 ~ 3.8，而另外两种变形状态下综合强度比的变化范围分别是 1.0 ~ 1.2 和 1.3 ~ 2.9。因此，r 值差异较大时，似平面应变状态下强、弱母材的变形不均匀性最大，使拼焊板在该变形状态下的极限成形高度下降较为明显。

图 4-9 所示为三种典型变形状态下 r 值差异对拼焊板焊缝移动量的影响规律曲线。可看出：

1）除单向拉伸外，另外两种变形状态下，成形高度为 25mm 时均存在一定的焊缝移动，但焊缝移动量均小于 1mm。

2）除单向拉伸外，在同一极限成形高度下的焊缝移动量均随弱板 r 值减小而增大。究其原因，这与拼焊板母材 r 值差异造成的母材强度差异有关：

1）单向拉伸变形状态下，r 值几乎不造成拼焊板的母材强度差异，故焊缝在此种变形状态下几乎不移动。而在其他两种变形状态中，这种影响也十分有限，母材强度差异最大值也仅在 2.5 倍左右，拼焊板母材的强度之间没有较大区别，变形比较均匀，因此焊缝移动量比较小。

2）似平面应变和双向等拉变形状态下，由于 r 值差异造成强度差异较大，且随变形程度增大而增大，使得同样变形力下弱侧母材的变形量比强侧母材大，且随着母材 r 值差异造成的综合强度比增加，强板发生塑性变形的时刻更加滞后，变形过程的累积使得强、弱母材变形量比值也越来越大，造成焊缝向强板移动距离增大。

二、拼焊板刚性凸模胀形有限元模型试验验证

为验证仿真分析所用拼焊板刚性凸模胀形有限元模型的可靠性，参照试验装置的几何尺寸（图2-2）设计并制造了刚性凸模胀形试验模具，如图4-10[2]所示。

图4-10　拼焊板刚性凸模胀形试验模具

选用同材差厚拼焊板做胀形试验，采用同样的母材板厚和性能参数进行仿真分析。试验中所选用的拼焊板母材均为上海宝钢深冲镀锌钢板DC56。该材料主要应用于汽车的内板和一些深冲性能要求较高的零件，母材厚度分别为1.5mm和0.7mm。拼焊板胀形仿真主要模拟参数及DC56材料性能参数见表4-2。

表4-2　拼焊板胀形仿真主要模拟参数及DC56材料性能参数[3]

刚性凸模胀形仿真主要模拟参数		DC56材料性能参数	
摩擦系数	0.1	屈服强度/MPa	156
屈服准则	BarlatYLD89	抗拉强度/MPa	297
硬化曲线	$\bar{\sigma}=K\bar{\varepsilon}^n$	各向异性指数r值	2.3
压边力/kN	厚板侧：80 薄板侧：200	硬化系数K值/MPa	530
仿真冲压速度/(mm/s)	2000	硬化指数n值	0.235

注：DC56的密度为7.85×10^3kg/m^3，弹性模量为2.07×10^5MPa，泊松比为0.28。

将拼焊板胀形试验和相应的仿真结果从极限成形高度、最大焊缝移动量和拼焊板开裂位置三个方面进行对比，结果如图4-11和图4-12所示。

图4-11所示为拼焊板刚性凸模胀形试验和有限元仿真的极限成形高度比较。试验后测得拼焊板的极限成形高度为23.4mm，有限元仿真的极限成形高度

为 24. 1mm,试验值与仿真值的误差仅为 3% 左右。

图 4-12 所示为拼焊板刚性凸模胀形试验和有限元仿真的最大焊缝移动量和开裂位置比较。实测最大焊缝移动量为 4. 65mm，仿真得到的最大焊缝移动量为 4. 75mm，相对误差为 2% 左右。试验和仿真的开裂位置均处于薄侧母材胀形顶点处，开裂方向与焊缝平行。

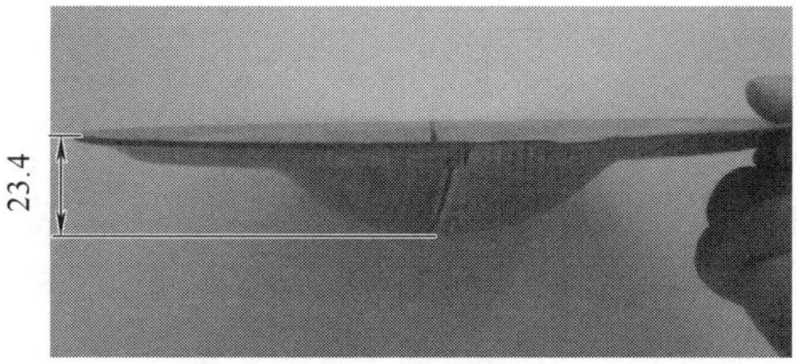

a)

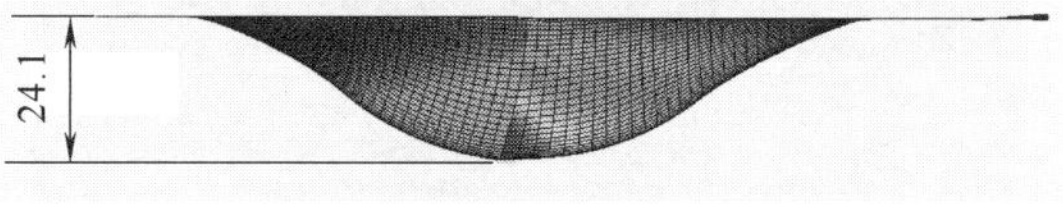

b)

图 4-11　拼焊板刚性凸模胀形试验和有限元仿真的极限成形高度比较
a）试验极限成形高度　b）仿真极限成形高度

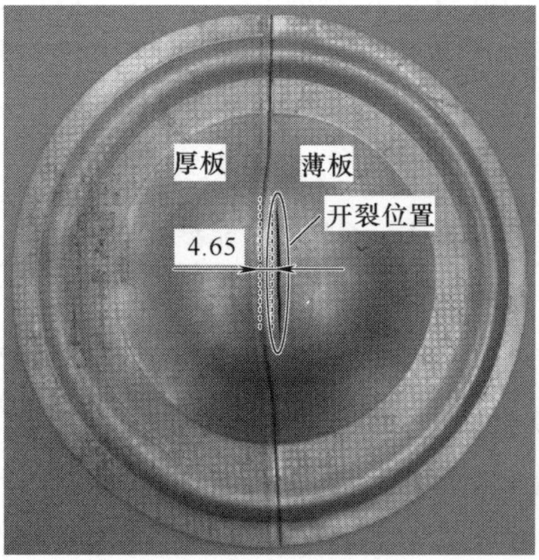

a)

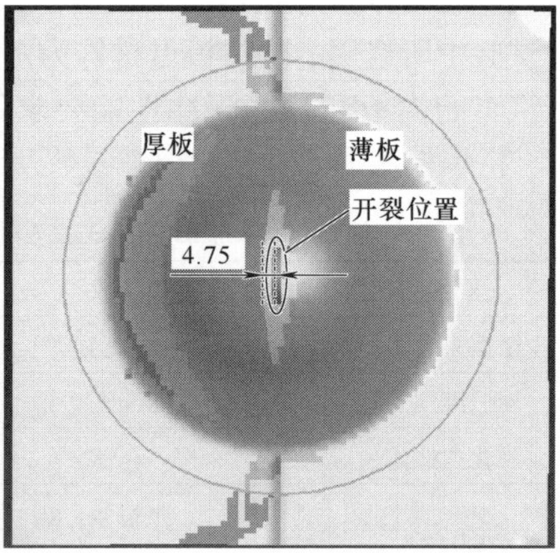

b)

图 4-12　拼焊板刚性凸模胀形试验和有限元仿真的最大焊缝移动量和开裂位置比较
a）试验最大焊缝移动量和开裂位置　b）仿真最大焊缝移动量和开裂位置

由此可以看出，该拼焊板胀形仿真结果与试验结果较为吻合，故该拼焊板刚性凸模胀形的有限元模型可靠，可用于拼焊板成形性能研究的有限元分析。

值得注意的是，上述有限元模型中拼焊板坯料形状和试验所用坯料形状有所不同。有限元模型中为了使用四边形网格划分坯料，故采用 180mm × 180mm 的矩形拼焊板，而试验中为了便于采用圆形压边圈，且减小模具压边部分的几何尺寸，故选用了直径为 180mm 的圆形坯料，但两者焊缝均位于其对称线上。事实上，上述坯料形状差异并不影响拼焊板胀形结果[4]。这是因为：胀形成形不允许压边圈下的材料流入凹模而采用了拉延筋限制材料法兰部分材料流动，使其不参与凹模内的材料变形，因而拉延筋以外部分坯料的形状不会影响拼焊板的实际胀形能力。

三、不同板厚比条件下母材性能参数差异对综合强度比的影响

母材初始板厚 t_0 和材料性能参数差异对拼焊板的综合强度比均有影响，初始板厚 t_0 差异的影响最为显著。同时，在实际的拼焊板冲压成形过程中，母材的变形多以拉-拉应变状态为主。因此，以双向等拉变形状态为例，将弱侧母材发生塑性失稳时（等效应变量大小等于它的硬化指数 n 值）的拼焊板综合强度比大小作为衡量指标，在不同初始板厚比条件下，分析某一材料性能参数（K 值、n 值或 r 值）差异对拼焊板综合强度比的影响，深入探讨板厚比和母材性能参数差异对拼焊板母材强度差异的综合影响规律。

（一）不同板厚比下 K 值差异对综合强度比的影响

根据研究可知，双向等拉变形状态下，强度系数 K 值差异对拼焊板综合强度比的影响规律与对极限成形高度的影响规律一致，原因是母材 K 值不同造成了强度差异，使拼焊板发生变形不均匀导致成形性能下降。然而，从 K 值差异对拼焊板综合强度比的影响程度来看，由于常用拼焊板低碳钢母材的强度系数 K 值变化范围（530 ~ 760MPa）较小，所以它没有初始板厚 t_0 差异的影响大。

为了更好地分析母材 K 值与初始板厚 t_0 对拼焊板综合强度比的影响规律，拼焊板母材的选取范围从低碳钢扩展到高强度钢板，相应 K 值变化范围可设为500 ~ 1200MPa。拼焊板厚侧母材（固定板厚为 2.0mm）假定为 DC56，薄侧母材板厚以 0.1mm 为公差从 0.8mm 变化至 2.0mm，强度系数 K 值以 10MPa 为公差从 500MPa 变化至 1200MPa，其他材料性能参数（n 值和 r 值）与厚侧母材相同。

为了使综合强度比的变化趋势较为明显、直观，其值以弱侧母材比强侧母材作为结果输出。通过计算弱侧母材发生塑性失稳时拼焊板的综合强度比，得到不同初始板厚比母材 K 值差异的影响规律，如图 4-13 所示。

图 4-13 所示是不同初始板厚比下弱板塑性失稳时拼焊板综合强度比随薄板 K 值的变化规律曲线，可以看出：

1）固定厚板强度系数 K 值为 530MPa 的情况下，除初始板厚比为 0.8mm：

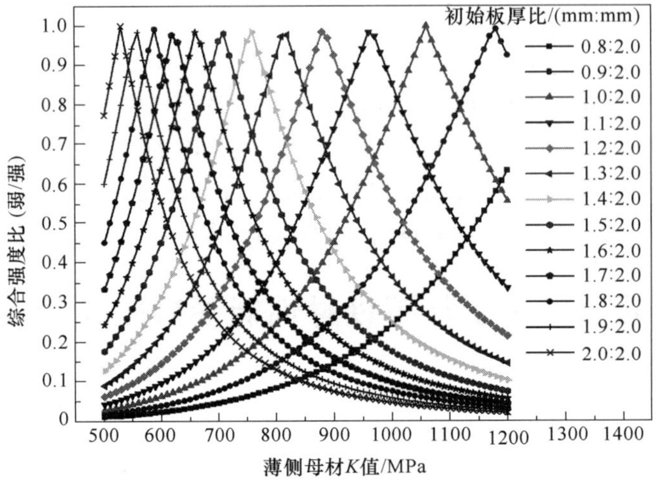

图 4-13　不同初始板厚比下弱板塑性失稳时拼焊板综合强度比随薄板 K 值的变化规律曲线

2.0mm 外，其他初始板厚比时，弱侧母材塑性失稳时的拼焊板综合强度比均随薄板强度系数 K 值增大先增大后减小，最大值都接近或者等于 1。

2）对于初始板厚比为 0.8mm∶2.0mm 的情况，弱侧母材塑性失稳时的拼焊板综合强度比随薄板 K 值增大而增大，在 1200MPa 处取得最大值，约为 0.63。

3）初始板厚比越小，弱板塑性失稳时刻拼焊板综合强度比最大值对应的薄板 K 值越大，如板厚比为 2.0mm∶2.0mm 的情况下综合强度比等于 1 对应的薄板 K 值为 530MPa（与厚板的 K 值相等），而在初始板厚比为 0.8mm∶2.0mm 情况下综合强度比取最大值 0.63 对应的薄板 K 值为 1200MPa。

原因是母材 K 值与初始板厚 t_0 对综合强度比的影响之间有相互补偿或抵消作用，通过它们之间合理的匹配能减小甚至消除拼焊板母材强度差异：

1）从固定初始板厚比下薄板 K 值增大过程中拼焊板综合强度比变化规律可以看出，在初始板厚 t_0 差异造成母材强度差别不大的情况下，通过增大薄板 K 值可有效降低前者的影响，使弱板塑性失稳时的拼焊板综合强度比接近或者等于 1，降低成形过程中的拼焊板变形不均匀性，有利于提高冲压成形性能。

2）当初始板厚 t_0 差异造成的母材强度差异大到一定程度时，即使将薄板 K 值增大至变化范围的上限，也不足以抵消该因素造成的强度差异。因此，在初始板厚比为 0.8mm∶2.0mm 时，薄板 K 值在 500～1200MPa 内变化，综合强度比仅随 K 值增大而增大，并不能接近或者等于 1，也就不能找到相应的薄板母材 K 值来抵消初始板厚比造成的母材变形能力差异，变形集中在一侧母材上，降低了拼焊板的整体成形性能。

3）固定初始板厚比情况下，逐渐增大薄侧母材 K 值过程中，综合强度比达到最大值之前，薄侧母材为弱板。若继续增大薄板 K 值，综合强度比逐渐减小的过程中，厚板反而表现为弱板。由此说明适当增大薄板的 K 值有助于减小拼焊板母材之间的强度差异，使变形更加均匀而提高拼焊板的成形性能。

由此可以得到如下重要结论：

1）拼焊板母材初始板厚 t_0 和强度系数 K 值之间存在着匹配关系，在匹配关系最优的情况下，拼焊板的综合强度比接近或者等于 1，此时母材之间强度差异较小，变形更加均匀，有效提高了成形性能。

2）非合理匹配情况下，由于母材之间存在强度差异，造成变形不均匀，不利于强侧母材塑性成形能力的发挥，使拼焊板的成形性能下降。

3）从匹配关系上看，薄板采用强度系数 K 值较大的母材，厚板采用强度系数 K 值较小的母材，且 K 值差异造成的拼焊板母材强度差异能部分或全部抵消初始板厚 t_0 差异造成的强度差异时，有利于拼焊板母材成形能力的充分发挥，进而提高其成形性能。

（二）不同板厚比下 n 值差异对综合强度比的影响

与研究不同初始板厚比下母材 K 值差异对拼焊板综合强度比影响规律相类似，此处关于不同初始板厚比下母材 n 值差异对综合强度比影响规律研究中，同样将厚侧母材选为 DC56，固定初始板厚为 2.0mm，而薄板初始板厚以 0.1mm 为公差在 0.8～2.0mm 内变化，硬化指数 n 值以 0.002 为公差在 0.15～0.25 范围内变化，其他材料参数（K 值和 r 值）与厚板相同。通过计算弱侧母材发生塑性失稳时拼焊板的综合强度比，得到不同初始板厚比母材 n 值差异的影响规律，如图 4-14 所示。

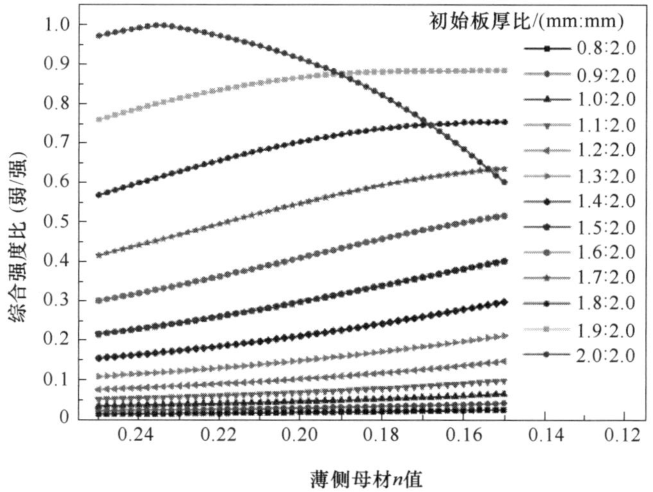

图 4-14　不同初始板厚比下弱板塑性失稳时拼焊板综合强度比随薄板 n 值的变化规律曲线

图4-14所示为不同初始板厚比下弱板塑性失稳时拼焊板综合强度比随薄板 n 值的变化规律曲线，可以看出：

1）固定厚板硬化指数 n 值为0.235，除初始板厚比为2.0mm：2.0mm外，其他初始板厚比时，弱侧母材塑性失稳时的拼焊板综合强度比均随薄板硬化指数 n 值减小而增大，且初始板厚 t_0 差异越大，相同母材 n 值差异时拼焊板综合强度比越小。

2）对于初始板厚比为2.0mm：2.0mm的情况，弱侧母材塑性失稳时的拼焊板综合强度比随着薄板 n 值减小先增大后减小，在0.235处综合强度比取得最大值1。

这不但和母材 n 值差异与初始板厚 t_0 差异对拼焊板综合强度比的影响之间有相互补偿或抵消作用有关，还与母材 n 值差异对拼焊板综合强度比的影响程度大小有关。

1）从固定初始板厚比下，薄板 n 值减小过程中综合强度比变化规律可以看出，在初始板厚 t_0 差异造成母材强度有差别的情况下，通过减小薄板 n 值仅能部分抵消该强度差异，使弱板塑性失稳时的拼焊板综合强度比更加接近1，降低成形过程中的变形不均匀性，但未能完全抵消初始板厚 t_0 差异造成的母材强度差异，故变形集中在一侧母材上，降低了拼焊板的整体成形性能。

2）初始板厚比为2.0mm：2.0mm的情况下，此时母材之间的强度差异仅由 n 值差异造成，故将薄板 n 值从0.25逐渐减小至与另一侧母材 n 值（0.235）相等的过程中，拼焊板母材之间的强度差异越来越小，综合强度比逐渐接近并达到1。随后继续减小薄板 n 值，拼焊板母材之间重新出现强度差异，且会随着它们之间 n 值差异越来越大，强度差异增大，故该过程中拼焊板综合强度比随之下降。

3）除初始板厚比为2.0mm：2.0mm外，其他初始板厚比情况下，逐渐减小薄板 n 值的过程中，综合强度比未达到最大值之前，薄板一直表现为弱板，说明薄板 n 值减小未能抵消初始板厚 t_0 差异造成的母材强度差异。

通过以上分析可知：

1）拼焊板的初始母材板厚 t_0 和硬化指数 n 值之间也存在着合理的匹配关系，且匹配关系最优的情况下，拼焊板的综合强度比接近或者等于1，此时，母材的变形均匀，可有效提高成形性能。

2）由于母材 n 值差异对拼焊板综合强度比的影响能力十分有限，故在初始板厚 t_0 差异稍大的情况下，仅通过改变母材 n 之间的相互关系不足以抵消初始板厚 t_0 造成的母材强度差异，也就不能使母材塑性成形能力得到充分发挥，无法有效提高拼焊板的整体成形能力。

（三）不同板厚比下 r 值差异对综合强度比的影响

关于不同初始板厚比下母材 r 值差异对综合强度比影响规律研究中，薄侧母材为 DC56，固定初始板厚为 0.8mm，而厚板的初始厚度以 0.1mm 为公差在 0.8～2.0mm 内变化，厚向异性指数 r 值以 0.02 为公差在 1.0～2.5 内变化，其他材料性能参数（K 值和 n 值）与薄板相同。通过计算弱侧母材发生塑性失稳时拼焊板的综合强度比，得到不同初始板厚比母材 r 值差异的影响规律，如图 4-15 所示。

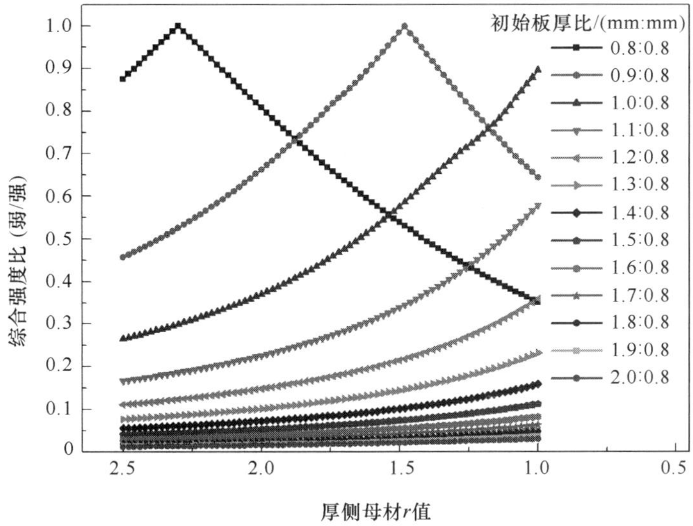

图 4-15　不同初始板厚比下弱板塑性失稳时拼焊板综合强度比随厚板 r 值的变化规律曲线

图 4-15 所示为不同初始板厚比下弱板塑性失稳时拼焊板综合强度比随厚板 r 值的变化规律曲线，可以看出：

1）固定薄板厚向异性指数 r 值为 2.3 时，除初始板厚比为 0.8mm：0.8mm 和 0.9mm：0.8mm 外，其他初始板厚比时，弱侧母材塑性失稳时的拼焊板综合强度比均随厚板 r 值减小而增大，且初始板厚 t_0 差异越大，相同厚板 r 值时拼焊板综合强度比越小。

2）对于初始板厚比为 0.8mm：0.8mm 和 0.9mm：0.8mm 两种情况，弱侧母材塑性失稳时拼焊板综合强度比随厚板 r 值减小先增大后减小，分别在 2.30 和 1.48 处取得最大值 1。

分析其原因，同样和母材 r 值差异与初始板厚 t_0 差异对拼焊板综合强度比的影响之间有相互补偿或抵消作用，以及母材 r 值差异对母材强度的影响程度有关：

1）从固定初始板厚比下，厚板 r 值减小过程中拼焊板综合强度比变化规律可以看出，在初始板厚 t_0 差异造成母材强度差别不大的情况下，通过减小厚板 r 值可部分甚至全部抵消这种强度差异，使弱板塑性失稳时的拼焊板综合强度比接近 1，降低成形过程中的变形不均匀，有利于提高拼焊板冲压成形性能。

2）固定初始板厚比情况下，逐渐减小厚板 r 值的过程中，综合强度比达到最大值之前，薄板表现为弱板。综合强度比达到最大值 1 时，母材强度相当。随后若继续减小厚板 r 值，拼焊板综合强度比减小的过程中，厚板反而表现为弱板，这也说明减小厚板的 r 值有助于减小初始板厚 t_0 差异造成的拼焊板母材之间的强度差异，使变形更加均匀而提高拼焊板的成形性能。

由此可知：

1）拼焊板母材初始板厚 t_0 和厚向异性指数 r 值之间同样存在着匹配关系，在匹配关系最优的情况下，拼焊板的综合强度比接近或者等于 1，此时母材之间强度差异较小，变形也更加均匀，有效提高了成形性能。

2）非合理匹配情况下，由于母材之间存在强度差异，造成变形不均匀，不利于强侧母材塑性成形能力的发挥，拼焊板的成形性能下降。

3）从匹配关系上看，厚板采用 r 值较小的母材，薄板采用 r 值较大的母材，当 r 值差异造成的拼焊板母材强度差异足以抵消初始板厚 t_0 造成的强度差异时，有利于拼焊板母材成形能力的充分发挥，进而提高成形性能。

四、母材性能参数与板厚的综合匹配关系

在实际工程应用中，母材一般在设计阶段根据零件结构功能（如刚度、抗碰撞性能等）要求选定。一旦材料牌号确定，各个材料性能参数仅在一定的小范围内波动（表 4-3）。但是，母材板厚可以根据实际需要进行调整。考虑到上述实际情况，关于母材性能参数与厚度综合匹配关系研究中，固定母材性能参数的情况下，改变它们之间的初始厚度比来分析拼焊板综合强度比、极限成形高度及变形非均匀性情况，探讨母材性能参数与板厚不同匹配关系对拼焊板成形性能的影响。

（一）母材性能参数与板厚匹配理论关系

选取两种材料组合 DC56/H220 和 DC56/B340 为研究对象，固定 DC56 初始板厚 t_0，将 H220 或 B340 的初始板厚 t_0 以 0.1mm 为公差在 0.8～2.0mm 内变化，研究弱侧母材塑性失稳时拼焊板综合强度比的变化规律。其中，母材组合为 DC56/H220 的拼焊板中，DC56 的厚度固定为 1.2mm；而母材组合为 DC56/H340 的拼焊板中，DC56 的厚度固定为 2.0mm；理论计算结果如图 4-16 所示。

表 4-3　拼焊板母材性能参数[3]

材料牌号	屈服强度/MPa	抗拉强度/MPa	r 值	n 值	K 值
DC56	156	297	2.30	0.235	530
H220	231	374	1.76	0.220	630
B340	360	600	1.09	0.178	1150

图 4-16a 所示是 DC56/H220 组合下 H220 厚度变化时对综合强度比的影响规律曲线，可以看出：在固定母材 DC56 初始板厚 t_0为 1.2mm 的情况下，弱侧母材塑性失稳时拼焊板综合强度比随母材 H220 的厚度增大先增大后减小，且在厚度为 1.1mm 时综合强度比达到最大值，约为 0.9。

图 4-16b 所示是 DC56/B340 组合下 B340 厚度变化对综合强度比的影响规律曲线，可以看出：在固定母材 DC56 初始板厚 t_0为 2.0mm 时，弱侧母材塑性失稳时拼焊板综合强度比同样是随母材 B340 的厚度增大先增大后减小，且厚度为 1.0mm 时综合强度比达到最大值，约为 0.82。

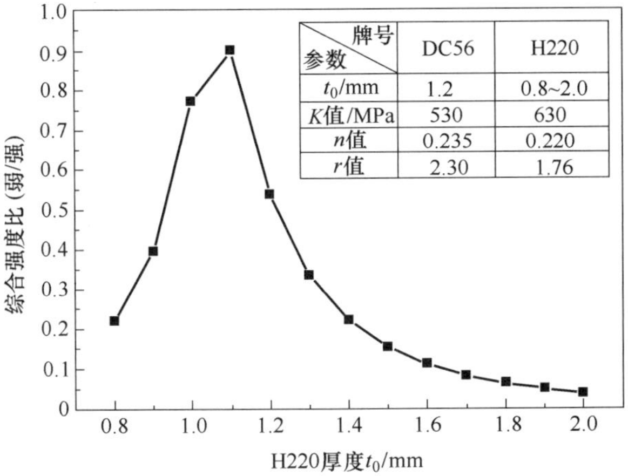

a)

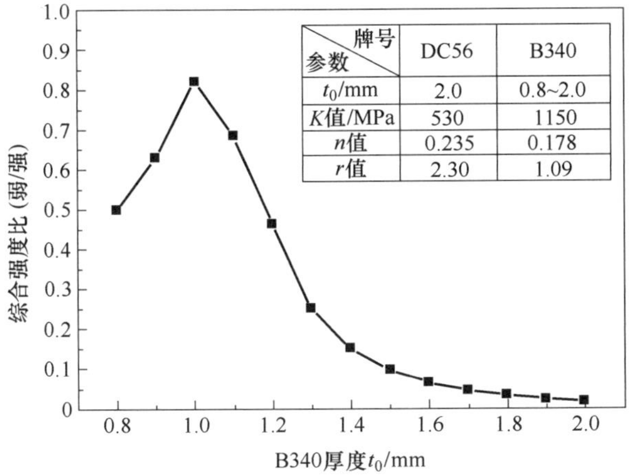

b)

图 4-16　不同母材组合下初始板厚 t_0差异对拼焊板综合强度比的影响规律曲线

a）DC56/H220 组合下 H220 厚度变化对综合强度比的影响规律曲线

b）DC56/B340 组合下 B340 厚度变化对综合强度比的影响规律曲线

同时，从理论计算过程中发现：在 H220 和 B340 的初始板厚 t_0增大过程中，拼焊板的综合强度比未达到最大值之前，H220 和 B340 的变形程度均比 DC56 大，表现为弱板。厚度变化使综合强度比达到最大值后，继续增大 H220 或 B340 的厚度，DC56 的变形程度比另一侧母材大，此时 DC56 表现为弱板。

由此，对于母材组合为 DC56/H220 和 DC56/B340 的拼焊板，通过计算弱侧母材塑性失稳时的拼焊板综合强度比，可获得母材性能参数与板厚的合理匹配，使母材强度差异最小，进而减小拼焊板变形的不均匀性，提高成形性能。

（二）母材性能参数与板厚匹配关系仿真

为了验证母材性能参数与板厚匹配关系理论计算规律，采用已通过试验验证的拼焊板刚性凸模有限元模型，对材料组合 DC56/H220 和 DC56/B340 的拼焊板进行仿真研究，将拼焊板极限成形高度随各自初始板厚 t_0大小变化的规律与理论计算结果进行对比。

与理论分析相对应，固定 DC56 初始板厚 t_0，将 H220 或 B340 的初始板厚 t_0以 0.1mm 为公差在 0.8~2.0mm 内变化，通过有限元仿真获得拼焊板极限成形高度随各自初始厚度 t_0的变化规律。其中，母材参数组合为 DC56/H220 的拼焊板中，DC56 的厚度固定为 1.2mm；母材参数组合为 DC56/H340 的拼焊板中，DC56 的厚度固定为 2.0mm；仿真结果如图 4-17 所示。

图 4-17 所示为不同母材组合下初始板厚差异 t_0对拼焊板极限成形高度的影响规律曲线，与图 4-16 对比，可以看出：

1）母材 DC56 的初始板厚 t_0固定时，拼焊板极限成形高度和弱侧母材塑性失稳时的拼焊板综合强度比随 H220（或 B340）初始板厚 t_0大小的变化规律一致，均是先增大后减小。

2）DC56/H220 和 DC56/B340 两种母材组合下，出现极限成形高度最大值对应的初始板厚比分别是 1.2mm：1.1mm 和 2.0mm：1.0mm，这和出现拼焊板综合强度比最大值时的拼焊板母材初始板厚比相同。

3）DC56/H220 和 DC56/B340 两种母材组合下，在出现最大极限成形高度之前，H220 的厚度变化对拼焊板极限成形高度影响程度，远比 B340 的厚度变化影响大。

原因为：

1）弱侧母材塑性失稳时的拼焊板综合强度比反映了母材强度差异的大小，强度差异越大，塑性变形不均匀性越大，变形易集中在弱侧母材一侧，使另一侧母材的塑性成形能力得不到发挥，降低了拼焊板的极限成形高度。因此，综合强度比和极限成形高度随拼焊板母材初始板厚 t_0差异的变化规律一致。

2）弱侧母材塑性失稳时的拼焊板综合强度比越接近 1，母材之间的强度差异越小，两侧母材的变形也就越均匀，成形能力得到了更好的发挥，提高了拼焊板的极限成形高度。因此，极限成形高度最大值和综合强度比最大值对应的拼焊

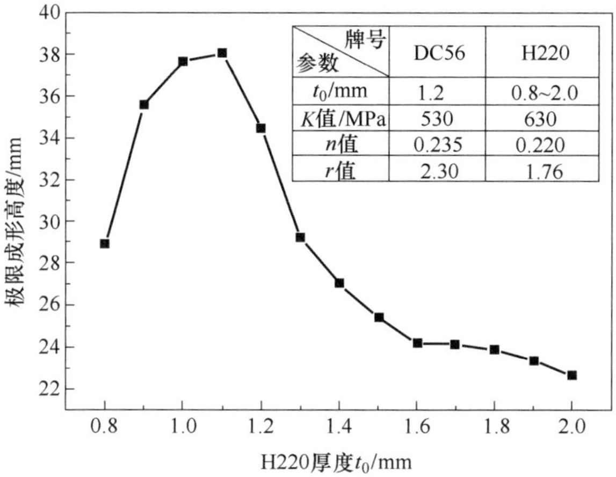

a)

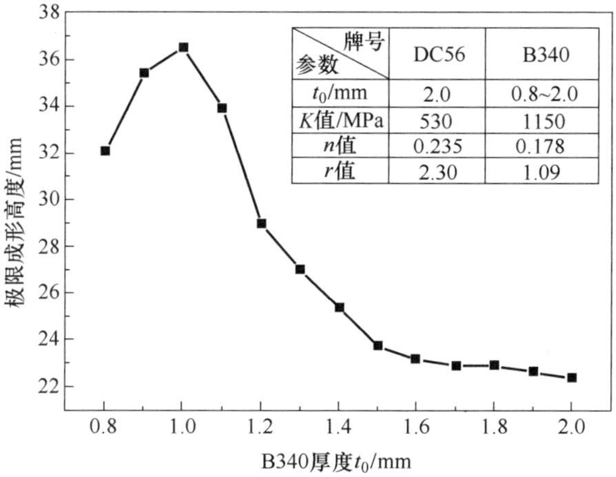

b)

图 4-17　不同母材组合下初始板厚差异 t_0对拼焊板极限成形高度的影响规律曲线

a）DC56/H220 组合下 H220 厚度变化对拼焊板极限成形高度的影响规律曲线

b）DC56/B340 组合下 B340 厚度变化对拼焊板极限成形高度的影响规律曲线

板母材初始板厚比相同。

3）由图 4-16a 可以看出，H220 的厚度在 0.8～1.1mm 内变化时，综合强度比变化比较剧烈，从 0.22 变化到 0.90 左右，这意味着厚度变化对拼焊板母材强度差异产生了较大影响，所以对应的极限成形高度也就有了较大变化。而对于母材组合为 DC56/B340 的拼焊板，当 B340 的厚度在 0.8～1.0mm 内变化时，综合强度比变化仅在 0.50 和 0.82 间变化，也就是说拼焊板母材强度差异在两倍以内，所以在此变化范围内，B340 的初始板厚 t_0变化对拼焊板极限成形高度影响没有前者明显。

（三）不同匹配关系下拼焊板变形非均匀性分析

为了直观地分析母材性能参数与板厚在不同匹配关系下拼焊板变形不均匀性情况，探讨综合强度比对成形性能的影响规律，以母材组合为 DC56/H220 的拼焊板仿真分析结果为例，将板厚比（DC56/H220）为 1.2mm：0.8mm、1.2mm：1.1mm 和 1.2mm：1.4mm 三种情况下的成形极限图（FLD）进行对比，结果如图 4-18 所示。

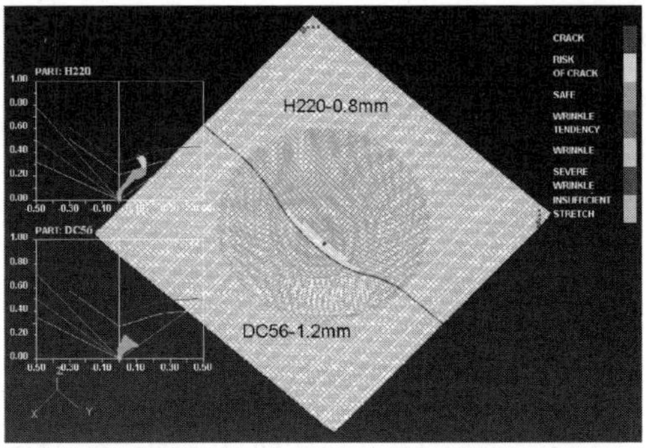

a）

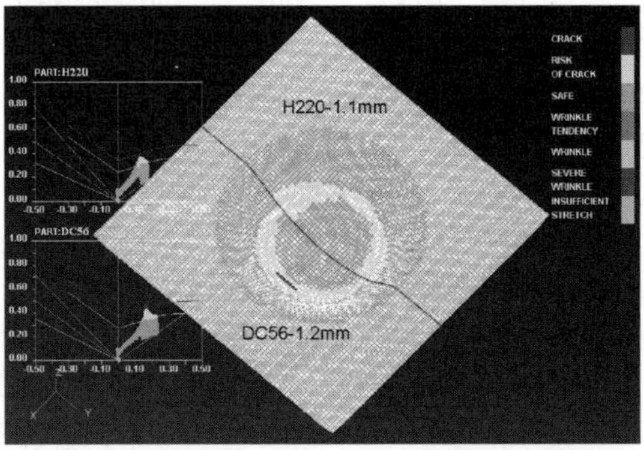

b）

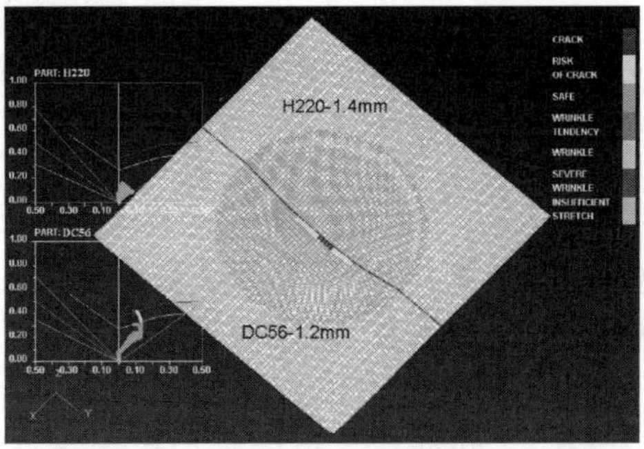

c）

图 4-18　不同厚度比拼焊板（DC56/H220）胀形成形极限图

a）板厚比为 1.2mm：0.8mm　b）板厚比为 1.2mm：1.1mm　c）板厚比为 1.2mm：1.4mm

从图4-18可以看出，固定拼焊板母材性能参数情况下，改变初始板厚比可使母板发生不同情况的开裂。当板厚比合适的时候（如DC56与H220的板厚比为1.2mm：1.1mm），焊缝两侧母材几乎同时进入破裂危险区域，变形比较均匀，且最先发生开裂的位置与单一板料胀形情况类似，出现在板料与凸模接触的圆周部位。而其他两种板厚比情况下，破裂危险区域集中在综合强度比较小的母材上，且开裂首先发生在焊缝附近的胀形顶点处。

因此，拼焊板母材初始板厚 t_0 差异与母材性能匹配关系的研究表明：通过初始板厚比和材料性能之间合理配置，控制拼焊板综合强度比的大小，减小拼焊板成形中的母材变形不均匀性，可以有效提高成形性能。当然，这种配置还需要适当考虑到变形状态、成形工艺等方面的综合因素影响。

参考文献

[1] 孙东继. 基于综合强度比的拼焊板冲压成形性能研究［D］. 上海：同济大学，2009.

[2] 胡巧声，倪锋，林建平. 拼焊板成形极限图特征研究［J］. 中国机械工程，2011（10）：1232-1235.

[3] 孙东继，林建平，邢丹英，等. 拼焊板母材性能参数与其板厚匹配关系研究［J］. 系统仿真学报，2011，23（6）：1113-1118.

[4] Panda S K，Kumar D R. Experimental and numerical studies on the forming behavior of tailor welded steel sheets in biaxial stretch forming［J］. Materials & Design，2010，31（3）：1365-1383.

第五章　激光拼焊板焊缝的性能与仿真建模

一、概述

随着汽车车身覆盖件中大量使用拼焊板，数值仿真方法已广泛应用在拼焊板冲压成形分析中，促进了拼焊板冲压成形性能的研究。虽然已有不少学者进行了拼焊板不同零件冲压成形中焊缝处理方式的研究，但是，关于焊缝对拼焊板成形性能影响的掌握还不够充分，尤其是对在不同变形方式、不同材料组合情况下，采用何种焊缝处理方式需要研究。因此，开展拼焊板冲压成形数值仿真中焊缝处理方式及焊缝性能影响的研究有助于深刻掌握拼焊板成形性能的影响因素及规律，对覆盖件及未来汽车的发展有着重要的理论和现实意义。

二、激光拼焊板焊缝的性能

（一）激光拼焊板焊缝的宏观形貌及微观组织

焊缝的性能与焊接工艺有密切的关系，试验用 DC56D + Z 同材差厚拼焊板，采用激光焊接，焊接激光功率为 4kW，焊接速度为 1m/min 左右，空冷，冷却工作台面为钢材，宏观形貌如图 5-1 所示。

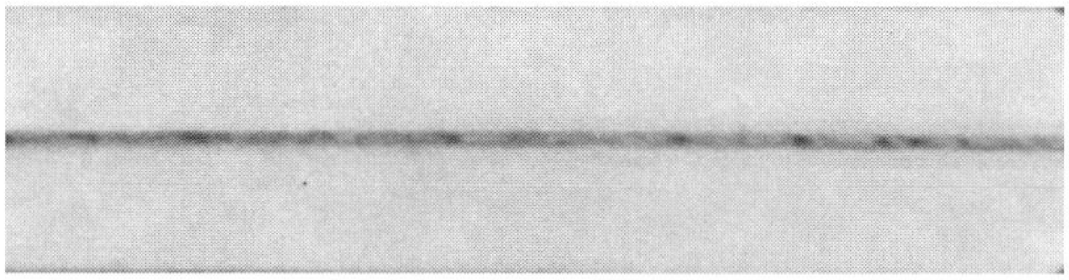

图 5-1　钢制激光拼焊板焊缝宏观形貌

试验中将焊接试件切取长宽各约 8mm 的试样，采用镶嵌机镶样，利用金相磨抛机抛光后，将试件放入质量分数为 4% 的硝酸酒精溶液中腐蚀，吹干并经大型卧式金相显微镜高倍放大后观察焊缝及焊接质量，热影响区的晶粒大小、晶粒边界夹杂物的种类、各区的组织形态及焊缝部位的金相照片如图 5-2 所示。

由图 5-2 可以看出。激光焊接热影响区窄，焊缝平整美观。母材室温下为铁素体和少量片状珠光体，焊缝组织为铁素体，少量条状马氏体。热影响区为铁索

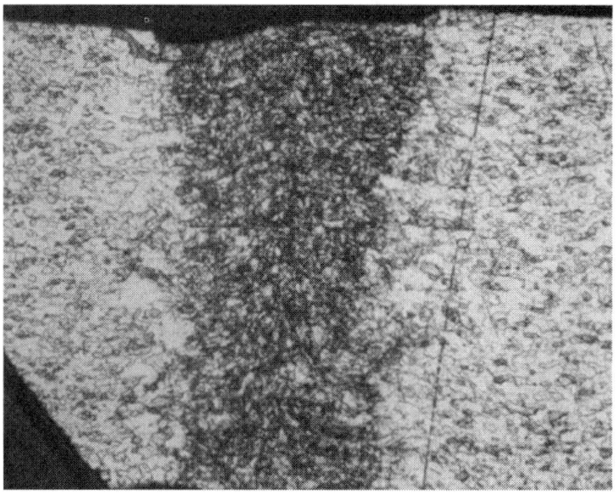

图 5-2　试件金相组织

体、少量条状马氏体，如图 5-3 所示。

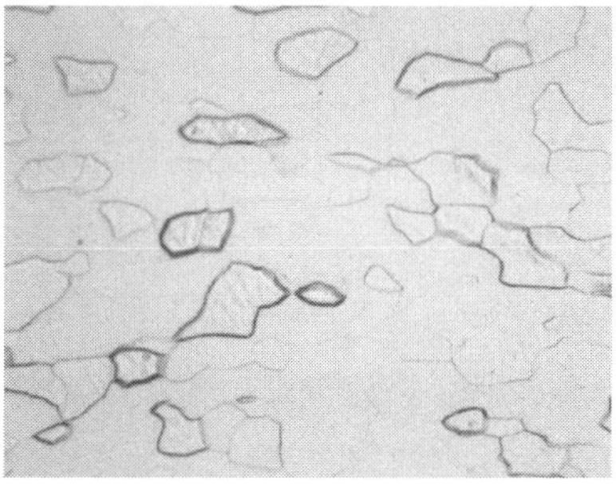

a)

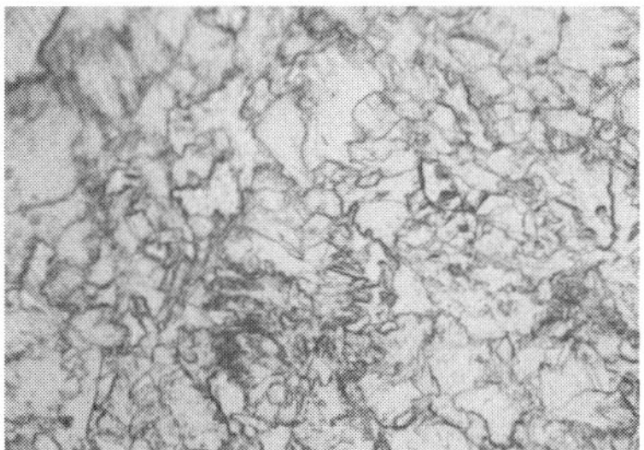

b)

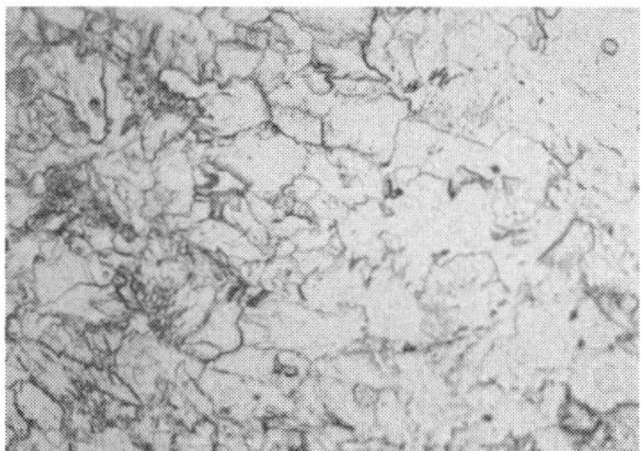

c)

图 5-3　试件各部分金相组织

a）母材金相图　b）焊缝金相图　c）热影响区金相图

组织金相图显示激光焊接接头的金相组织可分为三部分：母材室温下为铁素体和少量片状珠光体；热影响区为铁素体、少量马氏体；焊缝组织为铁素体与马氏体，马氏体的存在大大降低了焊缝塑性。

焊缝冷却时，先共析铁素体优先沿奥氏体晶界析出，晶内由于焊接热输入量大，转变温度高，奥氏体晶粒急剧长大，使原本应生成正常的针状铁素体组织，转变为粗大的针状铁素体组织，这种粗大的针状铁素体具有一定的位向关系，即形成魏氏组织。

针状铁素体是焊缝中最希望获得的组织，在性能上随着针状铁素体细小密集、数量增多而韧性提高。但随着针状铁素体粗大、数量减少，形成粗大的柱状魏氏组织，材料性能恶化，尤其是冲击韧性下降严重，对焊缝部位的成形性能产生不利影响。

焊缝中的上贝氏体呈羽毛状，形成温度较高，铁素体晶粒和碳化物颗粒较粗大，碳化物呈短杆状平行分布在铁素体板条之间，铁素体和碳化物分布有明显的方向性，这种组织状态使铁素体条间易产生脆断。上贝氏体与马氏体形成的混合组织会增加焊缝硬度，加上粗大柱状魏氏组织的作用，使焊缝冲击韧性降低，对成形加工产生不利影响[1]。

（二）激光拼焊板力学性能的确定

1. 硬度分布

硬度测试采用型号为 HXD-1000TC 的显微硬度计，测试部位从一侧母材通过焊缝区到另一侧母材。图 5-4所示为用于硬度测试的试件金相照片，硬度分布情况如图 5-5 所示。

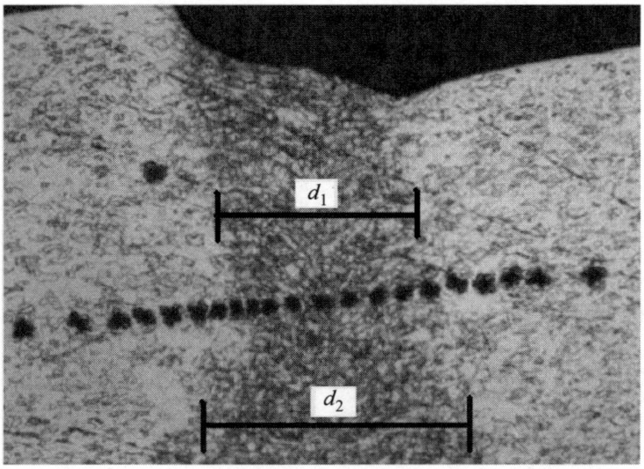

图 5-4　用于做硬度测试的试件金相照片

从图 5-4 中测量可得，焊缝热影响区宽度大约为 2mm。从图 5-5 中可以看出，激光焊缝有较高的硬度和较陡的硬度梯度，焊缝熔台区硬度是母材硬度的 2 ~2. 5倍，热影响区很小。

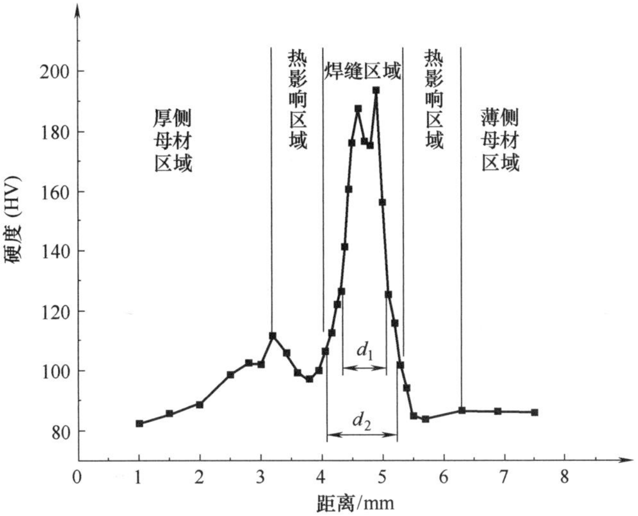

图 5-5　焊缝硬度分布情况

2. 基于数字图像相干技术的焊缝各区域力学性能参数识别

从上述分析发现，无论是拼焊板失效模式，还是焊缝方向、位置对拼焊板变形行为的影响，焊缝力学性能均是关键的决定性因素。焊缝力学性能对拼焊板的变形行为影响显著。焊缝性能对拼焊板成形性方面的研究主要集中在焊缝与母材性能参数比对拼焊板成形性和失效模式的影响[2]。然而，由于激光拼焊板焊缝宽度较小，形状也不规则，以及焊缝热影响区难以确定等因素影响，焊缝宽度确定存在困难。Abdullah 等[3]提出混合法来确定焊缝的材料力学性能参数值。混合法的精度对焊缝宽度具有很高的敏感性。当前焊缝宽度测量方法主要有三种：目测法、金相观测法和硬度试验法。目测法精度低，硬度试验法则需要制定一个硬度门槛值以确定焊缝宽度，这个门槛值对于不同材料是不相同的，很难统一。金相观测法很难将焊接热影响区的界限区分开来，且热影响区不同位置的组织及性能也不相同，不能按照均匀的材料性能进行处理。可见，混合法确定焊缝性能参数的精度有待进一步提高。本节提出一种新的焊缝力学性能参数确定方法——分区法，并与混合法和试验结果进行比较，证明所提出的分区法具有较高的精度。

（1）混合法确定焊缝力学性能参数　混合法需要的拼焊板母材的材料力学性能参数（K_i、n_i，$i=1$，2），可通过母材单向拉伸试验获得。假设母材服从 Ludwick- Hollomon 硬化准则，则

$$\sigma_i = K_i \varepsilon_i^{n_i} (i=1,2) \tag{5-1}$$

式中，$K_i(i=1，2)$ 和 $n_i(i=1，2)$ 分别表示母材的强度系数和应变硬化指数。

下标 $i(i=1,2)$ 表示母材 1 和母材 2。

拼焊板单向拉伸试验载荷 F 可表示为

$$F = \sum_{i=1,2,\mathrm{W}} \sigma_i A_i \tag{5-2}$$

式中，$A_i(i=1,2,\mathrm{W})$ 分别表示母材 1、母材 2 和焊缝的横截面积。由于垂直焊缝方向焊缝形状是变化的，所以这里焊缝的应力和应变均指平均应力和平均应变。将式（5-1）代入式（5-2）即可得到焊缝的平均应力：

$$\sigma_{\mathrm{W}} = \frac{F - \sum_{i=1,2} K_i \varepsilon_i^{n_i} A_i}{A_{\mathrm{W}}} \tag{5-3}$$

假设沿焊缝方向母材和焊缝的应变相等，即

$$\varepsilon_{\mathrm{W}} = \varepsilon_1 = \varepsilon_2 = \varepsilon \tag{5-4}$$

式（5-3）改写为

$$\sigma_{\mathrm{W}} = \frac{F - \sum_{i=1,2} K_i \varepsilon^{n_i} A_i}{A_{\mathrm{W}}} \tag{5-5}$$

式中，K_i、$n_i(i=1,2)$ 与式（5-1）中意义相同。当 K_i、$n_i(i=1,2)$ 和 $A_i(i=1,2,\mathrm{W})$ 确定后，根据单向拉伸载荷-位移曲线即可计算出焊缝的应力-应变关系。

从式（5-5）可知，焊缝的应力-应变关系主要取决于焊缝宽度，故焊缝宽度的测量是混合法的关键。

（2）基于数字图像相干技术的焊缝力学性能参数确定

为了避免“混合法”中焊缝宽度确定的难题及焊缝均一化带来的误差，基于数字图像相干（DIC）技术，建立“分区法”拼焊板焊缝力学性能参数预测模型。

分区法是根据拼焊板宽度方向上的不同次应变，将拼焊板分为母材区、焊接热影响区和焊缝区三个部分。假设主应变为焊缝方向，开裂出现在焊缝上，如图 5-6 所示。若应力主轴和应变主轴重合，主应力与主应变方向均为沿焊缝方向。

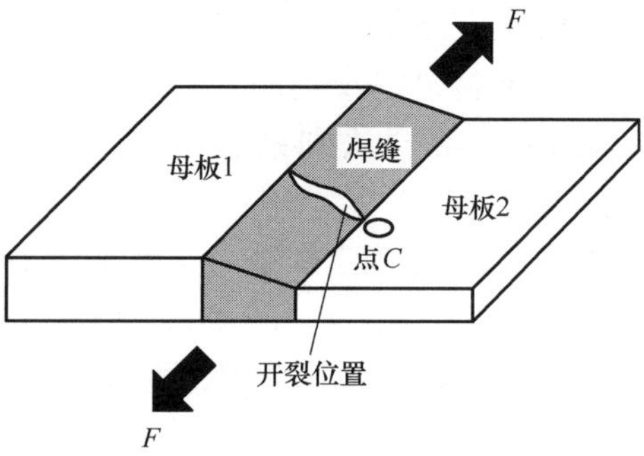

图 5-6　拼焊板单向拉伸变形简图

以 α 表示应力状态比：

$$\alpha = \frac{\sigma_2}{\sigma_1}$$

β 表示应变状态比：

$$\beta = \frac{\mathrm{d}\varepsilon_2}{\mathrm{d}\varepsilon_1}$$

应变强度增量 $\mathrm{d}\varepsilon_i$ 为

$$d\varepsilon_i = \frac{-(1+r)\sqrt{1-\frac{2rm}{1+r}+m^2}}{1+m}d\varepsilon_3 \tag{5-6}$$

双向受拉应力状态（$0<\alpha\leqslant1$）下的板料，应变状态可能为

拉-压状态：　　$\frac{-1}{1+\mathrm{r}}<\beta\leqslant0$

拉-拉状态：　　$0\leqslant\beta\leqslant1$

当应力状态在单向拉伸和平面应变之间时（$0\leqslant\alpha\leqslant\frac{r}{1+\mathrm{r}}$，$\frac{-1}{1+\mathrm{r}}<\beta\leqslant0$），板面内有应变零线存在。在满足这一条件下，当板料达到某一程度时，材料的强化率与厚度的减薄率恰好相等，沟槽——集中性失稳开始发生，用数学关系可表示为

$$\frac{d\sigma_i}{\sigma_i} = -\frac{dt}{t} = -d\varepsilon_3 \tag{5-7}$$

用式（5-6）除以式（5-7），可计算得集中性失稳产生时的应变为

$$\varepsilon_i = \frac{(1+r)\sqrt{1-\frac{2rm}{1+r}+m^2}}{1+m}n \tag{5-8}$$

此时，板面内的主、次应变 ε_1、ε_2及厚向应变 ε_3分别为

$$\begin{cases} \varepsilon_1 = \frac{1+(1-m)r}{1+m}n \\ \varepsilon_2 = \frac{m-(1-m)r}{1+m}n \\ \varepsilon_3 = -n \end{cases} \tag{5-9}$$

由于拼焊板在拉伸过程中受到两侧母材的约束，应变状态介于单向拉伸与平面应变之间。拼焊板拉伸过程中，失效出现在焊缝上，主、次应变已知条件下，按照式（5-9）可计算出焊缝的应变硬化指数 n 值。

根据等应变假设可知，在沿着拉伸方向的应变（主应变）相等，垂直于拉伸方向的应变（次应变）不同。由于次应变不同，可将拼焊板沿垂直焊缝方向分为五个区域：AB、BC、CD、DE 和 EF，分别表示母材 1、热影响区 1、焊缝区、热影响区 2 和母材 2。各区域对应的主应变沿垂直焊缝方向为一定值，如图 5-7 所示。

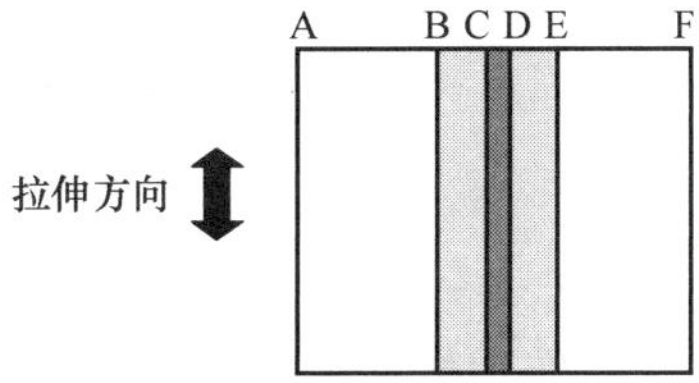

图 5-7　拼焊板分区示意图

AB—母材 1　BC—热影响区 1

CD—焊缝区　DE—热影响区 2　EF—母材 2

在简单加载条件下，厚向异性板板

面内等效应变（应变强度）为

$$\varepsilon_i=\frac{1+r}{\sqrt{1+2r}}\sqrt{\varepsilon_1^2+\frac{2r}{1+r}\varepsilon_1\varepsilon_2+\varepsilon_2^2} \tag{5-10}$$

由厚向异性板塑性变形的应力-应变关系，可得拼焊板失稳点宽度方向的不同位置的主应力为

$$\sigma_i=K\left(\frac{1+r}{\sqrt{1+2r}}\right)^{n-1}\left(\sqrt{\varepsilon_1^2+\frac{2r}{1+r}\varepsilon_1\varepsilon_2+\varepsilon_2^2}\right)^{n-1}\frac{(1+r)^2\varepsilon_1+r(1+r)\varepsilon_2}{1+2r} \tag{5-11}$$

在 x 方向上，不同区域上主应变 ε_1 相同；次应变 ε_2 不同，随 x 的增大而变化；所有区域上的次应变 ε_2 均采用 DIC 技术进行测量。将各区离散，离散间距为 0.1mm。用读数显微镜（测量精度为 10^{-3}mm）测量拼焊板横截面不同离散位置 x_i 处的高度。

若应力主轴与应变主轴重合，则 σ_1 即为沿拉伸方向的应力。在拉伸方向的力学关系为

$$\begin{aligned}F&=F_{ab}+F_{bc}+F_{cd}+F_{de}+F_{ef}\\&=0.1\times\left[\sum_{i=1}^{x_b}(\sigma_1)_i t_{ac}+\sum_{i=x_b}^{x_c}(\sigma_1)_i t_{ac}+\sum_{i=x_c}^{x_d}(\sigma_1)_i t_i+\sum_{i=x_d}^{x_e}(\sigma_1)_i t_{df}+\sum_{i=x_e}^{x_f}(\sigma_1)_i t_{df}\right]\end{aligned} \tag{5-12}$$

母材的材料参数可通过单向拉伸试验获得，若已知母材 1 和母材 2 的材料性能参数分别为 K_1、n_1、r_1 和 K_2、n_2、r_2；焊缝的材料性能参数为 K_W、n_W、r_W，假设 $r_W=1$。对于母材为钢的激光拼焊板，焊缝的强度系数均高于母材，即 $K_W>K_1$，$K_W>K_2$，对热影响区 1 和 2 的强度系数进行线性插值，如图 5-8所示，可得热影响区 1 和 2 的强度系数分别为

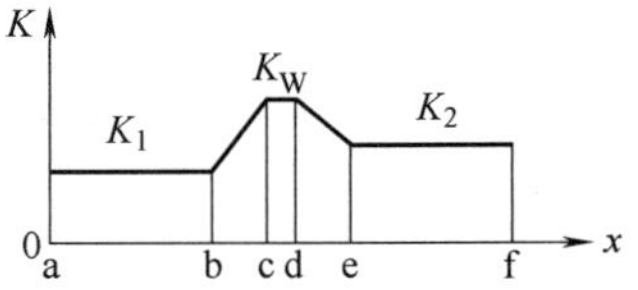

图 5-8　拼焊板各区的强度系数分布图

$$K_{bc}=K_1+\frac{K_W-K_1}{x_{bc}}(x_i-x_b)\quad(x_b<x_i<x_c)$$

$$K_{de}=K_W-\frac{K_W-K_2}{x_{de}}(x_i-x_d)\quad(x_d<x_i<x_e) \tag{5-13}$$

结合式（5-11）~式（5-13）即可计算出焊缝的强度系数 K_W。

3. 基于“分区法”的焊缝 K 值和 n 值计算

1）数字图像相干试验。数字图像相干（DIC）是一种进行表面变形测量的实际有效的光学技术。通过图像处理设备获取待测目标物体表面变形前后的数字图像，DIC 可直接提供目标物体表面的子像素精度的全场位移，并通过位移场计算出应变或进一步处理。DIC 是一种大变形/应变测量的新技术，能测量目标物

体表面上大量点的位移，提供材料的全场真实应变。而且，DIC 操作简便，仅需要一个或两个 CCD 摄像机和一套图像处理程序。

在 DIC 测量过程中，目标物体变形前后的图像被采集，然后采用干涉算法软件对图像进行评估。可见，目标物体表面纹理对评估结果有很大影响，为了在两个图像之间形成较好的干涉，需要在物体表面形成随机散斑。这也是寻找 DIC 系统内在和外在参数，包括镜头焦距、主光点和辐射畸变等所必需的。所以，在测量之前要进行定标，定标板置于镜头正前方并同时转动，以寻找系统的内在参数，软件通过获取一些图像计算相应的外在参数。

试验中采用拼焊板门内板常用材料 DC56 + Z，力学性能参数见表 5-1。试样按照 ASTM E8 标准制作。为了在试样表面获得随机散斑，先在试件底层喷一层白色油漆，随后在白色油漆上喷随机的黑色油漆斑点。拉伸试件的尺寸和表面散斑分布如图 5-9 所示。

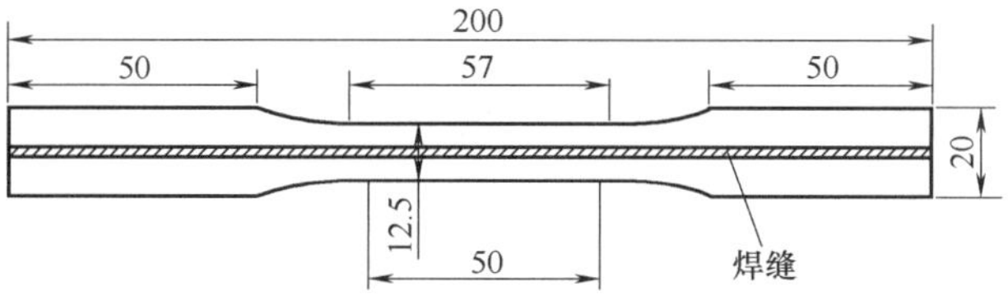

a)

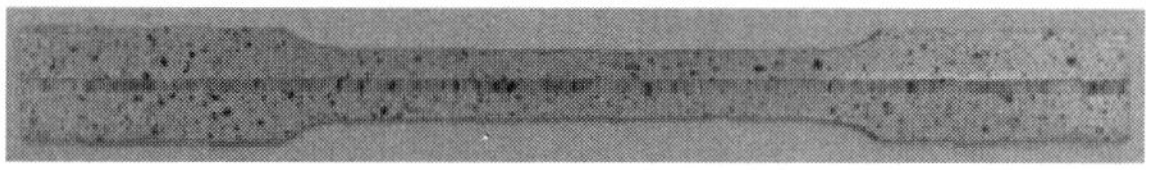

b)

图 5-9　拉伸试件的尺寸及表面散斑分布图

a）尺寸　b）表面散斑分布

基于 DIC 的拉伸试验应变测量试验装置如图 5-10 所示，包括拉伸试验部分和 DIC 系统。试验装置最大载荷是 50kN，拉伸速度为 2.54mm/min。DIC 系统有两个 CCD 高速摄像机，可测量三维变形位移和应变。这里采用单 CCD 高速摄像机测量拼焊板表面应变。

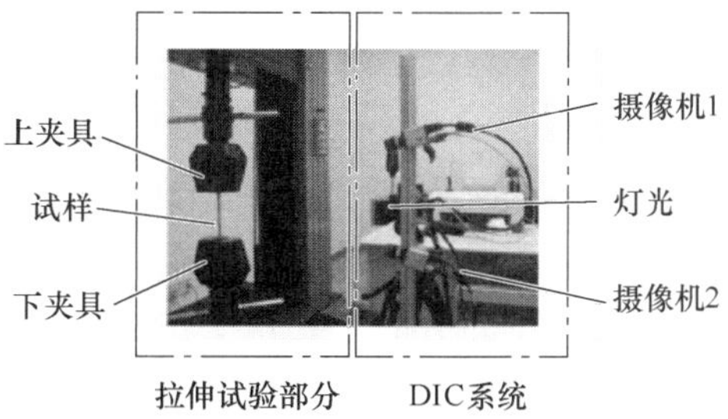

图 5-10　基于 DIC 的拉伸试验应变测量试验装置

拉伸试验过程中，前方是 Dantec-Dynamics 公司提供的 DIC 系统进行测量，CCD 摄像速率为 25 帧/s，获得全场的真实应变。为了“分区法”预测模型的需要，取缩颈处沿宽度方向的主、次应变，如图 5-11 所示。后侧采用引伸计测量，并获得位移-载荷曲线，用以后面对模型进行验证。

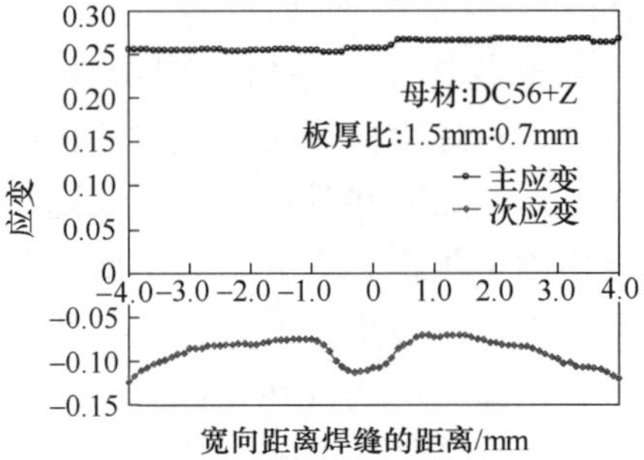

图 5-11　拼焊板缩颈时危险点处宽度方向的主、次应变

2）焊缝区应变硬化指数 n 值计算。根据式（5-9）可知，只要已知焊缝区缩颈时某点的主、次应变，即可计算出此处的硬化指数 n 值。采用 DIC 系统测得拼焊板缩颈时危险点处横截面沿垂直焊缝方向的主、次应变，如图 5-11 所示。根据式（5-9），可计算出拼焊板焊缝的应变硬化指数 n_W 值：

$$n_W = -\varepsilon_3 = 0.143$$

由于焊接热影响区的应变硬化指数是一个变化值，这里假设平均值为

$$n_a = \frac{n_b + n_W}{2} = 0.190$$

3）焊缝强度系数 K_W 的计算。在拼焊板拉伸过程中，记录下拼焊板拉伸的最大载荷，即式（5-12）中的 F。分别按式（5-11）计算出各点的主应力 $(\sigma_1)_i$，其中母材 1 和母材 2 的材料参数已知，热影响区 1(bc）和热影响区 2(de）的强度系数按式（5-13）计算，应变硬化指数在上一步已计算出，焊缝区的各向异性指数 r_W 设为 1。采用读数显微镜分别测出拼焊板横截面沿宽度方向的板料初始厚度 $(t_0)_{ab}$、$(t_0)_{bc}$、$(t_0)_{cd}$、$(t_0)_{de}$、$(t_0)_{ef}$，然后根据初始厚度与实时厚度间的关系式（5-14）可计算出各区及各离散点的实时厚度。

$$t = t_0 \exp(-\varepsilon_1 - \varepsilon_2) \tag{5-14}$$

按照式（5-12）即可计算出焊缝区（cd）的强度系数 K_W，$K_W = 1049.3\text{MPa}$。

4. 基于 DIC 的分区法预测模型的精度验证

（1）有限元分析　为了证明所提出的预测解析模型，采用商业有限元软件 ABAQUS 完成拼焊板单向拉伸试验仿真。单向拉伸试件尺寸参照 ASTM E8 标准，焊缝平行于拉伸方向，并置于拼焊板中心，如图 5-9 所示。

拼焊板母材和焊缝区均采用四节点减缩积分壳单元 SR4 建模。通过单元尺寸敏感性分析，确定单元大小为 1.0mm × 1.0mm，焊缝区单元尺寸为 0.5mm × 0.5mm。试件一端固定，另一端施加位移载荷以模拟实际的拉伸过程。“混合

法”模型用焊缝代表整个焊缝区，“分区法”模型焊缝区包括热影响区和焊缝区，如图 5-12 所示。

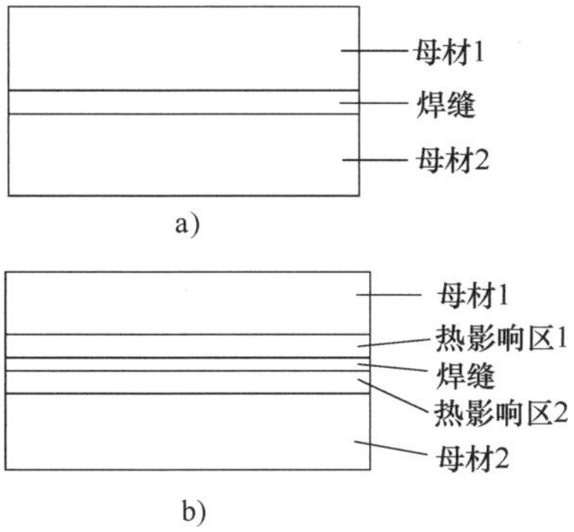

图 5-12　拼焊板有限元模型

a）“混合法”模型　b）“分区法”模型

拼焊板母材采用汽车拼焊板门内板常用材料 DC56 + Z，厚度分别为 0.7mm 和 1.5mm，母材及焊缝区的材料力学性能参数见表 5-1。

表 5-1　拼焊板母材 DC56 + Z 的力学性能参数

材料		E/MPa	v	K/MPa	n	r^*			
						r_{00}	r_{45}	r_{90}	r
母材		2.1×10^5	0.3	530	0.236	2.02	1.79	2.38	1.995
焊缝	混合法	2.1×10^5	0.3	978.5	0.156	1			
	分区法	2.1×10^5	0.3	1049.3	0.143	1			

在成形过程中，假设板料处于平面应力状态，采用平均厚向各向异性系数描述板料的厚向异性，按下式计算：

$$t = t_0\exp(-\varepsilon_1-\varepsilon_2)$$

（2）试验方法　试验中采用 DC56 + Z 同材差厚激光拼焊板，厚度分别为 1.5mm 和 0.7mm。材料力学性能参数见表 5-1。拉伸试样按照图 5-9 尺寸加工，焊缝平行于拉伸方向，且置于拼焊板中心线上。所有试验在静态拉伸试验机上完成，拉伸速度为 5mm/min。用引伸计记录试验过程的载荷-位移曲线。

（3）结果与讨论　分别将“混合法”和“分区法”获得的焊缝力学性能参数应用于有限元模拟，获得了 DC56 + Z 激光拼焊板单向拉伸的载荷-位移曲线，与试验结果进行比较，如图 5-13 所示。从图 5-13 中可见，“分区法”结果比“混合法”更接近试验结果，说明“分区法”在拼焊板焊缝性能的确定上具有更高的精度。“分区法”的高精度主要来源于几个方面。第一，由于拉伸过程中，拼焊板并不是处于完全的单向拉伸状态，除边缘处材料外，其他均介于平面应变和单向拉伸之间，如图5-11所示。“分区法”基于DIC技术，测出了各点的实际应变，并在预测模型中得到了反映，避免了将整个拼焊板作为单向拉伸变形假设的影响。其次，通过拼焊板宽向实际应变的测量，可以明显区分焊缝热影响区和焊缝区，避免了“混合法”中焊缝宽度假设对焊缝参数预测精度的影响。

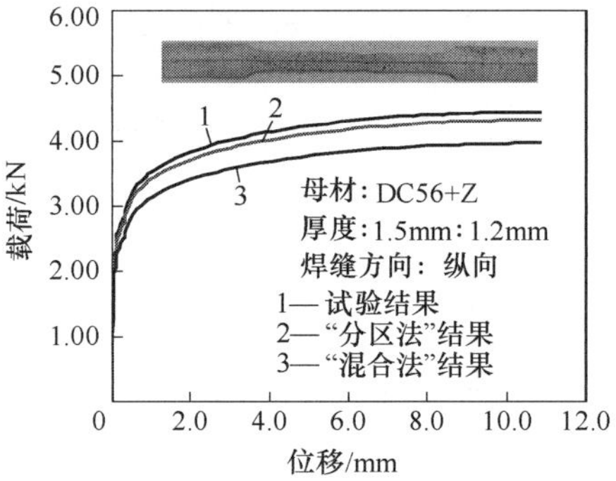

图5-13　拼焊板有限元载荷-位移曲线与试验结果比较

三、基于目标位置的拼焊板初始焊缝位置预测模型

（一）双拉变形条件下的解析模型

1. 双拉变形条件下初始焊缝位置预测解析模型

当开裂发生在弱侧母材上时，焊缝可以简化成一条直线，忽略其形状和力学性能的影响。对拼焊板双向拉伸变形进行简化，如图5-14所示。

图5-14中，A侧为薄板，B侧为厚板，ε_{A1}、ε_{A2}分别为母材A侧的主、次应变；ε_{B1}、ε_{B2}分别是母材B侧的主、次应变。

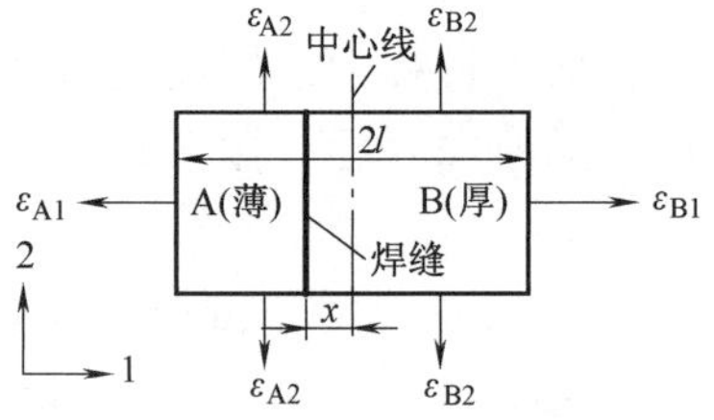

图5-14　弱侧母材开裂时拼焊板双向拉伸变形示意图

根据真实应变与工程应变之间转换关系[3]可知：

$$\varepsilon = \ln(1+e)$$

式中，ε是真实应变；e是工程应变。

结合拼焊板母材变形状态，可获得拼焊板母材A和母材B在1方向上的真实应变：

$$\varepsilon_{i1} = \ln(1+e_{i1}) \quad (i = \mathrm{A,B}) \tag{5-15}$$

式中，ε_{i1}（i=A，B）与e_{i1}（i=A，B）分别是母材A和母材B在1方向上的真实主应变和工程主应变。

根据工程应变的定义，可计算出1方向上母材A和母材B变形后的长度：

$$\Delta l_{i1}=l_{i10}e_{i1} \qquad (i=\mathrm{A},\mathrm{B}) \tag{5-16}$$

式中，$\Delta l_{i1}(i=\mathrm{A},\ \mathrm{B})$ 是母材A和母材B在1方向上的变形量；$l_{i10}(i=A,\ B)$ 是1方向上母材A和母材B的初始长度。

将式（5-15）代入式（5-16）得

$$\Delta l_{i1}=l_{i10}[\exp(\varepsilon_{i1})-1] \quad (i=A,B) \tag{5-17}$$

焊缝移动量可按下式计算：

$$\Delta x=\frac{l_{\mathrm{A1}}-l_{\mathrm{B1}}}{2}=\frac{l_{\mathrm{A10}}\exp(\varepsilon_{\mathrm{A1}})-l_{\mathrm{B10}}\exp(\varepsilon_{\mathrm{B1}})}{2} \tag{5-18}$$

则焊缝最终位置为

$$x+\Delta x=x+\frac{l_{\mathrm{A10}}\exp(\varepsilon_{\mathrm{A1}})-l_{\mathrm{B10}}\exp(\varepsilon_{\mathrm{B1}})}{2} \tag{5-19}$$

在拼焊板变形过程中，根据母材A和母材B在1方向的力平衡条件可知：

$$\mathrm{e}^{-(\varepsilon_{\mathrm{A1}}+\varepsilon_{\mathrm{A2}})}t_{\mathrm{A0}}\sigma_{\mathrm{A1}}=\mathrm{e}^{-(\varepsilon_{\mathrm{B1}}+\varepsilon_{\mathrm{B2}})}t_{\mathrm{B0}}\sigma_{\mathrm{B1}} \tag{5-20}$$

结合应力、应变分量之间的关系可知：

$$\sigma_{\mathrm{A1}}=K_{\mathrm{A}}\left(\frac{1+r_{\mathrm{A}}}{\sqrt{1+2r_{\mathrm{A}}}}\right)^{n_{\mathrm{A}}-1}\left(\sqrt{\varepsilon_{\mathrm{A1}}^2+2R_{\mathrm{A}}\varepsilon_{\mathrm{A1}}\varepsilon_{\mathrm{A2}}+\varepsilon_{\mathrm{A2}}^2}\right)^{n_{\mathrm{A}}-1}\frac{\varepsilon_{\mathrm{A1}}+R_{\mathrm{A}}\varepsilon_{\mathrm{A2}}}{1-R_{\mathrm{A}}^2} \tag{5-21}$$

其中，

$$R_{\mathrm{A}}=\frac{r_{\mathrm{A}}}{1+r_{\mathrm{A}}}$$

$$\sigma_{\mathrm{B1}}=K_{\mathrm{B}}\left(\frac{1+r_{\mathrm{B}}}{\sqrt{1+2r_{\mathrm{B}}}}\right)^{n_{\mathrm{B}}-1}\left(\sqrt{\varepsilon_{\mathrm{B1}}^2+2R\varepsilon_{\mathrm{B1}}\varepsilon_2+\varepsilon_{\mathrm{B2}}^2}\right)^{n_{\mathrm{B}}-1}\frac{\varepsilon_{\mathrm{B1}}+R_{\mathrm{B}}\varepsilon_{\mathrm{B2}}}{1-R_{\mathrm{B}}^2} \tag{5-22}$$

其中，

$$R_{\mathrm{B}}=\frac{r_{\mathrm{B}}}{1+r_{\mathrm{B}}}$$

结合式（5-21）和式（5-22），式（5-20）可转化为

$$\frac{e^{\varepsilon_{\mathrm{B1}}+\varepsilon_{\mathrm{B2}}}t_{\mathrm{A0}}K_{\mathrm{A}}}{e^{\varepsilon_{\mathrm{A1}}+\varepsilon_{\mathrm{A2}}}t_{\mathrm{B0}}K_{\mathrm{B}}}=\frac{1-R_{\mathrm{A}}^2\left(R'_{\mathrm{B}}\sqrt{\varepsilon_{\mathrm{B2}}^2+2R_{\mathrm{B}}\varepsilon_{\mathrm{B1}}\varepsilon_{\mathrm{B2}}+\varepsilon_{\mathrm{B1}}^2}\right)^{n_{\mathrm{B}}-1}\varepsilon_{\mathrm{B1}}+R_{\mathrm{B}}\varepsilon_{\mathrm{B2}}}{1-R_{\mathrm{B}}^2\left(R'_{\mathrm{A}}\sqrt{\varepsilon_{\mathrm{A1}}^2+2R_{\mathrm{A}}\varepsilon_{\mathrm{A1}}\varepsilon_{\mathrm{A2}}+\varepsilon_{\mathrm{A2}}^2}\right)^{n_{\mathrm{A}}-1}\varepsilon_{\mathrm{A1}}+R_{\mathrm{A}}\varepsilon_{\mathrm{A2}}} \tag{5-23}$$

式中：$R'_{\mathrm{A}}=\dfrac{1+r_{\mathrm{A}}}{\sqrt{1+2r_{\mathrm{A}}}}$；$R'_{\mathrm{B}}=\dfrac{1+r_{\mathrm{B}}}{\sqrt{1+2r_{\mathrm{B}}}}$；$K_i(i=\mathrm{A},\ \mathrm{B})$，$t_{i0}(i=\mathrm{A},\ \mathrm{B})$ 分别为母材A和母材B的强度系数和初始厚度。

为了简化计算，假设拼焊板两侧母材材料相同，板厚分别为1.5mm和1.2mm，母材材料为DC56+Z。

根据图5-14可知：

$$l_{B10} - l_{A10} = 2x$$

若目标焊缝位置为中心线，则薄侧 A 的初始长度 $l_{A10} = l - x$，厚侧 B 的初始长度 $l_{B10} = l + x$。

（1）单向拉伸状态　当拼焊板处于单向拉伸状态时，母材 A、B 的主、次应变应满足：

$$\varepsilon_{A1} = -2\varepsilon_{A2}，\varepsilon_{B1} = -2\varepsilon_{B2} \tag{5-24}$$

式（5-23）可转化为

$$e^{\frac{1}{2}(\varepsilon_{B1} - \varepsilon_{A1})} \times \frac{1.2}{1.5} = \left(\frac{\varepsilon_{B1}}{\varepsilon_{A1}}\right)^{0.236} \tag{5-25}$$

当 $\varepsilon_{A1} = 0.244$ 时，根据式（5-25）可计算厚侧母材 B 的主应变为

$$\varepsilon_{B1} = 0.065$$

若以拼焊板中心线为目标焊缝位置，式（5-18）可转换为

$$(l - x)\exp(0.244) - (l + x)\exp(0.065) = 0$$

设 $l = 25.0$mm，则 $x = 2.32$mm，即焊缝初始位置为左侧偏离中心线 2.32mm 处。

（2）平面应变状态　当变形状态为平面应变状态，即 $\varepsilon_{A2} = \varepsilon_{B2} = 0$ 时，式（5-23）可转化为

$$e^{\varepsilon_{B1} - \varepsilon_{A1}} \times \frac{1.2}{1.5} = \left(\frac{\varepsilon_{B1}}{\varepsilon_{A1}}\right)^{0.236} \tag{5-26}$$

当 $\varepsilon_{A1} = 0.244$ 时，根据式（5-26）可计算厚侧 B 在 1 方向的应变：

$$\varepsilon_{B1} = 0.04$$

以拼焊板中心线为目标焊缝位置，式（5-18）可转换为

$$(l - x)\exp(0.244) - (l + x)\exp(0.04) = 0 \tag{5-27}$$

设 $l = 25.0$mm，则 $x = 2.54$mm，即焊缝初始位置为左侧偏离中心线 2.54mm 处。

（3）等双拉状态　当薄侧 A 达到等应变双拉状态时，各种应变满足：

$$\varepsilon_{A1} = \varepsilon_{A2} = \varepsilon_{B2} \tag{5-28}$$

若 $\varepsilon_{A1} = \varepsilon_{A2} = \varepsilon_{B2} = 0.244$，式（5-23）可转化为

$$e^{\varepsilon_{B1} - \varepsilon_{A1}} \times \frac{1.2}{1.5} = \frac{\left(\sqrt{\varepsilon_{B1}^2 + 2R\varepsilon_{B1}\varepsilon_2 + \varepsilon_{B2}^2}\right)^{n_B - 1}}{\left(\sqrt{\varepsilon_{A1}^2 + 2R\varepsilon_{A1}\varepsilon_{A2} + \varepsilon_{A2}^2}\right)^{n_A - 1}} \frac{\varepsilon_{B1} + R_B\varepsilon_{B2}}{\varepsilon_{A1} + R_A\varepsilon_{A2}} \tag{5-29}$$

对于厚板 B 侧，由于焊缝的移动，应变必小于薄侧，所以 $\varepsilon_{B2} > \varepsilon_{B1}$，也就是 B 侧的主应变在 2 方向上，1 方向上的应变为次应变。将 $\varepsilon_{A1} = \varepsilon_{A2} = \varepsilon_{B2} = 0.244$ 代入式（5-29）可得

$$\varepsilon_{B1} = 0.051$$

以拼焊板中心线为目标焊缝位置，式（5-18）可转换为

$$(l-x)\exp(0.244)-(l+x)\exp(0.051)=0$$

若 $l=25.0$mm，则 $x=2.41$mm，即焊缝初始位置为左侧偏离中心线 2.41mm 处。

2. 双拉变形条件下初始焊缝位置预测模型验证

母材采用 DC56 + Z，厚度分别为 1.5mm 和 1.2mm 的激光拼焊板，用商业有限元软件 ABAQUS 计算拼焊板的应变。参考单向拉伸试验的标距长度，取拼焊板 1 方向上标距长度为 50.0mm；2 方向上的宽度根据不同的应变状态，分别取 12.5mm（单向拉伸状态）、50mm（平面应变和双向等拉状态）。分别对三种不同应变状态条件下的焊缝初始位置进行分析。

（1）有限元建模　用商业软件 ABAQUS/Standard 进行有限元分析，验证双拉变形条件下拼焊板焊缝初始位置预测模型。图 5-15、图 5-17、图 5-19 分别描述了不同应变状态条件下的几何模型。焊缝垂直于 X 轴方向，位置根据理论预测结果进行布置。有限元模拟中采用平面应变 4 节点减缩积分单元 CPE4R 对拼焊板母材和焊缝进行建模。板料厚向层数根据单元厚度密度（0.2mm/单元）确定，厚侧母材厚度为 1.5mm，确定厚向层数为 8 层，薄侧母材厚度为 1.2mm，厚向层数确定为 4 层。模拟中使用的拼焊板母材材料为 DC56 + Z。假设材料服从幂指数硬化准则，即 $\sigma=K\varepsilon^n$，其中强度系数 $K=530$MPa，应变硬化指数 $n=0.236$。在单向拉伸中，设定最大主应变为 0.52；在平面应变条件下，设定最大主应变为 0.373；在双向拉伸变形过程中，设定拼焊板的最大主应变为 0.53。三种不同应变状态下，主应变达到各自最大主应变时停止拉伸。这些最大极限主应变来自于 DC56 + Z 材料在不同应变状态下的试验结果。对拼焊板网格进行敏感性分析，确定拼焊板母材和焊缝有限元网格尺寸为 1.0mm × 1.0mm。

（2）结果与分析

1）单向拉伸状态。根据计算模型中单向拉伸的初始焊缝预测结果，可确定薄侧母材 A 在 1 方向（垂直于焊缝方向）上的长度为 19.59mm，厚侧母材 B 在 1 方向上的长度为 30.41mm。据此，在一端进行全约束，另一端约束除 X 和 Z 方向位移外的所有自由度，在 2 方向上不施加任何约束，如图 5-15 所示。

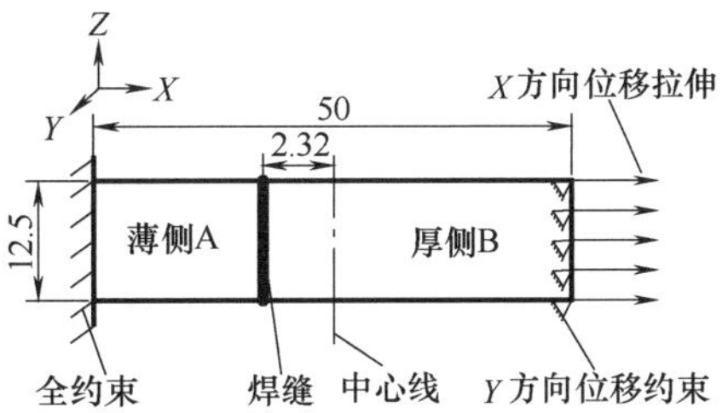

图 5-15　拼焊板单向拉伸约束条件

拼焊板模拟的目的是考察拼焊板失效时焊缝的移动情况，特别是成形后的最终位置。拼焊板失效发生在薄侧母材 A 上，且焊缝向厚侧母材 B 发生移动。成形后厚侧 AB 段伸长量为 0.83mm，薄侧 BC 段伸长量为 5.48mm。根据式（5-18）中的焊缝移动定义，计算得焊缝移动量为 0. 095mm，最终位置大约处于零件 1 方向的中线位置，即目标位置，如图 5-16 所示。可见，有限元结果验证了单向拉伸状态下预测模型对焊缝初始位置预测具有较高的精度。

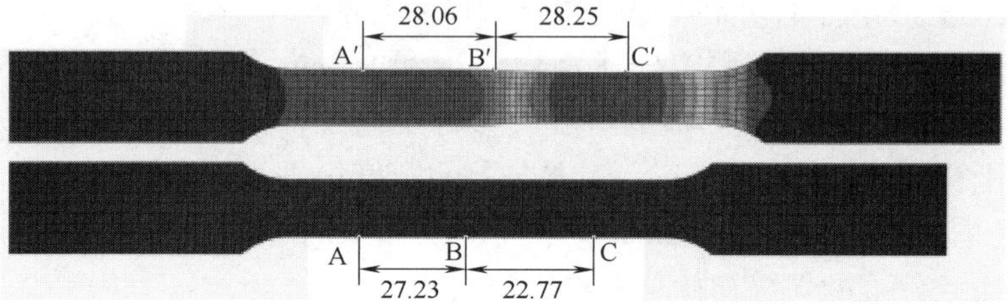

点B为焊缝初始位置，点B'为变形后的焊缝位置

图 5-16　单向拉伸状态下焊缝目标位置有限元结果

2）平面应变状态。根据计算模型中平面应变条件下初始焊缝位置预测结果，可确定薄侧母材 A 在 1 方向（垂直于焊缝方向）上的长度为 21. 60mm，厚侧母材 B 在 1 方向上的长度为 28. 40mm。在一端进行全约束，另一端约束除 X 方向位移外的所有自由度，在 2 方向上拼焊板的两侧施加 Z 向约束，使拼焊板在 2 方向上的应变为零，如图 5-17 所示。

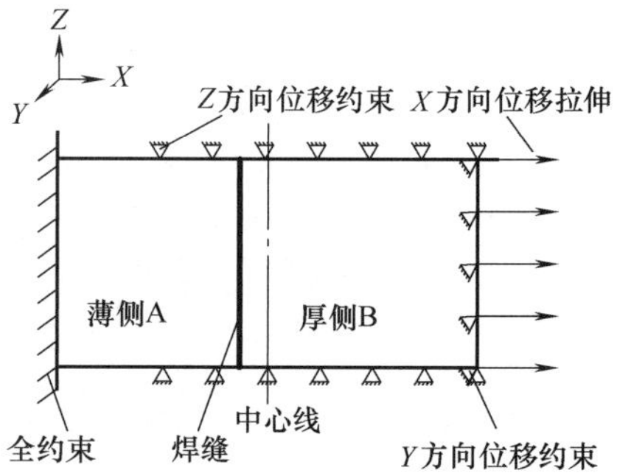

图 5-17　拼焊板平面应变条件下的约束条件

平面应变状态下，拼焊板失效位置发生在薄侧母材 A 侧，且焊缝向厚侧 B 方向移动。图 5-18 显示了平面应变状态下的变形结果，设计的焊缝目标位置在中心线上，变形后拼焊板焊缝与中心线误差为 0. 08mm。说明焊缝初始位置预测模型在平面应变状态下具有较高的预测精度。

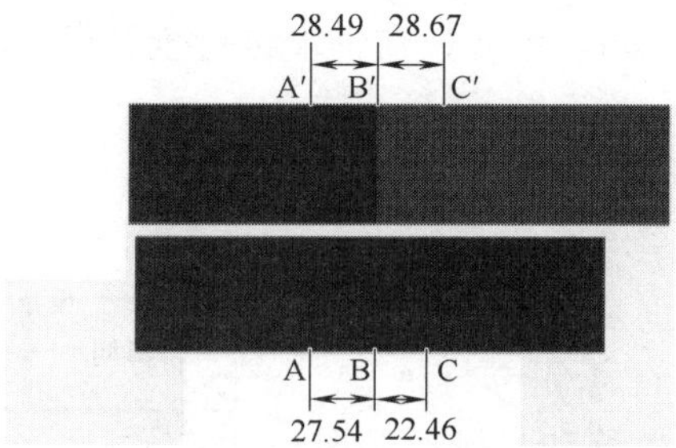

点B、B'分别为变形前、后的焊缝位置

图 5-18　平面应变状态下焊缝初始位置预测的有限元结果

3）等双拉状态。根据计算模型中等双拉状态下初始焊缝位置预测结果，可确定薄侧母材 A 在 1 方向（垂直于焊缝方向）上的长度为 19.32mm，厚侧母材 B 在 1 方向上的长度为 30.68mm。在一端施加除 Z 方向自由度外的所有约束，另一端约束除 X 和 Z 方向位移外的所有自由度，在 2 方向上的拼焊板两侧施加一定位移，使薄侧 A 在失效时处于等双拉状态；在 Y 方向上，薄侧 A、厚侧 B 的应变均相同，满足等应变假设，如图 5-19 所示。

在等双拉状态下，拼焊板较平面应变条件下具有更好的成形性能，但是失效位置相同，变形主要在薄侧 A 上开裂，同时焊缝向厚侧 B 移动，如图 5-20 所示。在解析模型预测的初始焊缝位置条件下，目标焊缝位置为中心线，拼焊板变形后焊缝偏离中心线（目标位置）0.25mm。这一误差较小，在可接受的范围内，说明焊缝初始位置预测模型在等双拉状态也具有较高的预测精度。

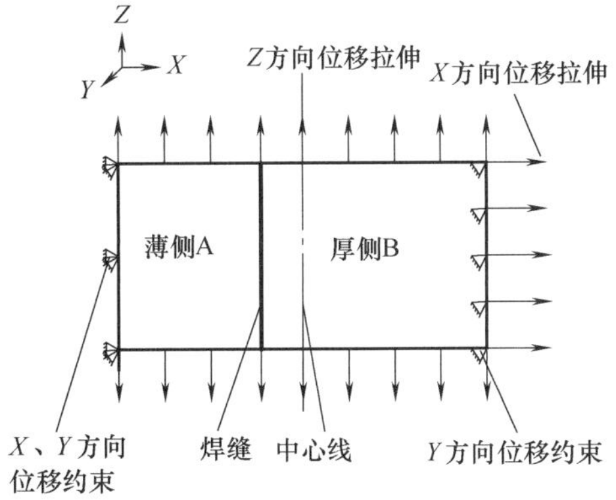

图 5-19　拼焊板等双拉条件下的约束条件

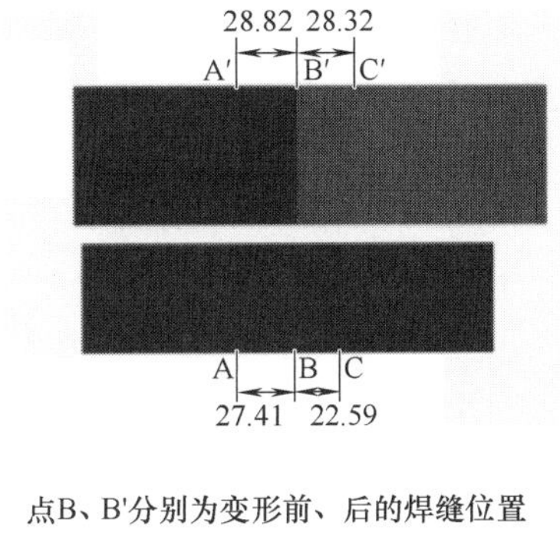

图 5-20　等双拉状态下初始焊缝位置预测有限元结果

根据以上三种不同应变状态条件下，对焊缝初始位置预测模型的验证结果发现，仿真结果中焊缝最终位置与目标位置存在微小误差，这是由于在仿真过程中，时间步选择导致的，误差在允许范围内，证明所建立不同的应变状态下的焊缝初始位置预测模型是有效的。

（二）U 形件拼焊板初始焊缝位置预测模型

在上一部分中分析了不同变形状态（单向拉伸、平面应变及双向拉伸）条件下焊缝初始位置的确定方法，采用解析方法有效预测了满足要求的焊缝初始位置。然而，拼焊板零件成形过程复杂，涉及压边力、摩擦接触和不对称形状等问题。因此，必须探讨复杂边界条件下拼焊板初始焊缝位置的预测方法。对于拼焊板解析模型应用，He 等[4]建立 2D 截面模型分析了非等压边力模型，以提高拼焊板成形性能，并计算从板料边缘至焊缝的应变分布。研究结果表明，非等压边力有效阻止了焊缝移动，提高了拼焊板成形性能。通过条状和盒形件模拟结果与试验结果比较，结果吻合。然而，解析模型中的输入变量包括边界的材料流入量、焊缝移动量及材料相对凸模表面的流动模式，这些参数只能通过数值模拟或试验来获得。

汽车前门内板是汽车制造中典型的拼焊板零件之一，在与车身连接的铰链处需要较厚板料来支承车门，确保车门在开启时有较强的刚度，其他部分需要采用较薄的板料以减轻零件重量。将汽车前门内板进行简化，提取出一个 U 形件简化模型，基于 2D 拼焊板分析模型提出一个新的解析模型来预测拼焊板初始焊缝位置，以满足最终目标焊缝位置要求。模型除了几何参数和材料外，仅需已知要求的目标焊缝位置和焊缝附近处母材的应变值。沿着凸模表面的材料流动可根据压边位置流入侧壁的材料来计算。在设计早期，解析模型有助于设计者确定焊缝初始位置及预留压边圈空隙等。

1. U 形件初始焊缝位置解析模型建立

在给定零件目标焊缝位置、焊缝附近处应变、几何形状及材料力学性能参数的条件下，根据建立的解析模型可预测焊缝的初始位置。以汽车前门内板简化模型（图 5-21）为例，提取出能反映其成形特征的 U 形件。

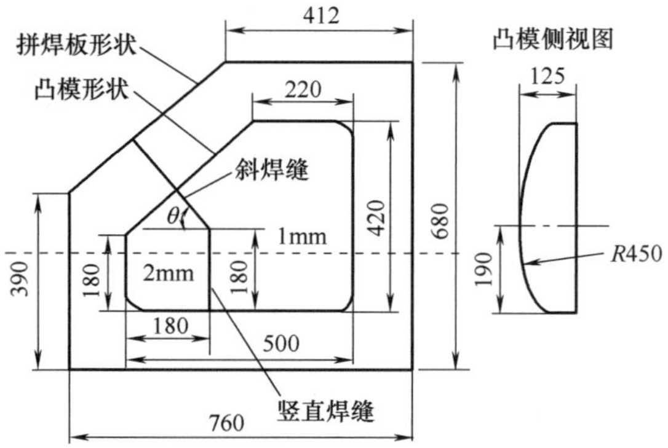

图 5-21　前门内板拼焊板尺寸示意图（单位：mm）[5]

由于垂直焊缝和斜焊缝相交点是这个零件的关键点，故选择此处截面为研究截面。图 5-22 所示为从 3D 零件中提取的 2D 截面 U 形件模型。

图 5-21 和图 5-22 中描述的拼焊板由两种厚度组成，右侧为薄板，左侧为厚板。图 5-22 描述了拼焊板门内板 2D 截面示意图的关键点，右侧薄板用小写字母表示。焊缝位置为点 a，向薄板边缘依次为点 b、c、d、e。类似地，左侧厚板采用大写字母表示，从焊缝至边缘依次为点 A、B、C、D 及 E。这些关键点将 2D 截面离散成适合分析的部分，每一部分具有类似的变形特征。1 方向是根据 2D 截面切向确定的局部坐标方向。

若拼焊板焊缝是刚性连接，开裂发生在焊缝临近的薄侧母材上（点 a）。由

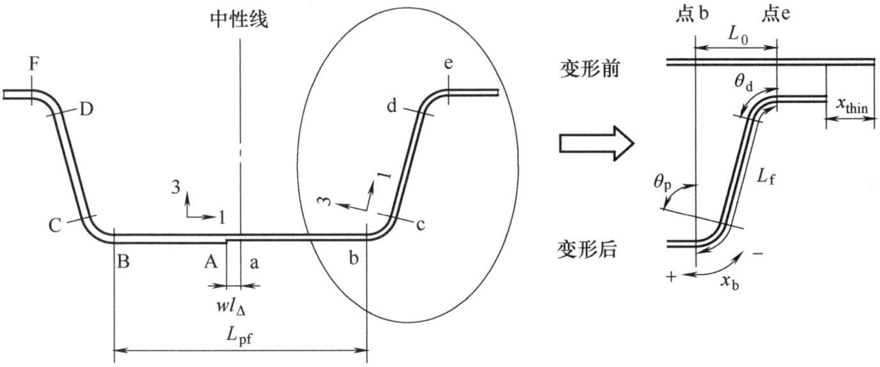

图 5-22　拼焊板门内板 2D 截面示意图

于拼焊板材料力学性能参数已知，只要给定此位置的应变状态，则可根据材料力学性能参数和变形状态确定开裂时点 a 在 1 方向上的应变 ε_{a1} 和 2 方向上的应变 ε_{a2}。由式（5-30）可计算点 a 处在 1 方向上的切向力 T_{a1}。

$$T_{a1} = \sigma_{a1} t_{thin}^{0} \exp(-\varepsilon_{a1}) \tag{5-30}$$

式中：t_{thin}^{0}表示拼焊板薄侧的初始厚度；σ_{a1}是点 a 处 1 方向的应力。

式（5-30）对于模型中其他关键点也是适用的，只要将各点相应的变量代入方程即可。

假设材料服从幂指数本构关系，即 $\bar{\sigma} = K\bar{\varepsilon}^{n}$，式中 $\bar{\sigma}$ 为等效应力，$\bar{\varepsilon}$ 为等效应变，K 为强度系数，n 为应变硬化指数。根据焊缝两侧力的平衡关系，在点 A 处存在 T_{A1}，且 $T_{A1} = T_{a1}$。则点 A 处的应变可按下式计算：

$$\varepsilon_{A1}^{n} e^{-\varepsilon_{A1}} = \frac{t_{thin}^{0}}{t_{thic}^{0}} \varepsilon_{a1}^{n} e^{-\varepsilon_{a1}} \tag{5-31}$$

式中，t_{thic}^{0}是拼焊板厚侧的初始厚度。

对于模型中其他关键点，式（5-31）也可应用。在每一个直线部分，由于摩擦力远小于材料变形力，可忽略摩擦力的影响，假设直线部分两端的力相等，如 $T_{a1} = T_{b1}$、$T_{c1} = T_{d1}$。对于弯曲部分，由于弯曲的影响，产生额外的力，即弯曲力 ΔT_{bend}和摩擦力 $\Delta T_{friction}$，则拼焊板薄侧的力平衡方程可表示为：

$$\begin{aligned} &T_{a1} = T_{b1} \\ &T_{c1} = T_{b1} \pm \Delta T_{bend} \pm \Delta T_{friction} \\ &T_{c1} = T_{d1} \\ &T_{e1} = T_{d1} - \Delta T_{bend} - \Delta T_{friction} \end{aligned} \tag{5-32}$$

由于弯曲力 ΔT_{bend}和摩擦力 $\Delta T_{friction}$取决于材料流动方向，式（5-32）中第二个方程的弯曲力 ΔT_{bend}和摩擦力 $\Delta T_{friction}$的符号取决于点 b 的材料是在凸模表面上流动（负号）或流入拉深侧壁（正号）。在点 e 处，假设材料流入拉深侧壁。对于厚侧，也存在类似的关系。

弯曲力 ΔT_{bend} 可由 Swift 模型[6]计算：

$$\Delta T_{\text{bend}} = \frac{2\sigma_{y}\left(\frac{t}{2}\right)^{2}}{R} \tag{5-33}$$

式中：σ_y 是材料的屈服应力；t 是材料厚度；R 是弯曲半径。

由于式（5-33）中的 σ_y 是材料的本质属性，而对于应变硬化导致的应力增大没有考虑。

摩擦导致的 1 方向的力的变化 $\Delta T_{\text{friction}}$ 可根据下式计算：

$$\Delta T_{\text{friction}} = T\exp\left[\left(\frac{R}{R+\frac{t}{2}}\right)\theta\mu\right] \tag{5-34}$$

式中：μ 是摩擦系数；θ 是弯曲圆弧的包角；R 是曲率半径；t 是材料厚度。

在 U 形件拉深成形过程中，为了精确预测焊缝初始位置 wl_0，在给定点 a 处的应变、成形高度及焊缝的目标位置时，必须计算出拼焊板厚侧和薄侧压边圈下向拉深侧壁流入的材料及焊缝移动量。

对于拼焊板薄侧，可按式（5-35）计算进入侧壁的材料流入量：

$$x_{\text{thin}} = L_{\text{f}} - L_0 - L_{\text{f}}\varepsilon_{\text{be}} \pm x_{\text{b}} \tag{5-35}$$

式中：L_f 是拉延壁部分的最终长度；L_0 是拉延壁部分成形前的长度；ε_{be} 是 be 部分在 1 方向上的工程应变；x_b 是初始位置 b 在成形过程中相对凸模圆角的移动量，在凸模表面移动为正，流入拉延壁为负。

焊缝移动可按式（5-36）进行计算得

$$wl_{\Delta} = L_{\text{ab}}\varepsilon_{\text{ab}} \pm x_{\text{b}} \tag{5-36}$$

式中：wl_{Δ} 为焊缝移动量；L_{ab} 是焊缝至薄侧凸模圆角起始处的长度，如图 5-23 所示；ε_{ab} 是薄侧材料 ab 部分在 1 方向上的工程应变。

类似地，在拼焊板厚侧，由于焊缝向厚侧移动，且 AB 部分发生伸长，导致点 B 处材料向侧壁流入。压边圈下的材料流入量 x_{thick} 可按式（5-37）计算：

$$x_{\text{thick}} = L_{\text{f}} - L_0 - L_{\text{f}}\varepsilon_{\text{BE}} - L_{\text{AB}}\varepsilon_{\text{AB}} - wl_{\Delta} \tag{5-37}$$

在凸模表面，拼焊板厚侧、薄侧从焊缝至凸模圆角起始位置的长度 L_{AB}、L_{ab} 之和与凸模表面长度相等，即

$$L_{\text{pf}} = L_{\text{AB}} + L_{\text{ab}}$$

由于拼焊板厚侧和薄侧向侧壁流入是由点 E 和点 e 处的力产生的，所以拼焊板厚侧和薄侧的材料

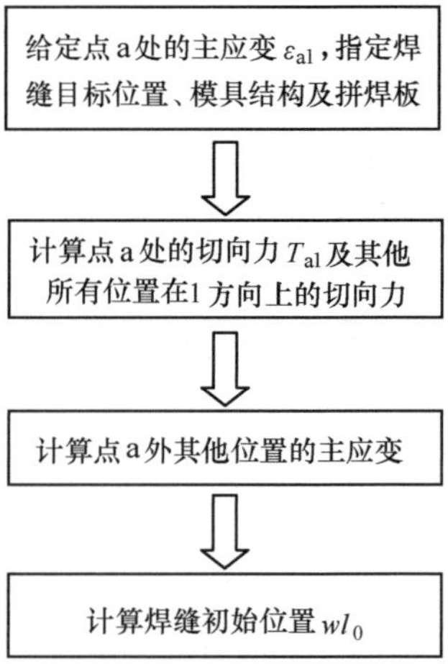

图 5-23 U 形件拼焊板焊缝初始位置预测计算流程

流入量之比等于点 E 和点 e 处的拉力之比，即

$$\frac{x_{\text{thick}}}{x_{\text{thin}}}=\frac{T_{\text{E1}}}{T_{\text{e1}}}=\frac{\mu_{\text{E}}\text{F}_{\text{E}}}{\mu_{\text{e}}\text{F}_{\text{e}}} \tag{5-38}$$

式（5-38）仅适用于焊缝处于中心位置情况。当焊缝偏离中心位置时，可将式（5-38）进行调整：

$$\frac{x_{\text{thick}}}{x_{\text{thin}}}=\frac{T_{\text{E1}}}{T_{\text{e1}}}\left(1+\frac{wl_0}{L_{\text{blank}}^0}\right) \tag{5-39}$$

式中，wl_0是初始焊缝位置（偏向薄侧为正，偏向厚侧为负）；L_{blank}^0是拼焊板初始总长度。

在拼焊板设计中，由于焊缝初始位置 wl_0是不确定的，通常采用式（5-39）进行分析。当 wl_0趋近于零时，式（5-39）逐渐退化成式（5-38）。

根据变形关系，拼焊板初始焊缝位置 wl_0等于目标位置 wl_F和焊缝移动量 wl_Δ之和：

$$wl_0=wl_{\text{F}}+wl_{\Delta} \tag{5-40}$$

通过求解式（5-35）~式（5-40）可获得成形后拼焊板的各项位置参量，包括厚侧和薄侧的材料流入量 x_{thick}和 x_{thin}、焊缝移动量 wl_Δ及焊缝初始位置 wl_0。

2. U 形件拼焊板初始焊缝位置预测解析模型的有限元验证

（1）有限元模型　采用商业有限元软件 ABAQUS 进行有限元模拟，验证 U 形件拼焊板初始焊缝位置预测模型的有效性。U 形件简化模型的几何参数见表 5-2。

表 5-2　U 形件简化模型的几何参数

模具间隙 L_{gap}/mm	拉深壁长度 L_{hf}/mm	凸模表面长度 L_{pf}/mm	凹模圆角 R_{d}/mm	凸模圆角 R_{p}/mm
5	30	76	8	8

拼焊板采用母材为 DC56 + Z 的激光拼焊板，薄侧母材厚度为 1.0mm，厚侧母材分别为 1.2mm、1.4mm、…、2.0mm。假设材料服从幂指数本构关系，即 $\overline{\sigma}=K\overline{\varepsilon}^n$，式中，$K$ 是强度系数，n 是应变硬化指数。对于材料 DC56 + Z，$K=530\text{MPa}$，$n=0.236$。

针对 U 形件拼焊板初始焊缝位置预测模型进行相应的有限元模拟，将结果进行比较。有限元模拟中模具采用解析刚体建模，拼焊板焊缝采用刚性连接建模。母材采用四节点减缩积分单元建模。单元密度为 0.2mm，根据单元厚度确定拼焊板母材的单元层数。采用罚函数接触模型，摩擦系数为 0.15。两侧采用相同压边力，为 200kN。

为了确定有效的网格尺寸，以一定拉深深度时点 a 位置的主应变为参考，进

行网格尺寸的敏感性分析，结果如图 5-24 所示。根据结果分析可知，当网格尺寸小于 0.5mm 后，结果趋势变化不明显，兼顾效率和精度，确定拼焊板网格尺寸为 0.5mm。

根据上述条件，建立的有限元模型如图 5-25 所示。

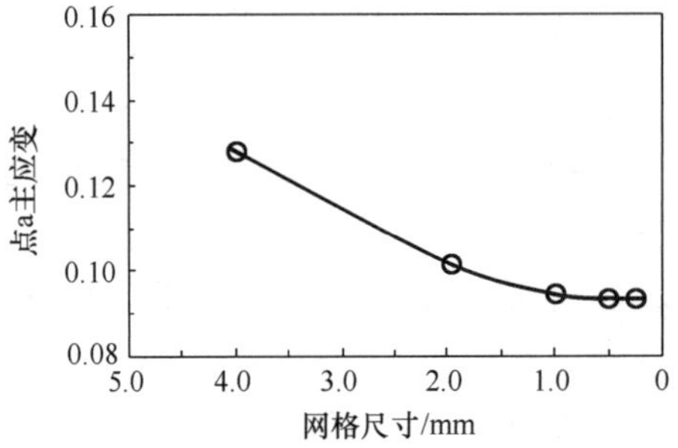

图 5-24　模拟结果对网格尺寸敏感性关系图

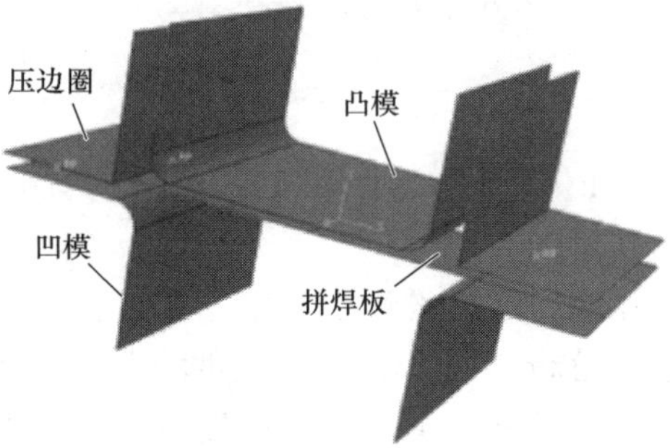

图 5-25　U 形件拼焊板有限元模型

（2）有限元模型的试验验证　试验中使用母材为 DC56 + Z 的激光拼焊板，板厚比为 1.5mm∶1.2mm。拼焊板尺寸为 300.0mm × 55.0mm，采用电化学腐蚀法在焊缝附近薄侧母材上印制直径为 5.0mm 的圆环，如图 5-26 所示。

拉伸变形后圆环变成椭圆，如图 5-27 所示。此位置的主、次应变可根据变形后椭圆长轴与短轴长度按式（5-41）计算。

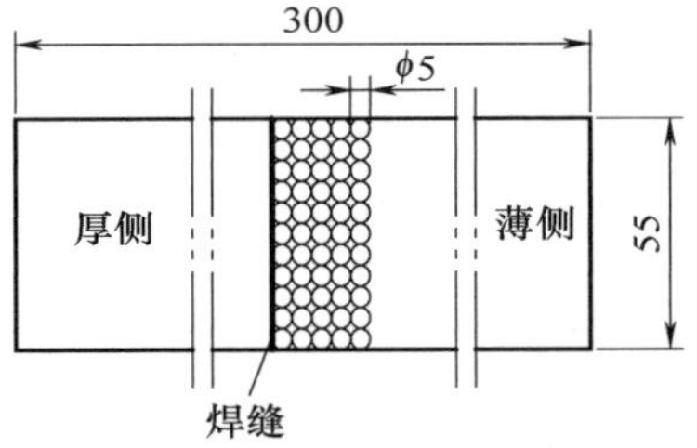

图 5-26　拼焊板尺寸及电化学腐蚀图

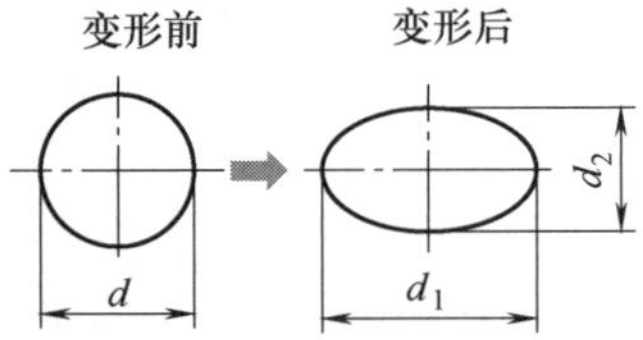

图5-27　拼焊板变形前后的圆环形状变化

焊缝附近薄侧母材上点 a 位置变形后主、次应变 ε_{a1}、ε_{a2}分别为

$$\begin{cases}\varepsilon_{a1}=\ln(d_1/d)\\ \varepsilon_{a2}=\ln(d_2/d)\end{cases}\tag{5-41}$$

模具结构及尺寸见表 5-2 所示。整个模具装置包括凸模、凹模、压边圈等，如图 5-25 所示。在拼焊板薄侧使用薄垫片来弥补拼焊板两侧的板厚差异，使两侧压边力相同。

图 5-28 所示是一定主应变（$\varepsilon_{a1}=0.094$）条件下，拼焊板 U 形件各特征位

置主应变的试验和有限元结果对比。在拼焊板薄侧，点 a 处应变是给定的，点 b 处由于在理论分析中忽略了凸模表面与拼焊板之间的摩擦，而有限元模拟考虑了这一摩擦的影响，故主应变有限元结果大于理论值。由结果可见，摩擦对结果的影响较小，在理论分析中忽略凸模底部平面与拼焊板之间的摩擦是合理的。点 c 处由于凸模圆角处弯曲附加力和摩擦力的影响，导致主应力明显高于点 b。然而，这一位置的主应变有限元结果显著低于理论结果。这是因为，在理论分析中，当点 b 向凸模表面移动时，认为 $x_b>0$，摩擦力增加量 $\Delta T_{friction}<0$，弯曲附加力 $\Delta T_{bend}<0$。而实际拼焊板成形过程中，$\Delta T_{friction}$和 ΔT_{bend}的方向不仅与点 b 流动方向有关，也与点 b 的流动量有关。当点 b 的流动量向侧壁流动时，如果流入的量较小，则凸模圆角处弯曲和摩擦导致的 $\Delta T_{friction}$和 ΔT_{bend}部分区域为正，部分区域为负，导致点 c 处切向拉力小于理论解析值，即主应变小于解析结果。由于点 d 处的拉力有限元结果低于解析解，导致点 e 处主应变有限元结果也低于解析解。在拼焊板厚侧，各特征点位置主应变基本一致，在点 C 和点 D 位置由于整个成形过程中没有考虑材料的硬化效应而存在较小偏差。

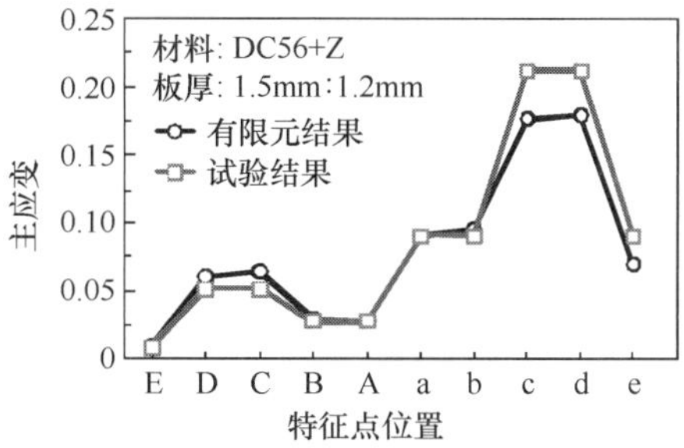

图 5-28　U 形件拼焊板有限元和试验结果对比

与拼焊板薄侧不同，凸模圆角区域的材料均向拉深壁流入，弯曲导致的附加应力和摩擦力方向始终一致，对结果没有显著影响。

通过试验与有限元结果对比，U 形件拼焊板成形后特征点位置主应变与有限元结果基本一致，证明所建立的有限元模型是有效的，能够用来进行焊缝初始位置预测模拟。

（3）模拟计算及结果分析　分别采用解析法和有限元法，对拼焊板 U 形件进行分析。焊缝初始位置分别为 -40mm、 -30mm、…、30mm、40mm，其中初始焊缝位置 wl_0为 0 表示焊缝处于中心位置，负值表示焊缝偏向薄侧母材，正值表示焊缝偏向厚侧母材。母材材料均为 DC56 + Z，板厚比为 1.5mm ∶ 1.2mm。图 5-29比较了不同初始焊缝位置时焊缝移动量的有限元与解析结果。从图中可见，焊缝移动量的解析结果始终大于有限元结果，并随着初始焊缝位置向厚侧移动，它们之间的误差增大。这主要是由于解析模型中简化了凸模圆角区域弯曲导致的附加应力和摩擦的方向，以及忽略了凸模底部与拼焊板之间的摩擦。当焊缝初始位置偏向薄板时，点 b 向凸模表面的流动量 x_b较大，材料流动方向简化影响较小。在有限元模拟中，凸模底部与拼焊板之间的摩擦减小了 x_b，导致焊缝移动量相比解析结果偏小。随着焊缝向厚板移动，x_b逐渐减小，凸模圆角区域的弯曲附加力和摩擦力方向变得复杂，弯曲部分出现沿 1 正、负方向，且 x_b越小，沿 1 负方向部分越大，如此将降低 cd 段的主应变，材料流入拉深壁的量减小，即 x_b的有限元结果小于解析结果，致使焊缝移动量较解析结果显著偏小。

根据式（5-40）计算得不同初始焊缝位置条件下的焊缝最终位置，结果如图 5-30 所示。从图中发现，由于焊缝移动存在误差，最终焊缝位置预测结果存在微小差异，但这些误差较小，在可接受的范围内。

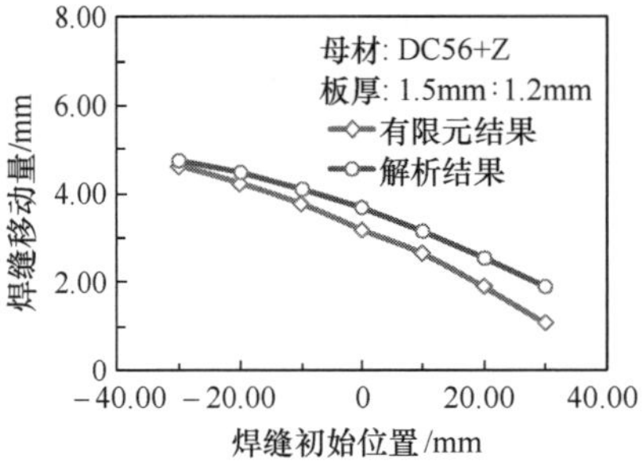

图 5-29　不同初始焊缝位置时的焊缝移动量有限元与解析结果比较

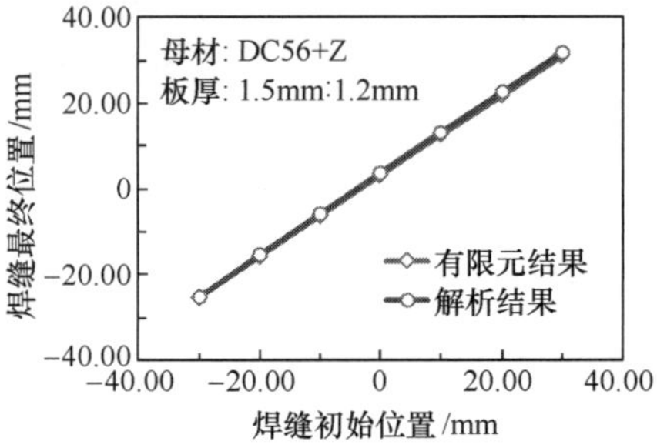

图 5-30　不同初始焊缝位置条件下焊缝最终位置的有限元与解析结果比较

3. 初始焊缝位置预测

针对上述模型及拼焊板，预先设定点 a 处主应变 $\varepsilon_a = 0.09$，焊缝目标位置分别为 − 30mm、 − 20mm、…、20mm、30mm。根据解析法预测焊缝初始位置，然后以此初始位置进行有限元分析，获得最终焊缝位置，并与设定的目标位置进行比较，结果如图 5-31 所示。结果显示，当目标焊缝位置为 0 时，即在中心线位置，有限元与解析结果之间的误差最大，为 5.2%。

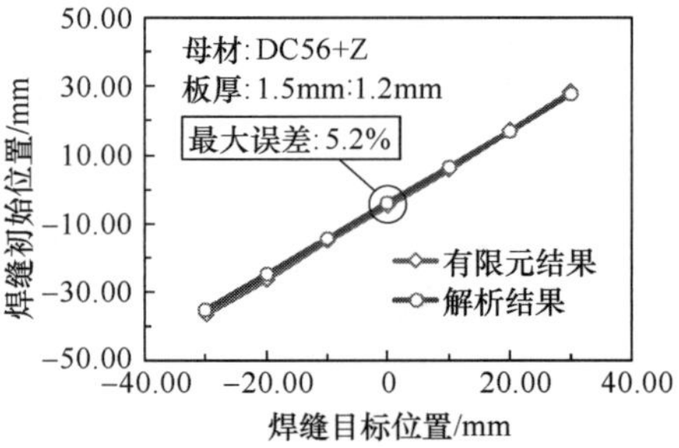

图 5-31　初始焊缝位置的有限元与解析预测结果比较

从解析模型与有限元的预测结果来看，解析方法可有效预测 U 形件拼焊板焊缝初始位置。

四、基于失效模式的焊缝建模

（一）激光拼焊板焊缝建模方式

在拼焊板成形数值模拟中，焊缝建模技术对成形性能影响较大，各种焊缝建模方式及其对拼焊板成形性能的影响得到了研究[7]。常用拼焊板建模方式包括共节点模型、刚性连接模型、梁单元建模[8]、壳单元和实体单元等。下面对各种焊缝建模方式进行详细介绍。

1. 忽略焊缝性能和形状的焊缝建模

（1）共节点焊缝有限元模型　在共节点焊缝模型中，拼焊板母板通常采用壳单元建模，在母板相连处节点合并，母板相邻节点具有相同的约束自由度，如图5-32所示。共节点方法建模简单，计算效率高。但无法考虑焊缝形状和性能的影响，模拟精度较低，且要求相邻母板在同一水平面内，实际拼焊板厚度不同往往不能满足这一条件。所以，共节点焊缝模型在拼焊板成形模拟中应用较少。

（2）刚性连接焊缝有限元模型　拼焊板刚性节点建模中[9]，连接母板相邻节点的单元是Nodal rigid bodies，如图5-33所示。这类连接单元允许相邻母板处于不同平面内，能有效反映拼焊板母材厚度差异，但与共节点建模一样，未能考虑焊缝形状和性能对拼焊板成形行为的影响。在模拟精度上较共节点建模有一定提高，且因其建模简单及较高的计算效率，在拼焊板成形行为研究中广泛采用。

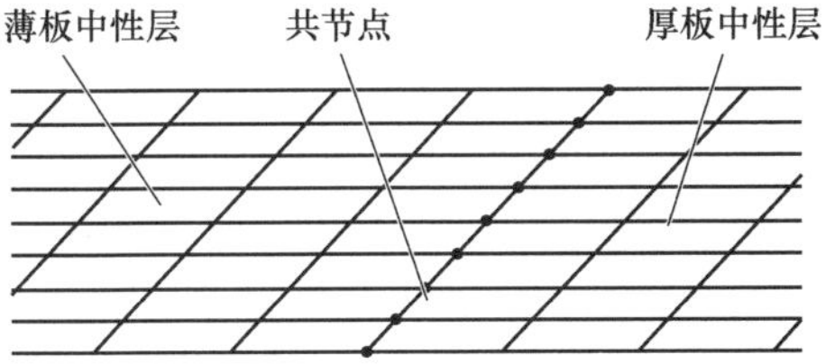

图5-32　共节点建模的拼焊板焊缝示意图

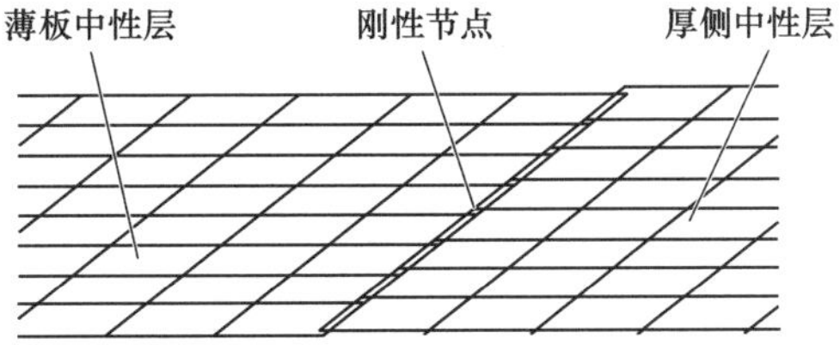

图5-33　刚性节点建模的拼焊板焊缝示意图

2. 考虑焊缝性能和形状的焊缝建模

（1）壳单元建模　壳单元建模是指对拼焊板焊缝采用壳单元建模，并给焊缝壳单元赋予实际的焊缝属性，拼焊板母材通常也采用壳单元建模。焊缝与相邻母材壳单元节点之间采用刚性节点Nodal rigid bodies连接，如图5-34所示。壳单元焊缝建模方式能有效考虑焊缝性能和宽度，然而，厚度方向上是一常数，可忽略厚向形状的影响。

（2）实体单元建模　在焊缝实体单元建模中，通常拼焊板母板采用实体单元建模，焊缝与相邻母板节点为共节点连接，如图5-35所示。实体建模焊缝不仅可以考虑焊缝的形状，也可以通过赋予实际焊缝性能，具有较高的模拟精度。然而，在汽车拼焊板零件模拟中，尤其是碰撞等模拟，由于拼焊板零件结构复杂，尺寸较大，实体单元建模需要过长的计算时间，无法满足工程应用。另一方面，拼焊板零件的碰撞模拟中，通常母板网格尺寸较大（5~10mm），而焊缝较窄（1~1.5mm），焊缝实体单元容易造成长宽比过大，导致单元畸变，影响模拟精度。虽然实体单元在拼焊板成形性能模拟中得到一定的研究，但是在实际工程中极少使用。

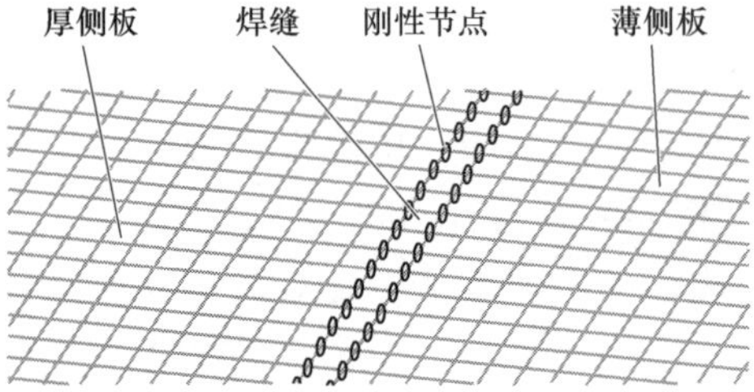

图 5-34 拼焊板壳单元建模示意图

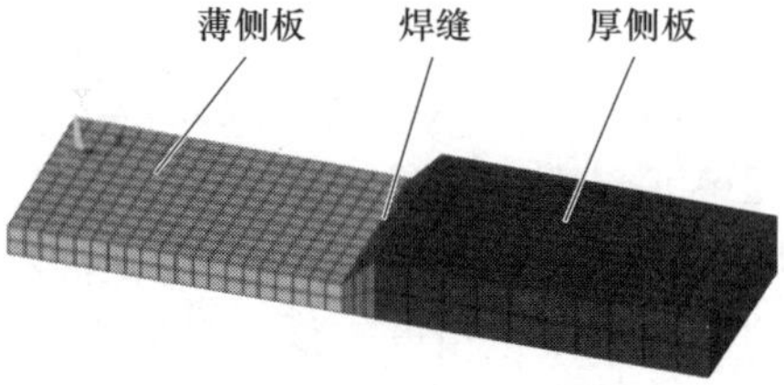

图 5-35 拼焊板壳单元建模示意图

（3）梁单元建模 梁单元被用来对拼焊板焊缝建模，不能精确地体现焊缝的形状，仅能以长方形截面进行建模，这样只能将焊缝的厚度做平均处理。另外，在宽度方向上对梁单元建模时，只能将焊缝看作一个单元，当焊缝较宽时需要将焊缝宽度单元进一步细化。所以，梁单元不适合拼焊板焊缝建模。Nakagawa 等[10,11]对梁单元建模进行了研究，结果表明在金属板料成形的有限元分析中，梁单元对焊缝建模是不合适的。为此，施欲亮[12]基于侧碰要求提出一种新的建模单元——双层梁，如图 5-36a 所示。其中图 5-36b 所示是简化后的拼焊板焊缝横截面形状；图 5-36c 所示是双层梁单元建模，图中虚线表示梁单元的轮廓形状。双层梁单元是通过两层 Huges-liu 减缩梁单元构成的，梁单元与焊缝周围壳单元采用 Nodal rigid bodies 连接。

（二）基于临界板厚比的失效模式预测

1. 焊缝失效模式

拼焊板所受载荷条件不同，可能导致的失效模式也不同。通常在成形过程中拼焊板可能发生两种失效模式（图 5-37）：一是裂纹萌生在焊缝上，并不断向两侧扩展，主要是因为当焊缝方向与主应变方向平行时，焊缝的塑性较母材低，在相同的应变条件下焊缝先发生开裂（图 5-37a），这种失效模式的拼焊板的成形性能主要取决于焊缝的性能；二是裂纹萌生在弱侧母材上，主要在焊缝方向与主应变方向垂直时发生，由于焊缝比母材需要更高的流动应力，在变形过程中，弱侧母材承担了大部分变形，导致弱侧母材开裂（图 5-37b），弱侧母材开裂的拼焊板成形性能主要取决于弱侧母材的成形性能和两侧母材的综合强度差异。然而，上述焊缝失效模式仅适用于激光钢制拼焊板。拼焊板的失效模式也存在其他情况，如 Shakeri 等[13]报道了一种 NVEB 拼焊板，当焊缝平行于主应变方向时，开裂均发生在焊缝上。但当焊缝与主应变方向垂直时，板厚比（2.0mm：1.0mm）较高时开裂出现在母材上；板厚比较低（2.0mm：1.6mm）时，开裂发生在焊缝上；而当板厚比为 1.6mm：1.0mm 时，焊缝和母材上同时开裂。可见，对于横向焊缝的 NVEB 拼焊板来说，焊缝开裂位置主要取决于板厚比。对于搅拌摩擦焊

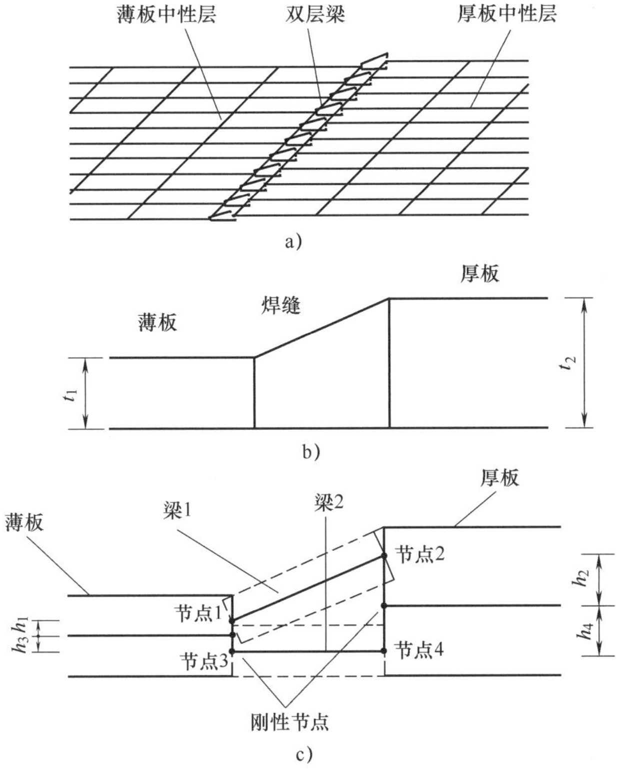

图 5-36　拼焊板焊缝双层梁单元建模示意图

a）拼焊板双层梁单元模型　b）简化后的拼焊板焊缝横截面形状　c）双层梁单元建模

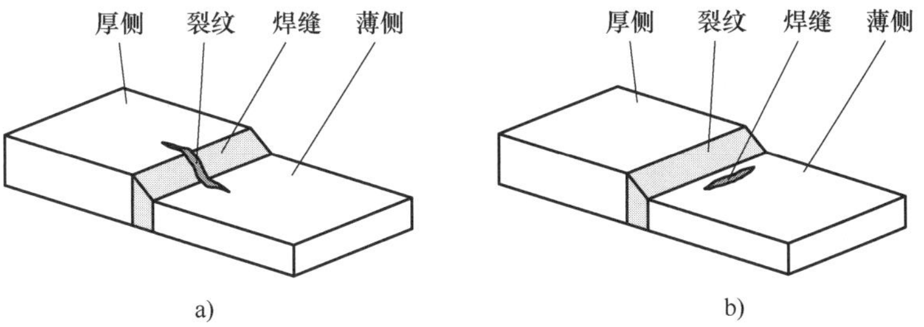

图 5-37　拼焊板失效的两种模式

a）焊缝上开裂　b）弱侧母材上开裂

（FSW）和钨极气体保护焊（GTAW）拼焊板，Miles 等[14]发现这两种焊接方法的退火态 5182 和 5754 铝合金拼焊板，当焊缝方向与主应变方向垂直时失效发生在母材上。Sato 等[15]报道纵向焊缝的 FSW 铝合金（5052-O）拼焊板开裂发生在母材上。与退火态铝合金相比，热处理合金在焊接过程中的高温作用下一定程度上失去了良好的性能，导致横向焊缝的热处理合金拼焊板开裂出现在焊缝上。Miles 等[14]研究发现 FSW 和 GTAW 的横向焊缝铝合金（6022-T4）拼焊板开裂分别发生在热影响区和焊缝上。

上述分析表明，拼焊板失效模式显著影响其成形性能，而拼焊板失效模式因母板材料、厚度及焊接方法差别而不同，不能仅根据焊缝与主应变方向判定拼焊板失效模式。为了更好地设计拼焊板零件，获得良好的成形性能，必须预先掌握拼焊板的失效模式及各种影响因素对失效模式的影响规律。为此，对拼焊板失效模式的判断进行深入研究，提出拼焊板焊缝失效模式的预测方法，为拼焊板有限元焊缝建模方式确定奠定理论基础。

2. 拼焊板失效模式预测模型建立及试验验证

拼焊板失效模式除了与焊缝方向有关外，还与母材性能、板厚比及焊缝性能有关。应用解析方法计算、试验和有限元法验证，提出拼焊板失效模式预测方法，研究各种因素对失效模式的影响。

（1）拼焊板临界板厚比解析模型　影响拼焊板失效模式的因素较多，主要包括：拼焊板板厚比（Thickness ratio，简称 TR）、母板材料参数（强度系数 K 值、应变硬化指数 n 值和各向异性指数 r 值）比、焊缝区材料性能参数等。为简化计算，对拼焊板进行简化，取拼焊板母板材料相同，即不考虑母板材料参数差异的影响。

图 5-38 所示为拼焊板双向拉伸模型示意图。其中 A、W 和 B 分别表示薄板、焊缝和厚板；垂直于焊缝的方向为 X 方向，平行于焊缝的方向为 Y 方向。ε_{AX} 和 ε_{BX} 分别是指 A、B 在 X 方向的应变，ε_{AY}、ε_{WY} 和 ε_{BY} 分别是指 A、W 和 B 在 Y 方向的应变。根据等应变假设[3]，拼焊板母材和焊缝在 Y 方向上的应变满足：

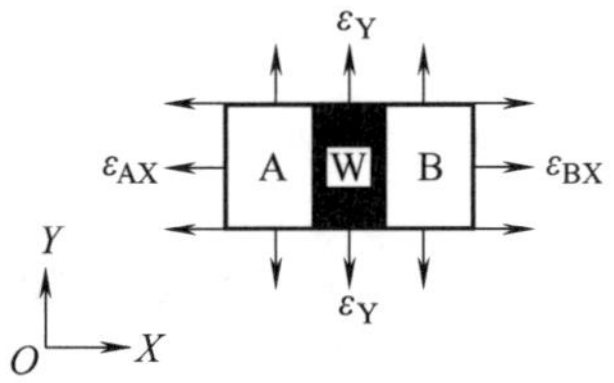

图 5-38　拼焊板双向拉伸模型示意图

$$\varepsilon_{AY}=\varepsilon_{WY}=\varepsilon_{BY}=\varepsilon_{Y} \tag{5-42}$$

式中，ε_Y 为拼焊板母材和焊缝在 Y 方向上的应变值。

采用 NADDRG 经验模型来预测板料的成形极限图（Forming Limited Diagram，简称 FLD）[16]，板料满足：

$$\begin{cases}\varepsilon_{10}=\ln\left[1+\dfrac{(23.3+13.2t_0)n}{21}\right] & (\varepsilon_2=0)\\ \varepsilon_1=-\varepsilon_2+\varepsilon_{10} & (\varepsilon_2<0)\\ \varepsilon_1=0.5\varepsilon_2+\varepsilon_{10} & (\varepsilon_2>0)\end{cases} \tag{5-43}$$

式中：t_0为板料初始厚度；n 为应变硬化指数；ε_{10}为平面应变时的主应变；ε_1为板料危险点处的主应变；ε_2为板料危险点处的次应变。

取拼焊板失效危险点处的焊缝单元与相邻弱侧母材单元，受力关系应满足：

$$\sigma_{AX}t_A = \sigma_{WX}t_W \tag{5-44}$$

式中：t_A、t_W分别表示弱侧母材、焊缝在变形过程中的实际厚度；σ_{AX}，σ_{WX}分别为母材 A 和焊缝 W 在 X 方向上的应力。

板料在变形过程中的实际厚度与初始厚度满足：

$$\begin{cases} t_A = t_{A0}e^{-(\varepsilon_{AX}+\varepsilon_Y)} \\ t_W = t_{W0}e^{-(\varepsilon_{WX}+\varepsilon_Y)} \end{cases} \tag{5-45}$$

式中，t_{A0}、t_{W0}分别是母材 A 和焊缝 W 的初始厚度。

结合式（5-44）和式（5-45）可得：

$$\sigma_{WX}\exp(\varepsilon_{AX}-\varepsilon_{WX}) = \frac{t_{A0}}{t_{W0}}\sigma_{AX} \tag{5-46}$$

假设拼焊板母材和焊缝材料均服从 Hollomon 硬化准则，即材料满足：

$$\overline{\sigma} = K\,\overline{\varepsilon}^n \tag{5-47}$$

式中：$\overline{\sigma}$ 是等效应力；$\overline{\varepsilon}$ 是等效应变；n 是应变硬化指数。

在简单加载条件下，厚向异性板板面内等效应变关系为：

$$\overline{\varepsilon} = \frac{1+r}{\sqrt{1+2r}}\sqrt{\varepsilon_1^2 + \frac{2r}{1+r}\varepsilon_1\varepsilon_2 + \varepsilon_2^2} \tag{5-48}$$

式中：$\overline{\varepsilon}$、ε_1、ε_2分别为等效应变、主应变和次应变；r 为板料厚向异性指数。

应力应变分量之间的关系如下：

$$\begin{cases} \varepsilon_1 = \dfrac{\overline{\varepsilon}}{\overline{\sigma}}\left(\sigma_1 - \dfrac{r}{1+r}\sigma_2\right) \\ \varepsilon_2 = \dfrac{\overline{\varepsilon}}{\overline{\sigma}}\left(\sigma_2 - \dfrac{r}{1+r}\sigma_1\right) \end{cases} \tag{5-49}$$

若焊缝 W 和薄侧母材 A 同时达到极限应变，即同时开裂失效，则焊缝开裂点的应变状态（ε_{AX}，ε_{AY}）和薄侧母材开裂点的应变状态（ε_{WX}，ε_{WY}）均满足式（5-43）。

基于等应变假设，结合式（5-46）~式（5-49）可计算得到拼焊板初始板厚比：

$$\frac{t_{A0}}{t_{W0}} = \frac{K_W}{K_A}\frac{G_W}{G_A}\frac{(\varepsilon_{WX}^2 + 2R_W\cdot\varepsilon_{WX}\cdot\varepsilon_Y + \varepsilon_Y^2)^{\frac{n_W-1}{2}}}{(\varepsilon_{AX}^2 + 2R_A\cdot\varepsilon_{AX}\cdot\varepsilon_Y + \varepsilon_Y^2)^{\frac{n_A-1}{2}}}\frac{\varepsilon_{WX}+R_W\varepsilon_Y}{\varepsilon_{AX}+R_A\varepsilon_Y}\exp(\varepsilon_{AX}-\varepsilon_{WX}) \tag{5-50}$$

式中：$G_A = \dfrac{1+r_A}{\sqrt{1+2r_A}}$，$G_W = \dfrac{1+r_W}{\sqrt{1+2r_W}}$，$R_A = \dfrac{r_A}{1+r_A}$，$R_W = \dfrac{r_W}{1+r_W}$；$K_A$、$K_W$分别为

母材和焊缝的强度系数；n_A、n_W分别为母材和焊缝的应变硬化指数。

当拼焊板变形处于等位移双拉变形状态，薄侧母材 A 的次应变 $\varepsilon_{AY}>0$，焊缝 W 的次应变 $\varepsilon_{WX}<0$ 时，由式（5-43）可知：

$$\begin{cases}\varepsilon_{AX}=0.5\varepsilon_Y+\varepsilon_{A0}\\ \varepsilon_Y=-\varepsilon_{WX}+\varepsilon_{W0}\end{cases} \tag{5-51}$$

式中，$\varepsilon_{A0}=\ln\left[\dfrac{1+(23.3+13.2t_{A0})n_A}{21}\right]$，$\varepsilon_{W0}=\ln\left[\dfrac{1+(23.3+13.2t_{W0})n_W}{21}\right]$。

假设拼焊板焊缝厚度为厚侧母材和薄侧母材厚度的平均值[17]，即

$$t_{W0}=\frac{1}{2}(t_{A0}+t_{B0}) \tag{5-52}$$

从式（5-50）可见，当拼焊板焊缝与母材同时开裂时，焊缝性能参数（K_W、n_W、r_W）、母材参数（K_A、n_A、r_A）和母板的初始板厚（t_{A0}、t_{B0}）满足一定的关系，故根据式（5-50）可预测拼焊板失效模式。若仅考虑母材板厚比与拼焊板开裂模式的关系，当薄侧母材 A 和焊缝 W 的主、次应变中任意一个量已知时，结合式（5-50）~式（5-52）可计算出拼焊板焊缝和薄侧母材同时开裂失效时拼焊板厚板与薄板的板厚比。定义此时板厚比为临界板厚比（Critical thickness ratio，简称 CTR），当 $t_{A0}/t_{B0}>$CTR 时，拼焊板开裂发生在弱侧母材上，反之，开裂发生在焊缝上。

（2）CTR 解析模型验证　为验证双向拉伸条件下拼焊板 CTR 模型，以 DC56 + Z 同材差厚激光拼焊板为研究对象，母材和焊缝材料参数通过单向拉伸试验[3]计算获得，见表 5-3。

表 5-3　DC56 + Z 及拼焊板焊缝力学性能参数

材料	R_{eL}/MPa	E/MPa	μ	K 值/MPa	n 值	r 值
DC56 + Z	156.0	2.07×10^5	0.3	530.0	0.236	1.995
焊缝	304.0	2.07×10^5	0.3	1060.0	0.118	1.000

要计算拼焊板 CTR，首先必须确定其变形状态。假设拼焊板处于 X 和 Y 两个方向上等位移拉伸；在 X 方向上，焊缝变形量相较两侧母材而言很小，忽略其对整体变形的影响，只考虑两侧母材在 X 和 Y 方向上的变形协调关系，简图如图 5-39 所示。

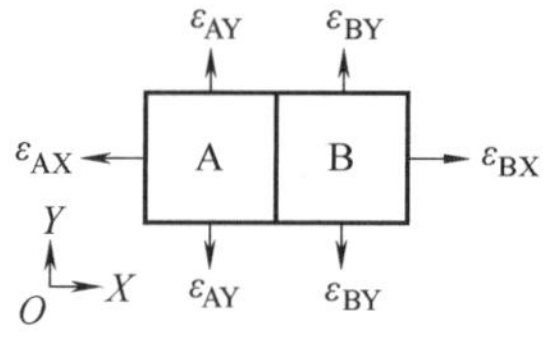

图 5-39　等位移双向拉伸简图

图 5-39 中 A、B 分别是拼焊板薄侧和厚侧母材，ε_{AX}、ε_{AY}分别是 A 在 X 和 Y 方向上的应变值，ε_{BX}、ε_{BY}分别是 B 在 X 和 Y 方向上的应变值。根

据模型变形假设，在 X 和 Y 方向上的变形伸长量相同，即满足：

$$e^{\varepsilon_{AX}} + e^{\varepsilon_{BY}} = 2e^{\varepsilon_{Y}} \tag{5-53}$$

结合式（5-43）和式（5-53）可确定等位移双向拉伸的应变状态：

$$e^{(0.5\varepsilon_{Y}+\varepsilon_{A0})} + e^{(0.5\varepsilon_{Y}+\varepsilon_{B0})} = 2e^{\varepsilon_{Y}} \tag{5-54}$$

针对 DC56 + Z 同材差厚激光拼焊板，结合式（5-50）、式（5-51）和式（5-54），计算得到等位移双向拉伸条件下的拼焊板 CTR。

1）有限元模型的建立。极限胀形试验[18]是评价板料胀形成形性能的常用试验方法。极限胀形试验的模拟采用商业有限元软件 eat/Dynaform 完成，建立的有限元模型如图 5-40 所示。

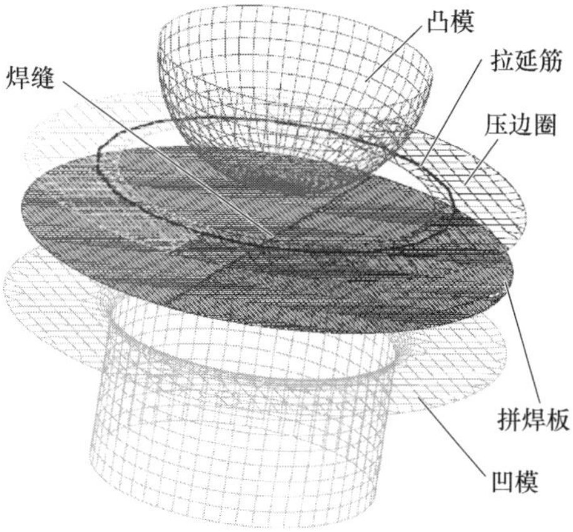

图 5-40　拼焊板胀形有限元模型

由于显式计算对非线性变形和接触问题具有较高的兼容性，故采用显式运算来进行半球胀形试验模拟。拼焊板母材采用 Belytschko-Tsay 壳单元（BT 壳单元）建模，通过单元尺寸和 BT 壳单元厚向积分点的敏感性研究，确定 BT 壳单元厚向带五个积分点，单元尺寸为 1mm × 1mm。在已有的拼焊板有限元模拟分析中，焊缝建模方式主要有两大类：一类是忽略焊缝形状和性能的影响，采用刚性节点来连接强侧和弱侧母材[19]；另一类是考虑焊缝形状和性能影响，采用壳单元、梁单元或实体单元对焊缝进行建模。刚性连接具有建模简单，计算效率高等优点，所以焊缝对拼焊板成形性能的影响也得到广泛研究[20]，结果发现当开裂发生在焊缝临近的弱侧母材上时，焊缝性能对拼焊板成形性能没有影响。为此，选择较大板厚比的拼焊板，采用刚性连接进行焊缝建模。所有的模具，包括凸模、压边圈、凹模均采用刚性单元建模，并在凹模上设置等效拉延筋，以确保材料不向凹模内流动。凹模、压边圈与拼焊板之间的接触采用罚函数来建模，摩擦系数设为 0.125；为实现拼焊板中心单元处于等位移变形，忽略凸模与拼焊板之间的摩擦。压边圈采用分瓣压边圈，包括薄板、厚板和焊缝压边圈三个部分来适应拼焊板薄板、厚板和焊缝之间的厚度差异，建模采用刚性单元，并施加 50kN 的压边力，确保材料不向凹模内流动，且拉延筋附近不开裂。成形过程中凸模向下运动，为了兼顾有限元计算精度和计算效率，通过速度敏感性研究确定凸模的速度为 2.0m/s 来完成整个成形过程。

根据危险点的主、次应变与材料成形极限图的关系，当危险点的应变路径与材料成形极限曲线（Forming Limited Curve，FLC）相交时，认为失效发生。在DynaForm软件中，根据材料的厚度和应变硬化指数确定FLC，DynaForm后处理软件LS-POST能自动地执行这一程序。

2）试验验证。在有限元模型中，为实现拼焊板中心区域的等位移拉伸，在极限胀形试验模拟中，忽略板料与凸模之间的摩擦；而在实际极限胀形试验中，存在摩擦，且对成形深度有较大的影响。为此，首先将极限胀形试验有限元模型中的摩擦系数设为钢与钢之间的实际摩擦系数，并通过相应的物理试验进行验证。然后，将被验证的有限元模型中的摩擦系数设为0，用于分析等位移拉伸条件下，拼焊板焊缝与薄侧母材同时失效时的厚侧与薄侧的板厚比。

根据拼焊板门内板常用材料，选用DC56 + Z的同材差厚激光拼焊板，板厚比是1.5mm∶0.7mm，材料参数见表5-3。

试验在液压机上进行，当成形力急剧下降时认为失效发生。试验模具凸模半球直径为101.6mm，运动速度设为2.0m/s，凹模内径为105.7mm，在凹模内插入不同厚度的半环形垫片来调整阶梯高度，以适应拼焊板不同厚度的要求；在凹模上设置直径为145.0mm的拉延筋以阻止边缘材料向凹模内流动，确保仅凹模内部板料在凸模作用下成形，如图5-41所示；在试验中采用万能测量显微镜（图5-42）测量拼焊板的极限成形高度，测量精度达0.001mm。

图5-41　极限胀形试验模具

图5-42　万能测量显微镜

为了验证有限元模型的模拟精度，以焊缝移动量和极限成形高度为指标，比较试验值和有限元值，结果如图5-43、图5-44及表5-4所示。焊缝移动量的试验和有限元结果分别为4.08mm和4.03mm，误差为1.23%。极限成形高度的试验和有限元结果分别为23.7mm和22.5mm，误差为3.50%。

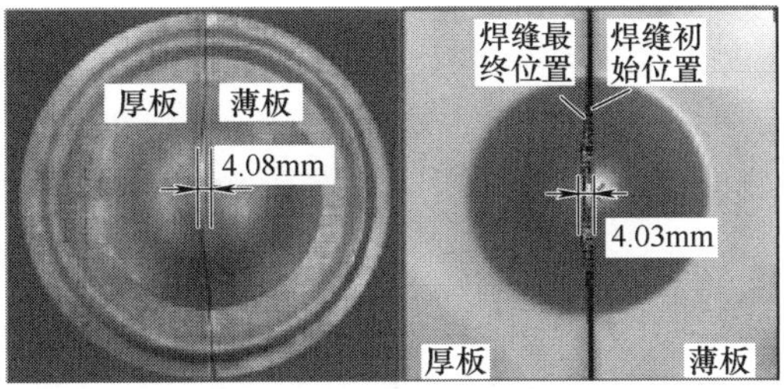

a) b)

图 5-43 拼焊板焊缝移动量结果对比

a）试验结果 b）有限元结果

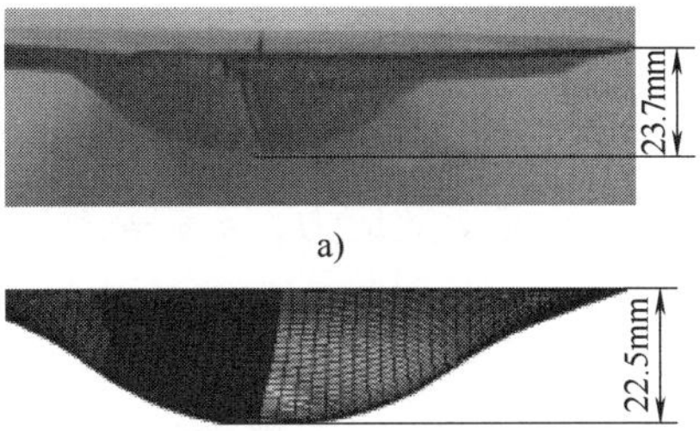

a) b)

图 5-44 拼焊板焊极限成形高度对比

a）试验结果 b）有限元结果

表 5-4 拼焊板焊缝移动量及极限成形高度的试验及有限元结果对比

试验类型 / 评价指标	试 验 结 果	有限元结果	相 对 误 差
焊缝移动量/mm	4.085	4.048	0.91%
极限成形高度/mm	23.70	22.81	3.80%

根据试验与有限元结果比较，可以发现焊缝向厚板侧发生移动，开裂均发生在与焊缝临近的薄侧母材处，这一结果与相关研究一致[21]。焊缝移动量和极限成形高度的两种结果误差均较小，在可接受范围内。有限元分析结果与试验结果基本吻合，说明所建立的有限元模型是有效的。

（三）不同焊缝建模方式的激光拼焊板材料参数范围

各种焊缝建模方式都有自身的适用范围，如何充分利用各种建模方式的优点，使拼焊板有限元模拟能满足精度要求并提高计算效率，是拼焊板有限元模拟中急切要解决的问题。所以，对焊缝建模方式的适用范围进行深入研究是十分必要的。忽略焊缝形状和性能，将焊缝看作一条直线来处理具有较高的计算效率，这种处理方式称为线焊缝。只要能满足计算精度要求，拼焊板有限元模拟通常优先采用线焊缝进行焊缝建模。反之，考虑焊缝性能和形状，将焊缝及其热影响区视为一个独立的区域，并赋予特定的形状和性能，这种处理方式称为区焊缝。线焊缝建模主要取决于：①拼焊板两侧母材厚度和性能；②焊缝条件，包括焊缝性能、方向等。为了避免母材匹配的影响，假设拼焊板母材材料和厚度相同，仅分析线焊缝建模时，焊缝的条件及应用范围。

1. 拼焊板焊缝条件及焊缝建模评估方法

研究中考虑的焊缝条件是指焊缝方向和焊缝性能。焊缝方向是指拼焊板变形过程中焊缝与主应变方向之间的夹角。当焊缝与主应变方向平行时，称纵向焊缝；当焊缝与主应变方向垂直时，称横向焊缝。

假设拼焊板母材和焊缝均服从 Ludwik-Holloman′s 硬化方程，即材料满足：

$$\overline{\sigma} = \sigma_s + K\overline{\varepsilon}^n \tag{5-55}$$

式中：$\overline{\sigma}$ 是等效应力；$\overline{\varepsilon}$ 是等效应变；K 是强度系数；n 是应变硬化指数；σ_s是屈服强度。

从式（5-55）可见，焊缝性能主要包括：屈服强度 σ_s、强度系数 K、应变硬化指数 n 等。这里考虑的焊缝性能主要是焊缝与母材性能匹配，用焊缝与母材之间的相应比值来量化，如焊缝与母材的屈服强度比 σ_{sr}、强度系数比 K_r和应变硬化指数比 n_r等。

$$\sigma_{sr} = \frac{\sigma_{sW}}{\sigma_{sB}}, \quad K_r = \frac{K_W}{K_B}, \quad n_r = \frac{n_W}{n_B}$$

式中：σ_{sW}、σ_{sB}分别为焊缝和母材的屈服强度；K_W、K_B分别为焊缝和母材的强度系数；n_W、n_B分别为焊缝和母材的应变硬化指数。

为确定线焊缝建模有效的焊缝条件，进行两种变形条件下的拼焊板成形模拟：一是 ASTM 标准单向拉伸试验；二是极限成形高度（Limit Dome Height，LDH）试验模拟，实现似平面应变状态和等位移双拉两种变形条件。

针对线焊缝和区焊缝建模，在有限元模拟中对载荷-位移关系、失效前最大载荷和最大位移进行监测，比较有限元模拟与物理试验结果，即载荷-位移变化行为、失效前最大载荷和位移等，确定线焊缝建模的焊缝条件范围。参考试验与区焊缝建模有限元模拟结果的最大误差值为 10% ~15%[22]，认为线焊缝建模和区焊缝建模的载荷-位移曲线存在 10% ~15% 的差异是合理的，当两者结果差别超过 15% 时，认为这种焊缝条件下线焊缝建模不合理。分析中，线焊缝和区焊缝建模有限元模拟的拼焊板失效前最大载荷和位移均采用这一标准进行评估。为使最大载荷误差和最大位移误差均为正值，这里的评价标准采用百分比表示。

2. 拼焊板材料

拼焊板母板材料选用大众汽车纵梁拼焊板母材 ZSTE260Z，板厚分别为 1.5mm 和 1.2mm，材料力学性能通过三次母板材料单一板单向拉伸试验，求平均值获得，见表 5-5。

表 5-5 ZSTE260Z 材料力学性能参数

杨氏模量 E/GPa	泊松比 μ	屈服强度 R_{eL}/MPa	强度系数 K/MPa	应变硬化指数 n
210	0.28	290.0	574.9	0.27

拼焊板焊缝和母材的应变硬化行为均采用 Hollomon’s 幂指数方程来描述，见式（5-55）。

假设焊缝和母材遵循 Hill' 48 各向异性屈服准则，Hill' 48 二次屈服准则是 Mises 屈服准则的扩展，如下：

$$f(\sigma) = \sqrt{F(\sigma_{22}-\sigma_{33})^2 + G(\sigma_{33}-\sigma_{11}) + H(\sigma_{11}-\sigma_{22}) + 2L\sigma_{23}^2 + 2M\sigma_{31}^2 + 2N\sigma_{12}^2}$$

式中：σ_{ij}表示应力分量；F、G、H、L、M、N 表示反映各向异性程度的材料常数，通过不同方向上的材料试验获得，并可以用六个屈服应力比来表示：

$$F = \frac{1}{2}\left(\frac{1}{R_{22}^2} + \frac{1}{R_{33}^2} - \frac{1}{R_{11}^2}\right)$$

$$G = \frac{1}{2}\left(\frac{1}{R_{33}^2} + \frac{1}{R_{11}^2} - \frac{1}{R_{22}^2}\right)$$

$$F = \frac{1}{2}\left(\frac{1}{R_{11}^2} + \frac{1}{R_{11}^2} + \frac{1}{R_{33}^2}\right)$$

$$L = \frac{3}{2R_{23}^2}, M = \frac{3}{2R_{13}^2}, N = \frac{3}{2R_{12}^2}$$

在板料成形过程中，根据宽向应变与厚向应变之比来确定各向异性材料数据。应变比可按下式定义：

$$R_{11} = R_{13} = R_{23} = 1$$

$$R_{22} = \sqrt{\frac{r_{90}(r_0+1)}{r_0(r_{90}+1)}},\ R_{22} = \sqrt{\frac{r_{90}(r_0+1)}{r_0(r_{90}+1)}},\ R_{33} = \sqrt{\frac{r_{90}(r_0+1)}{r_0+r_{90}}}$$

$$R_{12} = \sqrt{\frac{3r_{90}(r_0+1)}{(2r_{45}+1)(r_0+r_{90})}}$$

式中，r_0、r_{45}、r_{90}是不同轧制方向上的各向异性指数。各向异性指数是不同方向下的单向拉伸试验中宽度与厚度方向应变之比。在成形过程中，假设板料处于平面应力状态，采用平均厚向各向异性系数来描述板料的厚向异性，按下式计算：

$$r = \frac{r_0 + 2r_{45} + r_{90}}{4} \tag{5-56}$$

式中，下标表示板料的轧制方向。

钢制激光拼焊板焊缝强度通常比母材高，焊缝与母材的强度系数比 K_r最大超过 2.0，而硬化指数比 n_r最小达 0.2[23]。同种材料不同轧制方向的各向异性不同，而不同材料的各向异性差别更为显著，钢材料 r_r就超过 2.5[24]。忽略其他参数，只考虑焊缝力学性能对拼焊板变形行为的影响，以相同母材和厚度拼焊板进行研究。在材料参数范围内，对焊缝与母材材料参数的比值（K_r、n_r、r_r）以一定的间隔取值，获得拼焊板横向拉伸的焊缝与母材材料参数匹配（表 5-6）。在其他两个参数不变的条件下，改变横向焊缝和纵向焊缝中的一个参数，获得 15 组材料力学性能参数组合。

表 5-6 拼焊板横向拉伸的焊缝与母材材料参数匹配

强度系数比 K_r	硬化指数比 n_r	各向异性系数比 r_r
1.0	0.2	1.0
1.3	0.4	1.5
1.6	0.6	2.0
1.9	0.8	2.5
2.2	1.0	3.0

r_r表示焊缝与母材的平均各向异性指数比。

3. 拼焊板有限元模拟

(1) 单向拉伸试验模拟

1) 单向拉伸拼焊板试样制备。对于横向和纵向焊缝拼焊板，分别采用线焊缝和区焊缝对拼焊板进行模拟，如图 5-45 所示。

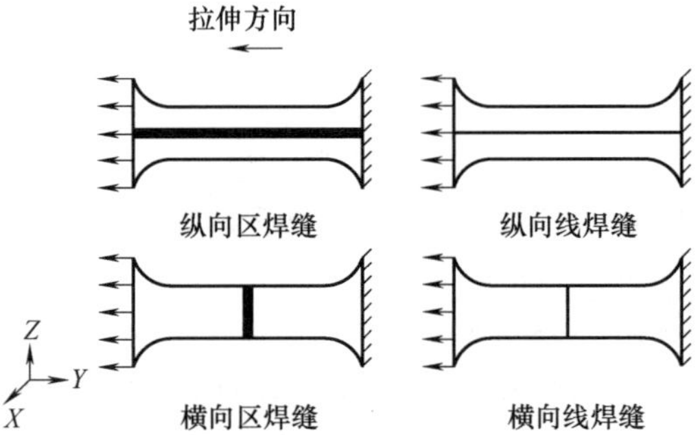

图 5-45 横向和纵向焊缝的焊缝建模示意图

拼焊板单向拉伸试样的 CAD 模型按照 ASTM E8 标准尺寸在 ABAQUS 中进行建模，如图 5-46 所示，然后进行拉伸模拟和后处理。

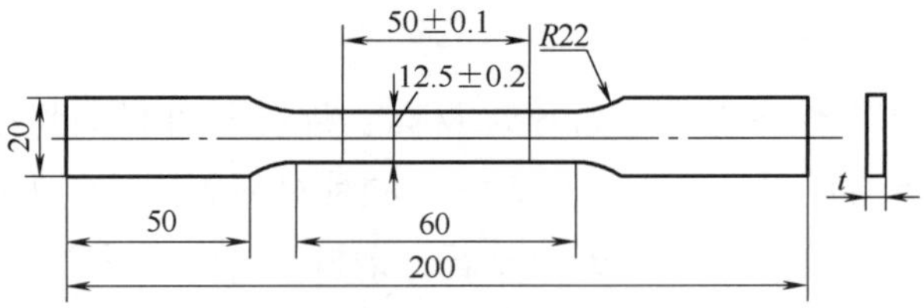

图 5-46 拼焊板尺寸简图（单位：mm）

2) 有限元模型的建立。在有限元建模过程中，拼焊板母材和焊缝均采用 3D 可变形四边形壳单元进行建模。在有限元模拟中，由于焊缝宽度尺寸较小，拼焊板成形行为对网格尺寸要求有较高的敏感性[25]。通过变化焊缝和母材区单元尺寸，以失效时最大主应变作为敏感性判定依据，对拼焊板有限元模型进行单元尺寸敏感性分析。单元尺寸分别选择 4mm、2mm、1mm、0.5mm 和 0.25mm，结果如图 5-47 所示。由图 5-47 可见，对于拼焊板单向拉伸试验模拟，当单元尺寸小于 1mm 后，开裂点最大主应变几乎一致。故确定单向拉伸试验有限元模型焊缝和母材单元尺寸均为 1mm，在文献［25］中已预测拼焊板的成形极限图是有效的。

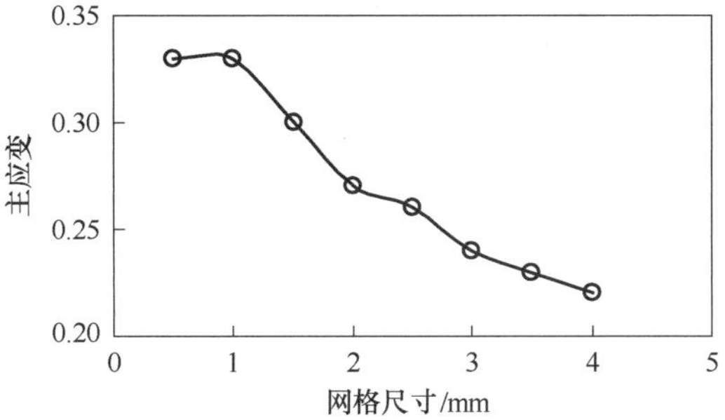

图 5-47　单向拉伸应变路径下单元尺寸对最大主应变的影响

位移边界条件如图 5-45 所示，拼焊板一端固定，另一端以速率 0.5mm/s 施加水平方向的位移，有限元模型如图 5-48 所示。

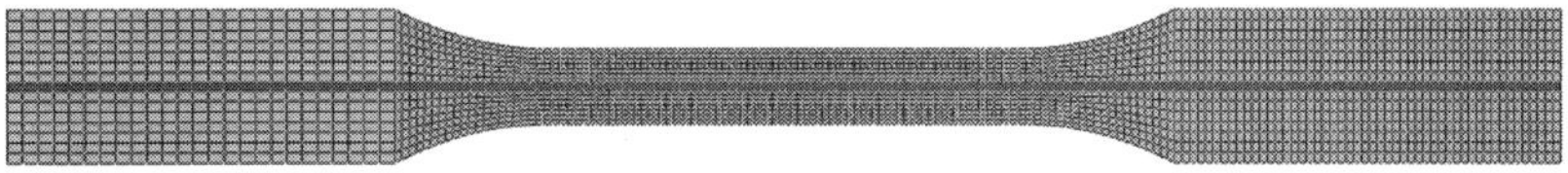

a)

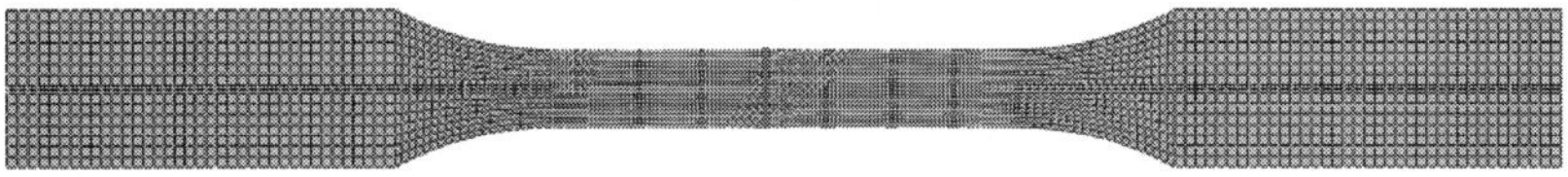

b)

图 5-48　单向拉伸试验有限元模型

a）区焊缝建模纵向焊缝有限元模型　b）区焊缝建模横向焊缝有限元模型

3）试验验证。拼焊板拉伸试样按照图 5-46 进行加工，焊缝方向垂直于拉伸方向。试验中使用的拼焊板是上海宝钢集团提供的 ZSTE260Z 激光拼焊板，板厚比为 1.2mm：1.5mm。在 INSTRON 5581 静态拉伸试验机上，对不同焊缝方向（横向焊缝和纵向焊缝）的拼焊板进行单向拉伸试验，拉伸速度为 5mm/min。试验装置包括拉伸试样、夹具及引伸计，如图 5-49 所示。

当拉伸载荷达到最大时认为拼焊板失效。失效后的试样如图 5-50 和图 5-51 所示，其中图 5-50 所示为横向焊缝拼焊板单向拉伸试验结果，失效总是发生在弱侧上。图 5-51 所示为纵向焊缝拼焊板单向拉伸试验结果，失效发生在焊缝上。

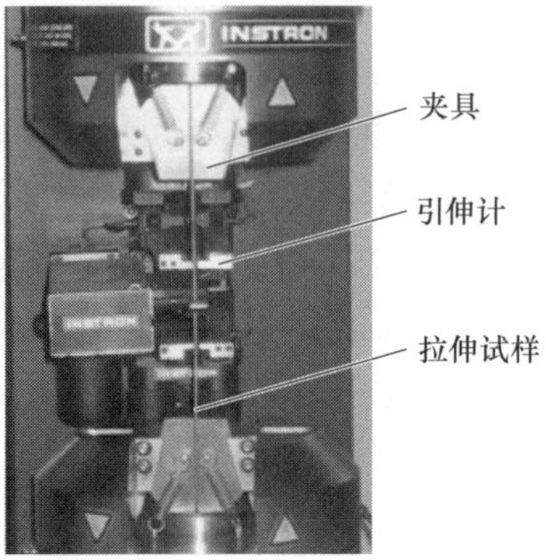

图 5-49　拼焊板拉伸试验装置

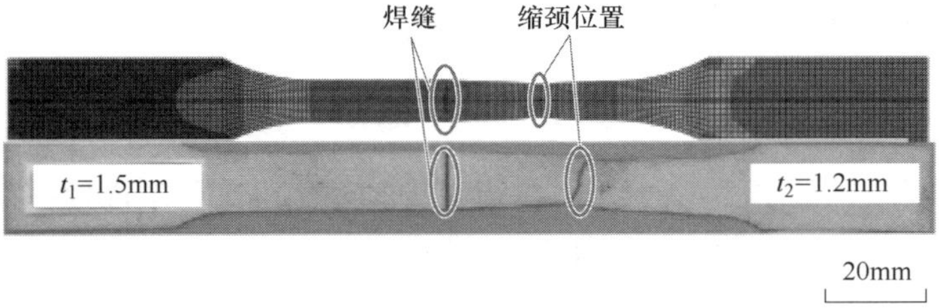

图 5-50　横向焊缝拼焊板单向拉伸试验结果

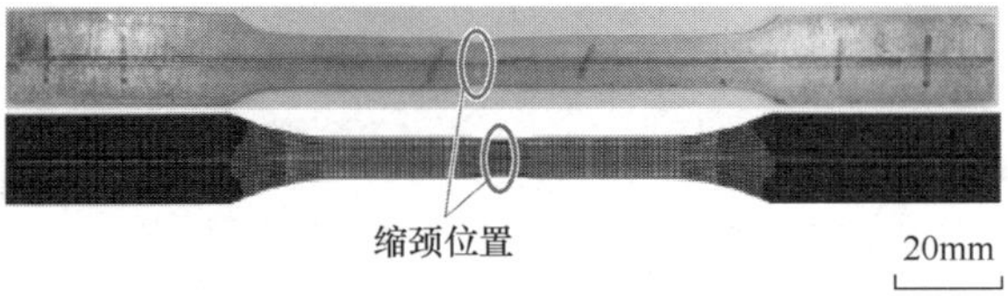

图 5-51　纵向焊缝拼焊板单向拉伸试验结果

（2）拼焊板 LDH 试验仿真及验证　LDH 试验拼焊板试样制备。为实现拼焊板开裂危险点处于平面应变状态，对不同宽度（$w=20$、40、…、180）的拼焊板进行分析，确定拼焊板尺寸为 180mm × 100mm。双向拉伸变形状态的试样尺寸为 180mm × 180mm。在平面应变条件下分别进行横向和纵向焊缝拼焊板模拟。拼焊板试样示意图如图 5-52 所示。

4. 结果与讨论

（1）单向拉伸　对于横向和纵向焊缝拼焊板单向拉伸试验，分别采用线焊缝和区焊缝建模，分析不同 K_r、n_r 和 r_r 值时的载荷- 位移曲线，获得了拼焊板失效前最大载荷和最大位移，并参照上述提出的判别方法确定不同焊缝建模方式的参数范围。为了避免参数之间相互影响，分析其中一个参数时，其他焊缝参数假

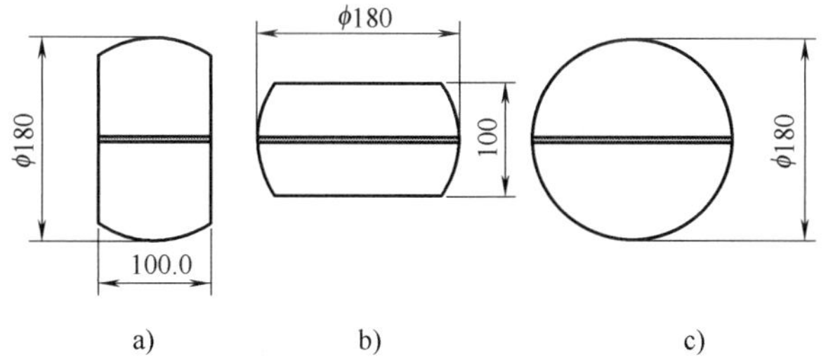

图 5-52　LDH 拼焊板试样示意图（单位：mm）
a）平面应变横向焊缝拼焊板　b）平面应变纵向焊缝拼焊板　c）双向拉伸拼焊板

设与母材相同。

1）横向焊缝单向拉伸。分别采用线焊缝和区焊缝对横向焊缝拼焊板进行建模，获得不同焊缝参数拼焊板的最大载荷和最大位移，结果见表 5-7，表中仅列出了具有代表性并用来讨论的结果，并计算出线焊缝模型和区焊缝模型有限元结果之间的误差。

表 5-7　横向拼焊板单向拉伸失效前最大载荷和最大位移

焊缝条件			最大载荷/kN	最大位移/mm	最大载荷误差（%）	最大位移误差（%）
K_r	n_r	r_r				
1.0	1.0	1.0	4.34	11.28	0（参考值）	0（参考值）
1.3	1.0	1.0	4.47	11.91	3.00	5.59
1.6	1.0	1.0	4.23	11.15	2.53	1.15
1.9	1.0	1.0	4.36	12.03	0.46	6.65
2.2	1.0	1.0	4.18	10.86	3.69	3.72
1.0	0.2	1.0	3.97	10.28	8.53	8.70
1.0	0.4	1.0	4.13	10.61	4.84	5.77
1.0	0.6	1.0	4.27	10.85	1.61	3.64
1.0	0.8	1.0	4.67	11.15	7.60	0.98
1.0	1.0	1.5	4.18	10.54	3.69	6.56
1.0	1.0	2.0	3.91	10.69	9.91	5.23
1.0	1.0	2.5	4.06	12.17	6.45	7.89
1.0	1.0	3.0	3.93	11.63	9.45	3.10

从表 5-7 所列结果可知，当假设焊缝的 n 值和 r 值与母材相同时，无论 K_r 取何值，两种建模方式的有限元结果，即最大载荷误差和最大位移误差均在许可范

围内。根据线焊缝建模区域的判断方法，当焊缝其他条件与母材相同时，确定 $K_r \geq 1.0$ 为线焊缝建模区域。

当 $K_r \geq 1.0$ 时，对横向焊缝拼焊板，由于焊缝强度高于母材，拼焊板单向拉伸失效主要表现为薄侧母材缩颈。焊缝宽度较小时，对拼焊板整体拉伸行为无明显影响，所以拉伸最大载荷和最大位移均处在允许的范围之内。可见，当焊缝 n 值和 r 值与母材相同的情况下，线焊缝建模的强度系数范围为 $K_r \geq 1.0$。

假设焊缝 K 值和 r 值与母材相同，n_r 取 0.2、0.4、…、1.0，线焊缝与区焊缝建模的有限元结果见表 5-7。从表中结果可以看出，所有结果的误差均在允许范围内，表明不同焊缝的 n 值对横向焊缝拼焊板模拟结果没有明显影响。又从式（5-47）可知，n 值越小，强度越高。焊缝的 n 值通常都小于母材，所以单向拉伸失效发生在薄侧母材上。较窄的焊缝对拼焊板拉伸变形无显著影响。

假设焊缝 K 值和 n 值与母材相同，r 值取 1.0、1.5、…、3.0，线焊缝与区焊缝建模的有限元结果见表 5-7。从结果来看，所有结果的最大误差均在许可范围内，说明焊缝的各向异性对单向拉伸行为无显著影响。从分析结果可知，拼焊板线焊缝建模的范围是 $r_r \geq 1.0$。这主要是因为厚向异性指数越大，焊缝抗变薄能力越强，而焊缝宽度较小，处于平面应变状态，拉伸失效发生在薄侧母材上。

可见，若拉伸失效发生在薄侧母材上，焊缝的力学性能对拼焊板拉伸失效无明显影响。而在焊缝的强度系数大于母材、应变硬化指数小于母材及厚向异性指数大于母材的条件下，焊缝具有较薄侧母材更强的抗失效能力。假设拼焊板线焊缝成立，拼焊板参数范围如图 5-53 所示。当拼焊板焊缝与母材参数满足线焊缝建模假设范围时，可以忽略焊缝性能，将焊缝作为刚性连接处理就能满足拼焊板成形模拟精度要求。

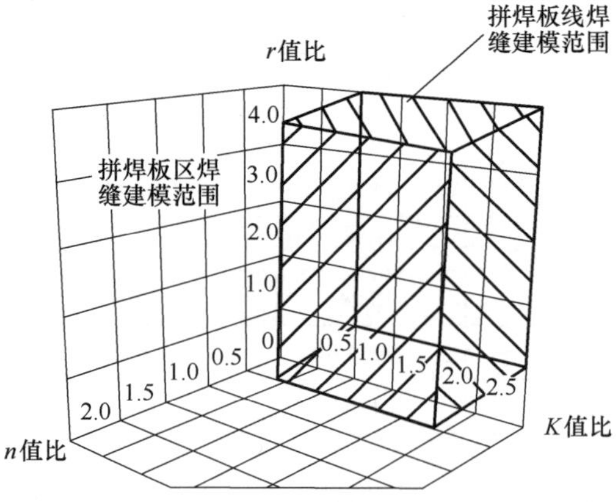

图 5-53　单向拉伸条件下不同焊缝建模的横向焊缝拼焊板参数范围

2）纵向焊缝单向拉伸。不同焊缝力学性能的纵向焊缝拼焊板单向拉伸失效前的最大载荷和最大位移见表 5-8，表中仅列出了具有代表性并用来讨论的结果。

表 5-8 纵向焊缝拼焊板单向拉伸失效前最大载荷和最大位移

焊缝条件			最大载荷/kN	最大位移/mm	最大载荷误差（%）	最大位移误差（%）
K_r	n_r	r_r				
1.0	1.0	1.0	4.34	11.26	0（参考值）	0（参考值）
1.3	1.0	1.0	4.46	11.86	2.76	5.33
1.6	1.0	1.0	4.59	11.59	14.26	2.93
1.9	1.0	1.0	5.03	11.73	15.90	4.17
2.2	1.0	1.0	5.48	11.76	26.27	4.44
1.0	0.2	1.0	1.23	4.03	71.66	64.21
1.0	0.4	1.0	3.68	8.85	15.207	21.40
1.0	0.6	1.0	3.97	9.65	8.525	14.30
1.0	0.8	1.0	4.13	10.58	4.839	6.06
1.0	1.0	1.5	5.26	10.54	1.84	6.39
1.0	1.0	2.0	3.91	9.69	9.91	13.94
1.0	1.0	2.5	3.36	8.47	22.58	15.90
1.0	1.0	3.0	2.93	7.63	32.49	23.36

假设焊缝的应变硬化指数 n 值和各向异性指数 r 值与母材相同，焊缝与母材的强度系数比 K_r 取 1.0、1.3、…、2.2，分别采用线焊缝和区焊缝对拼焊板进行建模，获得各次模拟结果的最大载荷和位移，见表 5-8。从表中结果可知，当 K_r 值小于 1.3 时，最大载荷和最大位移分别为 4.46kN 和 11.86mm，与刚性连接模型结果的误差为 2.76% 和 5.33%。当 K_r 值超过 1.3 后，相应的误差超出 15%，此时，线焊缝和区焊缝建模有较大差异，拼焊板焊缝不能采用线焊缝建模。从分析可知，线焊缝建模的范围是 $K_r \leqslant 1.3$。

由于单向拉伸失稳主要是宽向失稳，主应变与材料的应变硬化指数相等，即 $\varepsilon_1 = n$。假设 n 值与母材相同，则不同 K_r 值的拼焊板拉伸失稳时的主应变相同，也就是说拉伸最大位移相同，表 5-8 中的模拟结果也反映了此情况，它们之间的误差均小于 10%。假设式（5-55）中母材和焊缝材料均服从幂指数本构关系，焊缝的强度系数 K 值越大，焊缝变形产生的主应力就越大，在其他条件相同的情况下导致拉伸载荷升高。

当焊缝 K 值和 r 值与母材相同时，焊缝与母材的应变硬化指数比 n_r 值分别取 0.2、0.4、…、1.0，线焊缝与区焊缝建模有限元结果的最大位移及载荷见表 5-8。从表中可知，当 n_r 超过 0.8 后，它们的最大位移和载荷误差在 10% 以内，介于误差范围内。由此可认为，忽略焊缝建模的范围是 $n_r \geqslant 0.8$。

当焊缝 K 值和 n 值与母材相同时，r 分别取 1.0、1.5、…、3.0 的线焊缝与区焊缝有限元结果见表 5-8。当 $r_r \leqslant 1.5$ 时，最大载荷和最大位移值分别为 4.26kN 和 10.54mm，误差分别为 1.84% 和 6.39%，在合理的误差范围内。可见，忽略焊缝建模的各向异性指数范围是 $r_r \leqslant 1.5$。

随着焊缝各向异性指数增大，宽向失稳越容易发生，导致拼焊板失效时的最大载荷和最大位移均相应减小。

由上述分析可知，假设刚性连接焊缝建模的拼焊板参数范围如图 5-54 所示，当拼焊板焊缝与母材参数处于线焊缝建模范围时，可以忽略焊缝性能，将焊缝作为刚性连接处理就能满足拼焊板成形模拟精度要求。

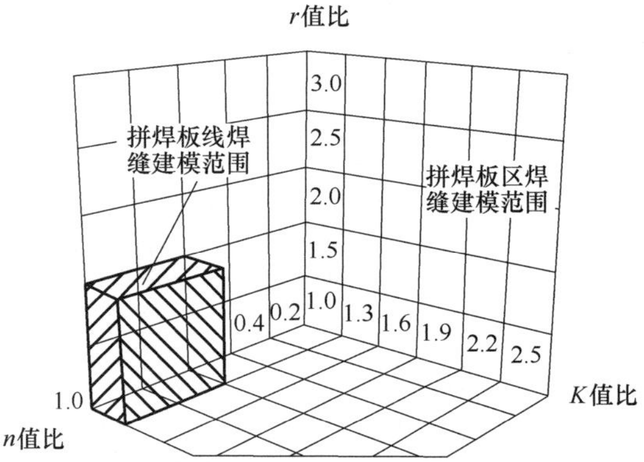

图 5-54　单向拉伸条件下不同焊缝建模方式的横向焊缝拼焊板参数范围

可见，单向拉伸条件下，横向拼焊板线焊缝建模的范围为 $1.0 < K_r < 2.2$、$0 < n_r < 1.0$ 和 $1.0 < r_r < 3.0$。纵向拼焊板线焊缝建模的范围为 $1.0 < K_r < 1.3$、$0.8 < n_r < 1.0$ 和 $1.0 < r_r < 1.5$。当材料力学性能参数在此范围内时，开裂发生在拼焊板薄侧上，焊缝性能对拼焊板成形行为无显著影响。

（2）拼焊板极限成形高度试验（似平面应变）　在平面应变状态下，分别采用线焊缝和区焊缝建模两种方式对横向和纵向焊缝拼焊板进行有限元建模，分析失效前的最大载荷和最大位移，计算两种建模方式有限元结果之间的误差。

1）横向焊缝拼焊板。横向焊缝平面应变模拟中需要进行讨论的具有代表性的结果见表 5-9。其中列出了拼焊板失效前最大位移和最大载荷，以及相应的误差值。

表 5-9 平面应变条件下横向焊缝拼焊板失效前的最大载荷和最大位移

焊缝条件			最大载荷/kN	最大位移/mm	最大载荷误差（%）	最大位移误差（%）
K_r	n_r	r_r				
1.0	1.0	1.0	28.93（参考）	45.16（参考）	0	0
1.3	1.0	1.0	29.72	46.93	2.73	3.92
1.6	1.0	1.0	27.68	46.32	4.32	2.57
1.9	1.0	1.0	27.81	46.47	3.87	2.90
2.2	1.0	1.0	28.96	46.54	0.10	3.06
1.0	0.2	1.0	28.96	45.16	0.10	0.00
1.0	0.4	1.0	28.94	45.92	0.03	1.68
1.0	0.6	1.0	28.95	46.31	0.07	2.55
1.0	0.8	1.0	28.92	46.48	0.03	2.92
1.0	1.0	1.0	28.93	46.53	0.00	3.03
1.0	1.0	1.0	28.93	45.16	0.00	0.00
1.0	1.0	1.5	28.92	46.54	0.03	3.06
1.0	1.0	2.0	28.91	46.94	0.07	3.94
1.0	1.0	2.5	28.94	47.01	0.03	4.10
1.0	1.0	3.0	28.95	47.04	0.07	4.16

当焊缝 n 值和 r 值与母材相同时，K_r取 1.0、1.3、…、2.2，线焊缝与区焊缝建模的有限元结果见表 5-9。从表中可知，无论 K_r取何值，两种建模方式的最大载荷误差和最大位移误差均很小。根据线焊缝建模区域的判断方法，当焊缝其他条件与母材条件相同时，可认为 $K_r \geq 1.0$ 为线焊缝建模区域。由于焊缝的强度高于母材，开裂出现在弱侧母材上，因此，焊缝的性能对平面应变条件下横向焊缝拼焊板成形性能无明显影响。

当焊缝 K 值和 r 值与母材相同时，n_r取 0.2、0.4、…、1.0，线焊缝与区焊缝建模的有限元结果见表 5-9。从表中结果可见，在其他条件相同的情况下，焊缝的 n 值变化对拼焊板平面应变变形无显著影响，故线焊缝建模的范围为 $0 \leq n_r \leq 1.0$。当焊缝的 n 值较小时，厚向的应变也较小，具有较强的抗厚向失稳能力，同时平面应变条件下，失效主要是厚向失稳，故失稳发生在弱侧母材。

当焊缝 K 值和 n 值与母材相同时，r_r取 1.0、1.5、…、3.0 时，线焊缝与区焊缝建模的有限元结果见表 5-9。不同 r_r的焊缝拼焊板的最大载荷和最大位移基本一致，也就是说线焊缝建模的范围是 $1.0 \leq r_r \leq 3.0$。r_r对成形极限没有影响，但随着 r_r增大，材料抗厚向失稳能力增强。在平面应变情况下，r_r值较大的焊缝不易失稳，失稳发生在弱侧母材。所以，r_r对拼焊板拉伸性能无明显影响。

根据上述分析，当拼焊板焊缝与母材参数在线焊缝建模范围（图5-55）内时，可以忽略焊缝性能，将焊缝作为刚性连接处理就能满足拼焊板成形性能模拟精度要求。

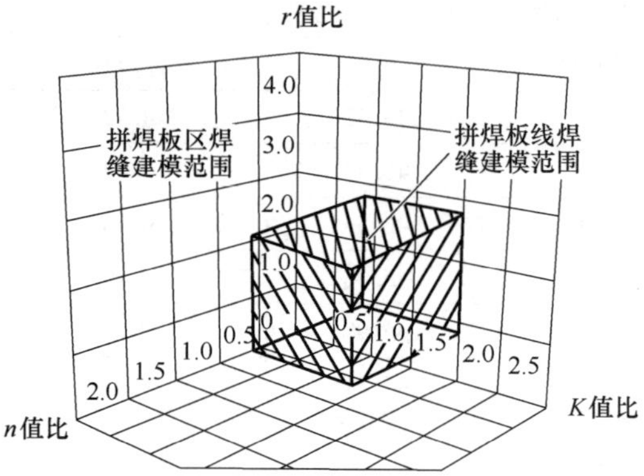

图5-55 平面应变条件下横向焊缝拼焊板不同焊缝建模方式的材料参数范围

2）纵向焊缝拼焊板。纵向焊缝平面应变模拟中需要讨论的具有代表性的结果见表5-10。其中列出了拼焊板失效前的最大位移和最大载荷以及相应的误差。

表5-10 平面应变条件下纵向焊缝拼焊板失效前的最大载荷和最大位移

焊缝条件			最大载荷/kN	最大位移/mm	最大载荷误差（%）	最大位移误差（%）
K_r	n_r	r_r				
1.0	1.0	1.0	38.16（参考）	67.64（参考）	0.00	0.00
1.3	1.0	1.0	39.35	68.42	3.12	1.15
1.6	1.0	1.0	36.31	68.83	4.85	1.76
1.9	1.0	1.0	37.4	69.11	1.99	2.17
2.2	1.0	1.0	38.45	69.26	0.76	2.40
1.0	0.2	1.0	25.29	66.78	34.23	1.27
1.0	0.4	1.0	32.95	67.78	14.30	0.21
1.0	0.6	1.0	36.29	67.21	5.62	0.64
1.0	0.8	1.0	37.87	69.15	1.51	2.23
1.0	1.0	1.0	38.45	67.64	0.00	0.00
1.0	1.0	1.5	39.21	67.87	1.98	0.34
1.0	1.0	2.0	39.46	67.95	2.63	0.46
1.0	1.0	2.5	39.5	68.03	2.73	0.58
1.0	1.0	3.0	39.55	68.07	2.86	0.64

当焊缝 n 值和 r 值与母材相同时，K_r 取 1.0、1.3、…、2.2，线焊缝与区焊缝建模的有限元结果见表 5-10。从表中结果可知，无论 K_r 取何值，两种建模方式的最大载荷误差和最大位移误差很小。根据线焊缝建模区域的判断方法，当焊缝其他条件与母材条件相同时，$K_r \geqslant 1.0$ 为线焊缝建模区域。这主要是因为焊缝的强度高于母材，变形状态介于平面应变与单向拉伸之间，而焊缝临近的母材区域更接近平面应变，最小极限应变小于焊缝，率先发生开裂。所以，焊缝的性能对平面应变条件下纵向焊缝拼焊板成形性能无明显影响。

当焊缝 K 值和 r 值与母材相同时，n_r 取 0.2、0.4、…、1.0，线焊缝与区焊缝建模的有限元结果见表 5-10。从表中结果可见，在其他条件相同的情况下，焊缝的 n 值变化对拼焊板平面应变变形行为有显著影响。当 $n_r > 0.6$ 时，最大载荷和最大位移的误差均在许可范围内，此时焊缝性能对拼焊板成形性能影响较小；当 $n_r < 0.6$ 时，线焊缝建模与区焊缝建模的有限元结果差别较大，最大载荷和最大位置的误差超过许可范围，表明此时焊缝性能明显影响拼焊板成形行为。故可认为纵向焊缝拼焊板的线焊缝建模 n_r 值的选择范围为 $0.6 \leqslant n_r \leqslant 1.0$。

材料的应变硬化指数 n 值影响焊缝强度，也影响板料成形极限。当 $n_r > 0.6$ 时，平面应变条件下，n 值对焊缝强度的影响较大，应变状态更倾向于单向拉伸，具有较大的最小极限应变，开裂发生在母材上。此时，焊缝性能对拼焊板成形行为影响不明显。而当 $n_r < 0.6$ 时，n 值的减小显著降低了焊缝的极限成形高度，此时开裂出现在焊缝上，焊缝性能对拼焊板成形行为有较大影响。

当焊缝 K 值和 n 值与母材相同时，r_r 取 1.0、1.5、…、3.0，线焊缝与区焊缝建模的有限元结果见表 5-10。不同 r_r 值的焊缝拼焊板的最大载荷和最大位移基本一致，即线焊缝建模的 r_r 范围为 $1.0 \leqslant r_r \leqslant 3.0$。虽然焊缝的 r 值对极限成形高度没有影响，但随着 r 值增大，材料抗厚向变形能力有所增强。当 r 值较大时，在平面应变情况下，焊缝不易失稳，此时失稳发生在弱侧母材上。

由上述分析可知，线焊缝拼焊板材料参数范围如图 5-56 所示。当拼焊板焊缝与母材参数满足线焊缝建模范围时，可忽略焊缝性能，将焊缝作为刚性连接处理就能满足拼焊板成形模拟精度要求。

从分析结果可知，在平面应变状态下，横向线焊缝拼焊板建模的材料参数范围为 $1.0 < K_r < 2.2$、$0 < n_r < 1.0$ 和 $1.0 < r_r < 3.0$。纵向线焊缝拼焊板建模的材料参数范围为 $1.0 < K_r < 2.2$、$0 < n_r < 1.0$ 和 $1.0 < r_r < 3.0$。当材料力学性能参数在此范围内时，开裂发生在拼焊板薄侧母材上，焊缝性能对拼焊板成形行为无显著影响。

（3）极限成形高度试验（双向拉伸应变） 在极限成形试验条件下，分别采用线焊缝和区焊缝两种方式对拼焊板进行有限元建模，分析其失效前最大载荷和最大位移，计算两种建模方式有限元结果之间的误差。

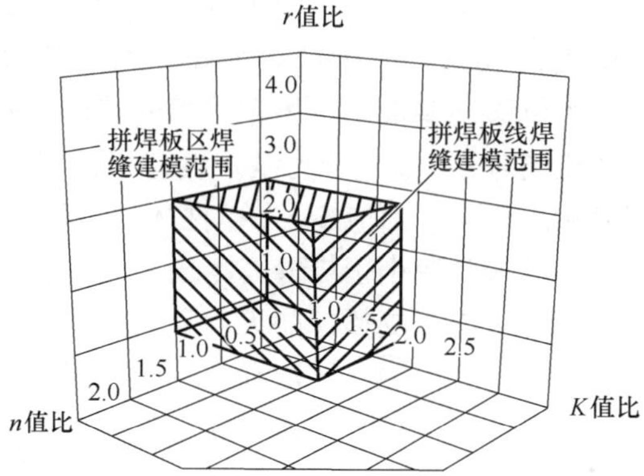

图 5-56　平面应变条件下纵向焊缝拼焊板不同焊缝建模方式的材料参数范围

在极限成形高度试验模拟结果中，需讨论且具有代表性的结果见表 5-11，其中列出了拼焊板失效前的最大位移和最大载荷及相应的误差值。

表 5-11　极限成形高度试验条件下拼焊板失效前的最大载荷和最大位移

焊缝条件			最大载荷/kN	最大位移/mm	最大载荷误差（%）	最大位移误差（%）
K_r	n_r	r_r				
1.0	1.0	1.0	72.2（参考值）	26.34（参考值）	0	0
1.3	1.0	1.0	73.83	26.41	2.26	0.27
1.6	1.0	1.0	74.61	26.78	3.34	1.67
1.9	1.0	1.0	74.97	26.85	3.84	1.94
2.2	1.0	1.0	75.30	26.93	4.29	2.24
1.0	0.2	1.0	73.50	23.04	1.80	12.53
1.0	0.4	1.0	73.10	23.31	1.25	11.50
1.0	0.6	1.0	72.89	24.39	0.96	7.40
1.0	0.8	1.0	72.57	25.64	0.51	2.66
1.0	1.0	1.0	72.20	26.34	0.00	0.00
1.0	1.0	1.5	72.68	26.26	0.66	0.30
1.0	1.0	2.0	72.39	26.83	0.26	1.86
1.0	1.0	2.5	72.14	25.46	0.08	3.34
1.0	1.0	3.0	72.90	24.14	0.97	8.35

当焊缝强度系数 K 值高于母材时，失效主要表现为薄侧母材开裂，焊缝力学性能对拼焊板变形行为没有显著影响。当 $K_r \geqslant 1.0$ 时，可使用线焊缝建模进行有限元模拟，模拟结果具有较高的精度。

当焊缝 K 值和 r 值与母材相同时，n_r 取 0.2、0.4、…、1.0，线焊缝与区焊缝建模的有限元结果见表 5-11。从表中结果发现，当 $n_r \geqslant 0.6$ 时，最大载荷和最大位移与区焊缝建模的误差较小，均在许可范围内。当 $n_r < 0.6$ 时，误差超出许可范围。故拼焊板线焊缝建模的应变硬化指数比的范围为 $0.6 \leqslant n_r \leqslant 1.0$。

根据式（5-55）可知，随着 n 值减小，相同的等效应变对应较大的等效强度。从这方面来讲，焊缝 n 值越小，强度越高。但是，n 值同时也影响拼焊板母材及焊缝的极限应变。拼焊板焊缝的成形极限图可表述为式（5-57）。从式中可知，n 值减小将降低焊缝的极限成形高度及焊缝的成形性能。综合这两方面的影响发现，当 $n_r \geqslant 0.6$ 时，n 值对强度影响方面占主导，使焊缝的成形性能高于母材，开裂发生在薄侧母材上。当 $n_r < 0.6$ 时，n 值对极限成形高度降低方面的影响占主导，降低了焊缝的成形性能，开裂出现在焊缝上。

$$\begin{cases} FLD_0 = \dfrac{(23.3 + 14.13t)n}{21} & (0 < t < 2.54\text{mm}) \\ \varepsilon_{\text{maj}} = FLD_0 + \varepsilon_{\text{min}}(0.027254\varepsilon_{\text{min}} - 1.1965) & (\varepsilon_{\text{min}} < 0) \\ \varepsilon_{\text{maj}} = FLD_0 + \varepsilon_{\text{min}}(-0.08565\varepsilon_{\text{min}} + 0.78485) & (\varepsilon_{\text{min}} > 0) \end{cases} \tag{5-57}$$

式中：FLD_0是平面应变时的主应变；n 是应变硬化指数；t 是板料厚度；ε_{maj}和ε_{min}分别为主应变和次应变。

当焊缝 K 值和 n 值与母材相同时，r_r 取 1.0、1.5、…、3.0，线焊缝与区焊缝建模的有限元结果见表 5-11。表中结果表明，焊缝的各向异性指数比对最大载荷和最大位移影响较小，线焊缝建模和区焊缝建模的有限元结果误差相对较小，均在许可范围内。所以线焊缝建模的焊缝各向异性指数比范围为 $1.0 < r_r < 3.0$。

焊缝 r 值越大，抵抗厚向变形能力越强。平面应变条件下拼焊板失效为厚向失稳，当焊缝的 $r_r > 1.0$ 时，焊缝具有较强的抗厚向失稳能力，拼焊板失效主要表现在薄侧母材上，所以焊缝性能对拼焊板平面应变失稳无显著影响。

根据上述分析，拼焊板线焊缝建模的拼焊板力学性能参数范围如图 5-57 所示。当拼焊板焊缝与母材参数满足线焊缝建模范围时，可忽略焊缝性能，将焊缝作为刚性连接处理以满足拼焊板成形模拟精度要求。

从分析结果可见，在双向拉伸应变状态下，线焊缝拼焊板建模的材料力学性能参数范围为 $1.0 < K_r < 2.2$、$0.6 < n_r < 1.0$ 和 $1.0 < r_r < 3.0$。若材料参数在此范围内，开裂发生在拼焊板薄侧母材上，焊缝性能对拼焊板成形行为无明显影响。

综上所述，拼焊板焊缝建模能否可以忽略焊缝性能的影响，用一条直线来代替焊缝，主要取决于拼焊板失效模式。当拼焊板失效出现在焊缝上时，焊缝性能是决定拼焊板成形行为的主要因素，必须考虑焊缝性能对拼焊板成形行为的影

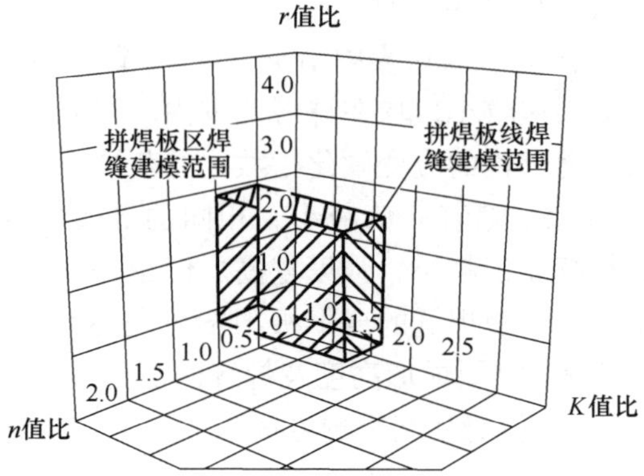

图 5-57　双向拉伸条件下拼焊板不同焊缝建模方式的材料参数范围

响；当失效出现在焊缝外的薄侧/弱侧母材上时，母材力学性能是决定拼焊板成形行为的主要因素，此时可以忽略焊缝性能的影响，将焊缝当作一条直线进行建模。

前述所提出的失效模式预测模型可判断拼焊板失效模式，模型表明除了与拼焊板变形状态有关外，失效模式主要取决于拼焊板厚度比及材料力学性能参数（*K*、*n*、*r*）比。当它们都满足解析模型时，失效表现为焊缝和母材同时开裂。在三种典型变形状态（单向拉伸、平面应变、双向拉伸）条件下，确定了焊缝建模方法对应的焊缝及母材力学性能参数范围。

参考文献

[1] 雷玉成，朱强，王建中，等. ST14 钢激光拼焊板焊缝组织及成形性能分析［J］. 焊接学报，2006，27（7）：25-28.

[2] Ganesh Narayanan R，And Narasimhan K. Weld region representation during the simulation of TWB forming behavior［J］. International Journal of Forming Processes，2006，9（4）：491-518.

[3] Abdullah K，Wild P M，Jeswiet J J，et al. Tensile testing for weld deformation properties in similar gage tailor welded blanks using the rule of mixtures［J］. Journal of Materials Processing Tehnology，2001，112（1）：91-97.

[4] He S，Wu X，Hu S J. Formability enhancement for tailor-welded blanks using blank holding force control［J］. Journal of Manufacturing Science and Engineering，2003，125（3）：461-467.

[5] Kinsey B L，Cao J. An analytical model for tailor welded blank forming［J］. Journal of Manufacturing Science and Engineering，2003，125（2）：344-351.

[6] Swift H. Plastic bending under tension［J］. Engineering，166（3）：333-359.

[7] Bhagwan A V K，Ghassan T，Friedman P A. Influence of weld characteristics on numerically predicted deformation behavior of aluminum tailor welded blanks［R］. SAE Congress and Expo-

sition. Detroit: SAE, 2002, 1-7.

[8] Shi Y, Lin Z, Zhu P, et al. Impact modeling of the weld line of tailor-welded blank [J]. Materials and Design, 2008, 29 (1): 232-238.

[9] Zhao K M, Chun B K, Lee J K. Finite element analysis of tailor-welded blanks [J]. Finite Elements in Analysis and Design, 2001, 37 (2): 117-130.

[10] Nakagawa N, Ikura S, Natsumi F. Finite element simulation of stamping a laser-welded blank [R]. SAE Congress and Exposition. Detroit: SAE, 1993. 189-197.

[11] Iwata N, Matsui M, Nakagawa N, et al. Improvements in finite-element simulation for stamping and application to the forming of laser-welded blanks [J]. Journal of Materials Processing Technology, 1995, 50 (1-4): 335-347.

[12] Shi Y, Lin Z, Zhu P, et al. Impact modeling of the weld line of tailor-welded blank [J]. Materials and Design, 2008, Vol. 29 (1): 232-238.

[13] Shakeri H R, Buste A. Study of damage initiation and fracture in aluminum tailor welded blanks made via different welding techniques [J]. Journal of Light Metals 2002, 2 (2): 95-110.

[14] Miles M, Nelson T, Decker B. Formability and strength of friction-stir-welded aluminum sheets [J]. Metallurgical and Materials Transactions A, 2004, 35 (11): 3461-3468.

[15] Sato Y S, Sugiura Y, Shoji Y, et al. Post-weld formability of friction stir welded Al alloy 5052 [J]. Materials Science and Engineering A, 2004, 25 (1-2): 138-143.

[16] Zhang J. Optimization of contact forces in tailor-welded blanks forming process [J]. The International Journal of Advanced Manufacturing Technology, 2007, 33 (5): 460-468.

[17] Veera B K, Ganesh Narayanan R, Saravana K G. An expert system based on artificial neural network for predicting the tensile behavior of tailor welded blanks [J]. Expert Systems with Applications, 2009, 36 (7): 10683-10695.

[18] Moreira L P, Ferron G, Ferran G. Experimental and numerical analysis of the cup drawing test for orthotropic metal sheets [J]. Journal of Materials Processing Technology, 2000, 108 (1): 78-86.

[19] Chen W, Lin G S, Hu S J. A comparison study on the effectiveness of stepped binder and weld line clamping pins on formability improvement for tailor-welded blanks [J]. Journal of materials processing technology, 2008, 207 (1-3): 204-210.

[20] Baptista A J, Rodrigues D M, Menezes L F. Influence of the weld on the mechanical behaviour of tailor welded blanks [J]. Materials Science Forum, 2006, 514-516: 1493-1500.

[21] Panda S K, Kumar D R. Improvement in formability of tailor welded blanks by application of counter pressure in biaxial stretch forming [J]. Journal of materials processing technology, 2008, 204 (1-3): 70-79.

[22] I S F, H W R. Forming of tailor welded blanks [J]. Metallurgical and Materials Transations A, 1996, 27 (9): 2605-2615.

[23] Narayanan R G, Narasimhan K. Predicting the forming limit strains of tailor-welded blanks [J]. The Journal of Strain Analysis for Engineering Design, 2008, 43 (7): 551-563.

[24] Moreira L P, Ferron G, Ferran G. Experimental and numerical analysis of the cup drawing test for orthotropic metal sheets [J]. Journal of Materials Processing Technology, 2000, 108 (1): 78-86.

[25] Zadpoor A A, Sinke J, Benedictus R. Finite element modeling and failure prediction of friction stir welded blanks [J]. Materials & Design, 2009, 30 (5): 1423-1434.

第六章　激光拼焊板冲压成形数值仿真

一、激光拼焊板单向拉伸数值模拟中焊缝性能的影响

（一）拼焊板焊缝材料参数对模拟结果的影响

1. 有限元模型

为了避免其他参数对成形结果的影响，焊缝两侧选取相同材料和厚度（1.75mm），进行同材等厚拼焊板单向拉伸有限元模拟。拼焊板单拉试件的基本尺寸如图 6-1 所示。焊缝采用两种处理方式，即忽略焊缝材料性能和考虑焊缝材料性能，忽略焊缝性能的拼焊板模型采用刚性连接。

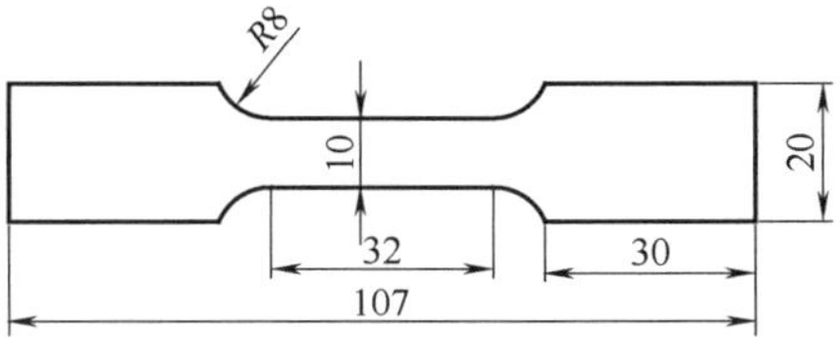

图 6-1　拼焊板单拉试件的基本尺寸

在板料塑性成形有限元模拟中，使用壳单元比较经济[1]。

第一，可节省大量的计算成本。如果要得到比较精确的结果，实体单元要划分得比较细。如果用减缩单元，厚度方向至少划分 4 层，而别的方向上单元的尺寸要相对差不多。复杂程度相近的一个模型，划分实体单元要多用十几倍的单元，再加上最小单元长度变小了好多，又是十几倍的时间，如果用 EXPLICIT，相同的问题，要多耗掉 100 多倍的时间、10 多倍的磁盘空间和内存，是很不现实的。

第二，用实体单元模拟板料起皱有困难。

第三，回弹模拟时约束施加困难，且收敛困难。

因此，在拼焊板试件单向拉伸有限元模拟中，焊缝两侧的母材选用四边形壳单元，考虑焊缝性能的焊缝单元类型选用与母材一致的壳单元，即壳单元焊缝模型。在考虑焊缝性能的壳单元焊缝模型中，K 值比分别取为：1.5、2.0、2.5，n 值比分别取为 0.5、0.65、0.8。

图 6-2 为两种焊缝处理方式下的单向拉伸变形示意图。考虑焊缝性能时，在模型中划分一个焊缝区，将焊缝性能赋予焊缝区所在单元上。忽略焊缝性能时，

两侧母材单元采用刚性连接方式。母材及焊缝采用 BT 四边形壳单元，厚度方向具有五个积分点。塑性模型采用希尔 1948 各向同性屈服准则。试件一端采用固支边界条件，即完全限制三个方向上的平移以及旋转自由度。另一端在水平方向上自由移动。在整个分析中，母材取 DX53DZl00MB，材料参数见表 6-1。

表 6-1 DX53DZ100MB 材料参数

n_b	K_b/MPa	杨氏模量/GPa	泊松比	厚度/mm
0.35	478	210	0.3	1.75

有限元模型由 760 个壳单元组成，如图 6-2 所示。在试件标称长度内，单元长宽比为 1，长宽都为 1mm。在夹持部分，由于主要的变形不在这里发生，为了节约计算时间，此处单元较大。对于激光拼焊板，由硬度分析可知，焊缝及热影响区宽度大致为 2mm，因此，在壳单元焊缝模型中便于网格划分，焊缝宽度取为 2mm，由两排壳单元组成。

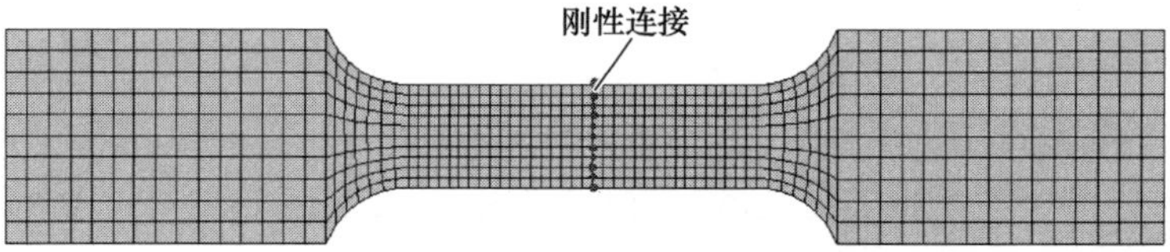

a)

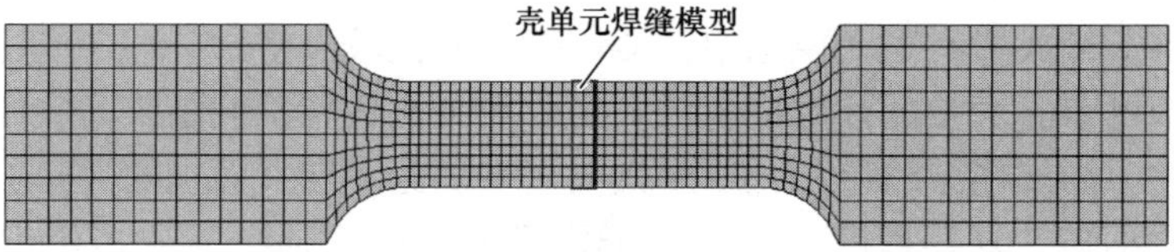

b)

图 6-2 两种焊缝处理方式下的单向拉伸变形示意图

a）忽略焊缝性能的有限元模型 b）考虑焊缝性能的有限元模型

2. 焊缝材料不同 K 值和 n 值组合模拟结果比较

图 6-3 所示为刚性连接和壳单元焊缝模型单向拉伸时的载荷-位移曲线，从图上可见，两种模型间的载荷-位移曲线基本上一致。焊缝材料 n 值不同组合的模拟结果大致相同。

图 6-4 所示为两种模型的拼焊板单向拉伸试件厚向真实应变分布图，从图中可以直观地看出，在壳单元焊缝模型中，主要变形基本上发生在焊缝两侧母材上，焊缝区域基本上没有发生变形。从厚度分布上可以观察到类似的情况，图

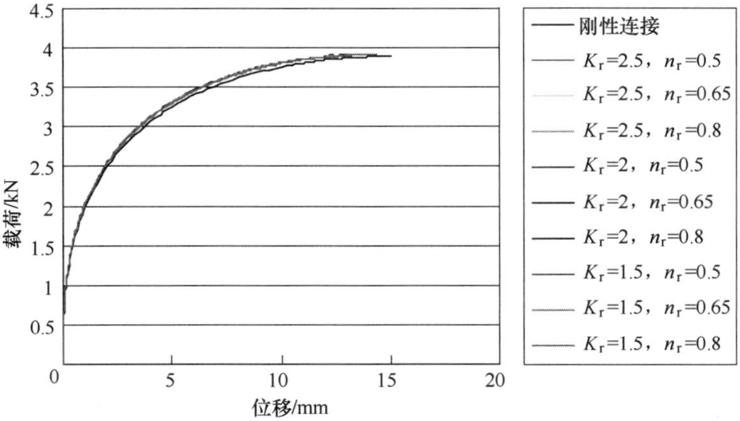

图 6-3　刚性连接和壳单元焊缝模型单向拉伸时的载荷-位移曲线

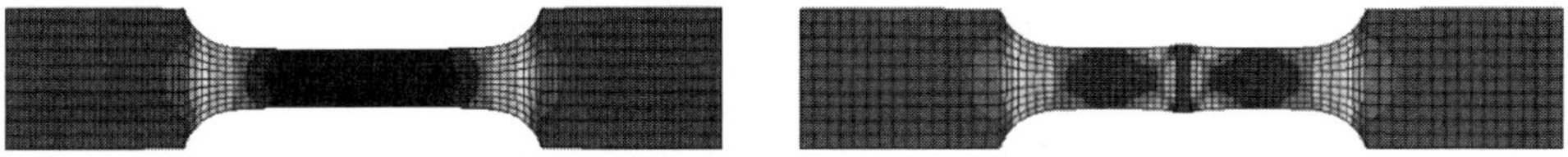

a)　　b)

图 6-4　两种模型的拼焊板单向拉伸试件厚向真实应变分布图

a）刚性连接模型　b）壳单元焊缝模型

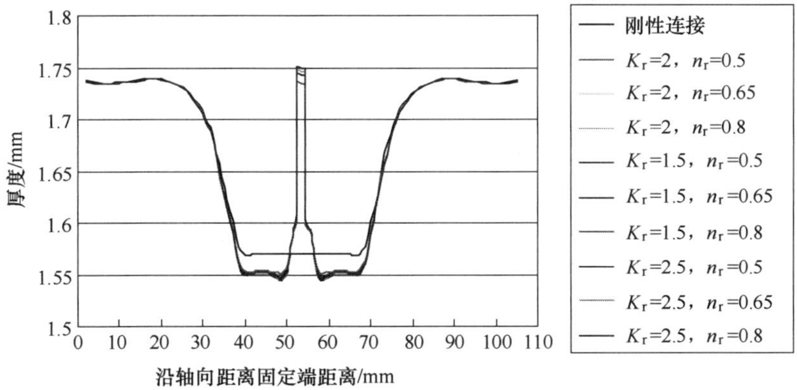

图 6-5　两种模型的拼焊板单向拉伸试件缩颈时轴向厚度分布

6-5 所示为两种模型的拼焊板单向拉伸试件缩颈时的轴向厚度分布。在考虑焊缝性能的有限元模拟中，因为开裂发生在母材上，在焊缝两侧母材区域的厚度分布与刚性连接时的基本相同。由于焊缝区域强度较高（K_r = 1.5，2.0，2.5），不容易发生变形，因此，在厚度分布上焊缝区域有一个跳跃，焊缝处材料的厚度基本上等于初始的试件厚度（1.75mm）。此种厚度的不同仅发生在焊缝区域，考虑焊缝性能的有限元模型缩颈时在母材区域的厚度分布与刚性连接时一致。同样地，焊缝材料 K 值和 n 值不同组合的厚向应变以及轴向厚度分布模拟结果大致相同。因此，可以认为焊缝材料性能参数 K 值和 n 值在一定范围内波动（K_r = 1.5，2.0，2.5；n_r =0.5，0.65，0.8）对模拟结果基本没有影响。

（二）基于两种焊缝处理方式的拼焊板单向拉伸数值模拟

通过前面证明，焊缝材料 K 值和 n 值在一定范围内波动（K_r =1.5，2.0，2.5；n_r =0.5，0.65，0.8）对模拟结果无明显影响。对于壳单元焊缝模型，选取一对焊缝材料 K 值和 n 值组合（K_r =2.0，n_f =0.5）及刚性连接有限元模型，进行同材差厚拼焊板单向拉伸有限元模拟，分析两种焊缝建模方式对数值模拟结果的影响。

1. 厚度组合

拼焊板试件基本尺寸（图 3-9）及有限元模型如图 6-2 所示。选取了四组厚度比组合：1∶1.25、1∶1.5、1∶1.75、1∶2，见表 6-2。

表 6-2　拼焊板单拉试件厚度组合　　（单位：mm）

薄板侧	厚板侧	厚度比
1.0	1.25	1∶1.25
1.0	1.5	1∶1.5
1.0	1.75	1∶1.75
1.0	2.0	1∶2.0

2. 模拟结果分析比较

如图 6-6 所示，当拼焊板单向拉伸试件达到最大载荷时，试件开始出现缩颈现象，如图 6-7 所示。缩颈前试件的变形是均匀的，从发生缩颈后，试件开始进入集中失稳阶段，此现象是工程上所要避免的，因为集中失稳意味着试件将很快发生开裂，导致失效。下面比较讨论刚性连接和壳单元焊缝模型拼焊板试件缩颈时的应变状态、塑性变形量及焊缝移动等成形特点。

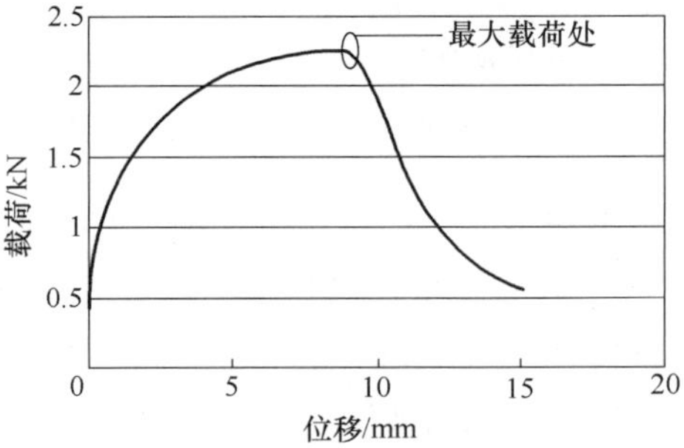

图 6-6　拼焊板单向拉伸试件载荷-位移曲线

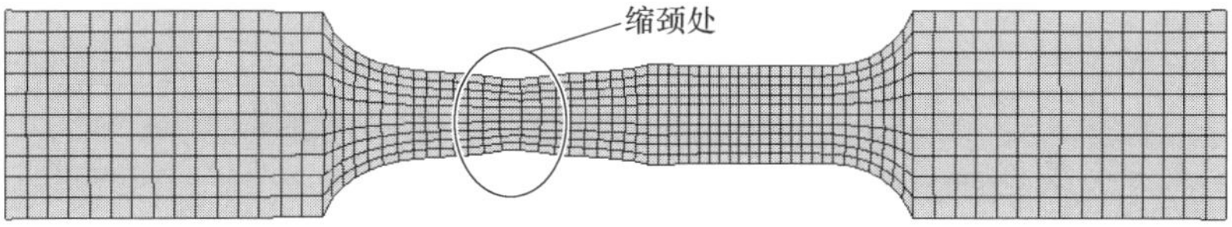

图 6-7　拼焊板单拉试件缩颈示意图

（1）拉伸过程中的应变　图 6-8 为缩颈时刚性连接和壳单元焊缝模型两种拼焊板单向拉伸试件有效塑性应变分布对比图，厚度组合为 1.0mm/1.5mm。显然，两种模型的塑性应变分布大致相同。图 6-9 为缩颈时焊缝区域有效塑性应变分布放大图，从图中可见两种模型的有效塑性应变分布差别很小。对于壳单元焊缝模型，焊缝区域几乎没有发生变形。

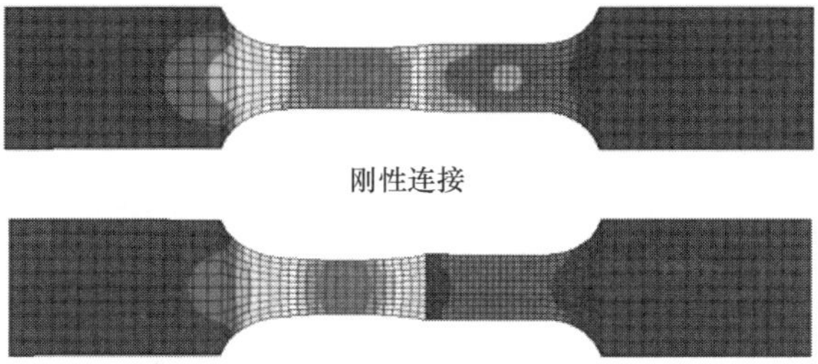

图 6-8　缩颈时刚性连接和壳单元焊缝模型两种拼焊板单向拉伸试件有效塑性应变分布对比图

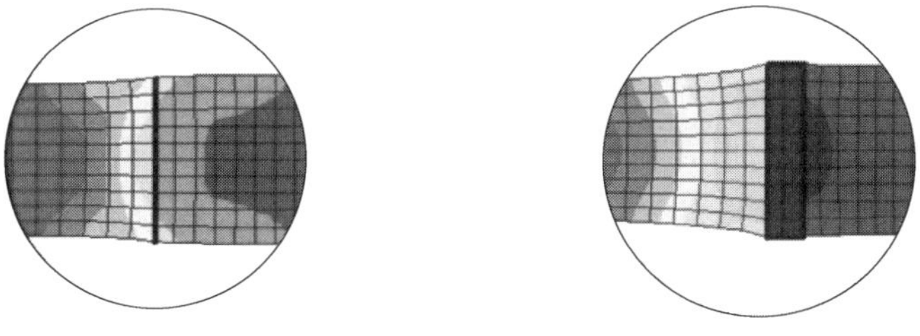

图 6-9　缩颈时焊缝区域有效塑性应变分布放大图

（2）缩颈时试件变形量　从图 6-10 所示的两种拼焊板单向拉伸试件模型变形量的对比可见，刚性连接和壳单元焊缝模型，缩颈时变形量的变化趋势相同，都随着厚度比增加变形量递减，且两种模型的变形量差别不大，均在 2mm 左右。

（3）缩颈位置　试件缩颈位置是指从试件固定端到试件缩颈单元的距离，图 6-11 所示为两种模型的单向拉伸试件缩颈位置对比。对于所模拟的所有厚度比，刚性连接和壳单元焊缝模型缩颈位置的差别均在 1.1mm 之内。

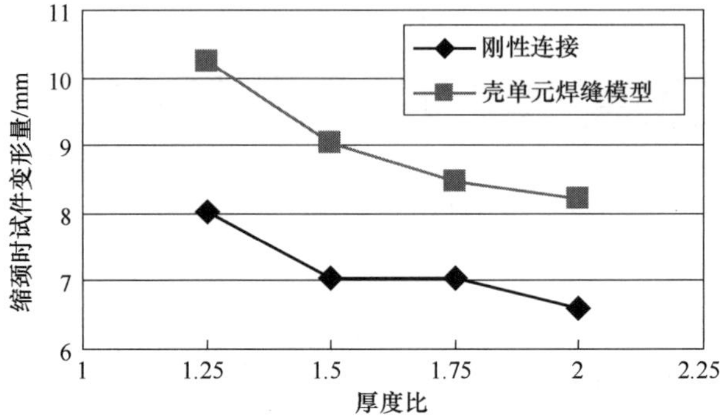

图 6-10　两种拼焊板单向拉伸试件模型变形量的对比

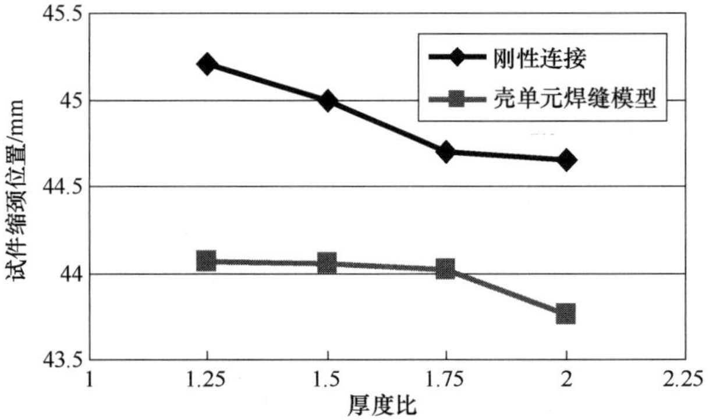

图 6-11　两种模型的单向拉伸试件缩颈位置对比

（4）焊缝移动　焊缝移动量是指焊缝位置与初始位置之间的距离，对于厚度比不同的拼焊板单向拉伸试件，缩颈发生在不同的时刻，为了便于比较，在将不同试件的位移规定为同一个数值的基础上来比较不同模型不同厚度比的焊缝位移量，这里，试件位移量均取为 6.5mm。图 6-12 所示为刚性连接和壳单元焊缝模型不同厚度比的焊缝移动量的对比，可见两者不仅趋势而且数值吻合度良好。

（三）基于刚性连接拼焊板单向拉伸试件变形非均匀性理论分析及验证

基于两种焊缝建模方式同材差厚拼焊板单向拉伸数值模拟比对分析，对于单向拉伸，忽略焊缝性能和考虑焊缝性能对模拟结果影响不大，因此对于拼焊板单向拉伸数值模拟，可以使用焊缝刚性连接模型，即忽略焊缝性能。

结合前面激光拼焊板成形数值模拟中焊缝建模技术的研究成果，出于工程应用目的，为提高焊缝两侧材料的匹配性以减小拼焊板变形的非均匀性提供参考依据，通过基于刚性连接的拼焊板单向拉伸模型推导出了同材差厚拼焊板试件单向拉伸情况下出现缩颈时焊缝两侧薄、厚板变形量公式，采用试验和有限元模拟相

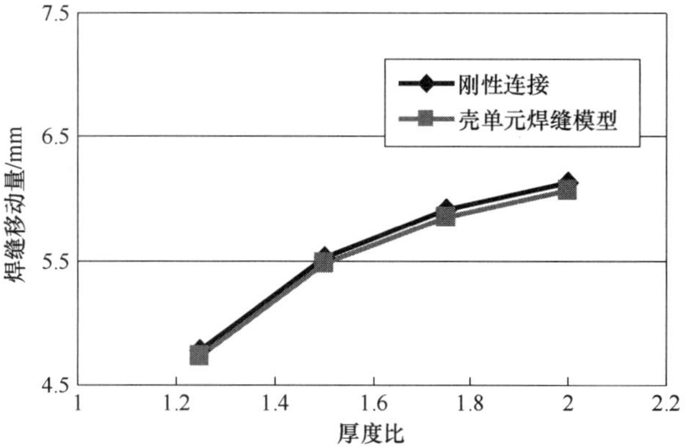

图 6-12　刚性连接和壳单元焊缝模型不同厚度比的焊缝移动量的对比

结合的方法证明了该解析公式。在此基础上，分析了焊缝两侧材料非均匀性变形。

1. 拼焊板单向拉伸试件变形非均匀性公式推导及验证[2]

根据拼焊板单向拉伸变形特点，理论分析过程基于如下两个假设：

1）拼焊板变形仅发生在标称长度内，忽略标称长度之外发生的微小变形。

2）由于焊缝及热影响区尺寸与单向拉伸试样相比较小，且该处呈现高强度、低塑性特点，故可忽略焊缝及热影响区的大小和变形。拼焊板单向拉伸试件示意图如图 6-13 所示。

焊缝两侧母材板厚分别假设为 t_1 和 t_2（$t_1 > t_2$），板料在拉伸方向受单向拉伸力 P 的作用。根据焊缝两侧母材受力平衡，结合金属幂指数本构关系可得

$$K_1\varepsilon_1^{n_1}t_1 = K_2\varepsilon_2^{n_2}t_2 \tag{6-1}$$

由拼焊板拉伸试验和实际应用情况可知，单向拉伸试件总是在强度较弱的母材上出现缩颈，即对同材差厚拼焊板单拉试件而言，缩颈总发生在薄板上。再次应用力平衡关系可知，当薄板侧应力增大至缩颈应力 σ_j时，厚板侧应力为

$$\sigma_1 = \frac{\sigma_j A_2}{A_1} = \frac{\sigma_j \dfrac{A_{02}l_{02}}{l_2}}{\dfrac{A_{01}l_{01}}{l_1}} = \frac{\sigma_j \dfrac{bt_2 l_{02}}{l_2}}{\dfrac{bt_1 l_{01}}{l_1}} = \sigma_j \frac{t_2}{t_1}\frac{l_{02}}{l_{01}}\frac{l_1}{l_2} \tag{6-2}$$

由金属板料幂指数本构可知：

$$\sigma_1 = K_1\varepsilon_1^{n_1} \tag{6-3}$$

$$\sigma_2 = K_2\varepsilon_2^{n_2} \tag{6-4}$$

结合 $\varepsilon = \ln(l+\Delta l)$ 和式（6-4），薄板的缩颈应力可表示为

$$\sigma_j = K_2\left[\ln\left(1+\frac{\Delta l_2}{l_{02}}\right)\right]^{n_2} \tag{6-5}$$

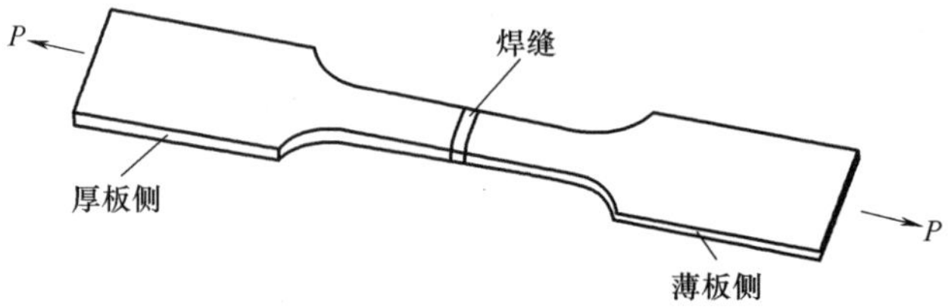

a)

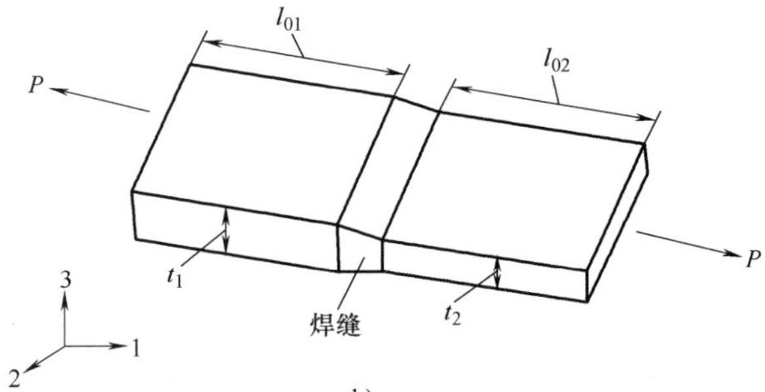

b)

图 6-13　拼焊板单向拉伸试件示意图

a）拼焊板单向拉伸试件示意图　b）焊缝处局部示意图

变换式（6-5），可直接得拼焊板缩颈时薄板侧母材变形量：

$$\Delta l_2 = l_{02}\left(e^{\frac{\sigma_j}{K_2}\frac{1}{n_2}} - 1\right) \tag{6-6}$$

将式（6-2）代入式（6-3），得

$$\sigma_j \frac{t_2}{t_1}\frac{l_{02}}{l_{01}}\frac{\Delta l_1 + l_{01}}{\Delta l_2 + l_{02}} = K_1\left[\ln\left(1 + \frac{\Delta l_1}{l_{01}}\right)\right]^{n_1} \tag{6-7}$$

将式（6-6）代入式（6-7），可得拼焊板单向拉伸缩颈时厚板侧母材变形量方程：

$$\sigma_j \frac{t_2}{t_1}\left(1 + \frac{\Delta l_1}{l_{01}}\right) - K_1 e^{\frac{\sigma_j}{K_2}\frac{1}{n_2}}\left[\ln\left(1 + \frac{\Delta l_1}{l_{01}}\right)\right]^{n_1} = 0 \tag{6-8}$$

式中：ε 为真实应变；σ_j 为薄侧材料细颈点真实应力；K 为强度系数；n 为硬化指数；l_{0i} 为初始长度（$i=1$，2）；l_i 为变形后长度（$i=1$，2）；Δl_i 为变形量（$i=1$，2）；A_{0i} 为初始截面面积（$i=1$，2）；A_i 为变形后截面面积（$i=1$，2）。

式（6-8）为隐式超越方程，无法求出关于 Δl_1 的显式关系，可通过数值解法算出。因此，在拼焊板母材参数和弱板侧颈缩应力已知的情况下，可由式（6-6）和式（6-8）分别求出单向拉伸试件变形后薄、厚母材各自变形量，进而计算出拼焊板拉伸失效时的母材变形比例，用以衡量变形非均匀性。

2. 拼焊板单向拉伸试验及变形非均匀性

为了验证前述拼焊板单向拉伸试件变形后薄、厚母材的变形量公式，分析变形非均匀性，对同材差厚拼焊板试件进行了单向拉伸试验。焊缝方向为横向，垂直于拉伸方向，薄、厚板初始长度各自所占比例相同。

（1）拉伸试验　试验选用材料为汽车常用薄板，牌号为 DXS3DZl00MB。焊缝两侧材料厚度分别为 1.75mm 和 2.5mm。拼焊板母材性能参数通过单向拉伸试验获得。母材和拼焊板拉伸试件参照单一板的拉伸试验标准 GB/T 228.1—2010，结合试验和设备的要求，确定尺寸如图 6-14 所示。其中试件 A（厚 1.75mm）和 B（厚 2.5mm）为单一母材拉伸试件，试件 C 为拼焊板试件。

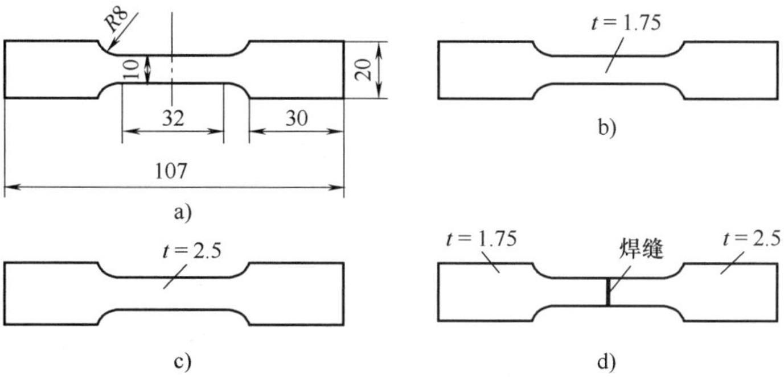

图 6-14　试件尺寸及编号

a）试件尺寸　b）试件 A　c）试件 B　d）试件 C

拉伸试验在 2G · CSS 电子万能试验机上进行，每秒采集 10 个数据点，各试件拉伸时变形速率均为 6mm/min。三种拉伸试样的载荷-位移曲线如图 6-15 所示。从试验结果得出的载荷-位移曲线可以看出，拼焊板试件和单一薄板试件的最大载荷（即试件缩颈时的拉力）基本一致，可认为在单向拉伸应力状态，且焊缝布置垂直于拉伸方向的情况下，单一薄板母材试件的缩颈力即为拼焊板试件的缩颈力。因此，在上述公式推导中，将单一薄板缩颈应力 σ_j 作为拼焊板拉伸试件缩颈应力具有合理性。

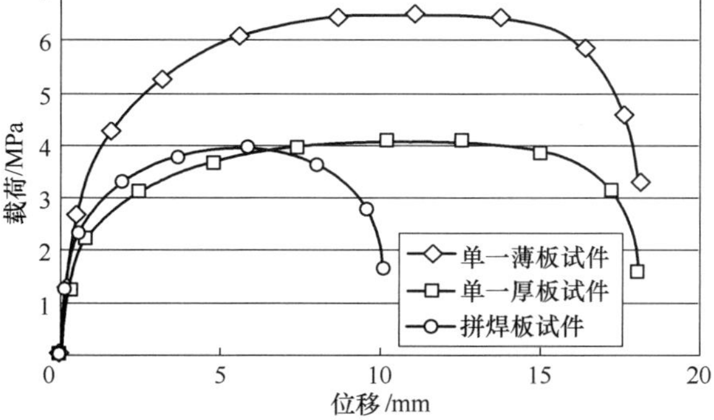

图 6-15　母材与拼焊板的载荷-位移曲线

（2）公式验证及变形非均匀性分析　根据试验结果，测得薄、厚板母材参数见表6-3。

表6-3　薄、厚板母材参数

母材	K/MPa	n	σ_j/MPa
薄板	477.992	0.35	305
厚板	536.792	0.356	344

将表6-3中拼焊板母材参数及相关的拼焊板试件尺寸参数和单一薄板缩颈应力代入式（6-6）和式（6-7），可以得到缩颈时焊缝两侧薄、厚板变形量公式解析值。图6-16所示为解析值与试验值对比。缩颈时，厚板侧变形量试验值与解析值分别为0.58mm和0.6261mm，各自相对应的薄板侧变形量分别为5.08mm和5.1071mm。

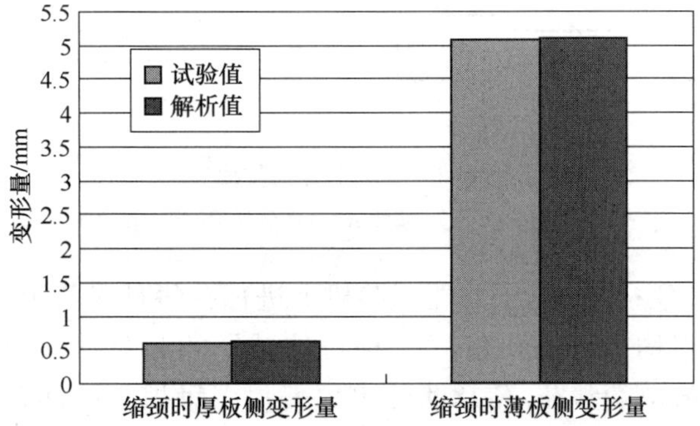

图6-16　解析值与试验值对比

从图6-16可见，解析值和试验值吻合度较高。说明了拼焊板单向拉伸情况下厚、薄板母材缩颈时变形量公式是合理的。此外，从图6-16可以看出，拼焊板试件拉伸失效时薄板侧变形量比厚板侧大一个数量级，且厚板材料变形很小。

图6-17所示为拉断后的拼焊板试件。由此可以直观地看出拼焊板试件变形存在很大的非均匀性，变形主要集中在薄板上，厚板几乎不产生变形。究其原因，是由于焊缝两侧母材厚度差异造成两侧材料强度的不同，在单向拉力的作用下导致了薄、厚两侧板材应力分布不均匀，进而体现为两侧板料变形的非均匀性。

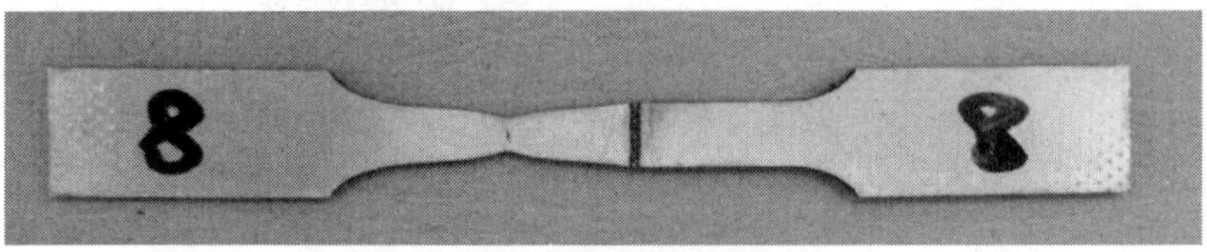

图6-17　拉断后的拼焊板试件

3. 拼焊板单向拉伸有限元模拟及变形非均匀性

为了进一步分析拼焊板单向拉伸变形的非均匀性，对不同焊缝位置的拼焊板拉伸试件进行有限元模拟。

（1）拼焊板单向拉伸模拟及母材变形量的理论验证

试件基本尺寸如图 6-14a 所示，不同焊缝位置试件示意图及编号如图 6-18 所示。

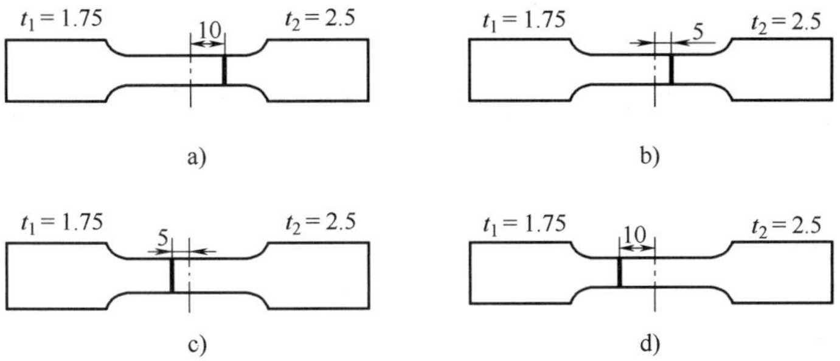

图 6-18　不同焊缝位置拼焊板试件示意图及编号

a）试件 D　b）试件 E　c）试件 F　d）试件 G

有限元仿真中，将拼焊板试件单向拉伸作为平面应力问题处理，单元采用四边形减缩积分一次壳单元。由实际试验结果可知，焊缝处基本上未发生变形。因此在有限元中忽略焊缝性能及几何尺寸的影响。薄、厚板之间的结合采用刚性连接处理。在 ABAQUS 中不能模拟缩颈情况，采用如下方法验证所推导公式的正确性。将公式所推导的缩颈时拼焊板试件总变形量作为边界条件代入有限元前处理，比较有限元后处理中所得的薄、厚板各自变形量与计算值。

图 6-19 所示为不同焊缝位置拼焊板试件模拟结果和理论解析值的对比。无

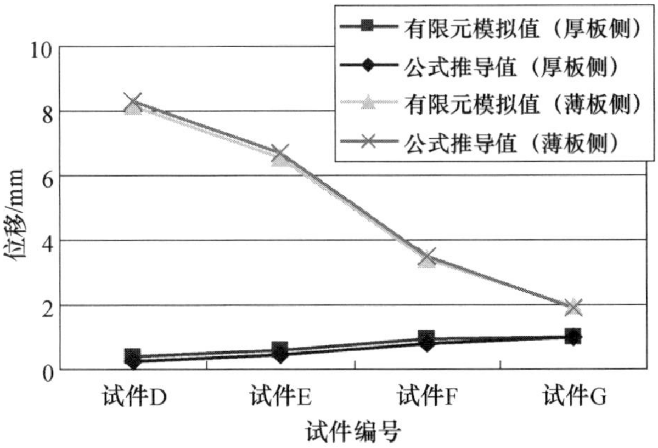

图 6-19　不同焊缝位置拼焊板试件模拟结果和理论解析值对比

论是薄板侧还是厚板侧变形量，有限元模拟值与解析值之间均具有相当高的吻合度，进一步验证了拼焊板单向拉伸缩颈时焊缝两侧薄、厚板变形量公式。

（2）不同焊缝位置拼焊板拉伸试件变形非均匀性　图6-20为拼焊板试件轴向应力分布图。可以看出，在不同的焊缝位置下，焊缝两侧板料由于厚度不同的原因，总存在着应力分布不均匀现象。结合图6-19和图6-20分析得，理论值与模拟值具有相同的趋势，即随着焊缝位置向薄板侧偏移，厚板侧材料所占比例逐渐增大，厚板侧变形量呈递增趋势，薄板侧变形量逐渐减小。

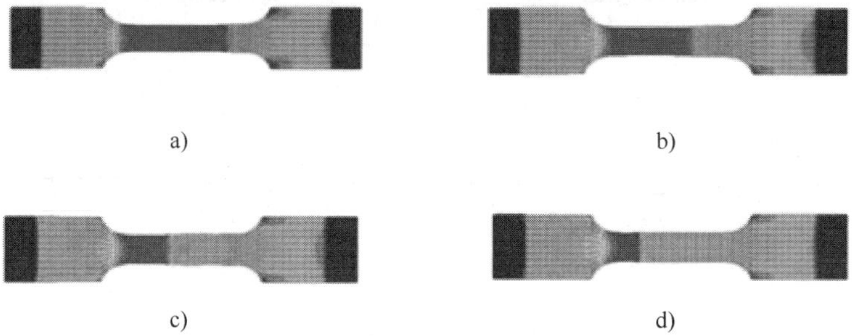

图6-20　拼焊板试件轴向应力分布图

a）试件D　b）试件E　c）试件F　d）试件G

综上所述，由于焊缝两侧材料本身厚度差异的存在，表现为两侧材料具有显著的强度差，导致了在不同焊缝位置下拼焊板拉伸试件薄、厚侧材料变形的非均匀性，如图6-21所示。

图6-21　拼焊板试件的轴向塑性非均匀性应变分布图

二、汽车拼焊门内板零件拉深成形案例分析

（一）拼焊门内板零件成形极限能力影响因素

图6-22所示零件在凸台形状音响座附近板料变形量较大，为成形危险区域，图示在此区域出现了弱板侧焊缝附近平行于焊缝的裂缝。开裂原因是以下两方面的综合作用。

1）从整体上分析，凸台的存在，增加了拉深深度，导致此部位板料变形量增加，容易出现较大的应力集中，降低了零件的整体成形性能。此外，凸台处凹模圆角会影响板料在拉深过程中的弯曲抗力，影响到传力区的最大拉应力，间接影响了零件的成形性能。

2）由于两侧母材在成形过程中存在变形流动差异性，弱侧母材的应变远大于强板，导致成形性能下降。通过改变板料的受力状态可以减小两侧的变形差异，获得良好的成形应变状态。

成形过程中拉延筋的设置、坯料尺寸形状等对材料的流动规律、板料应力应变分布等都有重要影响，对拼焊门内板的成形极限能力产生了重大影响。此外，与传统单一板成形模具不同的是，拼焊板零件冲压模具在焊缝处存在模具台阶，拼焊板零件成形时，坯料上的台阶面与模具台阶面之间间隙的变化，不仅影响到零件中薄、厚板所占比例，也影响了成形过程中焊缝两侧母材的应变状态。

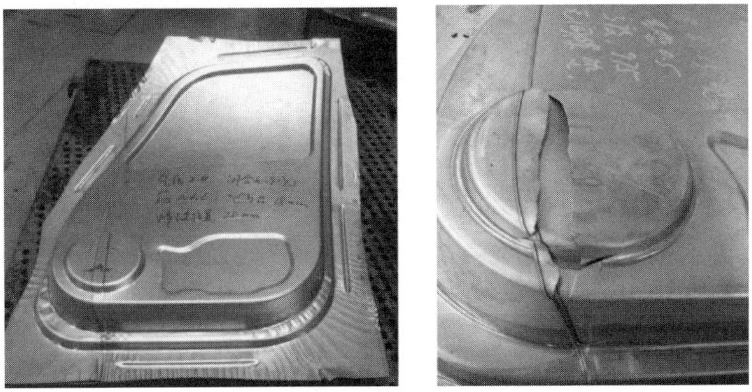

图6-22　拼焊门内板零件

（二）拼焊门内板冲压成形有限元建模及验证

根据图6-22所示拼焊门内板零件建立了有限元模型（图6-23）对各影响因素进行分析。

根据拼焊门内板零件常用的材料，选用DC56D+Z的同材差厚拼焊板，厚度比为1.5mm/0.7mm。

模型将离成形危险区域较近的几个拉延筋（1、2、3）设计为可调，通过改变拉延筋深度（模型设置为3mm、4mm、5mm、6mm可调）可达到调整板料在成形过程中应变状态的目的。仿真中润滑系数选用0.13，压边力选用2.4MPa。

为了更好地分析各因素对成形能力的影响，设计并制造了相应的拼焊门内板试验模具，通过试验验证有限元模型的可靠性。模具设计中将凸台及拉延筋设置成镶块式，三维图及实物如图6-24所示。

成形后零件焊缝移动量是最便于直观测量的参数，研究对于有限元模型的验证以冲压件成形后最大焊缝移动量为指标。合格冲压件以及开裂位置如

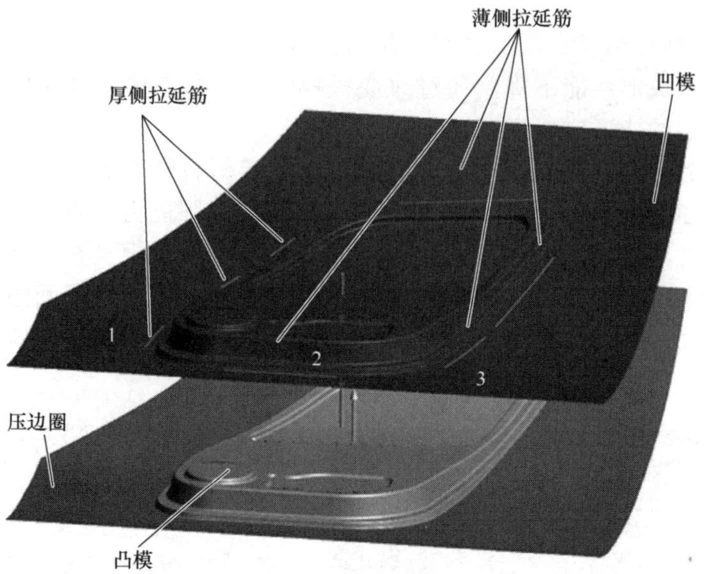

图 6-23　拼焊门内板成形有限元模型

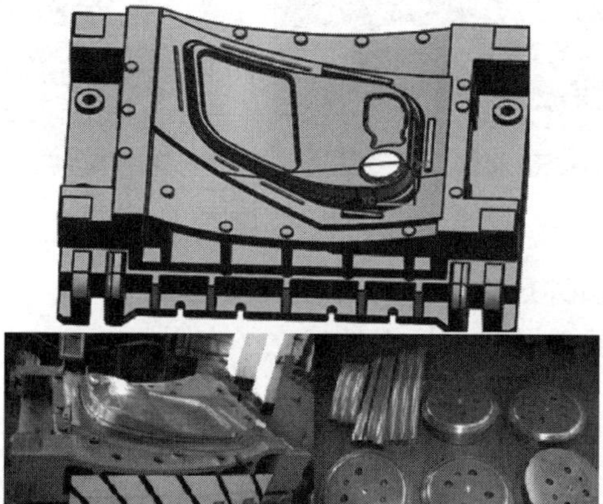

图 6-24　拼焊门内板模具三维图及实物图

图 6-25 所示。

凸台凹模圆角半径为 10mm，厚侧拉延筋 1 深度为 3mm，薄侧拉延筋 2、3 深度均为 5mm，焊缝与模具台阶间隙为 20mm，凸台高度对危险区最大焊缝移动的影响如图 6-26 所示。

从图 6-26 中可以看出试验和仿真结果的变化趋势是一致的，但试验的移动值比仿真值大，这主要是由于试验中的真实约束情况无法达到仿真模型中的理想约束条件，导致试验中部分板料流动较大所致。另外，在仿真与试验的结果中，

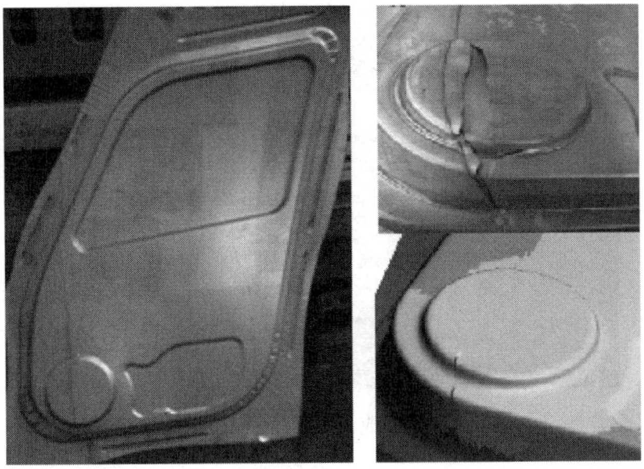

图 6-25　合格冲压件以及开裂位置

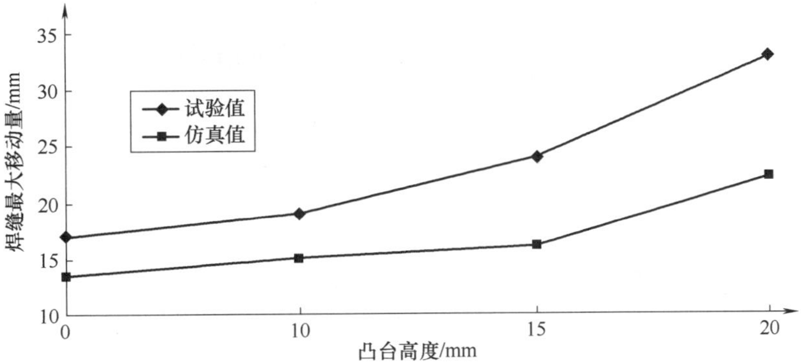

图 6-26　凸台高度对焊缝移动量的影响

危险区开裂方位及开裂方式吻合，证明有限元分析模型可靠，可用来对拼焊门内板成形进行分析。

（三）工艺参数对拼焊门内板成形性能的影响规律

拼焊门内板零件在成形过程中，坯料的尺寸形状、凸台的高度与凸台的凹模圆角大小、拉延筋的合理设置及冲压时焊缝相对于模具台阶的初始位置等都影响了零件开裂危险区在成形过程中的应变状态，从而影响了成形性能，以下分析这些因素对拼焊门内板成形性能的影响。

门板的冲压过程实际上是各方面因素耦合作用的黑箱过程，为了更好地体现各参数对成形过程的影响，采用以其中一个因素为变量而固定其他参数的方法展开相关研究。成形后板料的最大减薄率最能反映开裂趋势，故在研究中以成形后凸台焊缝附近成形危险区开裂单元（图 6-27）的最大减薄率为考核成形性能的指标。

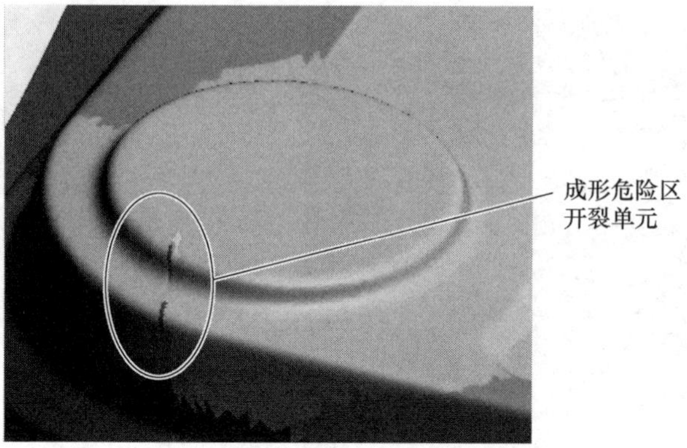

图 6-27　成形危险区开裂单元

1. 坯料形状的影响

坯料的选用如图 6-28 所示逐渐改进。在凸台高度为 15mm，凹模圆角为 10mm，厚侧拉延筋 1 深度为 5mm，薄侧拉延筋 2、3 深度均为 4mm，焊缝与模具台阶间隙为 20mm 的情况下，坯料调整前后的成形结果如图 6-29 所示。

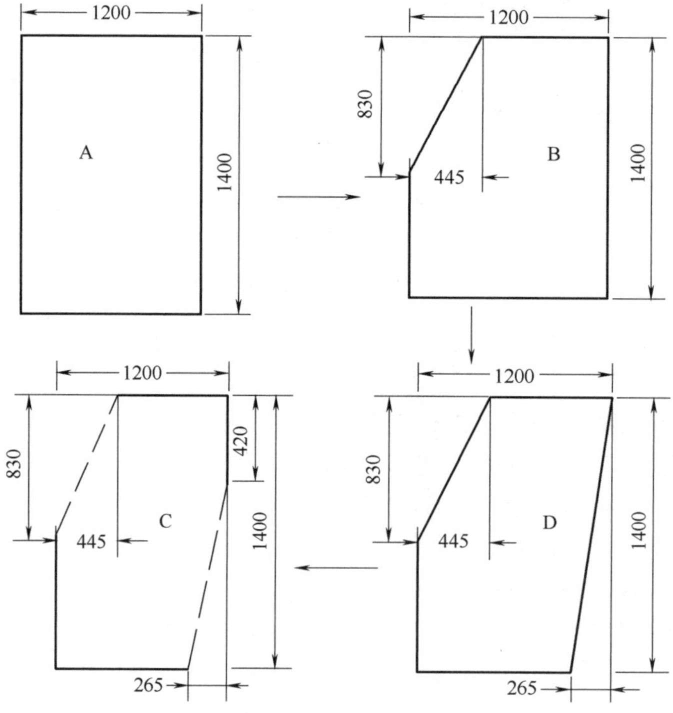

图 6-28　选用的坯料形状

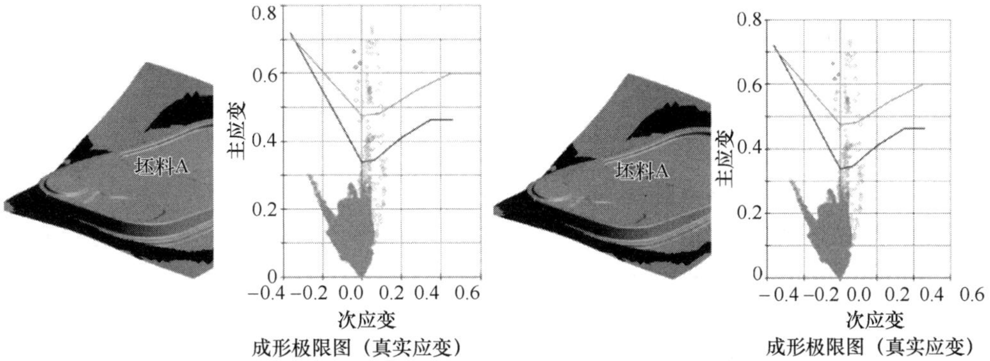

图 6-29　坯料调整前后的成形结果

从仿真结果分析，通过合理的调整坯料形状与尺寸，可以较好地改变板料在成形过程中的流动状态，在成形过程中对大变形区域进行有效的材料补充，使强侧母材参与变形的程度增加，减小了危险区域单元的成形极限应变值，增强了零件的整体成形性能（表 6-4）。

表 6-4　坯料形状对开裂的影响

坯料	A	B	C	D
最大减薄率	破裂	破裂	27.8%	25%

2. 板料上焊缝与模具台阶间隙的影响

在凸台高度为 15mm，凹模圆角半径为 10mm，厚侧拉延筋 1 深度为 3mm，薄侧拉延筋 2、3 深度均为 5mm 的情况下，板料上焊缝与模具台阶间隙变化对危险区最大减薄率的影响如图 6-30 所示。

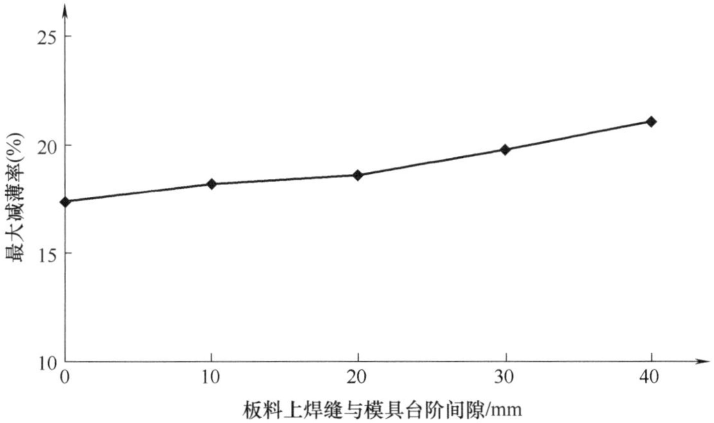

图 6-30　焊缝与模具台阶间隙的影响

从仿真结果可知，随着间隙量的增加，危险区的最大减薄量随之略有增加，这是由于随着间隙量增加，弱侧材料参与变形程度增加，同时模具台阶对于板料流动的约束程度减小，这些都导致了危险区薄板的变形量相对有所增加，单元应变值增大，增大了开裂趋势，降低了零件的整体成形性能[3]。

3. 凸台高度的影响

在凸台凹模圆角半径为10mm，厚侧拉延筋1深度为3mm，薄侧拉延筋2、3深度均为5mm，焊缝与模具台阶间隙为20mm的情况下，凸台高度变化对危险区最大减薄率的影响如图6-31所示。

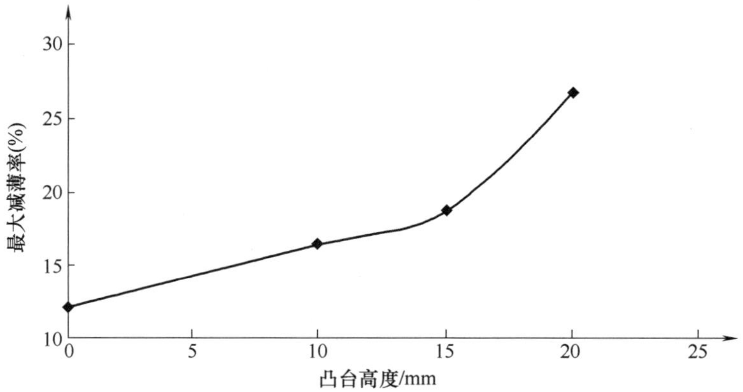

图6-31　凸台高度的影响

仿真结果表明，随着凸台高度的增加，危险区最大减薄率增加。这是由于，随着凸台高度增加，板料成形危险区的局部拉深变形量增加，单元应变值增加，开裂趋势增大，零件整体成形性能随之降低。当高度增加到一定值后，减薄率增大趋势加剧，凸台高度对成形性能的影响更加敏感。

4. 凸台凹模圆角的影响

在凸台高度为15mm，厚侧拉延筋1深度为3mm，薄侧拉延筋2、3深度均为5mm，焊缝与模具台阶间隙为20mm的情况下，凸台凹模圆角变化对危险区最大减薄率的影响如图6-32所示。

仿真结果表明，随着凸台凹模圆角的增大，危险区域单元的最大减薄率降低。这是由于，凹模圆角增大，圆角与板料接触处的摩擦阻力减小，板料进入凸台的流动趋势加大。同时，凹模圆角半径增大对厚侧板料流动能力的改善程度要大于薄侧板料。所以，凸台凹模圆角半径增大，减小了危险区强、弱两侧母材的变形不均匀性，改善了成形危险区单元的应变状态，使零件整体成形性能随之提升。

5. 拉延筋的影响

在凸台高度为15mm，凹模圆角为10mm，焊缝与模具台阶间隙为20mm的情况下，厚、薄两侧拉延筋不同搭配对危险区最大减薄率的影响如图 6-33 所示。

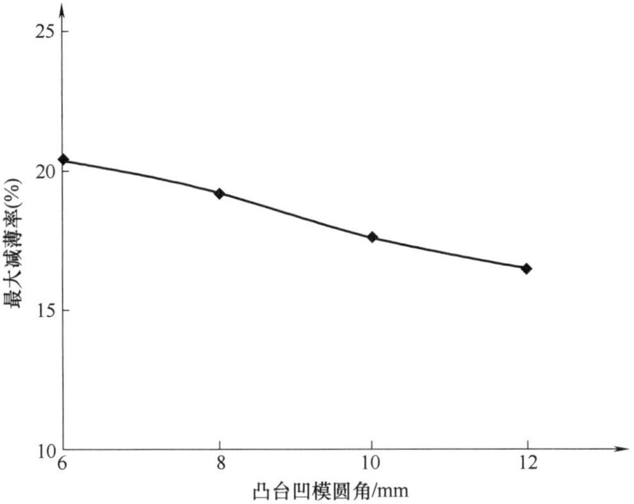

图 6-32　凸台凹模圆角的影响

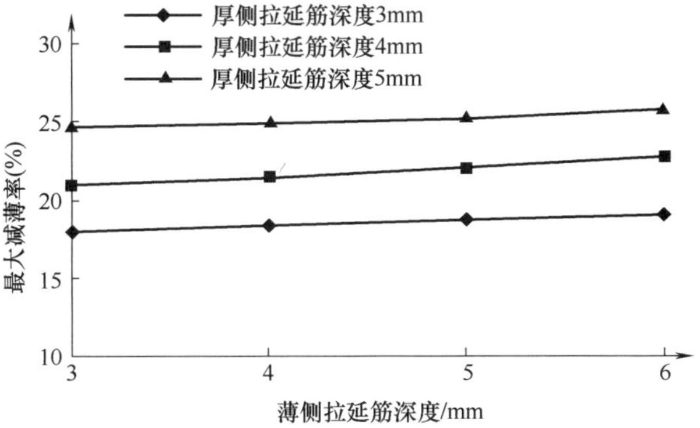

图 6-33　拉延筋的影响

当厚侧拉延筋深度设置为 6mm 时，危险区出现裂纹，故其最大减薄未用曲线表示，图示每条曲线的横向变化反映了薄侧拉延筋对危险区成形过程的影响，三条曲线在每个横坐标的纵向变化体现了厚侧拉延筋对危险区成形的影响。仿真结果表示厚侧拉延筋对零件整体成形能力的影响远高于薄侧拉延筋。这是由于，厚侧材料的综合强度高于薄侧材料，零件的整体变形趋势为薄侧变形量大于厚侧，拉延筋对厚侧板料的流动性影响程度大于薄侧板料，所以厚侧拉延筋对成形危险区极限变形状态的影响远大于薄侧。

通过上述分析可知，各参数的合理设置可以很好地改善拼焊板焊缝两侧材料在成形过程中的材料流动能力，从而改善成形危险区域单元的应变状态，提高了零件的整体成形性能。

参考文献

［1］ 庄茁．ABAQUS非线性有限元分析与实例［M］．北京：科学出版社，2005.

［2］ 邬晔佳．激光拼焊板冲压成形数值模拟中焊缝性能的影响研究［D］．上海：同济大学，2009.

［3］ 胡巧声．激光拼焊板成形极限问题与机理研究［D］．上海：同济大学，2010.

第七章　汽车激光拼焊板的设计与应用

一、汽车零件拼焊板设计需要满足的要求及关键技术

（一）汽车零件拼焊板设计需要满足的要求

要指导拼焊板零件的实际生产及拼焊板设计过程中，不但要考虑汽车拼焊板零件的使用性能，同时必须提高其成形性能。下面以典型拼焊板零件——汽车前门内板为例，分析汽车拼焊板零件的各项设计要求。

1. 使用性能要求

根据汽车车门的工作性能及承受的载荷，确定汽车车门的使用性能要求主要包括：强度要求、刚度要求及振动性能要求等。

（1）强度要求　车门是一个相对独立的结构，使用特性是与车身构成乘员周围空间范围，确保乘员的安全性和舒适性。作为侧向的第一道安全屏障，必须具备足够的强度，并有较高的疲劳强度。1995 年，我国颁发了轿车侧门强度的国家强制性标准 GB 15743—1995，该标准明确规定了轿车侧门的强度要求和试验方法[1]。

强度要求分两种情况：

1）当任一座椅可能影响加载或车辆侧向变形时，应从车内搬出。车门应满足下列要求[1]：①初始耐挤压力不得低于 10000N；②中间耐挤压力不得低于 19450N；③最大耐挤压力不得低于相当于整车整备质量的 3.5 倍的力或 53340N 两者中较小的值。

2）座椅安置在车内并处于座椅可以调到的任意位置，靠背调到任意可以调节到的倾角时，车辆应能满足下列要求：①初始耐挤压力不得低于 10000N；②中间耐挤压力不得低于 19450N；③最大耐挤压力不得低于相当于整车整备质量的 3.5 倍的力或 53340N 两者中较小的值。

上述两种要求在实际试验时按照汽车制造厂方的选择进行确定。

强度要求的试验方法：

1）根据标准规定，在进行强度侧压试验前，所有车门处于锁闭状态，按要求对整车进行固定。

2）加载装置的压头是直径为 305mm、棱边圆角半径为 13mm 的钢制刚性圆柱体或半圆柱体，长度应能使其上端面至少高出窗口下边缘 13mm，但在试验时

不能碰到窗口下边缘之上的任何构件。

3）加载装置放置位置要求（图 7-1）。压头轴线铅垂，压头轴线对准在车门最低点之上 127mm 处沿车门外表面所作水平线段的中点；底部与该水平线在同一水平面上；加载装置的圆柱表面与车门的外表面接触。

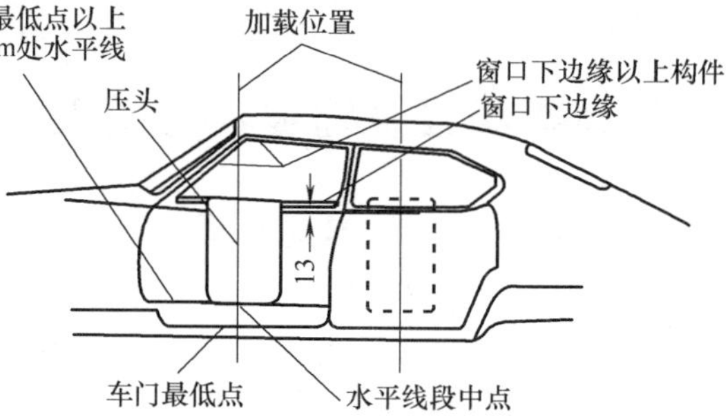

图 7-1　轿车车门强度试验加载示意图

4）压头加载移动方向垂直于车辆纵向中心平面，由外向内加载，移动速度不得大于 12.7mm/s，移动最大位移为 457mm，在 120s 内完成加载过程。记录加载移动速度及相应的位移。试验过程中压头不能发生转动或改变移动方向。

5）根据记录的数据，绘制挤压载荷-位移曲线，并计算出任一挤压距离上使车门变形所需的平均力。最后，根据计算结果确定是否满足车门强度要求。

（2）刚度要求　车门刚度是车门使用性能的重要方面之一，车门刚度不足将会引起车门变形过大，导致车门卡死、密封不严、较大的振动及造成零部件疲劳损坏等，极大地影响了车门的使用性能和车辆的乘坐舒适性。同时，若车门刚度过大，在车辆发生侧面碰撞时不能有效吸收碰撞能量，产生较大的碰撞加速度和碰撞界面力，极大地危害乘员安全。为了兼顾上述两个方面，车门设计时应该将车门刚度控制在一定的范围内。

汽车静态刚度包括门框刚度、下沉刚度、抗弯刚度和扭转刚度等。

1）门框刚度要求。车门关闭后必须与车身构成一个封闭空间，为乘员提供舒适的乘坐空间。为了使车门边角处不发生过大变形引起车门与车身密封不严，导致漏风、漏雨现象，以及产生较大的振动发生较大的噪声，影响了车辆的乘坐舒适性，要求车门必须具备一定的刚度。门框刚度试验方法：在铰链处施加除绕 Z 轴转动以外的 5 自由度约束，在车门锁处施加 Y 方向、Z 方向两个自由度约束。分别在位置 A 和位置 B 施加一定外载荷，如图 7-2 所示。

试验评价标准：在拼焊板门内板的车门设计中，A、B 处变形位移不小于传统车门零件的变形位移。

2）下沉刚度要求。车门通过两个铰链安装在车身门柱上，并可绕铰链自由

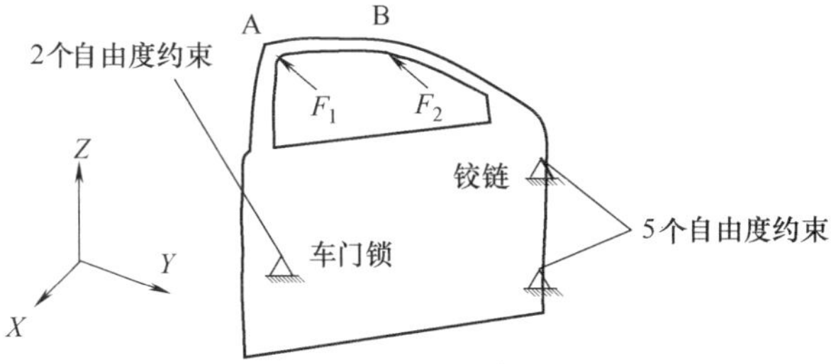

图 7-2　车门门框刚度试验的载荷和约束示意图

转动以实现车门开启与关闭，如图 7-3 所示。整个车门的重量和作用在车门上的外载荷，在车门关闭时，由铰链、门锁和定位器来支承；在车门开启时，车门在铰链的支承下悬挂在车身上，载荷只由铰链支承。铰链主要包括铰链座（固定在门框上）、活动页片（安装在车门上）和转动轴。可见，车门或车门与铰链活动页片连接部分刚度不足是车门下沉的主要原因。为使车门在开启时不宜变形下沉，影响车门的开启和闭合，车门必须具有一定的抗下沉刚度。

图 7-3　车门铰链位置图

车门下沉刚度的试验方法：约束车门铰链（铰链 1、2）的 6 个方向自由度，载荷包括车门自身重量和在车门把手处施加一个向下的外载荷，外载荷大小国际上通常以乘员体重为标准，约束和载荷示意图如图 7-4 所示。试验评价标准：最大载荷条件下车门下沉位移不能超过规定值。

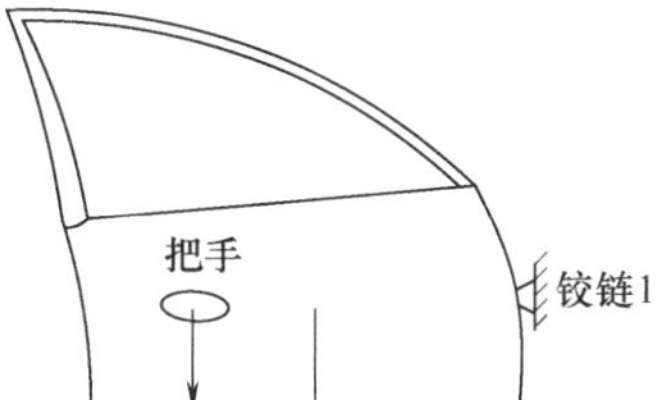

图 7-4　车门下沉刚度试验约束和载荷示意图

3）腰线弯曲刚度要求。汽车在高速行驶过程中，车门区域易形成负压，导致车门受压，为了抵抗空气压力给车门造成的弯曲影响，车门必须具有一定的刚度。腰线弯曲刚度试验方法：在铰链处施加除绕 Z 轴转动以外的 5 个自由度约束，在车门锁处施加 Y 方向、Z 方向两个自由度约束。在位置 D 施加一定 $-Y$ 方向的外载荷，如

图 7-5 所示。试验评价标准：最大载荷条件下位置 D 的最大变形位移不能超过传统车门零件的最大变形值。

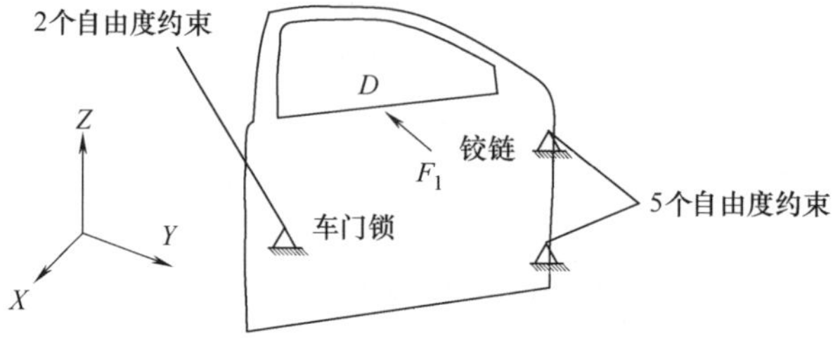

图 7-5　腰线弯曲刚度试验的约束和载荷示意图

4）扭转刚度要求。车门通过铰链和门锁安装在车身上，可以将铰链和门锁看作单个支点，当车门受力不均匀，即受非对称 Y 方向载荷时，车门将承受扭矩发生扭转。扭转刚度用来表征车门抵抗不对称变形的能力，可按下式计算[2]：

$$G_{\mathrm{J}}=\frac{TL}{\theta} \tag{7-1}$$

式中：L 为轴距；T 为扭力；θ 为轴间相对扭转角。

如车门扭转刚度不够，车门将发生较大的扭转变形，导致与车身配合不严，造成漏风、透雨及较大的振动，严重影响轿车的舒适性。车门扭转刚度试验方法[3]：在门锁处进行 Y 和 Z 方向 2 个自由度约束，在铰链处进行除绕 Z 方向转动自由度外的 5 个自由度约束。然后，在车门的四个角分别施加方向垂直于车门所在平面的载荷，如图 7-6 所示。

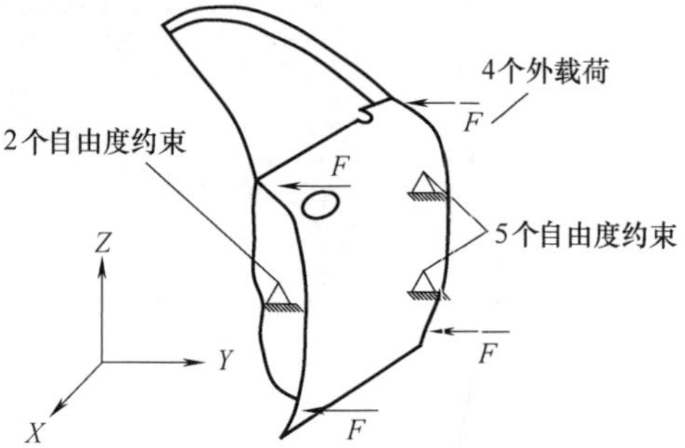

图 7-6　车门扭转刚度试验约束和载荷示意图

试验评价标准：通常参考国外代表性车型确定车门扭转刚度平均值，进一步转化为要求车门在此工况下的最大平均变形位移不得超过参考值。在拼焊板门内板设计中，可用传统车门作为参考，且拼焊板门内板车门的最大扭转刚度应不小于传统车门。

5）振动性能要求。为了给乘员提供舒适的乘坐空间，车身在振动系统特性上要满足一定要求。振动系统特性通常以频率来表征。车门是一个相对独立的部件，其固有频率应避免与车身固有频率和整车激励源发出的频率（简称“激励”）接近或重合，以免发生共振。整车激励主要包括：①汽车零部件激励，如发动机激励、车轮激励、传动轴激励等；②外界激励，如路面激励。车门激励应首先避开车身的固有频率，并错开分量较大的激励频率。另外，车门设计过程中还应考虑一阶弯曲模态和一阶扭转模态发生耦合，通常应使这两阶模态频率差大于3Hz。试验方法：车门模态包括自由模态和工作模态，分析自由模态时，车门处于自由状态，对模型不施加任何约束；分析工作模态时，根据车门的工作状态，分别对铰链和门锁进行全约束，如图7-7所示。

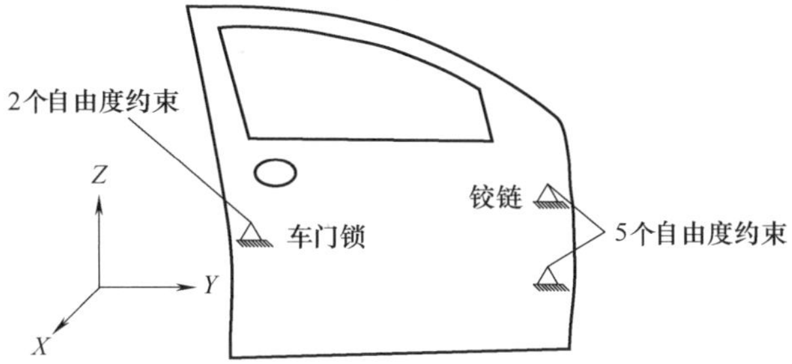

图7-7　车门模态分析的约束条件示意图

试验评价标准：根据各类激励及车身固有频率分析，一般车身固有频率范围是20～40Hz。比较国外代表性车型，轿车车门一阶频率的均值达到38Hz。用拼焊板结构设计门内板，要求拼焊板车门的自然频率超过传统车门零件。

2. 可制造性要求

可制造性主要包括拼焊板零件的自身成形性能和与其他零件的焊装工艺性。成形质量良好的拼焊板零件，在尺寸精度和零件的完整性方面较传统零件均有较大的提高，因此，在与其他零件焊装过程中所需工艺更简化、精度更高。但由于拼焊板成形性能较单一板显著降低，故拼焊板零件可制造性的关键是成形性能问题。

由于门内板零件结构复杂，在零件上存在许多功能特征和工艺特征，如圆孔、反向鼓包等。拼焊板设计除了要关注拼焊板零件拉深工序的成形性能外，还要考虑到不同的材料厚度差异对后续工序的影响，如板料厚度差异较大或者材料性能差异较大的焊缝应避免穿过小孔冲压位置，因为在这里易出现小孔折弯或断裂。此外，在成形过程中，由于母材差异导致焊缝发生移动，这是拼焊板区别于单一板生产的根本因素，也是拼焊板产品设计工艺分析是否成功的根本。可见，焊缝位置选择是拼焊板产品设计意图能否通过工艺得到最好实现的关键。拼焊板焊缝位置的确定，不仅要考虑产品功能和结构需要，还要从成形性能和工艺性要求、成本要求等方面综合考虑。根据上述分析，总结焊缝位置选择的基本原则如下：

1）满足拼焊板产品的结构和功能需要。

2）考虑到成本及工艺，焊缝形式尽量选择直线焊缝。

3）焊缝应避免穿越拉深变形较大的区域，特别要防止焊缝通过圆角较小区域。

4）由于不同板料厚度冲裁间隙差异，防止焊缝穿越小孔冲裁区域。

（二）汽车拼焊板零件设计的关键技术

汽车拼焊板零件设计是以减轻零件重量为目标，同时满足零件的使用性能和可制造性要求。拼焊板零件设计主要涉及拼焊板分块数、焊缝位置、母材材料和厚度确定等。拼焊板产品设计关键技术，主要包括有限元分析中焊缝建模方式，焊缝条件对成形性能的影响规律，基于目标位置的焊缝初始位置确定和母材材料替换等。

1. 汽车拼焊板零件数值模拟中焊缝建模方式确定

由于在汽车拼焊板零件设计中主要采用有限元分析方法进行研究，而在仿真中，焊缝的建模形式决定了有限元模拟精度。由此，有限元分析中拼焊板焊缝建模是拼焊板产品设计的关键。

焊缝建模方式选择。在汽车车门的使用性能分析过程中，有限元仿真是一种有效的方法。而车门外板、内板及其他零件之间连接方式建模是仿真的关键之一。传统汽车车门是通过焊接、铆接、螺栓和铰接将各个零件组装而成一个承力部件。这些连接方式对汽车车门的使用性能均有重要影响，应根据零件的结构特点及仿真目的，对连接方式的建模方法进行合适的选择。在有限元分析中常采用节点约束或节点合并等方式对焊缝进行模拟。例如：采用商业软件 LS-DANY 在车门侧碰模拟过程中，可使用软件提供的焊点直接模拟点焊，也可用刚性梁单元来模拟点焊。考虑到车辆碰撞试验中，焊点要求不发生开裂，则模拟中使用的焊点单元可简化为永不失效单元。在扭转刚度的模拟中，点焊可间隔一定距离采用刚性（rigid）单元建模。门内板和内板加强板之间采用螺栓连接，存在应力集中问题，在模拟中应将此区域的应力尽可能分布均匀，所以可采用增加焊点密度的形式处理。

1）拼焊板焊缝建模方式对成形性能的影响分析。由于激光焊接效率高、变形小、焊缝宽度小及接头形状美观等优点，汽车用 99% 的拼焊板采用激光焊接而成[4]。激光焊接接头的强度较母材有较大提高，但延展性大幅度降低。拼焊板开裂有两种方式：一是弱侧母材开裂，当主应变方向与焊缝垂直时，由于焊缝强度明显高于母材，焊缝向强侧移动，导致弱侧母材承受较大变形，产生开裂；二是焊缝开裂，当主应变方向与焊缝平行时，由于焊缝的塑性变形能力较母材低，焊缝部位常被拉断。当在焊缝上开裂时，焊缝性能对拼焊板成形起着决定性作用。所以，在拼焊板成形模拟过程中，焊缝建模方式将对模拟的精度产生很大影响。在已有的拼焊板有限元模拟分析中，焊缝建模方式主要有两大类：一类是忽略焊缝形状和性能的影响，采用刚性节点来连接强侧和弱侧母材[5,6]；另一类是考虑焊缝形状和性能的影响，采用壳单元、梁单元或实体单元对焊缝进行建模[7-10]。刚性连接具有建模简单、计算效率高等优点，所以焊缝对拼焊板成形性能的影响也得到了广泛研究[11]。结果发现，当开裂发生在焊缝临近的弱侧母材上时，焊缝性能对拼焊板成形性能没有显著影响。

2）拼焊板焊缝力学性能参数确定。焊缝性能是拼焊板开裂模式确定的关键因素，良好的焊缝性能可大大提高拼焊板的成形性能，同时也是拼焊板数值仿真的基础。只有获得精确的焊缝性能参数，才能为拼焊板数值仿真精度提供保证。然而，由于激光拼焊板焊缝较窄，直接测定其性能参数存在困难。所以，通常采用混合法和试验法获得焊缝的力学性能参数。这种方法是基于等应变假设的，即假设在拉伸方向焊缝与母材的应变相等，但获得的结果与实际焊缝性能存在一定的误差，有必要对焊缝性能确定的方法进一步研究，为拼焊板成形仿真提供更为精确的材料性能参数。同时，焊缝性能对成形性能的影响研究也尤为重要，为焊接技术改进和焊接参数选择提供方向。

2. 焊缝条件对拼焊板零件成形性能的影响规律

拼焊板要在实际生产中得到应用，成形性能问题是拼焊板设计人员不可回避的问题之一。在拼焊板设计阶段早期，应该对拼焊板成形行为做出精确的预测。而焊缝条件（焊缝位置、焊缝方向）对拼焊板成形性能影响显著，所设计的拼焊板产品是否具有良好的成形性能，焊缝条件的确定也至关重要。可见，拼焊板焊缝条件对成形性能的影响规律是拼焊板设计的关键技术之一。

（1）焊缝位置　由于拼焊板两侧母材厚度、材质差异，导致在成形过程中拼焊板焊缝会发生移动，这使拼焊板变形不均匀，导致成形性能显著下降[12]。所以，在拼焊板设计前，必须深入研究焊缝位置对成形性能的影响规律，为拼焊板设计过程中焊缝位置的确定提供参考依据。

（2）焊缝方向　焊缝方向对成形性能的影响主要体现在拼焊板的开裂模式上。当焊缝方向与主应变方向平行时，开裂通常发生在焊缝上；当焊缝方向与主应变方向垂直时，开裂通常出现在弱侧母材上[13]。定义主应变方向与焊缝方向的夹角为焊缝角度，且平行主应变方向为0°。研究发现随着焊缝角度增加，拼焊板成形性能逐渐上升，直至90°时，即与主应变方向垂直条件下成形性能最好；在焊缝角度为45°时，成形性能为母材的45%左右[14]。这些研究表明，焊缝方向是影响拼焊板成形性能的关键因素之一。在拼焊板设计过程中，要提高成形性能，焊缝方向的确定是关键，有必要对焊缝方向与成形性能之间的关系做进一步研究，为拼焊板设计中焊缝角度的选择提供依据。

3. 基于目标位置的拼焊板焊缝初始位置确定

拼焊板焊缝位置确定是拼焊板产品设计中的主要内容之一，然而，由于在成形过程中焊缝发生移动，导致最终焊缝偏离预期位置，给零件结构性能和后续加工造成不利影响。为此，考虑拼焊板焊缝移动条件下，研究拼焊板初始焊缝位置的确定方法是十分必要的。

（1）拼焊板零件焊缝位置的设计要求　拼焊板焊缝布置的目的是在满足拼焊板结构使用性能和成形性能的前提下，实现质量最轻。具体地说，一方面要使拼焊板结构的各项使用性能得以满足，在设计中通常可将各项使用性能作为约束条件；另一方面要提高拼焊板的成形性能，避免焊缝通过变形较大区域，如圆角、小孔等位置。

（2）基于目标位置的拼焊板初始焊缝位置预测方法　在质量减轻的目标下，根据拼焊板结构使用性能和成形性能要求，初步确定焊缝位置。此时的焊缝位置没有考虑焊缝移动对最终位置的影响，可能使拼焊板结构性能受到影响。尽管当前已有很多研究涉及焊缝移动，包括焊缝移动规律研究[15,16]、焊缝移动对成形性能的影响[17,18]及焊缝移动的控制方法及工艺[19]等。这些研究的目的是提高拼焊板成形性能，而在实际拼焊板零件结构中，焊缝的最终位置往往是有一定要求的。可见，在焊缝位置的选择上必须考虑焊缝移动的影响，以实现成形后的焊缝位于目标位置上。为此，开展基于焊缝移动的拼焊板初始焊缝位置设计方法研究，对满足拼焊板结构使用性能和成形性能的焊缝位置做进一步调整提供理论依据。

4. 拼焊板母材确定及等效替换

拼焊板母材选择是拼焊板零件设计的主要内容之一，要求材料能满足各项使用性能要求，同时也能满足成形性能要求。这与焊缝的布置及性能都密切相关。当前的拼焊板零件设计研究，主要是改型设计，即去除传统零件上的加强板，用拼焊板替代原有结构。用这种方法设计的拼焊板，母材材料选择一般是在原有材料的基础上进行的。例如：拼焊板门内板设计，主要是在原有传统零件的基础上，去除铰链加强板、门锁加强板等，以拼焊板进行替代，相应在去除加强板的区域选用较厚的钢板。

（1）连续空间内的拼焊板母材厚度确定　拼焊板厚度确定是在焊缝布置初步确定的基础上进行的，拼焊板各母板使用相同的材料，厚度最小的母板选用原有零件的厚度，其他母板厚度通过现代优化方法及有限元方法计算确定。

（2）离散厚度空间内材料选择及其确定　现代优化方法中将板料厚度视为连续空间变量，获得的厚度值是连续空间内的任意值，最终要进行圆整，并通过正交排列方法确定离散厚度，即实际生产中的钢板厚度。在圆整拼焊板母板厚度时，最终确定值必须大于计算厚度值，导致最终的拼焊板零件质量超过设计要求。另外，随着高强度钢板及铝合金板的广泛应用，在拼焊板中采用轻质高强度材料替代拼焊板中较厚的母板将进一步减轻零件质量。而在替代时，材料的选择主要依靠经验，并进行多次试验后确定，这既降低效率、增加成本，又不能达到最优轻量化效果。所以，在离散厚度确定和材料的等效替换方面有必要进行深入研究。

（三）拼焊板设计方法的适用范围

拼焊板设计方法将在满足使用性能的基础上，充分运用上述提出的设计关键技术，力求将零件质量减到最轻。为此，拼焊板将用两条焊缝将设计区分成三个部分，这给拼焊板批量生产带来困难。所以，此处讨论设计方法的目的是说明拼焊板设计中要考虑的几个关键问题，仅为设计提供理论依据和参考。

二、拼焊板设计中母材等效替换的当量模型

（一）拼焊板母板材料参数对瞬时强度的影响规律

由于焊缝两侧母材性能及厚度差异产生不均匀变形，在拼焊板成形过程中，焊缝发生了移动，从而降低了拼焊板成形能力。究其原因，一方面由于变形集中在弱侧母材上，使弱侧先达到成形极限而发生失效，而强侧母材变形较小，成形能力未能充分发挥；另一方面，在变形过程中母材板厚发生变化，抗变形能力也相应变化，且因板厚变化不均使弱侧母材危险点的应变路径发生变化，使极限应变降低，导致拼焊板成形能力下降[15,20]。上述分析拼焊板成形能力的影响因素，集中体现在拼焊板抗变形强度上。由于母材抗变形能力主要取决于材料厚度、材料力学性能参数（K 值、n 值及 r 值）等，在不考虑模具等外界因素的条件下，研究母材等效强度和厚度变化，进而提出拼焊板母材瞬时强度概念。

1. 母板材料的瞬时强度

假设母板材料服从 Hollomon 硬化准则，力学性能可按下式进行描述：

$$\overline{\sigma} = K\overline{\varepsilon}^{n} \tag{7-2}$$

式中：$\overline{\sigma}$ 为等效应力；$\overline{\varepsilon}$ 为等效应变；K 为强度系数；n 为应变硬化指数。

拼焊板变形后厚度发生变化，变形后的厚度与初始厚度间的关系如下：

$$\varepsilon_{t} = \ln \frac{t}{t_0} \tag{7-3}$$

式中，ε_{t}、t、t_0分别为板料厚度方向应变、实际厚度、初始厚度。

转换式（7-3）可得到板料实际厚度为

$$t = t_0 \exp(\varepsilon_{t})$$

考虑材料参数和实际厚度的影响，提出瞬时强度概念来评价板料的强度：

$$S_{\mathrm{I}} = Kt_0\varepsilon^{n}\exp(\varepsilon_{t}) \tag{7-4}$$

塑性体积不变原理：

$$\varepsilon_1+\varepsilon_2+\varepsilon_t=0$$

式中，ε_1、ε_2和ε_t分别为板料的主应变、次应变和厚向应变。

在简单加载条件下，厚向异性板板面内等效应变关系如下：

$$\varepsilon_i=\frac{1+r}{\sqrt{1+2r}}\sqrt{\varepsilon_1^2+\frac{2r}{1+r}\varepsilon_1\varepsilon_2+\varepsilon_2^2} \tag{7-5}$$

将式（7-5）代入式（7-4）可得

$$S_I=Kt_0\left(\frac{1+r}{\sqrt{1+2r}}\sqrt{\varepsilon_1^2+\frac{2r}{1+r}\varepsilon_1\varepsilon_2+\varepsilon_2^2}\right)^n\exp(-\varepsilon_1-\varepsilon_2) \tag{7-6}$$

从式（7-6）可以看出，瞬时强度与材料的强度系数（K）、应变硬化指数（n）、各向异性指数（r）及初始厚度（t_0）有关。

根据式（7-4），板料厚度是影响板料瞬时强度的重要因素，其他条件不变时，板料厚度与瞬时强度呈线性关系。

厚度与瞬时强度之间的关系受到板料应变路径，如主应变、次应变等的影响。应变路径除了与材料力学参数有关，还与冲压工艺参数有关，如坯料的几何形状、工艺补充面、压边力分布、拉深筋布置及摩擦状态等。从成形极限图中可知，典型的应变路径有三种：单向拉伸、平面应变和等双拉应变，如图7-8所示。拉-压变形应变路径介于单向拉伸和平面应变两种路径之间，而拉-拉变形应变路径介于平面应变和等双拉应变两种路径之间。为了避免不同应变路径对瞬时强度的影响，分别以单向拉伸状态、平面应变状态和等双拉状态来分析材料初始厚度（t_0）、材料力学参数（K、n、r）对瞬时强度的影响。

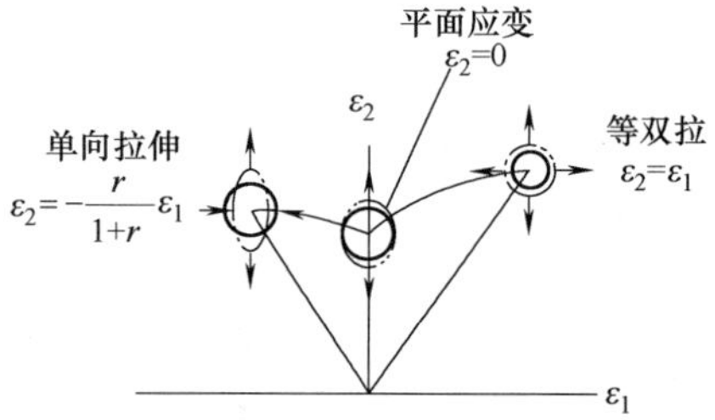

图7-8　三种典型应变路径示意图

（1）单向拉伸状态　单向拉伸变形是拉-压变形的一种典型情况，其主、次应变之间的关系如下：

$$\varepsilon_2=-\frac{r}{1+r}\varepsilon_1 \tag{7-7}$$

式中，ε_1，ε_2分别为主、次应变；r为各向异性指数。

将式（7-7）代入式（7-6）得

$$S_I=Kt_0\varepsilon_1^n\exp\left(-\frac{1}{1+r}\varepsilon_1\right) \tag{7-8}$$

式（7-8）即为单向拉伸变形条件下母材瞬时强度与初始板厚及材料力学参数之间的解析模型。

（2）平面应变状态　在平面应变状态下，次应变满足：

$$\varepsilon_2 = 0 \tag{7-9}$$

将式（7-9）代入式（7-6）可得

$$S_{\mathrm{I}} = Kt_0\left(\frac{1+r}{\sqrt{1+2r}}\varepsilon_1\right)^n \exp(-\varepsilon_1) \tag{7-10}$$

式（7-10）即为平面应变状态条件下母材瞬时强度与板厚及材料力学参数之间的解析模型。

（3）等双拉状态　等双拉状态下主、次应变满足：

$$\varepsilon_1 = \varepsilon_2 \tag{7-11}$$

将式（7-11）代入式（7-6）得

$$S_{\mathrm{I}} = Kt_0(\sqrt{2(1+r)}\varepsilon_1)^n \exp(-2\varepsilon_1) \tag{7-12}$$

式（7-12）为等双拉变形条件下母材瞬时强度、板厚及材料参数间的解析模型。

将式（7-12）对主应变 ε_1 求导数得

$$\frac{\mathrm{d}S_{\mathrm{I}}}{\mathrm{d}\varepsilon_1} = Kt_0(\sqrt{2(1+r)}\cdot\varepsilon_1)^{n-1}\exp(-2\varepsilon_1)[n\sqrt{2(1+r)} - 2\sqrt{2(1+r)}\varepsilon_1]$$

令 $\frac{\mathrm{d}S_{\mathrm{I}}}{\mathrm{d}\varepsilon_1} = 0$，则

$$\varepsilon_1 = \frac{n}{2} \tag{7-13}$$

2. 材料板厚对瞬时强度的影响规律

以母材为 DC56 + Z 的拼焊板为例，采用解析法分析不同应变路径条件下板料初始厚度对瞬时强度的影响规律。

（1）单向拉伸状态　在单向拉伸变形条件下，式（7-8）反映了不同初始板厚条件下主应变与瞬时强度之间的关系，如图 7-9 所示。保持强度系数 K 为 530MPa，应变硬化指数 n 为 0.236，各向异性指数 r 为 1.995，并在整个分析中保持不变，仅改变板料厚度 t_0（0.7mm，0.9mm，…，1.5mm）以分析初始厚度对板料瞬时强度的影响规律。图 7-9 中主应变最小值取开始塑性变形时应变的 0.2%。从图 7-9 可以看出，对于任意厚度值，瞬时强度均随主应变增加而增大。可见，板料的瞬时强度不是一个恒定值，在变形过程中随变形状态不同将发生变化。所以，在拼焊板设计过程中，选择材料时也必须考虑变形状态对瞬时强度的影响。在相同的主应变条件下，随着板料初始厚度 t_0 不断增大，瞬时强度不断升高。这在后面将进一步分析，并与其他参数的影响规律进行比较。

（2）平面应变状态　式（7-10）反映了平面应变条件下，不同初始板厚对应的主应变与瞬时强度之间的关系，如图 7-10 所示。从图 7-10 可知，平面应变

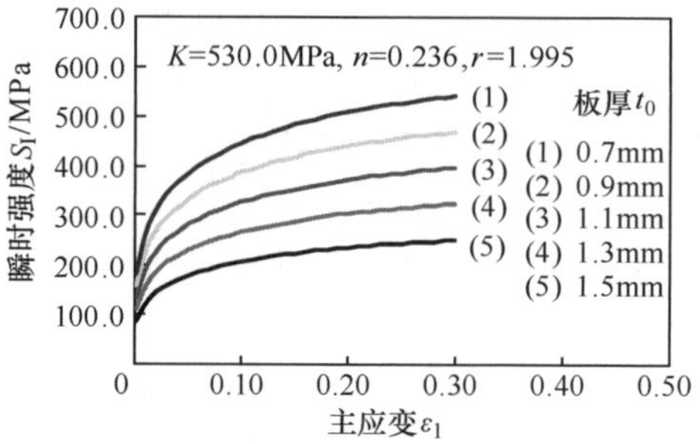

图 7-9　单向拉伸状态下母材瞬时强度与主应变的关系

状态下母材瞬时强度和主应变之间的关系与单向拉伸条件下类似。但在板厚相同时，平面应变状态下的瞬时强度随着主应变增大而变化速率不同，在应变超过 0.3 后瞬时强度基本不变。关于各种因素变化对瞬时强度变化速率的影响在后面进行详细分析，并进行对比。

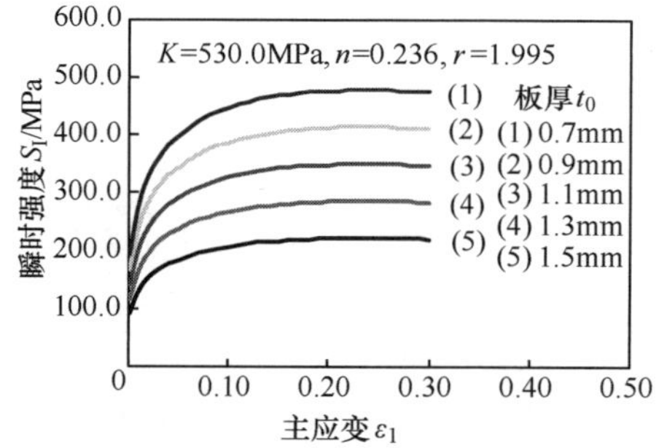

图 7-10　平面应变状态下母材瞬时强度与主应变的关系

（3）等双拉状态　式（7-12）反映了等双拉变形条件下，不同板厚对应的主应变与瞬时强度之间的关系，如图 7-11 所示。在等双拉状态下，瞬时强度随主应变增大先迅速增大，随后略有下降。由式（7-13）可知，当主应变为 $n/2$ 时，瞬时强度最大。可见，当处于等双拉变形状态时必须考虑变形状态对瞬时强度的影响，且尽量使主应变达到 $n/2$ 附近，以获得较高的瞬时强度。

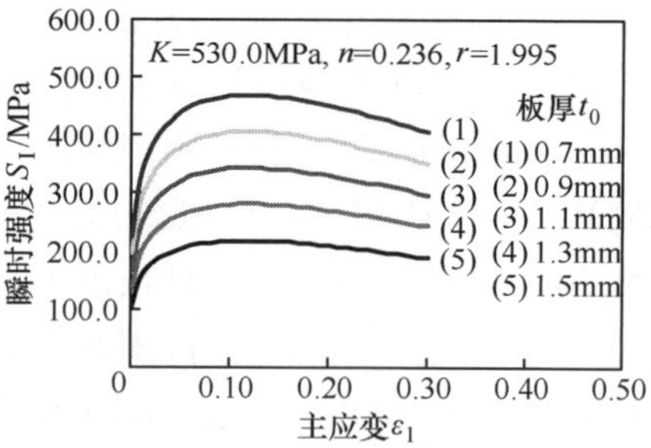

图 7-11　等双拉状态下母材瞬时强度与主应变的关系

3. 材料力学性能参数对瞬时强度的影响

材料力学性能参数主要包括强度系数（K）、应变硬化指数（n）和各向异性指数（r）。为了排除其他因素的影响，当分析其中一个因素的影响时，假设其他因素保持不变。参考 DC56 + Z 的材料力学性能，以 DC56 + Z 的材料力学参数为基准，对参数做变化。

（1）强度系数对瞬时强度的影响　DC56 + Z 材料强度系数（K）为 530.0MPa，分别按照 1.0 倍、1.2 倍、…、2.0 倍对强度系数进行变化，板料厚度（t_0）取 1.0mm。

1）单向拉伸状态。根据式（7-8），强度系数 K 是影响瞬时强度的主要因素之一。在其他条件不变的情况下，强度系数 K 与瞬时强度成正比关系。不同强度系数 K 条件下主应变与瞬时强度的关系如图 7-12 所示。从图 7-12 可知，在任意强度系数 K 下，瞬时强度随着主应变增大而升高，且强度系数 K 越大，瞬时强度越大。可见，当材料处于单向拉伸状态时，拼焊板的设计可通过选择不同的材料强度系数 K 来获得不同的瞬时强度。

2）平面应变状态。根据式（7-10）可知，在其他条件不变的情况下，强度系数与瞬时强度成正比关系。在平面应变条件下，瞬时强度与主应变之间的关系如图 7-13 所示。从图 7-13 可以看出，与单向拉伸状态相比，平面应变条件下不同 K 值对应的主应变与瞬时强度的关系趋势相同，但瞬时强度随主应变增加的速率不同，且当主应变增大到一定程度后开始趋于稳定。在相同主应变时，强度系数 K 越大，瞬时强度越高。

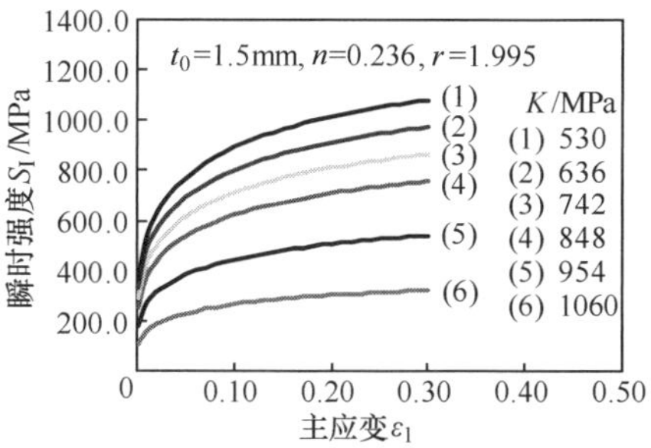

图 7-12　单向拉伸条件下不同 K 值对应的主应变与瞬时强度的关系

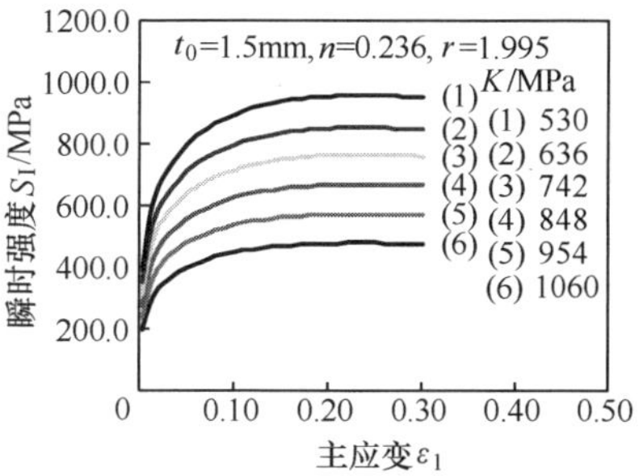

图 7-13　平面应变条件下不同 K 值对应的主应变与瞬时强度的关系

3）等双拉状态。在等双拉条件下，不同强度系数 K 对应的主应变与瞬时强度的关系如图 7-14 所示。图 7-14 中结果显示，在其他条件一定情况下，强度系数 K 值越大，瞬时强度越高，这与单向拉伸和平面应变两种应变状态下主应变与瞬时强度之间的关系是一致的。但在任一种强度系数 K 时，瞬时强度随着主应变增大先升高，随后逐渐减小，在主应变为 $n/2$ 时瞬时强度最大。这一特征表明，并非主应变越大，板料的瞬时强度越高。当处于等双拉变形状态时必须考虑变形状态对瞬时强度的影响，尽量使主应变达到 $n/2$ 附近，来获得较大的瞬时强度。

（2）应变硬化指数对瞬时强度的影响

1）单向拉伸状态。式（7-8）表明，瞬时强度与硬化指数 n 呈幂指数关系。单向拉伸状态下，不同硬化指数 n 对应的主应变与瞬时强度的关系如图 7-15 所示。从图 7-15 可知，单向拉伸条件下，任一硬化指数 n 值，对应的瞬时强度随着主应变增大而升高，且变化速率随着主应变增大而减小。在相同主应变条件下，硬化指数 n 越大，瞬时强度越低。

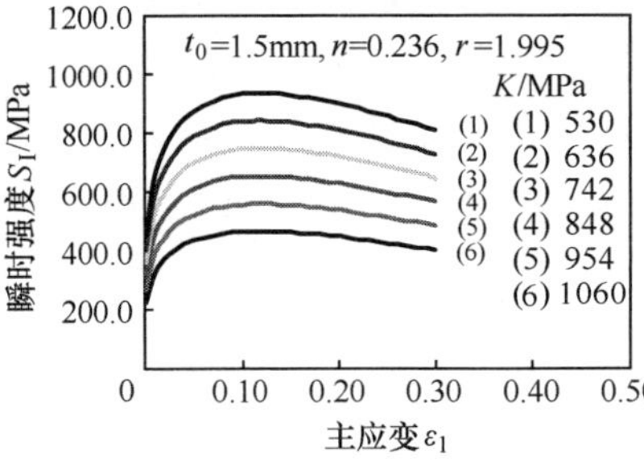

图 7-14　等双拉状态下不同 K 值对应的主应变与瞬时强度的关系

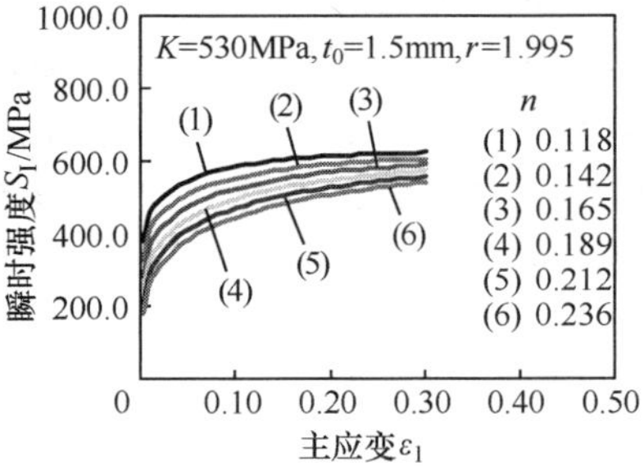

图 7-15　单向拉伸条件下不同 n 值对应的主应变与瞬时强度的关系

2）平面应变状态。式（7-10）显示，在平面应变状态下，瞬时强度与硬化指数成幂指数关系，如图 7-16 所示。由图 7-16 可知，不同硬化指数（n 值）条件下，主应变与瞬时强度的关系不同。在相同主应变时，n 值越大，瞬时强度越小，这与强度系数正好相反。当 n 值较大时，瞬时强度随着主应变增大而增大，但增大的速率逐渐减小；当 n 值较小时（$n=0.118$），瞬时强度随着主应变增大先增大，随后略微减小。这一特征在拼焊板设计中尤为重要，必须根据不同的硬化指数（n 值）来确定变形主应变的大小，从而获得较高的瞬时强度。

3）等双拉状态。式（7-12）显示，等双拉应变状态下，主应变与瞬时强度的关系如图 7-17 所示。从图 7-17 可以看出，当其他条件一定时，硬化指数 n 值越大，瞬时强度越小。但不同 n 值对瞬时强度的影响程度取决于主应变大小：在主应变较小阶段，n 值对瞬时强度的影响较大；在主应变较大阶段，n 值对瞬时强度的影响很小；当 n 值一定时，瞬时强度随着主应变增大先增大后逐渐减小。结果表明，在拼焊板设计中，为了获得较大的瞬时强度，n 值的选择必须考虑应变状态的影响。而当主应变较大时（超过 0.2），通过改变 n 值无法达到改变瞬时强度的目的。

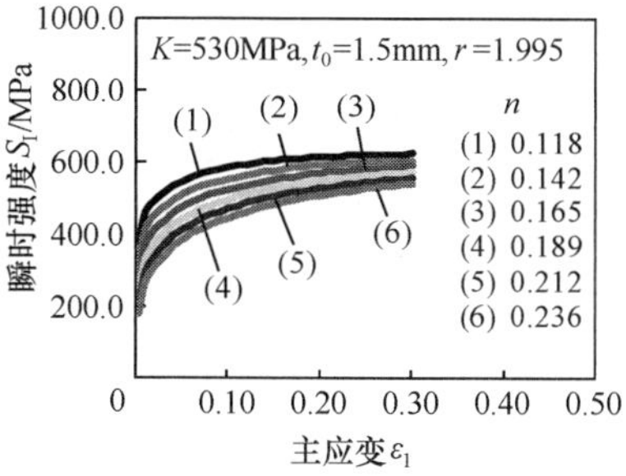

图 7-16 平面应变状态下不同 n 值对应的主应变与瞬时强度的关系

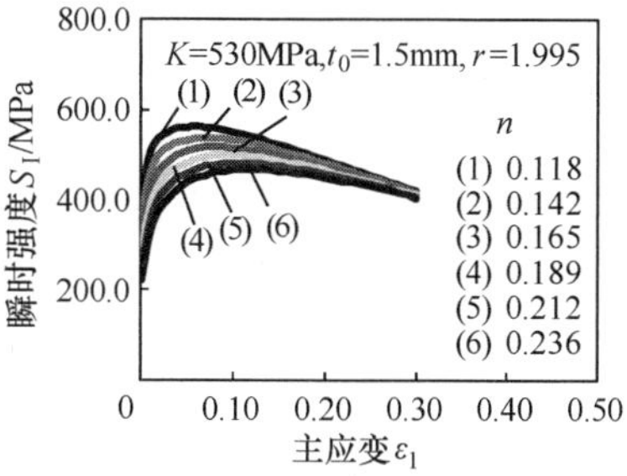

图 7-17 等双拉状态下不同 n 值对应的主应变与瞬时强度的关系

（3）各向异性指数对瞬时强度的影响

1）单向拉伸状态。根据式（7-8）计算出的在不同 r 值时，主应变与瞬时强度之间的关系如图 7-18 所示。由图 7-18 可知，在不同 r 值时，瞬时强度均随主应变增大而上升。当主应变一定时，不同 r 值对应的瞬时强度差别很小，尤其是在主应变较小阶段，瞬时强度完全相同；在主应变较大阶段，不同 r 值对应的瞬时强度略有差异，且 r 值越大，瞬时强度越高。由以上分析可知，无论主应变大小，各向异性指数 r 值对瞬时强度影响均很小。可见，在拼焊板设计中，要改变瞬时强度，通过改变 r 值不能达到预期目的。

2）平面应变状态。根据式（7-10）计算出的在不同 r 值时，主应变与瞬时强度之间的关系如图 7-19 所示。主应变与瞬时强度的关系的总体趋势与单向拉伸状态类似，主要不同在于，当 r 值一定时，瞬时强度随主应变增大到一定程度后保持不变。也就是说，当主应变超过 0.2 后，一定的 r 值时，瞬时强度基本不会发生变化。

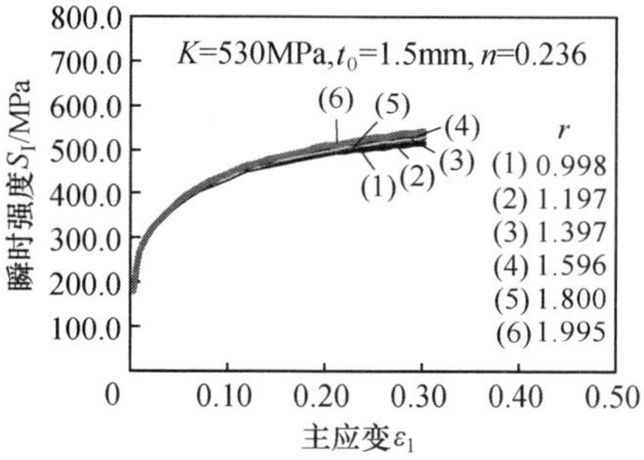

图 7-18 单向拉伸状态下不同 r 值对应的主应变与瞬时强度的关系

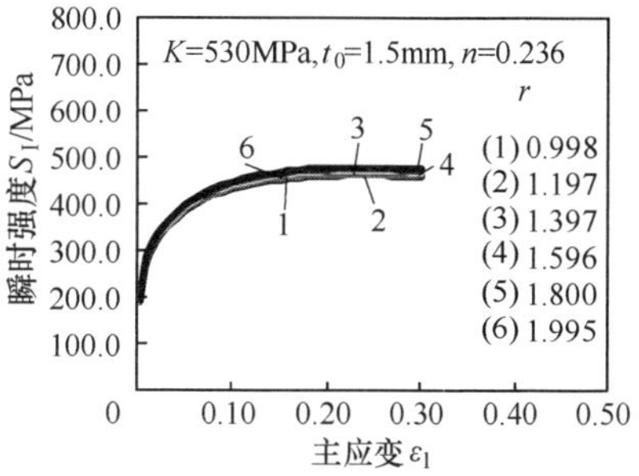

图 7-19 平面应变状态下不同 r 值对应的主应变与瞬时强度的关系

3）等双拉状态。根据式（7-12）计算得到的等双拉变形状态下，主应变与瞬时强度的关系如图 7-20 所示。与单向拉伸和平面应变状态下不同，等双拉状

态下 r 值对瞬时强度的影响比较明显。当 r 值一定时，瞬时强度随着主应变增大先升高随后逐渐降低。根据式（7-13）可知，瞬时强度开始减小时对应的主应变是 $n/2$。可见，在拼焊板设计中必须考虑主应变对瞬时强度的影响。

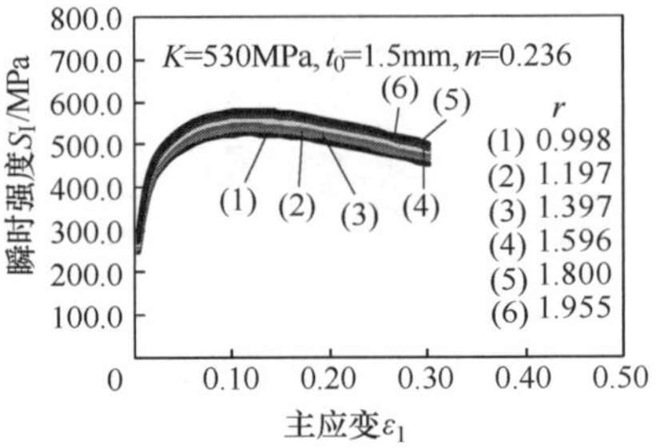

图 7-20　等双拉状态下不同 r 值对应的主应变与瞬时强度的关系

为比较各种参数，如板料初始厚度 t_0、强度系数 K、硬化指数 n 及各向异性指数 r 等对瞬时强度变化的影响程度，按式（7-14）将它们进行归一化处理，然后在同一个图中进行比较。

$$X_n = \frac{d_i - d_{min}}{d_{max} - d_{min}} \tag{7-14}$$

式中：d_{max}，d_{min}分别是归一化前的最大值和最小值；X_n是归一化值；d_i是归一化前的值。

由于板料初始厚度 t_0、强度系数 K、硬化指数 n 及各向异性指数 r 对应的主应变与瞬时强度的关系不同，为了讨论它们中单一因素对瞬时强度变化的影响程度，故选取各种因素（t_0、K、n、r）对应主应变 $\varepsilon_1 = 0.3$ 时的瞬时强度进行比较。

1）单向拉伸状态。在单向拉伸状态下，板料初始厚度 t_0、强度系数 K、硬化指数 n 及各向异性指数 r 对瞬时强度变化的影响如图 7-21 所示。从图 7-21 可知，在一定的主应变条件下，板料初始厚度 t_0和强度系数 K 对瞬时强度的影响较大，均存在线性正比关系，且 K 值的变化对瞬时强度的影响大于 t_0。硬化指数 n 值的变化对瞬时强度影响较小，且呈线性反比关系。而各向异性指数 r 的变化对瞬时强度影响不明显。

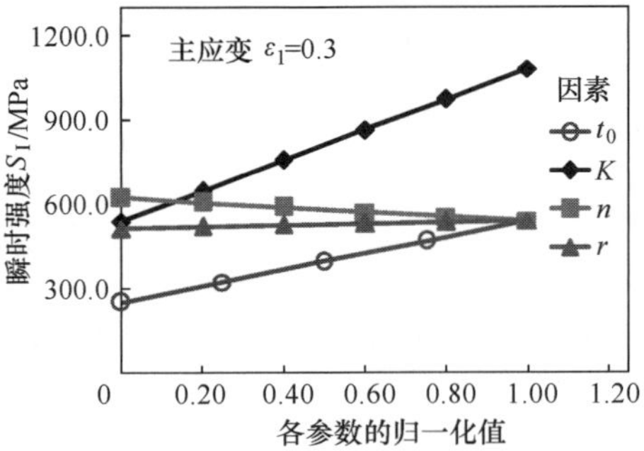

图 7-21　单向拉伸条件下一定主应变时各因素对瞬时强度变化的影响

2）平面应变状态。在平面应变状态下，板料初始厚度 t_0、强度系数 K、硬化指数 n 及各向异性指数 r 对瞬时强度变化的影响如图 7-22 所示。从图 7-22 可知，平面应变状态下各因素对瞬时强度变化的影响与单向拉伸状态下趋势一致，仅在数值上有较小的差异，这是由于次应变不同而导致的。

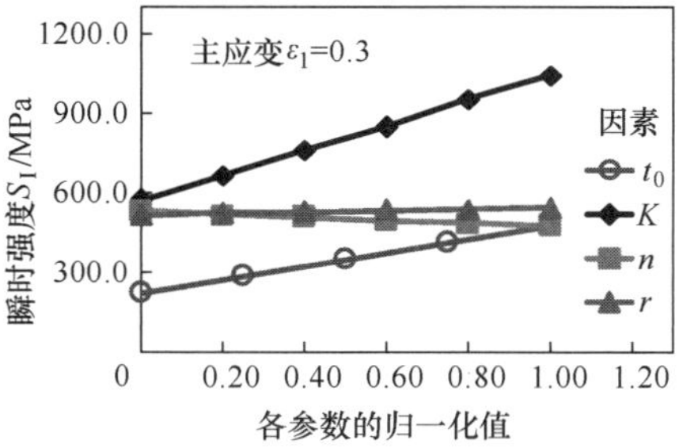

图 7-22　平面应变条件下一定主应变时各因素对瞬时强度变化的影响

3）等双拉状态。在等双拉状态下，板料初始厚度 t_0、强度系数 K、硬化指数 n 及各向异性指数 r 对瞬时强度变化的影响如图 7-23 所示。从图 7-23 可知，各项因素变化对瞬时强度变化的影响趋势与前两种变形状态（单向拉伸和平面应变）基本类似，主要不同在于所对应的瞬时强度值有较大差别。

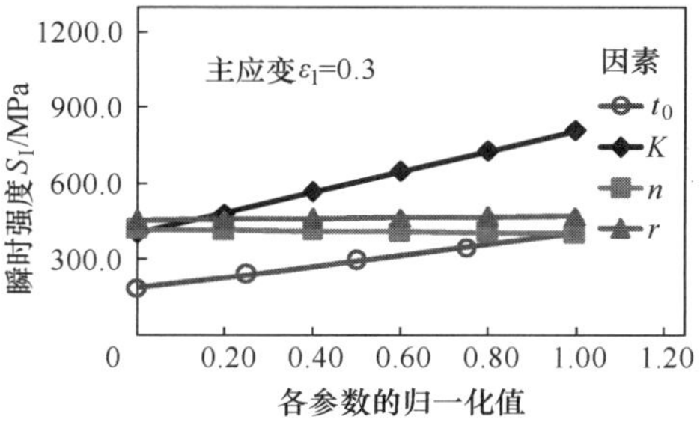

图 7-23　等双拉条件下一定主应变时各因素对瞬时强度变化的影响

由以上三种典型应变状态下，各因素对瞬时强度变化的影响分析发现：板料初始厚度 t_0、强度系数 K、硬化指数 n 三个参数对瞬时强度变化影响程度均是在单向拉伸状态下最大，等双拉状态下最小；而各向异性指数 r 对瞬时强度减小程度在单向拉伸状态下最大，等双拉状态下其次，平面应变状态下最小。

（二）拼焊板母板材料参数对瞬时强度影响的敏感性

1. 材料参数对瞬时强度的影响

前面分析了板料厚度及材料力学参数对瞬时强度的影响，从分析结果可知，不同的影响因素对瞬时强度的影响规律大致类似，主要不同在于瞬时强度对各种因素的敏感性不同，如板料厚度对瞬时强度影响比较明显，而各向异性指数的影响不显著。为此，可利用有限元方法和极差分析法深入分析各种参数对瞬时强度的影响敏感性。

拼焊板母材选用 DC56 + Z，固定拼焊板弱侧材料厚度为 0.7mm，通过改变强侧材料的参数来研究其对成形性能的影响及敏感性。由于焊缝移动量的大小与成形高度有密切关系，且能够反映拼焊板两侧变形不均匀的程度，故采用一定成形高度条件下的焊缝移动量作为参考，在其他条件不变情况下，分别分析 t_0、K、n 和 r 对极限成形高度和焊缝移动量的影响，由于焊缝移动量的大小与成形高度有密切关系，故采用一定成形高度（所有模拟中最小极限成形高度为 22.0mm）条件下的焊缝移动量作为参考，结果分别如图 7-24 和图 7-25 所示。从图 7-24 可知，材料参数（主要为 t_0、K、n 和 r）对拼焊板极限成形高度的影响趋势相似。随着拼焊板强侧与弱侧各参数比值增大，拼焊板成形极限高度呈现不同程度的下降趋势。当强侧板厚不同时（0.7mm、0.9mm、1.1mm、1.3mm 和 1.5mm），拼焊板极限成形高度有很大差别，这主要归因于两侧厚度差异带来的变形不均。拼焊板的失效主要表现在弱侧母材上，当弱侧母材厚度不变时，两侧厚度差异越大，引起的变形不均匀越严重，导致极限成形高度较小。当强侧 K 值变化时（530.0MPa、636.0MPa、742.0MPa、848.0MPa 和 954.0MPa），其值越大，拼焊板强度越大，进而加大两侧的变形不均匀，降低了拼焊板的成形性能。

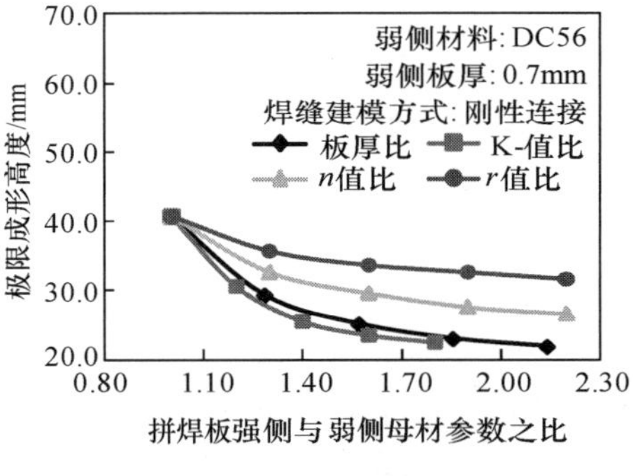

图 7-24　不同厚板条件下的极限成形高度

Danyform 软件的 LS-post 中采用 Keeler 准则[21]来确定成形极限图：

$$\begin{cases} FLD_0 = (23.3 + 14.134t_0)n/21 & (0 < t < 2.54\text{mm}) \\ \varepsilon_1 = FLD_0 + \varepsilon_2(0.027254\varepsilon_2 - 1.1965) & (\varepsilon_2 < 0) \\ \varepsilon_1 = FLD_0 + \varepsilon_2(-0.008565\varepsilon_2 + 0.784854) & (\varepsilon_2 > 0) \end{cases} \tag{7-15}$$

式中：FLD_0是平面应变时的最小主应变；ε_1是主应变；ε_2是次应变；t_0是板料的初始厚度。

从式（7-15）可知，n 值越大，成形极限曲线水平越高，有利于材料的成形。而由式（7-2）可知，当应力强度一定时，n 值越大，应变强度越大。可见，拼焊板两侧材料 n 值的差异使两侧材料的强度不同，引起变形不均匀，降低拼焊板成形性能。n 值变化对拼焊板成形性能影响是成形极限曲线水平提高和增大拼焊板变形不均匀的综合结果。从图 7-24 来看，n 值引起拼焊板变形的不均匀性占主导作用，随着 n 值的增大其成形性能降低。

由各向异性指数定义可知：r 值越大，抗厚向变形能力增强。两侧材料 r 值相差越大，拼焊板变形不均匀性就越大，成形性能也随之下降。

尽管几个参数对拼焊板成形高度影响趋势一致，但影响的程度各不相同。强板厚度和 K 值增加导致拼焊板极限成形高度下降的趋势相当，但明显要大于 n 值和 r 值的影响。

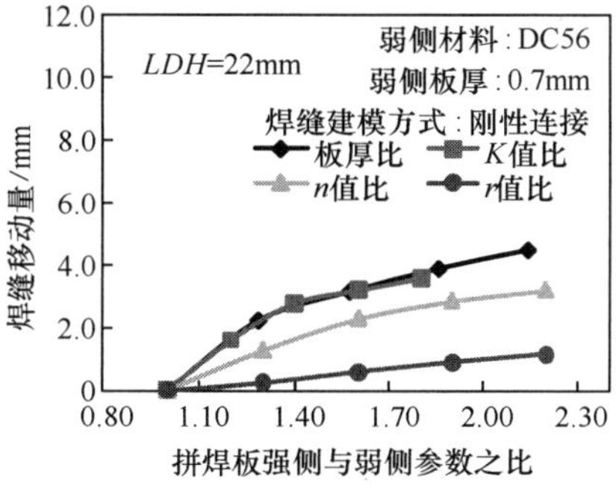

图 7-25 拼焊板强侧在不同材料参数条件下的焊缝移动量

在一定的极限成形高度下，拼焊板强侧在不同材料参数条件下的焊缝移动情况如图 7-25 所示。由图 7-25 可以看出，随着两侧材料参数差异变大，焊缝移动量也相应增大，各种参数对焊缝移动量的影响程度不同。板厚和 K 值的差异对焊缝移动的影响大体近似，明显高于材料的 n 值和 r 值，且 n 值对焊缝移动的影响又比 r 值明显。

2. 材料参数对瞬时强度影响的定量分析

（1）正交试验设计　以 DC56 + Z 材料参数为参照，模拟中强侧参数 K 值范围取为 330 ~ 530MPa，n 值范围为 0.118 ~ 0.236，r 值范围为 1.2 ~ 2.0。在不同板厚时各参数对成形性能的敏感性不同，强侧板厚分四组（0.7 ~ 0.9mm、0.9 ~ 1.1mm、1.1 ~ 1.3mm 和 1.3 ~ 1.5mm）试验。根据选定的各参数范围，选取 4 因素 3 水平正交试验进行试验设计，见表 7-1。

表 7-1　各参数优化的因素水平表

水平＼因素	K/MPa	n	r	强侧板厚 t/mm			
				t_1	t_2	t_3	t_4
水平 1	330	0.118	1.2	0.7	0.9	1.1	1.3
水平 2	530	0.236	1.6	0.8	1.0	1.2	1.4
水平 3	730	0.354	2.0	0.9	1.1	1.3	1.5

（2）级差分析　各因素的级差可以反映各因素对指标的影响程度，一个因

素的级差是该因素所有水平的均值的最大值与最小值之差，若该值大，改变这一因素对指标的影响就大，即该因素对指标影响程度大；反之，影响程度就小。各因素对极限成形高度和焊缝移动量影响的极差分析结果分别如图 7-26 和图 7-27 所示。图 7-26 描述了拼焊板弱板固定，改变强侧的板厚 t_0、K 值、n 值和 r 值得到的极限成形高度的极差值。由图 7-26 可得：当拼焊板强侧板厚在 0.7～0.9mm 阶段时，各参数对极限成形高度的影响敏感性从大到小的顺序为 $K>t_0>n>r$；而当拼焊板强侧板厚在 1.3～1.5mm 阶段时，敏感性从大到小的顺序变为 $K>t_0>r>n$。随着拼焊板强侧板厚不断增加，强侧 t_0、K 值和 n 值对极限成形高度的极差逐渐减小，极差减小的速率也由快变慢；而随厚板厚度增大，r 值对成形极限高度的极差影响趋势先减小后略有增大。由厚板各参数对极限成形高度的极差影响可知，K 值对极限成形高度的极差影响最大，t_0 次之，n 值和 r 值最小。其中，K 值与 t_0 对极限成形高度的极差影响差别较小，而与 n 值和 r 值相差较大。而且，强侧 t_0 在不同的阶段，不同参数对极限成形高度的极差大小排序也不相同。n 值和 r 值对极限成形高度的极差大小关系发生变化：随着强侧板厚增大，对极限成形高度的极差影响由 n 值大于 r 值逐渐到小于 r 值。在拼焊板设计过程中，当弱侧板厚确定后，为了满足强侧使用性能要求，可根据各参数对极限成形高度的敏感性选择强侧的材料和板厚。

图 7-27 描述了在拼焊板弱侧固定，且在一定的极限成形高度（$LDH=22$mm）条件下，厚板各参数对焊缝移动量的极差影响，趋势与图 7-26 中对极限成形高度近似。随着强侧 t_0 增大，t_0 和 n 值对焊缝移动量的极差大小次序发生变化，在 t_0 较小阶段（0.7～0.9mm），t_0 对焊缝移动量的极差影响大于 n 值，而在 t_0 较大阶段（1.3～1.5mm），t_0 对焊缝移动量的影响极差小于 n 值。

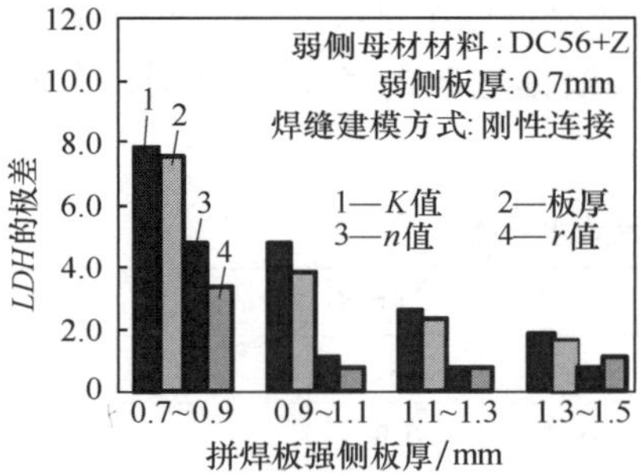

图 7-26 极限成形高度的极差

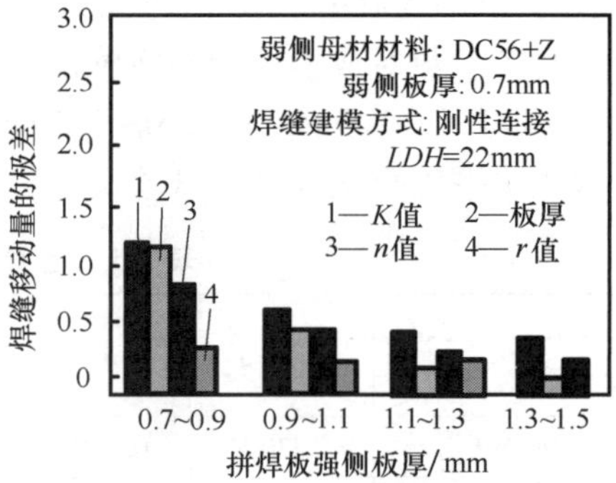

图 7-27 焊缝移动量的极差

当拼焊板强侧板厚与弱侧接近时，强侧各种参数对极限成形高度和焊缝移动量的敏感性均较大；当拼焊板两侧板厚相差较大时，各参数对极限成形高度和焊缝移动量的敏感性显著减小，但是其中各参数的敏感性顺序发生变化。在拼焊板设计中，可充分利用在强侧不同板厚阶段，各参数对极限成形高度和焊缝移动量的敏感性不同来选择材料。

（三）拼焊板母板材料参数的当量模型

拼焊板成形性能方面的研究主要集中在拼焊板成形性能提高和预测[22]、焊缝性能影响[23]、拼焊板设计[24-26]等方面。已有的研究在改善拼焊板成形性能和设计方面都取得了很大进展，但在拼焊板设计中的母材材料等效替换方面主要凭借经验。当前，通常根据传统零件中加强板的分布，通过改型设计用拼焊板替代传统设计，其中拼焊板厚度确定是基于传统零件板厚和加强板厚度，以零件质量最轻为目标进行优化，根据优化结果和实际板料规格确定拼焊板不同位置的板厚。随着高强度钢和高强度铝合金在汽车轻量化中的应用，拼焊板强侧逐渐被高强度钢和高强度铝合金所替代[27,28]。为此，通过基于瞬时强度的板厚当量研究建立材料参数与板厚之间的等效关系，为拼焊板母材材料等效替换提供理论依据。板厚当量模型在设计应用上可以直观地表达板料不同应变状态时强度的概念，在理论研究上可反映出板厚与瞬时强度的关系，且更直观地描述板料参数对拼焊板变形行为的影响程度。

对材料参数和板厚对瞬时强度的影响进行分析，建立材料参数（K 值、n 值和 r 值）与板厚之间的当量关系模型。基于当量模型，在材料瞬时强度已知的情况下，可以根据要求进行材料参数与初始板厚之间的匹配，以满足实际要求。

1. 厚度当量解析模型

当拼焊板板厚比较大的情况下，拼焊板失效发生在弱侧（薄侧）母材上，焊缝对拼焊板变形行为无明显影响，可将焊缝视为刚性连接。

假设拼焊板母材服从幂指数强化本构关系，即

$$\overline{\sigma} = K\overline{\varepsilon}^n \tag{7-16}$$

式中：$\overline{\sigma}$ 为应力强度；$\overline{\varepsilon}$ 为应变强度；K 为强化系数；n 为强化指数。

在简单加载条件下，材料的应变强度满足：

$$\overline{\varepsilon} = \frac{1+r}{\sqrt{1+2r}}\sqrt{\varepsilon_1^2 + \frac{2r}{1+r}\varepsilon_1\varepsilon_2 + \varepsilon_2^2} \tag{7-17}$$

式中：r 为各向异性指数；ε_1为主应变；ε_2为次应变。

假设母材材料的应变路径为直线，则

$$\varepsilon_1 = a\varepsilon_2 \tag{7-18}$$

式中，a 为常数。

根据 NADDRG 模型[29]，在材料达到成形极限时满足：

$$\begin{cases}\varepsilon_{10}=\ln\left[1+\dfrac{(23.3+14.12t_0)n}{21}\right] & (\varepsilon_2=0)\\ \varepsilon_1=-\varepsilon_2+\varepsilon_{10} & (\varepsilon_2<0)\\ \varepsilon_1=0.36\varepsilon_2+\varepsilon_{10} & (\varepsilon_2>0)\end{cases} \tag{7-19}$$

式中：t 为板料厚度；n 为硬化指数；ε_{10}为平面应变时的主应变。

由塑性变形体积不变原理，$\varepsilon_1+\varepsilon_2+\varepsilon_3=0$，并将式（7-18）代入式（7-17）得

$$\bar{\varepsilon}=\frac{r+1}{\sqrt{1+2r}}\sqrt{a^2+\frac{2r}{1+r}a+1}\varepsilon_2 \tag{7-20}$$

在成形极限图左侧（$\varepsilon_2<0$），由式（7-18）与式（7-19）的第二式可得

$$\varepsilon_2=\frac{1}{a+1}\varepsilon_{10} \tag{7-21}$$

将式（7-21）代入式（7-20）得

$$\bar{\varepsilon}=\frac{r+1}{(a+1)\sqrt{1+2r}}\sqrt{a^2+\frac{2r}{1+r}a+1}\varepsilon_{10} \tag{7-22}$$

将式（7-22）代入式（7-16）得

$$\bar{\sigma}=Kf^n(a,r)\varepsilon_{10}^n \tag{7-23}$$

式中，$f(a,\ r)$ 是各向异性指数 r 的函数：

$$f(a,r)=\frac{1+r}{(a+1)\sqrt{1+2r}}\sqrt{a^2+\frac{2r}{1+r}a+1}$$

$$\varepsilon_{10}=\ln\left[1+\frac{(23.3+14.13t_0)n}{21}\right]$$

瞬时强度为

$$S_{\mathrm{I}}=\bar{\sigma}\mathrm{A}$$

式中：S_{I}是瞬时强度；A 为单位宽度的实际面积。

根据瞬时强度的定义得

$$S_{\mathrm{I}}=Kf^n(a,r)\varepsilon_{10}^n t_0\exp(\varepsilon_{10}) \tag{7-24}$$

根据式（7-24）可知，母材瞬时强度与板厚（t_0）、强度系数（K）、应变硬化指数（n）及各向异性指数（r）有关。下面分别建立各因素的板厚当量解析模型。

（1）强度系数 K 的厚度当量解析模型　将式（7-24）微分，得

$$\mathrm{d}S_{\mathrm{I}}=f^n(a,r)g(t_0,n)\mathrm{d}K$$

其中
$$g(t_0,n)=\varepsilon_{10}^n t_0\exp(\varepsilon_{10})$$

将 $g(t_0,\ n)$ 对 t_0微分，得

$$\frac{\partial g(t_0,n)}{\partial t_0}=\frac{353}{525}\varepsilon_{10}^{n-1}n^2t+\frac{353}{525}\varepsilon_{10}^n nt+\varepsilon_{10}^n\exp(\varepsilon_{10})$$

$$\mathrm{d}S_{\mathrm{I}}=Kf^{n}(a,r)\frac{\partial g(t_0,n)}{\partial t_0}\mathrm{d}t_0 \tag{7-25}$$

假设通过变化 K 值和 t_0对瞬时强度的影响相同，则：

$$\frac{\mathrm{d}K}{\mathrm{d}t_0}=K\frac{\frac{353}{525}\varepsilon_{10}^{-1}n^2t+\frac{353}{525}nt+\exp(\varepsilon_{10})}{t_0\exp(\varepsilon_{10})}$$

再将无限微分 $\mathrm{d}K$、$\mathrm{d}t_0$分别以有限增量 ΔK、Δt_0替换，当有限增量取足够小时误差满足需求，即

$$\frac{\Delta K}{\Delta t_0}=K\frac{\frac{353}{525}\varepsilon_{10}^{-1}n^2t+\frac{353}{525}nt+\exp(\varepsilon_{10})}{t_0\exp(\varepsilon_{10})} \tag{7-26}$$

将式（7-26）进行有限次迭代即可获得强度系数 K 的板厚当量模型：

$$K_{i+1}=K_i+\Delta K=K_i\left[1+\frac{\frac{353}{525}\varepsilon_{10}^{-1}n^2t+\frac{353}{525}nt+\exp(\varepsilon_{10})}{t_0\exp(\varepsilon_{10})}\Delta t_0\right] \tag{7-27}$$

式（7-27）反映了强度系数 K 与板料初始板厚 t_0之间的当量关系。

根据式（7-27）可知，强度系数 K 的当量模型与应变路径（a 值）无关，所以，当 $\varepsilon_2>0$ 和 $\varepsilon_2=0$ 时，强度系数 K 的当量模型与 $\varepsilon_2<0$ 时相同。

（2）应变硬化指数 n 的厚度当量解析模型　将式（7-24）对 n 微分，得

$$\mathrm{d}S_{\mathrm{I}}=Kf^{n}(a,r)\left[\ln f(a,r)g(n,t_0)+\frac{\partial g(n,t_0)}{\partial n}\right]\mathrm{d}n \tag{7-28}$$

假设通过改变硬化指数 n 值和初始板厚 t_0导致的瞬时强度变化相同，结合式（7-25）和式（7-28），则

$$\frac{\mathrm{d}n}{\mathrm{d}t_0}=\frac{\frac{\partial g(t_0,n)}{\partial t_0}}{\ln f(a,r)g(n,t_0)+\frac{\partial g(n,t_0)}{\partial n}}$$

再将无限微分 $\mathrm{d}t_0$、$\mathrm{d}n$ 分别以有限增量 Δt_0、Δn 替换，当有限增量取足够小时误差满足需求，即

$$\frac{\Delta n}{\Delta t_0}=\frac{\frac{\partial g(t_0,n)}{\partial t_0}}{\ln f(a,r)g(n,t_0)+\frac{\partial g(n,t_0)}{\partial n}} \tag{7-29}$$

将式（7-29）进行有限次迭代即可获得应变硬化指数 n 的板厚当量模型：

$$n_{i+1}=n_i+\frac{\frac{\partial g(t_0,n)}{\partial t_0}}{\ln f(a,r)g(n,t_0)+\frac{\partial g(n,t_0)}{\partial n}}\Delta t_0 \tag{7-30}$$

式（7-30）反映了硬化指数 n 和初始板厚 t_0 对瞬时强度影响的等效关系。

类似地，在 $\varepsilon_2>0$ 条件下，建立应变硬化指数 n 的板厚当量模型：

$$n_{i+1}=n_i+\frac{\dfrac{\partial g(t_0,n)}{\partial t_0}}{\ln F(a,r)g(n,t_0)+\dfrac{\partial g(n,t_0)}{\partial n}}\Delta t_0 \tag{7-31}$$

其中
$$F(a,r)=\frac{r+1}{(a-0.36)\sqrt{1+2r}}\sqrt{a^2+\frac{2r}{1+r}a+1}\qquad (a>0)$$

平面应变情况下，当 $\varepsilon_2=0$ 时，应变硬化指数 n 的板厚当量模型为

$$n_{i+1}=n_i+\frac{\dfrac{\partial g(t_0,n)}{\partial t_0}}{\ln\left(\dfrac{r+1}{\sqrt{1+2r}}\right)g(n,t_0)+\dfrac{\partial g(n,t_0)}{\partial n}}\Delta t_0 \tag{7-32}$$

2. 厚度当量解析模型验证

通过建立的当量模型，在瞬时强度一定的情况下，可获得板厚 t_0 与强度系数 K 值及硬化指数 n 值之间的当量关系。为了验证当量模型，从理论结果中分别取出七组板厚 t_0 与 K 值、板厚 t_0 与 n 值的不同组合，通过有限元和试验方法进行比较，验证解析模型的有效性。

（1）强度系数 K 的板厚当量模型验证　以等效强度作为评价拼焊板的强度指标，从理论上建立强度系数与初始板厚对强度指标的影响模型。假设强度系数变化与板厚变化引起的强度指标变化相同，即建立强度系数与初始板厚的当量模型，见式（7-27）。将无限微分 dK、dt_0 分别用有限微分 ΔK 和 Δt_0 替代，在给定初值条件下，通过多次迭代获得强度系数 K 和初始板厚 t_0 之间的关系。当瞬时强度一定时，初始值为 $K=530$MPa、$n=0.236$ 和 $t_0=1.5$mm。根据式（7-27）可获得初始板厚与强度系数之间的关系，如图 7-28 所示。从图中可知，在瞬时强度不变的情况下，强度系数与初始板厚成正比关系。

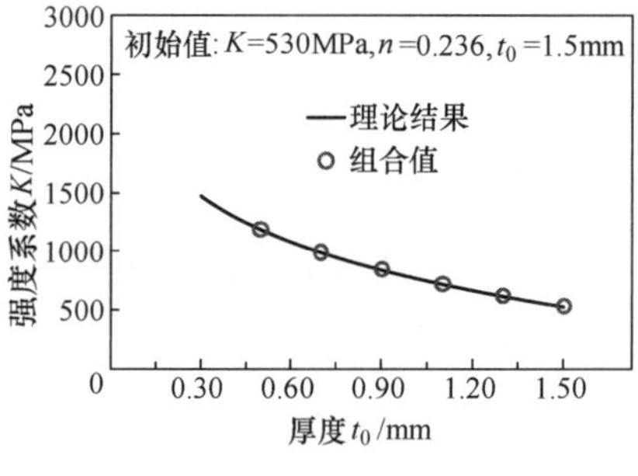

图 7-28　瞬时强度一定的条件下 K 和 t_0 的当量关系

图 7-28 表明，增加强度系数和初始板厚都将使强度指标上升。要使强度指标保持恒定，强度系数和初始板厚必然成非线性的反比关系；随着板厚的增大，强度系数的变化率逐渐减小。也就是说，当板厚较小时，强度系数变化对材料瞬时强度的敏感性较低。在拼焊板设计中，为了获得某一材料一定的瞬时强度，通过改变材料初始板厚比强度系数效果明显；

反之，改变材料强度系数比初始板厚对材料瞬时强度影响效果明显。

为验证当量解析模型的正确性，根据 K 和 t_0 的关系，并以初始条件为前提，进行有限元分析，选取六组不同的 K 和 t_0 的组合，见表 7-2。

表 7-2　强度系数 K 和初始板厚 t_0 组合

组合编号	No. 1	No. 2	No. 3	No. 4	No. 5	No. 6
K/MPa	1186. 1	991. 1	842. 1	721. 0	618. 8	530. 0
t_0/mm	0. 50	0. 70	0. 90	1. 10	1. 30	1. 50

在单向拉伸试验的有限元分析中，先确定拼焊板一侧母材不变，通过改变另一侧母材的 K 和 t_0 获得的组合。以单向拉伸的载荷-位移曲线来评价拼焊板瞬时强度的变化，各组合的拼焊板单向拉伸有限元结果比较如图 7-29 所示。图 7-29 中的载荷-位移曲线在失效前基本一致，证明各种 K 和 t_0 组合后的拼焊板瞬时强度近似相同。结果表明，在一定初始条件下，根据当量模型来组合 K 和 t_0，获得的单向拉伸载荷-位移曲线基本保持一致。可见，K 值的板厚当量模型是有效的。

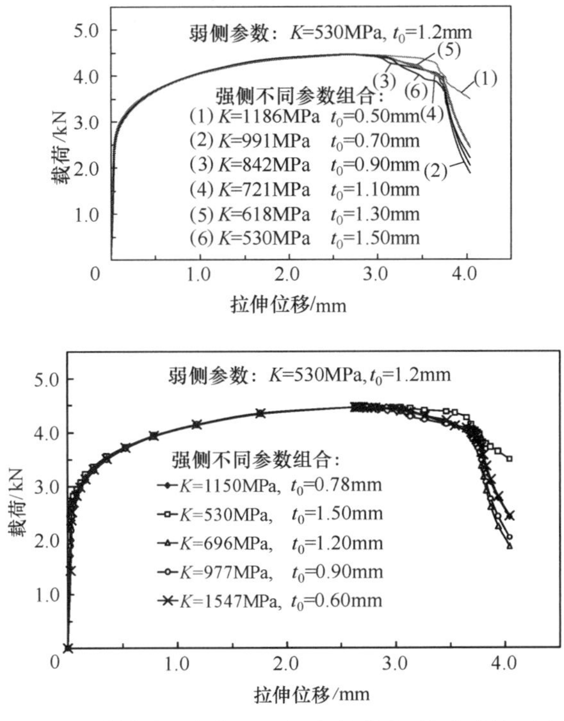

图 7-29　拼焊板不同 K、t_0 组合的载荷-位移曲线对比

（2）硬化指数 n 的板厚当量模型验证　在板料瞬时强度一定条件下，其他

条件不变，应变硬化指数与板厚之间的关系如图 7-30 所示。从图中可知，应变硬化指数随初始板厚增大而增大，当厚度应变硬化指数较小时，随厚度增大而增大的速率较大。

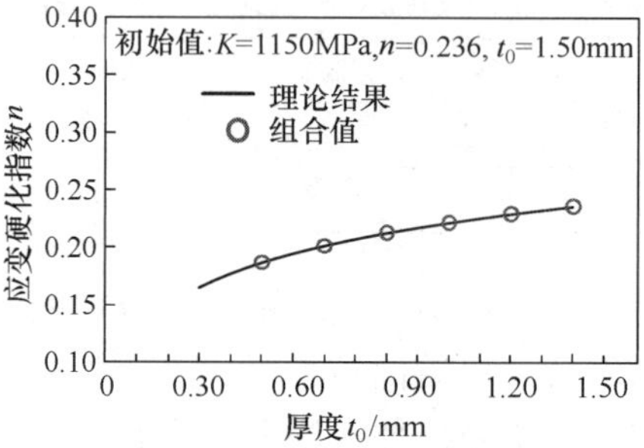

图 7-30　给定瞬时强度下 n 与 t_0之间的关系

为验证硬化指数的板厚当量模型，根据 n 和 t_0之间的关系，以初始条件为前提，进行有限元分析，选取六组 n 值和 t_0值的组合，见表 7-3。

表 7-3　强度系数 n 值和初始板厚 t_0 值组合

组合编号	No. 1	No. 2	No. 3	No. 4	No. 5	No. 6
n	0. 187	0. 202	0. 212	0. 222	0. 229	0. 236
t_0/mm	0. 50	0. 70	0. 90	1. 10	1. 30	1. 50

在单向拉伸试验有限元分析中，先确定拼焊板一侧母材不变，通过改变另一侧母材的 n 值和 t_0值，获得表 7-3 中的六组 n 值和 t_0值的组合。

以单拉载荷-位移曲线来评价变化侧的瞬时强度变化，各组合的有限元结果比较如图 7-31 所示。图 7-31 中的载荷-位移曲线在失效前基本一致，证明各种 n 值和 t_0 值组合后的拼焊板瞬时强度近似相同。结果表明，在一定初始条件下，根据当量模型来组合 n 值和 t_0 值，获得的单向拉伸载荷-位移曲线基本保持一致，可见，n 值的板厚当量模型是有效的。

3. 板厚当量模型的应用

在拼焊板的设计过程中，母材选择通常是根据使用性能要求，首先确定弱侧母材，然后选择与弱侧相同的材料，再根据强侧的使用性能要求及拼焊板成形性能要求，确定强侧母材的厚度。此时，若要使用其他材料，如高强度钢、高强度铝合金等代替拼焊板强侧，传统上只能根据经验进行多次试验来完成。在瞬时强度相同时，板厚当量模型建立了材料参数，如强度系数和应变硬化指数与板厚之间的当量关系，可作为拼焊板板材的材料和几何参数选择的理论依据。也可以根据板厚当量模型，绘制出强度系数、应变硬化指数与板厚之间的关系曲线，然后根据不同的板厚选择相应的材料参数组合，结合实际材料的参数设计合理的拼焊板。

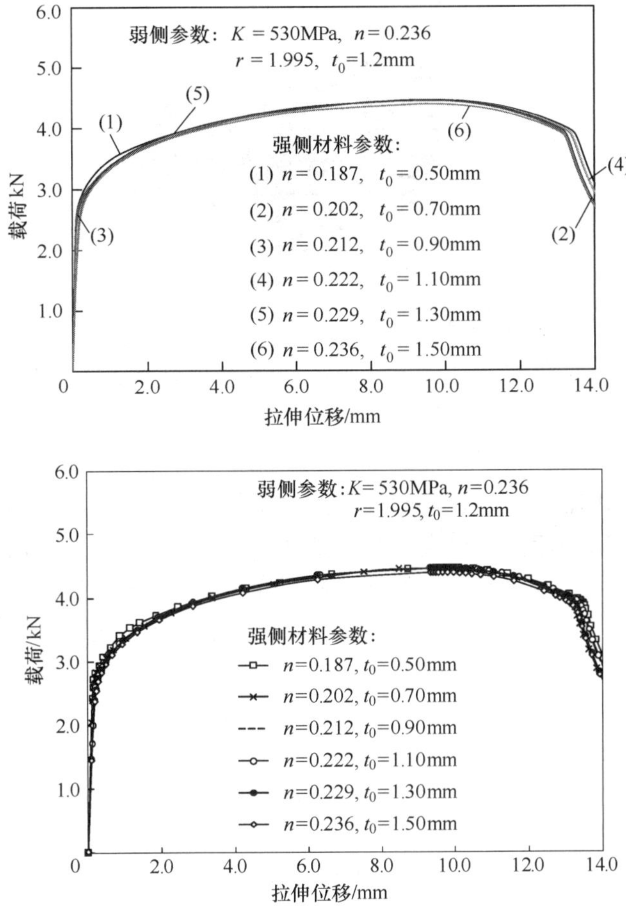

图 7-31　拼焊板不同 n 值和 t_0 值组合的载荷-位移曲线

三、兼顾使用性和制造性的拼焊板轻量化设计

（一）车门结构及使用性分析

车门是汽车车身重要组成部分之一，通过铰链与车身连接实现开启和关闭。车门主要包括门外板、门内板、上加强板、下加强板、门锁加强板及铰链加强板，它们通过焊接而成为一个整体，如图 7-32 所示。车门的主要作用是与车身构成一个封闭的乘坐空间，给乘客提供安全、舒适的乘坐环境。为此，车门必须具备一定的强度和刚度，并有良好的振动性能。

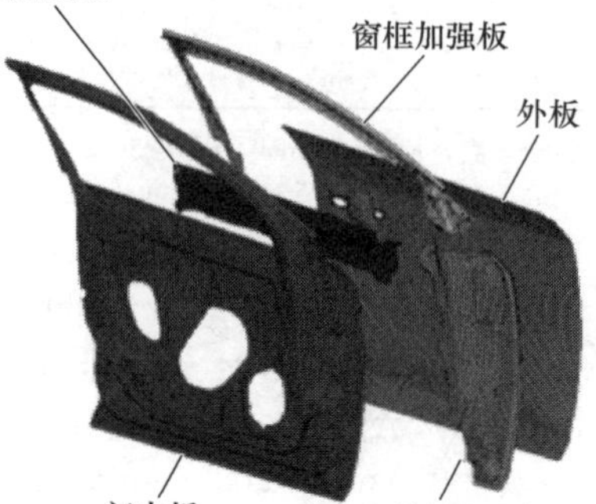

图 7-32 车门分体结构图

车辆侧面碰撞是主要的交通事故之一，造成的死亡和受伤人数分别占总事故形态的第二和第一位。车门是侧面碰撞的屏障，其结构性能优劣是决定乘客受伤害程度的关键。所以，在车门设计中，必须满足一定的强度；其次，汽车高速行驶中，由于负压作用，车门将受到外压而产生弯曲，所以必须具备一定的抗弯刚度以抵抗外压产生的弯曲；再次，车门是通过铰链连接在车身侧围上的，单独承受一些工况载荷，如自重和一定的外载荷。当车门关闭时，车门主要由铰链和门锁定位；当车门开启时，车门仅由铰链支承。若车门与铰链的连接刚度不足，车门会发生下沉，影响车门开关的可靠性，严重时造成漏风、渗水、行驶中车门振动及噪声等问题，降低乘坐舒适性，可见车门需要具备一定的抗下沉刚度。车身模态是影响汽车振动与噪声的关键因素之一，在设计中要使车门具有较大的一阶模态。

（二）汽车门内板冲压成形行为

采用商业软件 Dynaform 对汽车门内板进行成形仿真，主要完成拉深和切边工序。传统门内板单一板坯料厚度为 0.8mm，材料为 DC56 + Z。模具均采用刚性单元建模，并在凹模上设置分段等效拉深筋来控制材料流动。采用 BT 壳单元对坯料建模，单元尺寸为 2.0mm × 2.0mm。成形模拟过程中采用细化网格，以满足形状复杂区域的精度要求，获得较好的拉深效果，结果如图 7-33 所示。由拉深结果可见，在左侧壁、右侧中间侧壁、底部拉深圆角、右上角拉深圆角及顶部窗框出现开裂危险区，在零件周边出现少量的起皱趋势。从整体上看，单一板坯料门内板零件拉深质量较好，无开裂和严重起皱，拉深也比较充分。

（三）兼顾成形性和使用性的汽车门内板轻量化设计

汽车轻量化的途径主要有两种，一是材料轻量化，选用比强度较高的材料代替传统材料；二是结构改进优化设计，采用先进的设计方法和制造技术，对传统结构进行改进，实现轻量化目的。而拼焊板技术可同时结合这两种方法，大大减

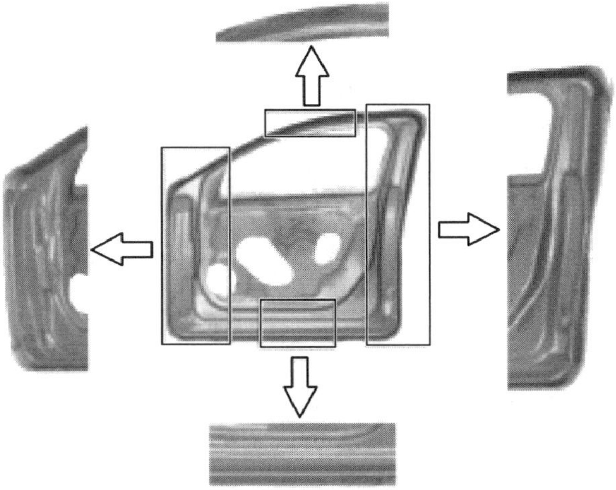

图 7-33　单一板坯料门内板拉深成形结果

轻汽车零件的质量。首先去除所有加强板，采用拼焊板结构代替传统加强板结构，然后对拼焊板较厚部分采用高强度钢进行局部加强，减轻零件质量。下面以典型壳类零件（汽车门内板）为研究对象，讨论汽车结构轻量化设计方法。

1. 基于拓扑优化的拼焊板分块设计

（1）变密度法拓扑优化方法　针对一个优化设计问题，首先必须建立优化问题的数学模型，根据其中的目标函数、约束条件，选用合适的优化算法进行求解。对于变密度拓扑优化问题，考虑一个线弹性结构各自在范围 Ω 内承受体力 f，在边界 Γ 上承受边界拉力 t。那么，结构优化问题按下式定义[30]：

$$\begin{aligned} \text{Min} \quad & l(u) = \int_{\Omega} u^{\mathrm{T}} f \mathrm{d}\Omega + \int_{\Gamma} u^{\mathrm{T}} t \mathrm{d}\Gamma \\ \text{S. T.} \quad & a(u,v) = l(v), \qquad \forall v \in V \\ & \text{Design constraints} \end{aligned} \tag{7-33}$$

式中：u 为线弹性结构定义平衡的位移场；$a(u,\ v)$ 是在 u 确定的平衡下任一虚位移 v 所需的虚功；$l(v)$ 是结构的平均顺应性；V 是 Sovolev 空间的子集。位移、频率和重量可看作设计约束。

式（7-33）可通过两种方法求解。一是均一法，采用微观结构均一化获得的刚度-密度关系，获得最优的材料分布；二是变密度法，使用能量法对单元杨氏模量进行近似[31]。近来，这些方法在商业软件，如 OPTISHAPE、OptiStruct、ANSYS、GENESIS 和 CONSTRUCT 等中广泛采用。这里，采用 OptiStruct 软件进行拓扑优化设计，密度法用来求解目标函数。

平均顺应性最小表明获得了位移最小结构，即拓扑优化能在一定量材料条件下获得刚度最优的结构。关于拓扑优化的详细论述可参考文献［31］。拼焊板门内板设计是在使用性能条件下，将传统汽车门内板及加强板采用拼焊板替代。可见，在概念设计阶段，拓扑优化适用于拼焊板门内板的块数及焊缝布局。

（2）汽车前门的载荷、约束及相应的变形　一个新的汽车车门设计的结构性能规范包括门框刚度、下沉刚度和自然频率等，这些规范确保车门抵抗高速行驶中负压导致的弯曲、自重导致的下沉等。在振动方面，确保新车门的自然频率高于传统车门。另外，车门设计也考虑其他一些要求，如扭转、验算载荷等。这里仅考虑车门刚度的相应载荷及振动频率的约束，更多的载荷条件，设计方法和过程是类似的。

汽车前门的载荷及约束分布情况如图 7-34 所示。载荷包括抗弯刚度载荷（载荷 1 和载荷 2）、抗下沉刚度载荷（载荷 3）和腰线抗弯刚度载荷（载荷 4）。为了方便，将 X、Y、Z 方向的位移约束分别定义为 1、2 和 3，将绕 X、Y、Z 轴的转动约束分别定义为 4、5 和 6。在有限元分析中，汽车前门包括门内板、门外板、铰链加强板、腰线加强板及窗框加强板。材料为 DC56 + Z，弹性模量 $E = 210\text{GPa}$，密度 $\rho = 7850\text{kg/m}^3$，载荷 1、2、4 为 50N，载荷 3 为 98N。载荷 1、2、4 条件下，在门锁处施加约束为 2356，两个铰链处施加约束为 12345；载荷 3 条件下，在门锁处施加约束为 2，两个铰链处施加约束为 12345。

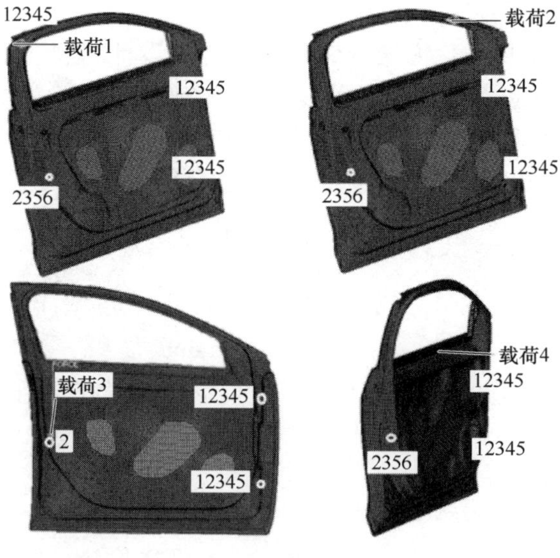

图 7-34　汽车前门的载荷及约束分布情况

在优化过程中，以不同载荷条件下传统车门的变形量为约束条件，首先确定各载荷条件下的最大允许位移偏移量。根据上述四种不同载荷情况，通过静力有限元分析获得各载荷条件下的最大位移偏移量，如图 7-35 所示。载荷 1、2、3、4 的最大位移偏移量分别为 1. 91mm、0. 88mm、0. 52mm 和 0. 54mm。对传统车门进行模态分析，结果如图 7-36 所示，一阶自由模态为 30. 77Hz。

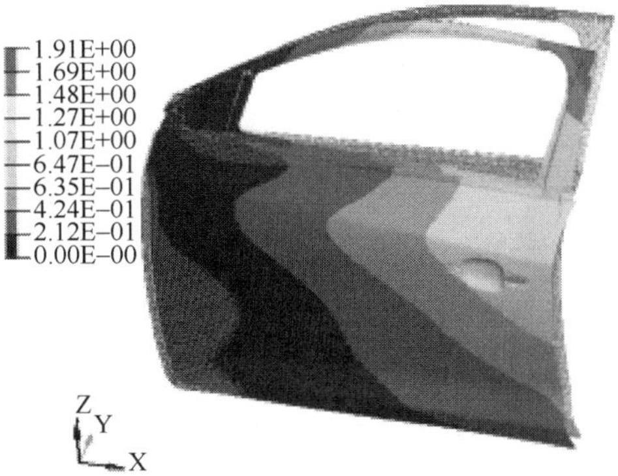

载荷1条件下Y向最大位移偏移量

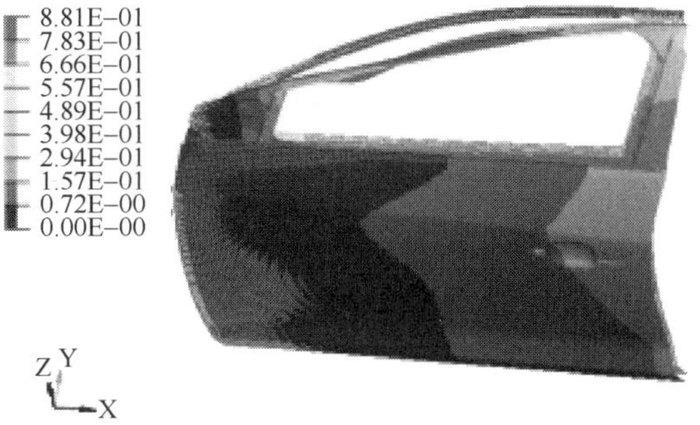

载荷2条件下Y向最大位移偏移量

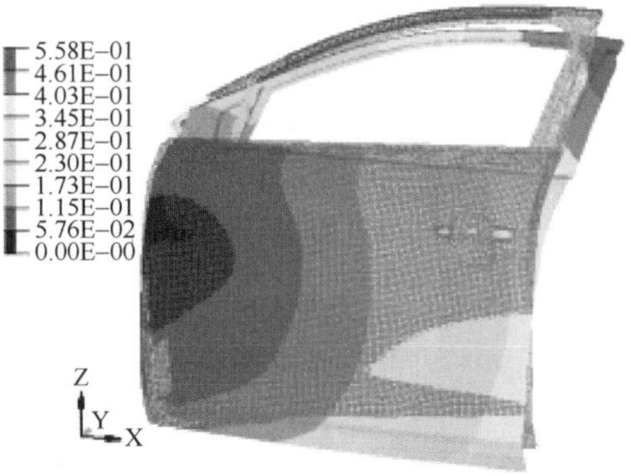

载荷3条件下Z向最大位移偏移量

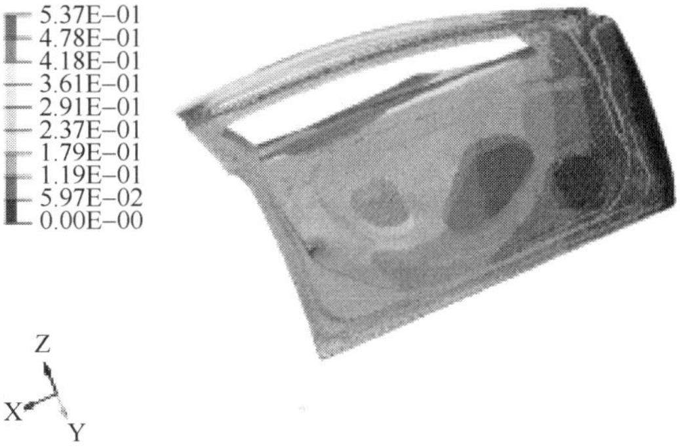

载荷4条件下Z向最大位移偏移量

图 7-35　四种不同载荷条件下的最大位移偏移量

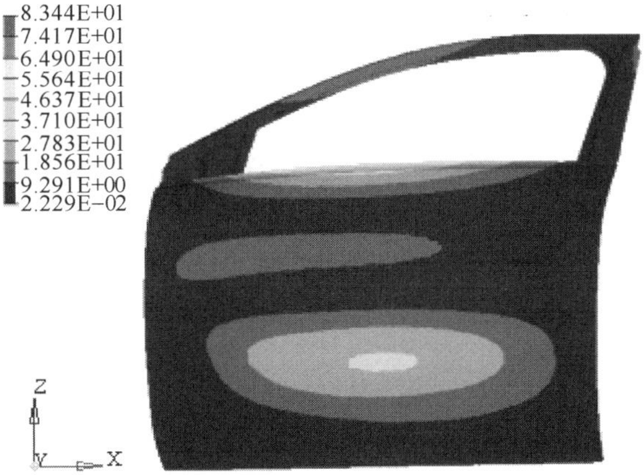

图 7-36　传统车门模态分析结果

（3）门内板拓扑优化设计　车门是一个表面造型要求严格的部件。为实现轻量化，去除所有加强板，采用拼焊板替换。拼焊板替代传统门内板必须确定拼焊板的分块情况。为此，采用拓扑优化对门内板进行优化设计，以门内板作为可设计区，其他区为非设计区。

在概念设计阶段，采用拓扑优化来确定拼焊板分块数和焊缝的粗略布局。拓扑优化数学模型可描述为

$$\begin{cases}\text{Min} \quad \dfrac{\psi_{\text{ini}}}{\psi}+\sum\limits_{j=1}^{3}\dfrac{\phi^{\text{j}}}{\phi_{\text{ini}}^{\text{j}}} \\ \text{S. T.} \quad G \leqslant N_{\text{frac}}G_{\text{ref}}\end{cases} \tag{7-34}$$

式中：ϕ^{j}是每个载荷下门内板的应变能；$\phi_{\text{ini}}^{\text{j}}$是每一载荷下门内板的初始应变能；$\psi$是门内板的一阶自然频率；$\psi_{\text{ini}}$是门内板的初始一阶频率；$N_{\text{frac}}$是质量分数；$G_{\text{ref}}$是设计区（门内板）的质量。

求解多目标函数式（7-34）主要采用效用函数法或权函数法，且目标函数之间的权重因子相互关联。质量分数N_{frac}有不同的取值，如30%、40%、50%等。N_{frac}取30%的优化结果如图7-37所示，不同的颜色代表不同的密度，最大为1，最小为0.01。

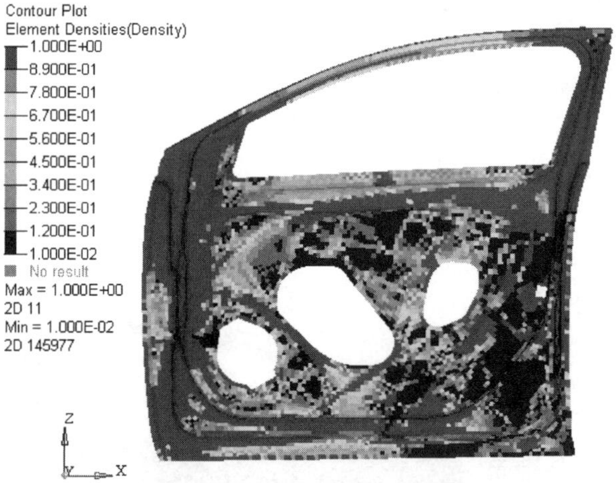

图7-37　车门内板拓扑优化结果

根据拓扑优化结果，可通过2条直线焊缝将门内板拼焊板分为3个区，分别为A、B和C区，如图7-38所示。分区仅考虑了车门一阶频率和刚度要求，缺少对成形性能及可制造性等方面要求的考虑。

（4）基于成形性能约束分析的拼焊板焊缝布局　根据单一板门内板拉深成形分析发现，在门内板左、右、下侧拉深壁上变形最大，容易破裂。截取截面

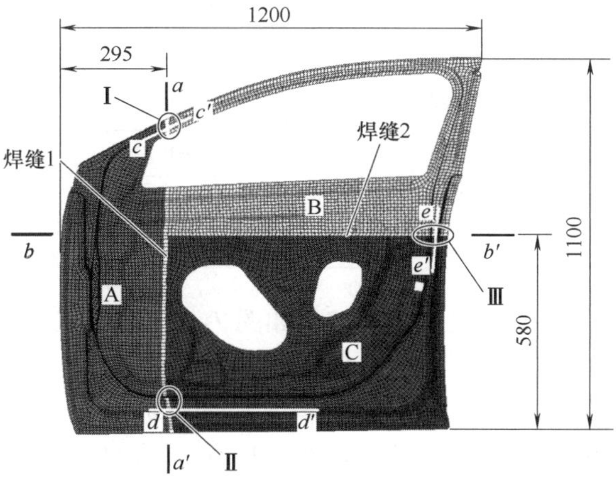

图 7-38　车门内板拼焊板分块示意图

aa'、bb'，分别列出两个截面不同位置的主应变，如图 7-38 所示。从图 7-38 发现，在截面 aa'上，门框拉深壁和底边拉深壁的主应变较大，危险区Ⅰ主应变高出 0.3，危险区Ⅱ的主应变也接近 0.2；在截面 bb'上，门内板左侧拉深壁、右侧拉深壁的主应变较大，危险区Ⅲ的主应变达到 0.30 以上。分别对顶部拉深侧壁 cc'段、底边拉深侧壁 dd'段及右侧拉深壁 ee'段的次应变进行分析，发现这三个位置的次应变相对主应变来说均很小，如图 7-39 所示。所以，在分析过程中可视拉深侧壁直边段为平面应变。

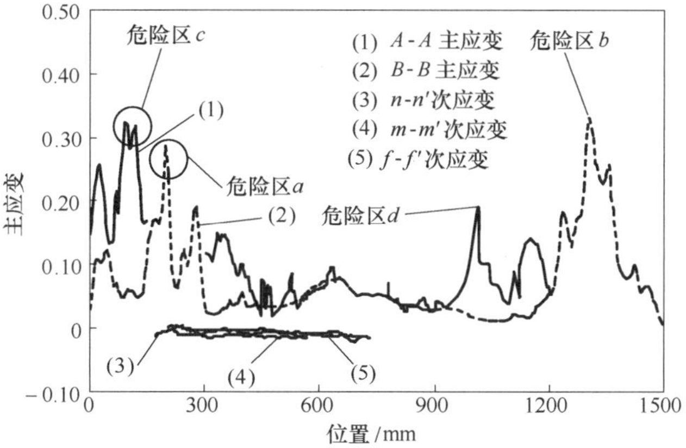

图 7-39　截面不同位置主或次应变

对拼焊板焊缝在三个危险点区域的成形情况进行分析，建立满足成形性能要求的危险区域焊缝条件约束。根据图 7-38 所示的拼焊板设计方案，焊缝 1、2 分别为垂直、水平布置，进行同材差厚拼焊板门内板拉深成形模拟，母材和焊缝均采用 BT 壳单元建模，母材材料为 DC56 + Z，母材及焊缝力学性能参数通过单向拉伸试验获得，见表 7-4。

表 7-4　拼焊板母材 DC56 + Z 及焊缝的力学性能参数

拼焊板	屈服强度/MPa	弹性模量/GPa	泊松比	抗拉强度/MPa	K/MPa	n	r
母材	156	207	0.3	297	530	0.236	1.995
焊缝	304	207	0.3	343	1160	0.143	1.000

拓扑优化设计的拼焊板成形仿真结果如图 7-40 所示。从图 7-40 可见，当焊缝经过危险区Ⅰ、Ⅱ和Ⅲ时，焊缝出现开裂。根据前面建立的焊缝条件对拼焊板成形性能的影响规律分析可知，当焊缝与主应变方向夹角（即焊缝角度）较小时，由于焊缝较母材具有较小断后伸长率，开裂通常出现在焊缝上。从成形极限分析，焊缝的最小主应变（平面应变时的主应变）显著小于母材[32]，从而成形极限较低。当焊缝角度较大时，开裂出现在弱侧母材上，拼焊板成形性能与弱侧母材基本相同。

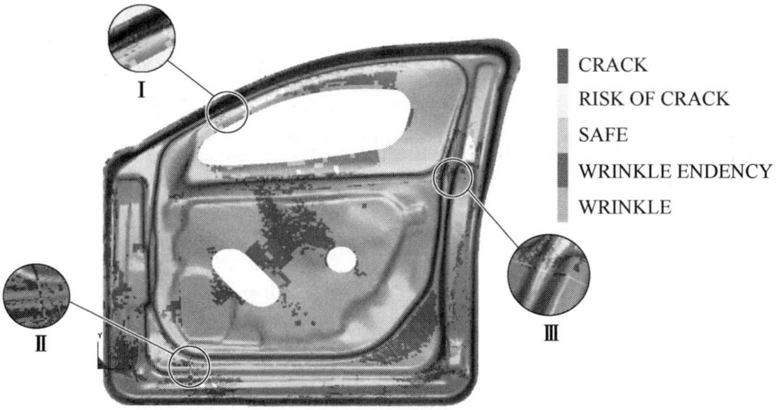

图 7-40　拓扑优化设计的拼焊板成形仿真结果

依据前述理论，可将焊缝角度增大，使开裂出现在弱侧母材上，提高拼焊板成形性能。门内板设计需要焊缝角度要尽可能小，故需获得焊缝角度临界值。基于前述提出的焊缝角度临界值判定方法，可计算出设计所需的最大焊缝角度。根据拼焊板初步焊缝布置，薄侧厚度为 0.7mm，厚侧厚度为 1.5mm，分别以壳单元和刚性结点对焊缝进行建模，获得焊缝角度与总伸长量的关系曲线，如图 7-41 所示。从图中可见，当焊缝角度较小时，由于在这一阶段开裂分别出现在薄侧母材和焊缝上，故两种不同焊缝建模方式所得结果差别较大。当焊缝角度较大时，由于在这一阶段开裂均出现在薄侧母材上，焊缝对拼焊板成形性能无明显影响，两种焊缝建模方式所得的有限元结果基本一致，即两种焊缝建模方式所得结果是否相同的分界点是决定焊缝是否影响拼焊板成形性能的临界点。而这一临界点取决于弱侧母材的材料、厚度及焊缝性能。

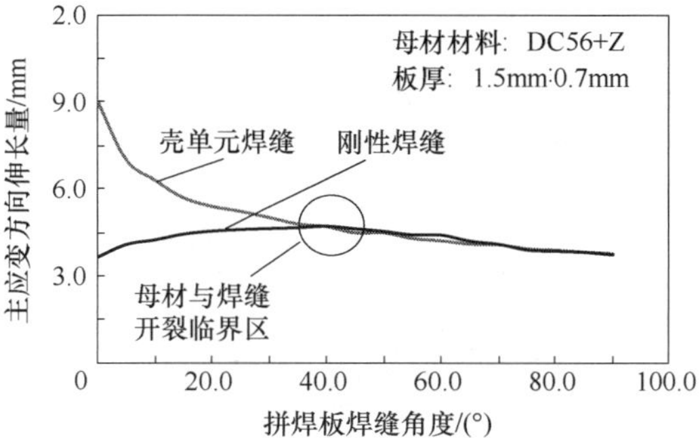

图 7-41　拼焊板焊缝角度与主应变方向伸长量之间关系

以同材差厚拼焊板为例，确定拼焊板母材和焊缝开裂的临界焊缝角度，结果如图 7-41 所示。由图 7-41 可知，当焊缝以刚性结点建模时，开裂均发生在薄侧母材上，随着焊缝角度增大，拼焊板综合断后伸长率非线性逐渐减小。当焊缝以壳单元建模时，随着焊缝角度增大，拼焊板综合断后伸长率先急速增大，然后逐渐降低。当焊缝角度较小时，两种焊缝建模方式的有限元结果存在较大差异，刚性结点建模方式的结果大于壳单元建模的结果，开裂模式也不相同，刚性结点建模焊缝的有限元模型中，开裂发生在弱侧母材上，而在壳单元焊缝建模的模型中，开裂发生在焊缝上；当焊缝角度超过一定值后，两种焊缝建模方式的有限元结果基本相同，开裂均发生在弱侧母材上。根据前述，可确定两种不同开裂模式的临界点的焊缝角度为临界焊缝角度，即焊缝 3 与水平成 26°，焊缝 4 与水平成 37°。

为满足门内板的成形性能，对拓扑优化后的门内板拼焊板进行改进设计，改进后理想的设计方案是：用四条焊缝将门内板分成三个区域，所有焊缝的位置尺寸如图 7-42 所示。

2. 基于尺寸优化的拼焊板母板厚度确定

结构优化问题是在给定的约束条件下使目标最小。目标通常是结构的重量，约束是结构的响应，如应力、位移和自然频率等。结构优化可描述为：

$$
\begin{aligned}
&\text{Min} \quad W(\mathrm{X}) \\
&\text{S. T.} \quad K(X)\boldsymbol{u} = \boldsymbol{p} \\
&\qquad\quad K(X)\boldsymbol{v} = \zeta M(X)\boldsymbol{y} \\
&\qquad\quad g_j(X) \leqslant 0 \\
&\qquad\quad \boldsymbol{X}_{\mathrm{L}} \leqslant \boldsymbol{X} \leqslant \boldsymbol{X}_{\mathrm{U}}
\end{aligned}
\tag{7-35}
$$

式中：$\boldsymbol{X}$ 为设计变量矢量；$\boldsymbol{X}_{\mathrm{L}}$ 和 $\boldsymbol{X}_{\mathrm{U}}$ 分别为下边界和上边界矢量；$W(X)$ 是目标

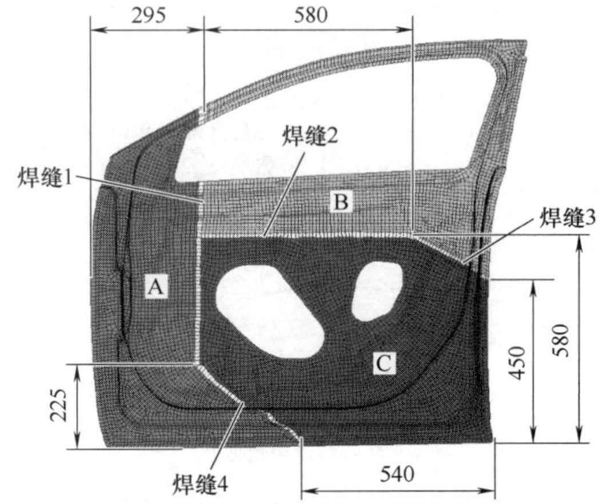

图 7-42 基于成形性能约束的拼焊板焊缝改进设计结果

函数；$K(X)$ 是刚度矩阵；$M(X)$ 是质量矩阵；$\boldsymbol{u}$ 是位移矢量；$\boldsymbol{v}$ 是虚位移矢量；p 是外载荷矢量；ζ 是特征值；$\boldsymbol{y}$ 是特征矢量；g_j是 m 个约束中的第 j 个约束。

尺寸和形状优化问题可以用式（7-35）描述。尺寸优化是基本的结构优化，设计变量是横截面尺寸，如高度、宽度、厚度、面积及转动惯量等。在汽车门内板设计过程中，尺寸优化的设计变量通常是拼焊板各部分的厚度。尺寸优化可获得带固定边界节点结构的尺寸，而形状优化可获得有限元节点位置的最优值。也就是说，形状优化可确定结构的边界。Optistruct 采用基本矢量法和扰动矢量改变边界节点。为了确保结构有限元网格不发生扭曲，必须恰当地定义形状变化扰动。研究中，采用形状优化来确定最优的焊缝位置。关于尺寸和形状优化的具体介绍可参考文献［33，34］。

在详细设计阶段，采用形状优化来计算拼焊板各部分的最优厚度值，数学描述如下：

$$
\begin{aligned}
&\text{Find} \quad \boldsymbol{X} = \{t_{\mathrm{A}}, t_{\mathrm{B}}, t_{\mathrm{C}}, t_{\mathrm{D}}, t_{\mathrm{E}}\} \\
&\text{Min} \quad \text{Weight} \\
&\text{S. T.} \quad \delta_j^{\mathrm{TWB}} - \delta_j^{\mathrm{BASE}} \leqslant 0.0, \quad j = \text{load1}, 2, 3 \\
&f^{\mathrm{BASE}} - f^{\mathrm{TWB}} \leqslant 0.0 \\
&X_i / 3X_j \leqslant 0.0, \quad i, j = \mathrm{A}, \mathrm{B}, \mathrm{C}, \mathrm{D}, \mathrm{E}
\end{aligned}
\tag{7-36}
$$

式中：$\boldsymbol{X}$ 是尺寸设计变量（门内板拼焊板各部分的厚度）矢量；δ_j^{BASE}是传统汽车车门的第 j 个载荷位置的挠曲；δ_j^{TWB}是设计后的拼焊板车门第 j 个载荷位置的挠曲；f^{BASE}和 f^{TWB}分别是传统门和拼焊板车门的一阶固有频率。根据制造性要求，拼焊板的应用中相邻板的厚度差不能太大[35]，而式（7-36）中最后一个方程是使拼焊板相邻板厚度不超过三倍，这个约束主要考虑拼焊板的成形性能。

由于实际工业生产中板料的厚度具有一定规格，所以，将拼焊板母材厚度看作离散变量。在离散空间内进行尺寸优化，分别以载荷 1、2、3、4 的最大位移偏移量（分别为 1.906mm、0.881mm、0.518mm 和 0.537mm）为载荷条件下的挠曲约束，以传统车门的一阶自由频率 30.77Hz 为模态约束。根据工业中金属板料规格，每个厚度的设计范围设置为 0～3mm，板厚增量设为 0.5mm，初始值为传统门内板厚度 0.8mm。经过四次迭代，获得三个分区 A、B、C 的厚度分别为 $t_A=1.50$mm，$t_B=0.95$mm，$t_C=0.65$mm，如图 7-43 所示。

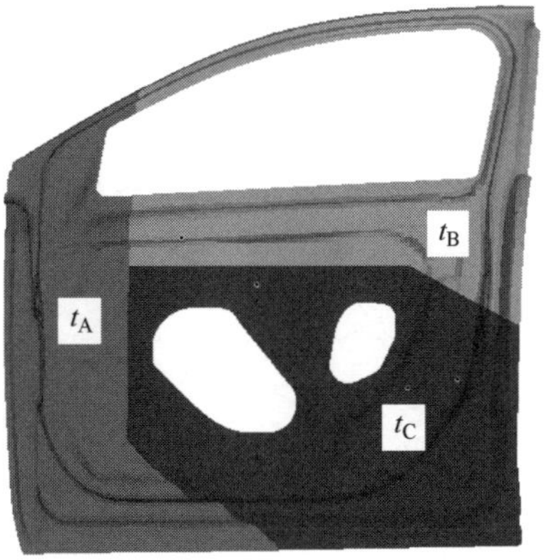

图 7-43　拼焊板门内板尺寸优化结果

以拼焊板门内板的质量及厚度为参数，将传统门内板与拼焊板门内板的相关参数比较列于表 7-5 中。

表 7-5　拼焊板门内板各部分厚度的优化结果

项　　目	质量/kg	t_A/mm	t_B/mm	t_C/mm
传统门内板厚度（带加强板）	16.54	0.8	0.8	0.8
TWB 母材厚度的优化值	15.24	1.50	0.95	0.65

3. 形状优化确定焊缝精确位置

拼焊板各部分的边界需要采用形状优化来进一步进行精确调整，以确定焊缝位置。在形状优化中，保持已经确定的厚度不变，数学描述如下：

$$\begin{aligned}&\text{Find}\quad X=\{X_i=1,2,3,4\}\\&\text{Min}\quad \text{Weight}\\&\text{S.T.}\quad \delta_j^{\text{TWB}}-\delta_j^{\text{BASE}}\leqslant 0.0,\quad j=\text{load}1,2,3\\&f^{\text{BASE}}-f^{\text{TWB}}\leqslant 0.0\\&\{XYZ\}=\{XYZ\}_{\text{ini}}+\sum_{i=1}^{4}X_i\{XYZP\}_i\\&-3.0\leqslant X_i\leqslant 3.0\quad i=1,2,3,4\end{aligned}\tag{7-37}$$

式中，符号与式（7-36）中相同，$\{XYZ\}$ 和 $\{XYZ\}_{\text{ini}}$分别是焊缝节点的坐标及初始值，$\{XYZ\}_i$ 是改变 C 区域面积产生的扰动矢量，以确定焊缝的位置。

由于 C 区域的厚度最小，可通过扩大 C 区域的面积来减轻零件质量，所以将四条直线焊缝向偏离 C 区域的方向产生扰动，如图 7-44 所示，图中箭头代表扰动向量。为了避免严重的网格扭曲，需要仔细地设置。

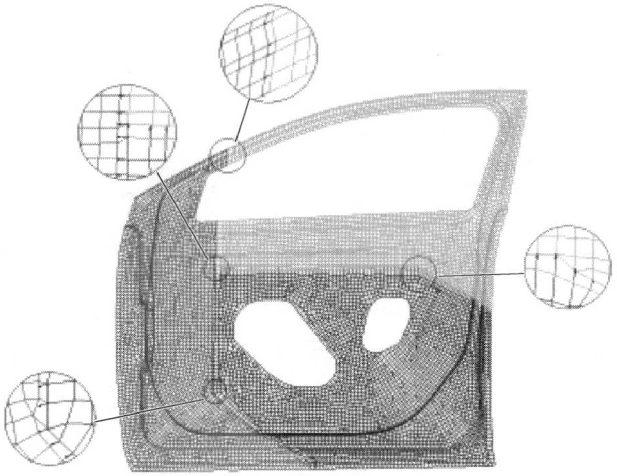

图 7-44　拼焊板门内板形状优化扰动向量方向

形状优化经过四次迭代，获得四条焊缝的扰动量，结果如图 7-45 所示。从图中可知，扰动量最大为 10.08mm，出现在焊缝 1、2 相交点及焊缝 2、3 相交点处。整体焊缝 1、2 的扰动量较大，分别为 6.62mm 和 5.74mm；焊缝 3、4 的扰动量较小，分别为 5.11mm 和 4.18mm。

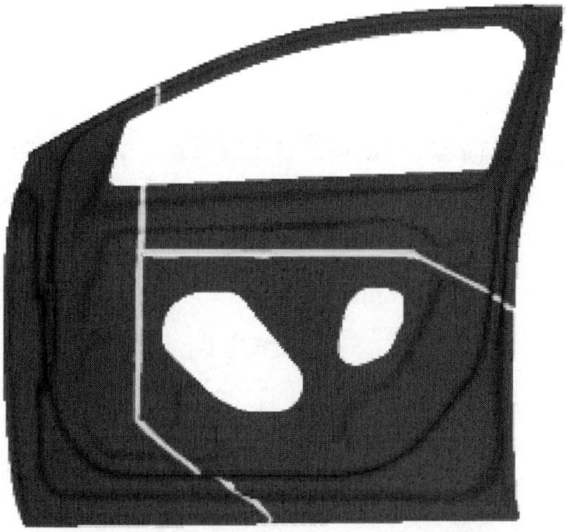

图 7-45　第四次形状优化产生的扰动向量

在确定的范围内进行形状优化，通过多次优化可以获得新的焊缝位置。式（7-37）中最后一个约束表示板料厚度的设计范围，进行四次形状优化直到目标函数不再变化，形状优化结果如图 7-46 所示。

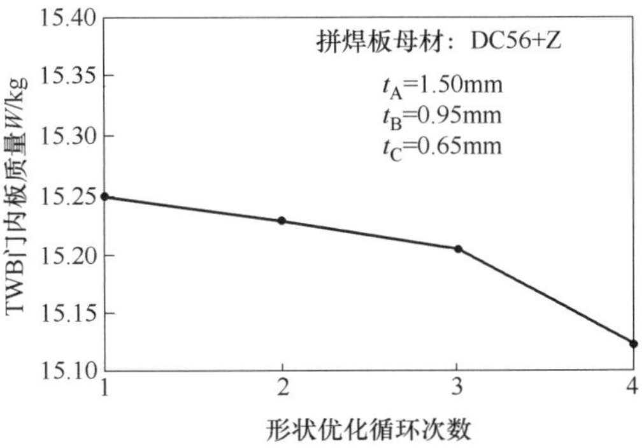

图 7-46　拼焊板门内板的形状优化结果

经过优化，拼焊板门内板的质量是 15.12kg。从上述分析发现，质量对形状优化的敏感性小于对尺寸优化的敏感性。因此，在形状优化过程中，门内板的质量不会发生急剧变化，A 区域的面积仅有少量减小。相对于初始焊缝位置，最优焊缝位置发生了变化，如图 7-47 所示。其中，黑色实线是形状优化后的焊缝位置，白色线是形状优化前的焊缝位置。

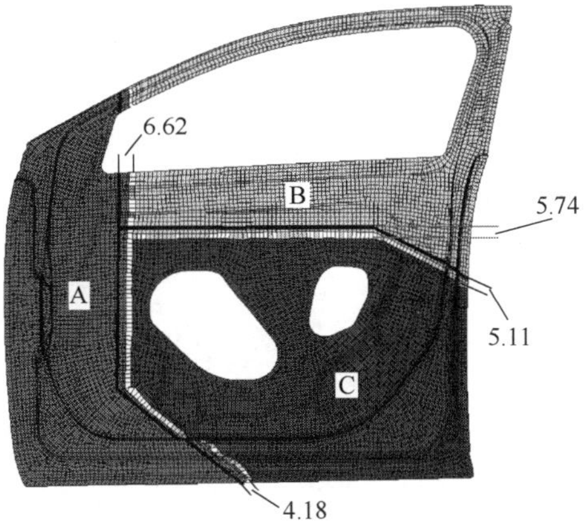

图 7-47　最优焊缝位置

4. 拼焊板母材等效替换

汽车轻量化的途径有两类：一类是设计与制造技术的改进；另一类是新材料的应用，如高强度钢和钢替代材料等[36]。在前面采用了拼焊板技术对汽车门内板进行了设计，减轻了车门的质量。为了进一步减轻零件质量，将拼焊板较厚部分采用高强度钢来替代。

根据前面的分析结果，拼焊板门内板各部分的厚度分别为 $t_A=1.5\text{mm}$，$t_B=0.95\text{mm}$，$t_C=0.65\text{mm}$。

根据拼焊板材料等效替换原则，将最厚的 A 区域用高强度钢来替代。传统门内板材料为 DC56 + Z。也就是将 B 和 C 区域的材料选为 DC56 + Z，A 区域的材料用高强度钢 B340 替代。DC56 + Z 和 B340 的材料力学性能参数见表 7-6。

表 7-6　DC56 + Z 和 B340 的材料力学性能参数

材料	*YS*/MPa	*UTS*/MPa	*K*/MPa	*n* 值	*r* 值
DC56 + Z	156	297	530	0. 236	1. 995
B340	360	600	1150	0. 178	1. 09

采用高强度钢 B340 替换原有的 DC56 + Z，主要任务是确定替换后的高强钢 B340 板料的厚度。运用提出的厚度当量模型，考虑材料参数 *K* 值和 *n* 值确定高强度钢 B340 板料的厚度。

根据强度系数 *K* 值的厚度当量模型，以 DC56 + Z 的 $K = 530\text{MPa}$ 和板厚 1. 5mm 为初始值，在瞬时强度相同的情况下，*n* 值保持不变，获得 *K* 值与初始板厚之间的关系，如图 7-48 所示。图中点 A 是初始点，即材料为 DC56 + Z，板厚为 A 区域原始值 1. 5mm。点 B 是保持应变硬化指数 *n* 不变，当强度系数 $K = 1150\text{MPa}$ 时的状态，此时初始板厚 $t_0 = 0.535\text{mm}$。

根据应变硬化指数 *n* 值的板厚当量模型，保持强度系数 $K = 1150\text{MPa}$ 不变，以厚度 0. 535mm、$n = 0.236$ 为初始值，计算得应变硬化指数 *n* 值与初始厚度 t_0 之间的关系，如图 7-49 所示。图中以图 7-48 中的终点 B 作为初始值，根据 *n* 与 t_0 之间的关系，获得 $n = 0.178$ 时的厚度值为 0. 521mm。此时的厚度值 0. 521mm 即为待确定的高强度钢 B340 的厚度。

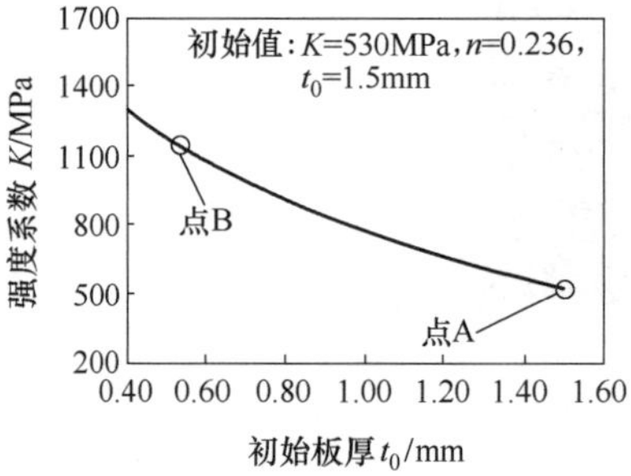

图 7-48　瞬时强度相同情况下 *K* 值与 t_0 之间的关系

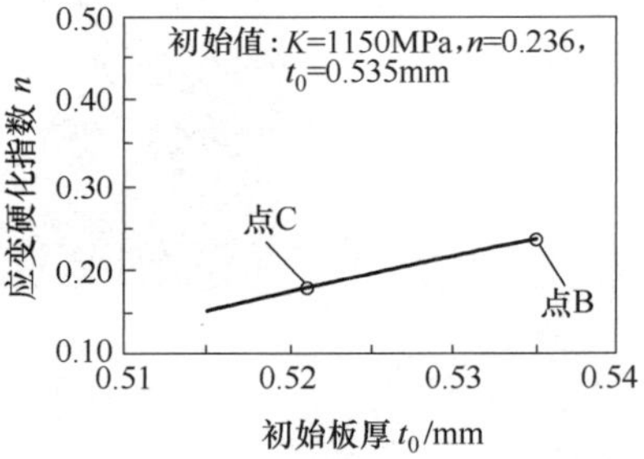

图 7-49　瞬时强度相同条件下 *n* 值与 t_0 之间的关系

采用高强度钢 B340 替代原始材料 DC56 + Z 后，保证了零件的强度性能，同时质量减小为 2. 66kg。可见，结合拼焊板技术，使用先进高强度钢可进一步显著减轻零件重量，实现汽车轻量化。

（四）优化后的汽车门内板的有限元验证

为了验证拼焊板设计的有效性，以传统车门的各项性能指标为参考，对拼焊板门内板进行验证，主要包括成形性验证和使用性验证。

1. 拼焊板门内板成形性验证

根据拼焊板门内板的设计，进行拼焊板拉深和切边成形模拟，结果如图 7-50 所示。从图中可见，当焊缝 3（图 7-42）与水平方向夹角大于 26°，焊缝 4（图 7-42）与水平方向夹角大于 37°时，危险区出现在弱侧母材上，焊缝的应变明显小于成形极限，实现了较好的成形性能。

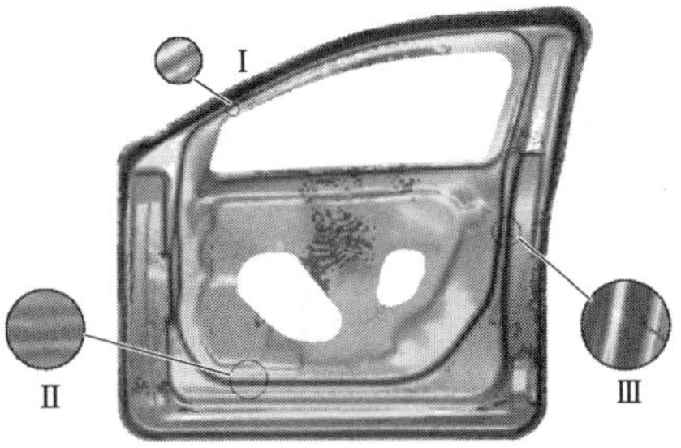

图 7-50　优化设计的拼焊板门内板成形结果

2. 拼焊板门内板使用性能验证

为了对设计的门内板使用性进行验证，将拼焊板门内板在传统门内板载荷作用下进行使用性模拟，分别计算出载荷 1、2、3、4 条件下的最大偏移量，如图 7-51 所示。

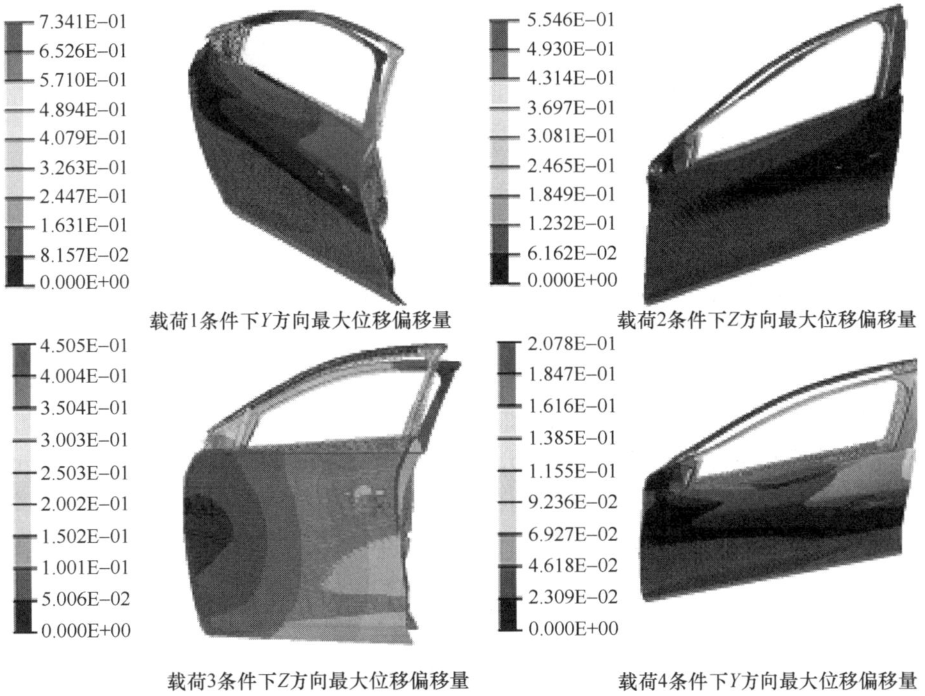

图 7-51　不同载荷条件下拼焊板门内板的偏移量

同时，对拼焊板车门的模态进行分析，结果如图 7-52 所示。前六阶为刚体模态，接近于 0，第七阶为一阶自由模态，为 31.63Hz。

将四种不同载荷条件下拼焊板车门与传统车门相比较，结果如图 7-53 所示。

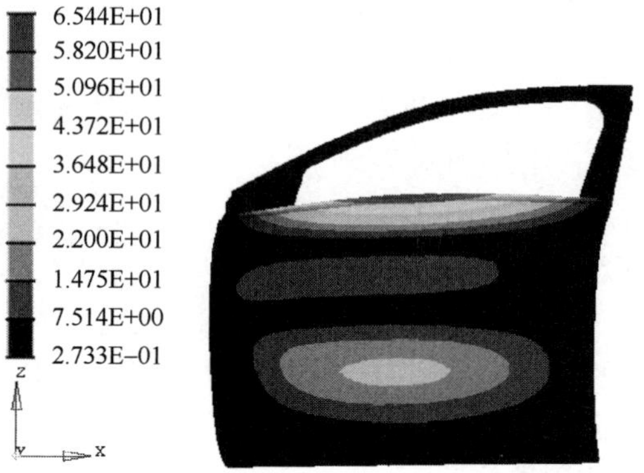

图 7-52　拼焊板车门的模态分析结果

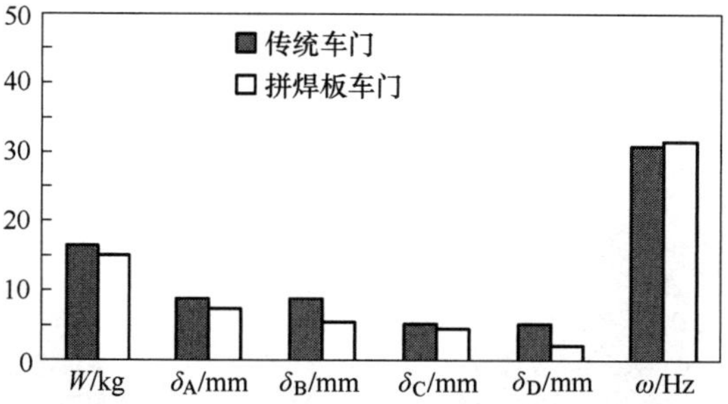

图 7-53　传统车门与拼焊板车门各项性能指标结果对比

拼焊板门内板相对传统门内板，质量减轻了 4. 08kg，其中尺寸优化减轻了 1. 3kg，形状优化减轻了 0. 12kg，通过高强度钢替换减轻了 2. 66kg。可见，材料替换对零件质量减轻最为显著，其次是尺寸优化，而形状优化对零件质量减轻没有显著影响。同时，拼焊板零件在使用性能上有一定的提高，在载荷 1、2、3、4 条件下对应的最大位移偏移量 δ_1、δ_2、δ_3、δ_4，分别为 7. 34mm、5. 55mm、4. 51mm、2. 08mm，相对传统车门有所降低。拼焊板车门的一阶频率为 31. 63Hz，较传统车门升高了 2. 72%。拼焊板车门的使用性均能满足设计要求。

参 考 文 献

[1]　全国汽车标准化技术委员会. GB 15743—1995. 轿车侧门强度 [S]. 北京：中国标准出版社，1995.

[2]　马开柱. 小型多功能运动车的车门动态性能分析与实验研究 [D]. 合肥：合肥工业大学机械与汽车工程学院，2008.

[3]　Bednsoe M P，Kikuchi N. Generating optimal topologies in structural design using a homogenization method [J]. Computer Methods in Applied Mechanics and Engineering，1988，71 (2)：197-224.

[4] Montgomery A, Wild P, Clapham L. Defect characterisation using magnetic flux leakage inspection of tailor-welded blanks [J]. Insight-Non-Destructive Testing and Condition Monitoring, 2004, 46 (5): 260-264.

[5] Zhao K M, Chun B K, Lee J K. Finite element analysis of tailor-welded blanks [J]. Finite Elements in Analysis and Design, 2001, 37 (2): 117-130.

[6] Jiang H M, Li S H, Wu H, et al. Numerical simulation and experimental verification in the use of tailor-welded blanks in the multi-stage stamping process [J]. Journal of Materials Processing Technology, 2004, 151 (1-3): 316-320.

[7] Shi Y, Lin Z, Zhu P, et al. Impact modeling of the weld line of tailor-welded blank [J]. Materials and Design, 2008, 29 (1): 232-238.

[8] Jain M. A simple test to assess the formability of tailor-welded blanks [J]. International Journal of Forming Processes, 2000, 3 (3-4): 185-212.

[9] Raymond S D, Wild P M, Bayley C J. On modeling of the weld line in finite element analyses of tailor-welded blank forming operations [J]. Journal of Materials Processing Technology, 2004, 147 (1): 28-37.

[10] Panda S K, Kumar D R. Improvement in formability of tailor welded blanks by application of counter pressure in biaxial stretch forming [J]. Journal of materials processing technology, 2008, 204 (1-3): 70-79.

[11] Baptista A J, Rodrigues D M, Menezes L F. Influence of the weld on the mechanical behaviour of tailor welded blanks [J]. Materials Science Forum, 2006, 514-516: 1493-1500.

[12] Qiu X G, Chen W L. The study on numerical simulation of the laser tailor welded blanks stamping [J]. Journal of Materials Processing Technology, 2007, 187-188 (12): 128-131.

[13] Cheng C H, Chan L C, Chow C L. Weldment properties evaluation and formability study of tailor-welded blanks of different thickness combinations and welding orientations [J]. Journal of Materials Science, 2007, 42 (15): 5982-5990.

[14] Friedman P, Kridli G. Microstructural and mechanical investigation of aluminum tailor-welded blanks [J]. Journal of Materials Engineering and Performance, 2000, 9 (5): 541-551.

[15] 童正国，林建平，田浩彬，等. 直线焊缝差厚拼焊板的成形规律 [J]. 机械工程学报，2008，44 (5)：215-219.

[16] 吕盾，陈炜，张家骅，等. 变压边力对拼焊板焊缝移动和成形性能的影响 [J]. 农业机械学报，2007，38 (5)：157-160.

[17] Heo Y, Choi Y, Kim H Y, et al. Characteristics of weld line movements for the deep drawing with drawbeads of tailor-welded blanks [J]. Journal of Materials Processing Technology, 2001, 111 (1-3): 164-169.

[18] 陈炜，李卫国，杨继昌，等. 曲线焊缝布置对激光拼焊板成形性能的影响 [J]. 农业机械学报，2008，39 (9)：170-173.

[19] Chen W, Lin G S, Hu S J. A comparison study on the effectiveness of stepped binder and weld line clamping pins on formability improvement for tailor-welded blanks [J]. Journal of materials processing technology, 2008, 207 (1-3): 204-210.

[20] 田浩彬，林建平，刘瑞同. 拼焊板胀形成形不均匀性变形理论分析 [J]. 同济大学学报：自然科学版，2007，35 (1): 93-96.

[21] Keeler S P. Circular grid systems: a valuable aid for evaluation sheet forming [J]. Sea Transactions, 1968, 77 (12): 1-9.

[22] Gaied S, Roelandt J, Pinard F, et al. Experimental and numerical assessment of tailor welded blanks formability [J]. Journal of Materials Processing Technology, 2009, 209 (1): 387-395.

[23] Zadpoor A A, Sinke J, Benedictus R. Finite element modeling and failure prediction of friction stir welded blanks [J]. Materials & Design, 2009, 30 (5): 1423-1434.

[24] Veera B K, Ganesh Narayanan R, Saravana K G. An expert system based on artificial neural network for predicting the tensile behavior of tailor welded blanks [J]. Expert Systems with Applications, 2009, 36 (7): 10683-10695.

[25] Zhu P, Shi Y L, Zhang K Z, et al. Optimum design of an automotive inner door panel with a tailor-welded blank structure [J]. Proceedings of the Institution of Mechanical Engineers, Part D: Journal of Automobile Engineering, 2008, 222 (8): 1337-1348.

[26] Lee K, Kang D. Structural optimization of an automotive door using the kriging interpolation method [J]. Proceedings of the Institution of Mechanical Engineers, Part D: Journal of Automobile Engineering, 2007, 221 (12): 1525-1534.

[27] Jain M. A simple test to assess the formability of tailor-welded blanks [J]. International Journal of Forming Processes, 2000, 3 (3-4): 185-212.

[28] Raymond S D, Wild P M, Bayley C J. On modeling of the weld line in finite element analyses of tailor-welded blank forming operations [J]. Journal of Materials Processing Technology, 2004, 147 (1): 28-37.

[29] Slota J, Spisak E. Comparison of the forming-limit diagram (FLD) models for drawing quality (QD) steel sheets [J]. Metalurgija, 2005, 44 (4): 249-253.

[30] Bednsoe M P, Kikuchi N. Generating optimal topologies in structural design using a homogenization method [J]. Computer Methods in Applied Mechanics and Engineering, 1988, 71 (2): 197-224.

[31] Mlejnek H P, Schirrmacher R. An engineer's approach to optimal material distribution and shape finding [J]. Applied mechanics and engineering, 1993, 106 (1-2): 1-26.

[32] Ghoo B, Park S, Keum Y. New forming limit diagram of laser tailored blank [J]. The Journal of Strain Analysis for Engineering Design [J], 2001, 36 (2): 143-152.

[33] Arora J S, Haug M W, Hsieh C C. Methods foroptimization of nonlinear problems with discrete variables-a review [J]. Structural Optimization, 1994, 8 (2-3): 69-85.

[34] Salajegheh E, Vanderplaats G N. Optimum design of structures with discrete sizing and shape

variables [J]. Structural Optimization, 1993, 6 (2): 79-85.

[35] Back S J, Ghoo B Y, Keum Y T, et al. Present status and future prospect of tailored blank forming technology [J]. Korean Society of Automotive Engineering, 1997, 19 (1): 3-10.

[36] Lee K, Kang D. Structural optimization of an automotive door using the kriging interpolation method [J]. Proceedings of the Institution of Mechanical Engineers, Part D: Journal of Automobile Engineering, 2007, 221 (12): 1525-1534.

后　　记

经过十几年的研究和积累，一直希望有一本拼焊板技术方面的专著为拼焊板的应用提供指导。故对课题组的工作进行了系统地归纳与总结，编写了本书。拼焊板技术是塑性成形领域的重要分支，也是塑性技术与理论的补充。因此，本书的出版对拼焊板技术的发展，具有很好的铺垫意义。

特别感谢宝钢集团公司的郭瑞泉高工、闫启首席工程师、陈新平首席工程师，在他们的帮助与支持下，课题组开始开展了拼焊板技术方面的研究工作。感谢上海大众汽车公司的倪锋总经理、管华军高级工程师，上海汽车集团股份有限公司技术中心戴轶博士及上海汽车工业科技发展基金会，通过与他们的项目合作使课题组多年的拼焊板技术与理论研究形成了体系。感谢研究生雄辉、邬晔佳、胡巧声、李艳华、田浩彬、邢丹英等对本书的贡献。另外，在本书的编写过程中，引用了国内外许多学者的研究成果及汽车企业的公开资料，编者对这些作者和单位表示感谢！

本书的编写得到了教育部高等学校博士学科点专项科研基金“基于幂指数本构方程拼焊板冲压成形机理的基础研究”（项目号：20070247025）的资助，编者对此表示衷心感谢。

著者